Martin Balluch
Die Kontinuität von Bewusstsein

GUTHMANN PETERSON
Büchermacher und Verleger / Wien und Mülheim an der Ruhr

Martin Balluch

Die Kontinuität von Bewusstsein

Das naturwissenschaftliche Argument für Tierrechte

Gedruckt mit Unterstützung des Bundesministeriums für Bildung, Wissenschaft und Kultur in Wien.

Die deutsche Bibliothek – CIP-Einheitsaufnahme
Ein Titelsatz für diese Publikation ist bei
Der Deutschen Bibliothek erhältlich.

Wien und Mülheim a. d. Ruhr

A-1130 Wien, Elßlergasse 17
Tel. +43 (0)1 877 04 26
Fax +43 (0)1 876 40 04
D-45473 Mülheim a. d. Ruhr
Dr.-Simoneit-Straße 36
Tel. +49 (0) 208 75 69 59
E-Mail: verlag@guthmann-peterson.de
Lektorat: Susanna Harringer
Gestaltung des Buchumschlags: morrograffix
Druck und Verarbeitung: Börsedruck, Wien
Printed in Austria

ISBN 3-900782-48-2

Guthmann-Peterson im Internet:
http://www.guthmann-peterson.de

Danksagung

Wie immer bei Arbeiten dieser Art, gibt es unzählige Personen, die in der einen oder anderen Form – oft vielleicht auch ohne zu wollen – zur Ausformung meiner hier beschriebenen Gedanken beigetragen haben. Dazu gehören in jedem Fall alle meine Kolleginnen und Kollegen, mit denen ich über Tierrechte diskutiert und auch für Tierrechte politisch aktiv war. Es wäre unmöglich und den meisten auch gar nicht recht, sie hier namentlich anzuführen. Besonders möchte ich mich auch bei jenen nichtmenschlichen Tieren, allen voran dem Max und dem Hassan, dafür bedanken, dass sie mich in ihre Nähe ließen und viele ihrer Gedanken und Gefühle mit mir geteilt haben.

Ohne Mag. Erwin Lengauer wäre es zu dieser Arbeit gar nicht gekommen. Er hat mich von Anfang an motiviert und bestärkt und mich dann im Laufe der Arbeit mit unzähligen Referenzen versorgt. Vielen Dank für all diese Hilfe!

Meiner Lebenspartnerin Paula danke ich für die ungeteilte Unterstützung, die sie mir für dieses Projekt, aber auch allgemein für meine politische Tierrechtsarbeit tagaus tagein geboten hat und weiter bietet.

Inhaltsverzeichnis

Tabellenverzeichnis

Abbildungsverzeichnis

Kurzdarstellung

Die Tierethik gilt herkömmlich bestenfalls als eine kleine Spezialdisziplin der Ethik, die hauptsächlich vom Umgang der Menschen untereinander handelt. Die stillschweigend getroffene Voraussetzung dafür ist den meisten gar nicht bewusst: Tierethik wird wahrgenommen als die Frage, wie *„wir Menschen“* mit, neben vielen anderen Dingen, *„den Tieren“* umgehen sollen. Die Trennung aller Wesen in „wir Menschen“ und „die Tiere“ ist aber bereits eine sehr gewichtige Voraussetzung mit schwerwiegenden Konsequenzen.

Die Grundfrage der Ethik muss also anders angegangen werden. Zunächst erlebe ich selbst mein eigenes Bewusstsein unmittelbar. Es ist dieses Bewusstsein, das Dinge und Geschehnisse in der Welt als gut oder schlecht bewertet, abhängig von meinem Willen. Das Bewusstsein von Wesen, unabhängig ob von Menschen oder anderen Tieren, zusammen mit deren eigenem Willen wird also eine zentrale Rolle in der Ethik spielen.

Das naturwissenschaftliche Weltbild scheint keinen Platz für ein Bewusstsein und einen eigenen Willen zu lassen. Die Naturgesetze determinieren offenbar die gesamte (physikalische) Welt. Allerdings existiert zumindest ein Bewusstsein, nämlich meines, und da Bewusstsein im Moment physikalisch nicht beschreibbar ist, aber eindeutig ein physikalisches Phänomen, kann unser naturwissenschaftliches Verständnis der physikalischen Welt nicht vollständig sein. Zusätzlich hat sich mein Bewusstsein offenbar evolutionär entwickelt. Und es können sich nur Eigenschaften evolutionär entwickeln, die auch eine Auswirkung auf das Verhalten der Wesen mit dieser Eigenschaft haben. Daher muss das Bewusstsein also eine Auswirkung auf das Verhalten der bewussten Wesen haben, die sich von den Auswirkungen eines rein computeranalogen Gehirns ohne Bewusstsein unterscheiden, sonst hätte sich ja letzteres evolutionär entwickelt. Dieser Unterschied kann mit Hilfe des mathematischen Theorems von Kurt Gödel herausgearbeitet werden: Er ist das Verstehen. Computerprogramme verstehen nicht, Bewusstsein schon. Und die Auswirkung des Bewusstsein auf das Verhalten ist der Wille. Jedes Bewusstsein bringt entsprechend einen autonomen Willen mit sich.

Für ethische Überlegungen müssen wir also zunächst die empirische Frage beantworten, welche Wesen ein Bewusstsein haben und woran man das erkennen kann. Die Neurobiologie hat besonders in den letzten zehn Jahren viele neue Erkenntnisse über das Bewusstsein und sein Gehirn geliefert, vor allem durch neue Methoden der Messungen von Gehirnaktivität und durch Beobachtung von PatientInnen. Das Gehirn ist zunächst einmal das Zentrum der Nervenbahnen des Körpers. Die entsprechenden Reflexreaktionen laufen unbewusst ab. Das Nervengerüst des gesamten Körpers ist an anderer Stelle im Gehirn dargestellt, genannt das Protoselbst. Bewusstsein entsteht aber erst, wenn die Interaktion dieses Protoselbst mit einem mentalen Bild, z. B. eines Reizes bzw. einer Wahrnehmung oder einer Vorstellung, nichtverbal kommentiert wird. Auf diese Weise kann es Gefühle wie Schmerz geben, die unbewusst bleiben. Man muss also zwischen bewusster und unbewusster Wahrnehmung unterscheiden. Und jedes Bewusstsein ist auch ein Selbstbewusstsein.

Ein wichtiger Hinweis auf Bewusstsein ist also das Vorhandensein der notwendigen Hirnstrukturen. Diese finden sich zumindest bei allen Wirbeltieren. Aus dem Verhalten verschiedener Wesen kann man darauf schließen, ob sie etwas verstanden haben oder ob sie nur automatisiert bzw. reflexartig agieren. Ersteres ist ein hinreichendes Kriterium für Bewusstsein. Ob Menschen und andere Tiere Bewusstsein haben oder nicht, ist also grundsätzlich die gleiche Frage. Dass hier üblicherweise zwischen Menschen und anderen Tieren so stark unterschieden wird, was den gänzlich verschiedenen Umgang im Rahmen der Ethik bedingt, hat historische Gründe und geht auf die Aufklärung zurück. Im 18. Jahrhundert wurde die grundsätzliche Gleichheit aller Menschen durch eine grundsätzliche Unterscheidung von allen anderen Tieren erkauft. Mangels empirischer Fakten ist aber diese künstlich geschaffene Kluft nur metaphysisch motiviert. Biologisch gesehen ist der Übergang zwischen Menschen und anderen Tieren vollkommen kontinuierlich und jede Abtrennung künstlich und willkürlich. „Mensch" und „Tier" erweisen sich vielmehr als soziale Konstruktionen des „wir" und des „anderen".

Eine Verhaltensforschung ohne ideologische Scheuklappen, z. B. durch den Behaviourismus, belegt eindrucksvoll, dass Bewusstsein ein weit verbreitetes Phänomen in der Tierwelt ist. Viele nichtmenschliche Tiergruppen zeigen Kultur, Intentionalität, Verstehen. Dabei spielt die oft ins Treffen geführte Sprachfähigkeit keine entscheidende Rolle. Der Kommentar über die Interaktionen des Protoselbst mit mentalen Bildern, der das Bewusstsein bedingt, ist grundsätzlich nichtverbal. Die Sprache ist erst eine verbale Darstellung dieser Interaktion und damit nur eine Repräsentation des Faktischen, die der Kommunikation dient und aus der beim Empfangen erst wieder die mentalen Bilder bzw. die objektive Welt rekonstruiert werden müssen.

Jedes Wesen mit Bewusstsein hat demzufolge einen Willen, der bewusst ist. Die unbewussten Voraussetzungen, um diesen bewussten Willen umzusetzen, sind im Interesse des wollenden Wesens. Das eigene Leben, die eigene Freiheit und die eigene Unversehrtheit sind als Basisbedürfnisse also im direkten oder indirekten Interesse aller bewussten Wesen. Ein Wesen, das diese Zusammenhänge durchschaut und sich bewusst machen kann, will bewusst, dass es lebt, frei und unversehrt ist, und dass sein Leben, seine Freiheit und seine Unversehrtheit von anderen respektiert werden. Es fordert also Grundrechte auf Leben, Freiheit und Unversehrtheit für sich selbst, weil es selbst überhaupt willensfähig, also bewusst, ist. Jedes Leben also, das selbst Grundrechte fordert, muss, wenn es rational konsistent sein will, dann auch für alle anderen Wesen mit Bewusstsein ebenso Grundrechte fordern. Da viele Tiere ein Bewusstsein haben, müssen jene Wesen, die für sich Grundrechte wollen, diesen Tieren die gleichen Rechte, also Tierrechte, zugestehen.

Im Konfliktfall zwischen verschiedenen Wesen wird entschieden, indem den Bedürfnissen und Interessen dieser Wesen verschiedene Gewichte zugeordnet werden. Da die Gewichte aber niemals objektiv, sondern nur subjektiv sein können, weil etwas nur mehr oder weniger wert für ein bewertendes Wesen relativ zu seinem eigenen Präferenzensystem sein kann, müssten solche Werte ad hoc willkürlich eingeführt werden. Eine objektive, rationale Ethik kann also nicht z. B. das Leben eines bewussten Wesens, wie das eines Menschen, höher als das Leben eines anderen bewussten Wesens, wie das eines Schweines, werten. Das ethische Ideal liegt also im maximal möglichen gleichen Respekt gegenüber dem Leben, der Freiheit und der Unversehrtheit aller bewussten Wesen. Das setzt eine vegane Lebensweise voraus, also eine, die ohne tierliche Produkte oder die Nutzung von Tieren gegen deren Interessen auskommt.

Vorwort

Der Umgang mit nichtmenschlichen Tieren in unserer Gesellschaft hat mich schon immer irritiert, soweit ich zurückdenken kann. Unmittelbar vor meiner ersten politischen Tierschutzaktivität war ich Ende 1984 bei der historischen Besetzung der Hainburger Au dabei, von Anfang bis zum Ende. Es ging darum, eine Naturlandschaft vor der Zerstörung durch ein Kraftwerk zu bewahren. Andere dachten an das Stück Wildnis, das für immer verloren gegangen wäre. Ich sah schon damals die Au als den Wohnraum vieler Tiere, und so war ihr persönliches Recht zu leben meine Motivation.

Im Jahr 1985 habe ich als Student meine ersten Tierschutzveranstaltungen organisiert. Damals ging es hauptsächlich gegen Tierversuche. Wir sprachen hierzulande von „ökologischer Ethik". Den Anschluss an die längst in vollem Schwung befindliche Tierrechtsdiskussion im englischsprachigen Raum habe ich erst 1989 gefunden, nachdem ich an der Universität Cambridge in England zu arbeiten begonnen hatte. Neben meiner zwölfjährigen Tätigkeit als Universitätsassistent an verschiedenen Universitäten war ich acht Jahre lang in der Jagdsaboteur-Vereinigung HSA in England aktiv. Mir wurde immer mehr bewusst, dass auch ich persönlich eine politische Verantwortung dafür trage, wie unsere Gesellschaft mit Menschen und anderen Tieren umgeht. Die theoretische Arbeit im Elfenbeinturm der Wissenschaft, so wichtig und befriedigend sie auch war, konnte ich vor mir nicht mehr vertreten. Seit 1997 bin ich ausschließlich in der Tierrechtsbewegung aktiv.

Diese Schrift handelt vom naturwissenschaftlich-rationalen Argument für Tierrechte. Mir ist bewusst, dass die allermeisten Menschen, die sich für Tierrechte einsetzen oder die das Tierrechtsideal selbst zu leben versuchen, nicht rational zu dieser Einstellung gelangt sind. Es gibt in der Tat auch viele emotionale oder spirituell-religiöse Argumente für Tierrechte. Doch diese subjektive Sicht scheint mir keine Basis für einen gesellschaftsweiten Konsens. Natürlich kann man sich aufgrund solcher Argumente selber ändern, aber andere, mit anderer Sozialisation und anderer religiöser Auffassung, sind dadurch nicht zu erreichen. Während wir also emotional und spirituell motiviert sein können, für Tierrechte aktiv zu werden, kann erst eine konsistente rationale Begründung die Basis für die politische Forderung nach Tierrechten liefern. In dieser Schrift werde ich mich daher sehr bewusst auf eine wissenschaftlich-rationale Argumentation beschränken, ohne deshalb die motivierende Kraft anderer Argumente negieren zu wollen.

In 16 Kapiteln lege ich die verschiedenen Aspekte des Tierrechtsgedankens dar. Im Grunde genommen sind die einzelnen Kapitel voneinander unabhängig. Sie können sowohl unabhängig voneinander gelesen als auch unabhängig nachvollzogen werden. In den ersten sechs Kapiteln versuche ich naturwissenschaftliche Fakten zum Bewusstsein zusammenzustellen, um zu sehen, was sich darüber aussagen lässt und wie es nachzuweisen ist. In den Kapiteln 7 und 8 weise ich nach, dass die Begriffe „Mensch“ und „Tier“ soziale Konstrukte sind, die sich in der Realität nicht wiederfinden. Die Kapitel 9 bis 11 identifizieren Bewusstsein bei verschiedenen Wesen. Im Kapitel 12 wird die Tierrechtsphilosophie hergeleitet. Kapitel 13 und 14 rekapitulieren die Argumente anderer. Das Kapitel 15 ist der Frage nach der Grenze des Bewusstseins gewidmet und Kapitel 16 dem ethischen Ideal. LeserInnen, die weniger naturwissenschaftlich orientiert sind, würde ich empfehlen, mit dem sechsten Kapitel zu beginnen und die Kapitel 1 bis 5 vorerst zu überspringen.

20 Jahre meiner theoretischen Überlegungen und praktischen Erfahrungen zu Tierrechten stecken in dieser Schrift. Ich denke, das Argument ist rational konsistent und überzeugend. Es scheint mir keine Lücken zu haben. In einer rationalen Welt dürfte einem ernsthaften Versuch in unserer Gesellschaft, Tierrechte umzusetzen, jetzt nichts mehr im Wege stehen.

Einführung

Motivation

In seinem Buch „*Seventy Years Among Savages*" (Salt 1921) beschreibt Henry Salt, englischer Sozialreformer und Sozialist (Hendrick und Hendrick 1989), aber auch Aktivist für Tierrechte (Salt 1892), seine Verwunderung über das in seinen Augen völlig unverständliche – eben „barbarische" – Verhalten seiner MitbürgerInnen gegenüber nichtmenschlichen Tieren. Das Buch ist im Stil eines Forschers um 1900 geschrieben, der weitab von der europäischen Zivilisation in fremde Länder oder auf neuentdeckte Inseln reist und dort die „Wilden" (savages) bzw. die UreinwohnerInnen besucht und beschreibt – obwohl der „Forscher" Salt in diesem Fall natürlich nicht verheimlicht, dass er auf dieser unzivilisierten Insel – England – selbst geboren wurde und bereits 70 Jahre gelebt hat. Die so von sich und ihrem hohen Kulturstandard eingenommene Gesellschaft wird von Salt mit ihrer „Barbarei" konfrontiert, mit der sie alltäglich, ohne nachzudenken und ohne ethische Reflexion, leidensfähigen MitbewohnerInnen – den nichtmenschlichen Tieren – begegnet. Der Kern des Buches ist Salts sehr stark empfundenes Entsetzen, wie scheinbar „normale" und freundliche Menschen sich nur so verhalten können.

Vor genau demselben Rätsel stehe auch ich. Bei meiner Arbeit als Wissenschaftler war ich Teil einer Arbeitsgruppe, deren Mitglieder u. a. sehr schmerzhafte und brutale Versuche an Ratten unternommen haben, um Koeffizienten für die Wahrscheinlichkeit des Auftretens von Hautkrebs bei Menschen nach Bestrahlung mit hartem ultraviolettem Licht zu bestimmen. Dieselben Menschen, mit denen ich in der Kantine Tee getrunken und freundlich geplaudert habe, sind anschließend ins Labor gegangen, um Ratten zu Tode zu quälen. Und die große Mehrheit der restlichen KollegInnen haben täglich, ohne auch nur das Geringste dabei zu empfinden, Leichenteile von in Massentierhaltung gequälten und danach getöteten Tieren gegessen. Es stellt sich also die Frage, ob mit mir etwas nicht in Ordnung ist, wenn ich den Großteil der Gesellschaft pathologisch gefühllos und brutal finde, oder ist mit ihnen etwas nicht in Ordnung, weil sie wirklich gefühllos und brutal sind?

Meine seit vielen Jahren geführten Bergtourenbücher zeigen, dass ich nun bald 40 Jahre lang jährlich 80 bis 120 Tage in den Bergen verbringe, meistens weglos und mit dem Zelt unterwegs, oft von meinen Hundefreunden begleitet. Ich hielte es länger als ein paar Tage im Großstadtbeton auch gar nicht aus. Ich besteige zwar immer wieder auch Fels- und Eiswände, aber am wichtigsten war und ist mir, einfach draußen zu sein, im Wald, in den Bergen, ohne auch nur die geringste Spur menschlicher Zivilisation. Oft bin ich ohne Zelt unterwegs, viele Tage lang, im Winter mit Schlafsack, im Sommer zuweilen ohne. Dann rolle ich mich für die Nacht einfach im Wald ein, unter einem Baum, und schlafe, selbst im Regen.

Die Rationalisierung des brutalen Verhaltens der Gesellschaft nichtmenschlichen Tieren gegenüber ist, dass sie so ganz anders wären, dass da eine unüberbrückbare Kluft bestünde. Aufgrund dieser Andersartigkeit werden Nichtmenschen dann als minderwertig gesehen. Subjektiv empfinde ich genau das Gegenteil. Ich sehe die angeblich so große Kluft überhaupt nicht. Bei meinen Erlebnissen in den Bergen, im Wald, sehe ich keinen wesentlichen Unterschied zwischen mir und anderen Tieren. Auch und gerade meine caniden Begleiter beweisen mir das täglich aufs Neue.

Doch offensichtlich kann man aus gleichen Erlebnissen andere Schlüsse ziehen. Vor vielen Jahren war ich mit einer Frau in den Bergen unterwegs. Nach der Durchsteigung einer Felswand spazierten wir fröhlich über die Gipfelwiese und stießen unvermittelt auf ein großes Rudel von Gämsen, die aufgrund unseres plötzlichen Erscheinens verschreckt auseinander stoben. Um nicht weiter zu stören, warfen wir uns rasch hinter einen Felsen und beobachteten das Geschehen. Nach einer Flucht in vollem Galopp in alle Richtungen beruhigte sich die Herde nach einiger Zeit, allerdings war sie weit auseinander gerissen. Da hörten wir deutlich den weinenden Ruf eines Gämsenkitzes auf der einen Seite und kurz darauf die suchenden Rufe der Mutter auf der anderen. Die beiden waren aber so weit voneinander entfernt, dass sie sich gegenseitig nicht hören konnten. Die Mutter lief offensichtlich verzweifelt von einem Kind in ihrer Nähe zum nächsten, um ihr eigenes zu finden. Ihr Kitz auf der anderen Seite weinte laut und kläglich und schaute verloren in alle Richtungen. KeineR BeobachterIn kann so etwas nicht zu Herzen gehen, auch meiner Begleiterin nicht. Wir konnten allerdings nicht eingreifen. Die Mutter hatte aber nach einiger Zeit ihre Seite des Hochtals vollständig abgesucht und alle Gämsenkinder geprüft und lief deshalb in raschem Galopp quer über die Wiesen zur nächsten und übernächsten Gruppe, bis sie letztendlich ihr Kind fand. Als sich beide bereits von einiger Entfernung erkannten, liefen sie aufeinander zu, riefen laut voller Freude und begrüßten sich durch intensives Beschnuppern. Ein sehr bewegendes Ereignis.

Und dennoch. Nachdem meine Begleiterin mit mir zur nächsten Almhütte abgestiegen war, bestellte sie sich Fleisch zum Abendessen. Hatte sie das Erlebnis so kalt gelassen? Oder überstieg der Schluss von ihrem Mitgefühl mit dem Gämsenleid auf ein Mitgefühl mit dem Rind, dessen toten Körper sie gerade verspeiste, ihre intellektuellen Fähigkeiten? Oder war der Umstand, dass sie das Rindfleisch bezahlt und damit nur indirekt den Auftrag zur Tötung des Tieres gegeben hatte, eine zu lange Kausalkette, um von ihr bewusst verstanden und nachgefühlt werden zu können? Oder meint sie, dass die Kluft zwischen Menschen und anderen Tieren so unendlich groß sei, dass Begriffe wie Gerechtigkeit einfach auf letztere nicht anzuwenden wären?

Zur „Kluft“ zwischen Mensch und „Tier“

Im Leben mit Hunden unter anderen Tieren in den Bergen spüre ich keinerlei Kluft zwischen uns. In meiner Jugend hatte ich ein so großes Nahverhältnis zu einem Hund, dass ich mit voller Überzeugung sagen kann, dass mir bis dahin niemand so nahe gestanden ist wie dieses Lebewesen. Kein Mensch. Wir haben uns „blind“ verstanden und bei unseren wochenlangen Bergtouren großartig ergänzt. Wie kann jemand auf die Idee kommen, hier eine Kluft zu sehen?

Hediger erklärt in seinem Buch (Hediger 1984), in dem er sich als „Zoodirektor von internationaler Geltung und Begründer der Tiergartenbiologie“ bezeichnen lässt, dass die Kluft zwischen Menschen und anderen Tieren so groß wäre, dass man den Menschen nicht als Tier bezeichnen dürfe und sogar die Evolution ablehnen müsse. Nur eine göttliche Schöpfung könne ein so herausragend intelligentes Wesen wie den Menschen produzieren.

Seltsam nur, dass ich auch nach zwölf Jahren Arbeit als Universitätsassistent an drei verschiedenen international renommierten Universitäten von dieser „herausragenden Intelligenz“ keine Spur gefunden habe. Und dabei nehme ich mich persönlich nicht aus, im Gegenteil. Aus eigener Erfahrung weiß ich, dass mein Gehirn äußerst schlecht funktioniert und die erstaunlichsten Fehlleistungen produziert. Z. B. wenn ich ein Buch nach zehn Jahren zum zweiten Mal lese, erlebe ich es wie zum ersten Mal, auch wenn mich das Buch seinerzeit wirklich sehr interessiert hat. Ich kann wieder genauso überrascht über diese oder jene Einsicht sein und mich danach sogar daran erinnern, dasselbe Gefühl an derselben Stelle beim Lesen gehabt zu haben. Aber eben nur danach. Mir gelingt es sogar, eigene Schriften nach 20 Jahren zu lesen, als wären sie mir vollkommen neu. Ich könnte noch viele andere Beispiele bringen.

Beim Autofahren z. B. verhalten sich viele Menschen oft so haarsträubend unintelligent und scheinbar ohne jede Fähigkeit, vorauszuschauen oder sich in andere VerkehrsteilnehmerInnen hineinzuversetzen, dass man sich wundert, dass nicht mehr Verkehrsunfälle passieren. Sei es, dass sie mit 140 km/h nur 10 m hinter einem anderen Auto herrasen, ohne überholen zu wollen, oder sei es, dass sie überholen, nur um sofort scharf zu bremsen und abzubiegen, sei es, dass sie voll aufs Gas steigen, obwohl 100 m weiter die Ampel bereits auf Rot gewechselt hat, oder ähnliches. Ein Freund weigerte sich seit jeher, mit Helm Motorrad zu fahren. Ich frage: „Wieso?“ Er: „Ich vertrau’ auf mich selbst“. Ich: „Aber wenn dir jemand hineinfährt?“ Er: „Ich vertrau’ auf mich selbst, dass mir das nicht passiert“. Einige Zeit später stand er bei Rot vor einer Ampel, und ein Auto schoss ihn von hinten ab. Die Fahrerin hatte weder das Rotlicht noch sein Motorrad gesehen.

Andere Beispiele von „herausragender Intelligenz“ sind das Rauchen oder das Wetten für Geld bzw. das Lottospielen. Ich will mich hier nicht über diese Verhaltensweisen lustig oder sie schlecht machen. Jeder das Ihre. Aber mit Intelligenz und Rationalität – angeblich das Zeichen schlechthin des Menschseins und das Maß der großen Kluft zu den anderen Tieren – hat das nicht sehr viel zu tun, im Gegenteil. Und in der Tanzschule oder bei Gesellschaftstänzen habe ich immer wieder erlebt, dass sich die meisten Menschen die einfachsten Schrittfolgen nicht merken können.

Auch mit der mathematischen Intelligenz bei Menschen ist es nicht weit her. Meiner 21-jährigen Nachhilfeschülerin, die die Matura nachmachen wollte, versuchte ich zu erklären, was die Gleichung $x - 2 = 0$ bedeutet und wie man sie lösen kann. Nach langen Versuchen musste ich kapitulieren: sie konnte das einfach nicht verstehen. Der Abstraktionsschritt der Formalisierung einer praktischen Frage wie: „von wie vielen Äpfeln musst du zwei wegnehmen, damit keiner mehr da ist?“ war ihr einfach zu hoch. Umgekehrt habe ich wahre Mathematikgenies im praktischen Leben gesehen, die zu den einfachsten Dingen nicht fähig waren, wie z. B. einen Fahrscheinautomaten in den öffentlichen Verkehrsmitteln zu bedienen, einfache Reparaturen vorzunehmen und die dafür notwendigen mechanischen Zusammenhänge zu verstehen oder beim Autofahren rückwärts einzuparken.

Auch hier möchte ich mich nicht über andere lustig machen. Ich stelle nur fest, dass die „herausragende Intelligenz“ bei den Menschen, und allen voran bei mir, einfach nicht zu finden ist. „Herausragend intelligent“ ist anders.

Hediger (1984) und andere fügen auch an, dass die Kluft zwischen Menschen und anderen Tieren an der Fähigkeit läge, an Religion oder etwas Göttliches zu glauben. Wenn dem so wäre, dann sind viele Menschen keine Menschen, weil sie schlicht und einfach an nichts Göttliches glauben können. Und mit gutem Grund, wie ich meine. Die Wachturm-Gesellschaft der Zeugen Jehovas belegt das eindrucksvoll. Sie hat eine Reihe von Publikationen herausgegeben, die so kindlich und naiv gehalten sind, dass sie sich wohl an recht schlichte Gemüter wenden. Die Bilder und Gleichnisse, mit denen das Gesagte untermalt wird, wirken so, als wären sie einem Kinderbuch entnommen. Hediger (1984) meint, aus der Natur ableiten zu können, dass es eine göttliche Schöpfung gegeben haben muss, ja, er plädiert sogar dafür, das in der Schule zu lehren. Die Evolution könne dieses und jenes nicht erklären. Dabei scheint Hediger nicht zu verstehen, dass „göttliche Schöpfung“ keine Erklärung irgendwelcher Sachverhalte ist, sondern eine Bankrotterklärung der eigenen Fähigkeit, Zusammenhänge zu verstehen. Zu sagen, ein Sachverhalt wäre auf Gott zurückzuführen, ist gleichbedeutend damit zuzugeben, dass man keine Ahnung hat, wie der Sachverhalt zustande gekommen sein könnte. Als Alternative zur wissenschaftlichen Theorie der Evolution die Schöpfungsgeschichte der Bibel ernst und wörtlich zu nehmen, zeugt nur von der Unfähigkeit, die Evolution zu verstehen. Ob die Evolution (im Moment) überhaupt für irgendeinen Menschen vollständig zu verstehen ist oder nicht: die Flucht zur Religion beweist nur diese Unfähigkeit zu verstehen und damit Unintelligenz, das genaue Gegenteil von Hedigers Doktrin der „herausragenden menschlichen Intelligenz“. Man kann vielmehr umgekehrt sagen: Die Religionsfähigkeit mancher Menschen ist ein Zeichen ihrer Irrationalität. Rationalität und Religionsfähigkeit schließen sich also aus und können beide nicht als Beleg für die Kluft zwischen Menschen und anderen Tieren herhalten.

Richard Dawkins (1993) nennt jene, die von der Kluft zwischen Menschen und anderen Tieren schwärmen, DiskontinuistInnen. Sie sehen eine Diskontinuität statt einer kontinuierlichen Entwicklung. DiskontinuistInnen meinen oft, die Sprache sei der Beleg für die Kluft. Zu den Tätigkeiten, die den größten Teil der wachen Zeit meines Lebens ausgemacht haben, gehören Bergsteigen und Mathematik. In beiden Bereichen spielt Sprache eine sehr beschränkte oder sogar gar keine Rolle. Es ist unmöglich, auch nur die einfachsten Bergerfahrungen oder Bergweisheiten anderen mit Worten mitzuteilen, sodass sie sie auch nur annähernd nachempfinden können. Bergsteigen kann man nicht aus Büchern lernen. Und die Entscheidungen beim Bergsteigen werden nicht verbal getroffen. Ähnlich bei der Mathematik. Sowohl mein mathematisches Denken als auch meine mathematischen Einsichten scheinen mir nichtverbaler Natur zu sein. Oft fällt es mir schwer, eine mathematische Erkenntnis verbal zu vermitteln. Ein Bild oder eine mathematische Formel sagen mehr als 1000 Worte.

Wenn ich wochenlang allein oder mit Hund in den Bergen unterwegs bin, dann hört sich alles verbale Denken auf. Ich könnte dabei auch niemals ein Buch lesen. Ich hab's versucht und bin kläglich gescheitert. Ein gut dokumentiertes Beispiel für den Sprachverlust in der Natureinsamkeit ist der schottische Matrose Alexander Selkirk (siehe Blumenthal 2003, S. 95–97), das Vorbild für das Buch „Robinson Crusoe“ von Daniel Defoe. Selkirk wurde im Jahr 1704 im Alter von 28 Jahren auf der Insel San Fernandez in chilenischen Gewässern im Streit ausgesetzt. Im Februar 1709, nach vier Jahren und vier Monaten, wurde Selkirk von zwei Schiffen gefunden. Doch als er versuchte, mit den Matrosen zu reden, konnte er nur noch stammeln. Einer der Kapitäne notierte: „Als er an Bord kam, hatte er seine Sprache derart verlernt, dass wir ihn kaum verstehen konnten. Es schien, als ob er seine Worte halbieren würde.“ Und das, obwohl Selkirk die Bibel auf der Insel bei sich hatte und darin lesen konnte.

Auch die Fähigkeit zur Kunst wird als eine menschliche Eigenschaft genannt, die so herausragend entwickelt wäre, dass sie keinen Vergleich mit anderen Tieren zuließe. KritikerInnen von Tierversuchen bringen häufig als Argument, dass sich die TierexperimentatorInnen vorstellen sollen, intelligente und hochtechnisierte Wesen von einem anderen Stern würden auf der Erde landen, die um genauso viel intelligenter als die Menschen wären, als die Menschen angeblich intelligenter als „die Tiere“ sind. Wären sie dann immer noch für Tierversuche – an sich selber für das Wohl der „höherwertigen“ Lebewesen vom anderen Stern? Paton (1984) nimmt dazu Stellung, indem er sagt, man möge ein Mauseloch und den Mailänder Dom betrachten. Es wäre nicht vorstellbar, dass es Wesen gäbe, die soviel bessere Bauwerke zustande brächten, als der Mailänder Dom besser wäre als ein Mauseloch. Ähnliches wird auch über den Vergleich zwischen dem Vogelgesang und der Musik von Mozart gesagt.

Ich habe den Mailänder Dom besucht, und ich habe die Musik von Mozart gehört. Beides hat mich nicht sehr beeindruckt. Andererseits könnte ich, als Mensch, weder den Dom von Mailand noch die Musik von Mozart reproduzieren, geschweige denn etwas Gleichartiges selbst entwickeln. Ich empfinde also hier weder einen großen Unterschied zu Mauseloch und Vogelgesang noch, dass sich hier eine Kluft zwischen genau allen Menschen und allen anderen Tieren auftut. Vielmehr erschüttert mich, an was für einer verblendeten Selbstüberschätzung manche Leute leiden. Welty und Baptista (1988) z. B. zeigen, dass Vögel etwa zehnmal mehr Modulation als Menschen hören können, und entsprechend moduliert sind auch die Vogelgesänge, wenn man sie langsamer abspielt, sodass das menschliche Ohr sie überhaupt vollständig aufnehmen kann. Umgekehrt muss daher menschliche Musik für Vogelohren überaus langsam und eintönig klingen. Auch die von Mozart.

Zuweilen hört man sogar das Argument, dass alle Menschen von der großen Kluft zu den anderen Tieren so stark innerlich überzeugt wären und sich selbst daher zwingend als höherwertig empfänden, dass im Sinne von „sechs Milliarden Menschen können nicht irren“ damit an sich schon die Kluft und die Höherwertigkeit der Menschen bestätigt werden würden. Allerdings bilde, wie gesagt, allein ich hier schon eine Ausnahme. Ich habe mir nahe stehende Menschen und mir nahe stehende nichtmenschliche Tiere verloren, und die Trauergefühle sind völlig vergleichbar. Ich habe Menschen und andere Tiere leiden und sterben gesehen, und mein Mitgefühl ist vergleichbar. Ich spüre tatsächlich und ohne Übertreibung keine Kluft und keine Höherwertigkeit. Als Kind hat mich immer schon am meisten gewundert, dass Hunde soviel anders behandelt werden: Sie bekommen Schlechteres zu essen als Menschen und müssen das Sofa verlassen, wenn ein Mensch darauf sitzen will, usw. Warum eigentlich? Als Kind habe ich das nicht verstanden und stehe damit nicht alleine. Meine Erfahrung ist, dass Kinder bis etwa 8 oder 10 Jahre keinerlei Überlegenheit gegenüber nichtmenschlichen Tieren empfinden. Natürlich sind sie oft brutal zu anderen, aber eben zu allen Tieren, auch zu den Menschen, ohne Unterschied der Art. Auf Nachfrage sagen Kinder oft, dass ein nichtmenschliches Tier genauso ein Recht auf Leben hat wie ein Mensch. Erst das Aufwachsen in einer radikal anthropozentrischen Gesellschaft treibt ihnen diese „Flausen“ aus.

Abgesehen davon gibt es eine Reihe nichteuropäischer Kulturen und Religionen, die nichtmenschliche Tiere gleich wie Menschen respektieren, wie z. B. viele BuddhistInnen oder die Jaina.

Die wissenschaftliche Methode

Die eine sieht also eine große, unüberwindliche Kluft zwischen Menschen und anderen Tieren, der andere empfindet hier keine großen Unterschiede und versteht den Menschen als eines von vielen Tieren. Wer hat Recht? Wie lässt sich diese Diskrepanz lösen? Wer irrt sich? Diese Frage ist das wesentliche Thema dieser Arbeit.

Um sie zu beantworten, müssen wir uns aber zunächst von allen Dogmen, Vorurteilen und spirituellen Grundeinstellungen lösen. Wenn ich der Meinung bin, im Gegensatz zu allen anderen Tieren als Ebenbild eines Gottes geschaffen worden zu sein, dann werde ich natürlich grundsätzlich immer eine unendliche Kluft zwischen mir und anderen Tieren wahrnehmen. Diese Annahme teilen aber nicht alle Menschen. Um mich mit ihnen zu verständigen bzw. um festzustellen, ob diese Kluft Wirklichkeit ist oder nur das Fantasieprodukt jener, die sich gerne über andere stellen und sich von allen als minderwertig empfundenen Lebewesen abgrenzen wollen, darf ich also diese Ebenbildlichkeit zu Gott nicht voraussetzen. Ja, ich darf überhaupt nicht von Göttlichem oder Metaphysischem reden, weil dann könnte ich mich nur mit jenen verständigen, die an dasselbe Göttliche bzw. Metaphysische glauben, und einer glaubensunabhängigen Wahrheit wäre ich keinen Schritt näher.

Ich muss mich aber auch von meinen persönlichen Empfindungen, meiner subjektiven Weltsicht lösen, sie jedenfalls kritisch betrachten. Vielleicht habe ich aufgrund meiner einsamen Bergerfahrungen wesentliche Aspekte des Menschlichen einfach übersehen oder nie erlebt? Umgekehrt, vielleicht ist das Weltbild eines Menschen, umgeben von Computern, Maschinen, Straßen und Betonbauten, einfach so naturfern und damit realitätsverloren, dass er über den Bau und Gebrauch dieser Entitäten sein Dasein definiert und dadurch eine unendliche Kluft zu Wesen, die diese Entitäten nicht benutzen, wahrnimmt? In der Beantwortung so fundamentaler Fragen wie der Frage nach dem Mensch-Tier-Verhältnis dürfen wir also nicht das subjektive, persönliche Umfeld an den Anfang stellen, sondern müssen an die Sache objektiv, also mit wissenschaftlicher Methodik, herangehen.

Und die Wissenschaft spielt erstaunlich vielfältig interdisziplinär in dieses Thema herein. Zur Bearbeitung der hier aufgeworfenen Fragen werden wir Erkenntnisse aus der Mathematik, der Physik, der Biologie, der Neurologie, der Archäologie, der Anthropologie, der Physiologie, der Philosophie, der Soziologie und der Linguistik benötigen. Aber das ist ja, wenn man so will, der eigentliche Grund, warum diese Wissenschaften betrieben werden. Damit wir mit ihrer Hilfe ein möglichst objektives, metaphysikfreies Weltbild erhalten, um die eigentliche Urfrage allen Denkens und Forschens zu beantworten: Was soll ich tun?

An dieser Stelle könnte man einwenden, dass auch die Wissenschaft nichts 100%ig beweisen könne, und damit wäre sie auch nicht besser als Religion. Beweisen kann ich allerdings überhaupt nichts. So könnte überall dort, wo ich gerade nicht hinschaue, ein rosaroter Elefant stehen, und die Gesellschaft hat sich gegen mich verschworen und will mich nicht darauf aufmerksam machen. Vielleicht hört der Radiosender auf zu senden, wenn ich mein Radio abdrehe, und fängt wieder an, wenn ich wieder aufdrehe? Vielleicht existiert der Computer, auf dem ich gerade schreibe, nur in meiner Einbildung? Es gibt einige Annahmen, die ich vernünftigerweise nicht bestreiten kann. Auf diesen aufbauend, lässt sich mit Logik und empirisch-rationaler Falsifikation einiges erreichen, wie uns die Wissenschaft zeigt. Darüber hinaus grundsätzlich empirisch unerreichbare, metaphysische Größen anzunehmen, wie das die Religion vorschreibt, ist etwas ganz anderes. Wenn wir uns in dieses Fahrwasser begeben, können wir Konflikte nicht mehr durch Überzeugen, sondern nur mehr mit Gewalt lösen. Wollen wir dem entgehen, ist die wissenschaftliche Methode unsere einzige Option. Wir müssen in der Gesellschaft Gesetze für das Zusammenleben aufstellen. Da diese Gesetze aber alle betreffen und wir übereingekommen sind, dass Staat und Kirche getrennt werden müssen, dürfen diese Gesetze nicht auf religiösen Überzeugungen basieren, sondern müssen wissenschaftlich gedeckt und möglichst objektiv sein.

Aus der Annahme einer unendlichen Kluft zwischen Menschen und anderen Tieren leitet die Gesellschaft eine Reihe von normativen Konsequenzen ab. So gelten allgemein nichtmenschliche Tiere vor dem Gesetz als Sachen, als Eigentum, und sind völlig rechtlos. Mord, Totschlag, Genozid oder Vergewaltigung gibt es laut allgemeiner Überzeugung nur, wenn Menschen die Opfer sind. Entsprechend müsste auch eine empirisch-wissenschaftliche Revidierung der Annahme der Diskontinuität zwischen Menschen und anderen

Tieren normative Konsequenzen haben. Wenn Menschen auch Tiere sind, im wahrsten Sinn des Wortes, wie sollte sich dann noch die grundsätzliche Andersbehandlung und Minderbewertung gerade der nichtmenschlichen Tiere aufrechterhalten lassen?

An dieser Stelle werfen oft VerteidigerInnen des Status quo den Vorwurf des Biologismus ein, des naturalistischen Fehlschlusses. Aus dem Sein ließe sich nicht auf ein Sollen schließen, und deshalb wäre es egal, ob Menschen diese oder jene Eigenschaften hätten, anderen Tieren gleich wären oder nicht. Wie auch immer sie sind, daraus ließe sich nicht ableiten, wie man sie behandeln soll. Diese Ansicht übersieht allerdings, dass allein schon die Frage, wer ein Mensch ist und wer nicht, eine empirische Frage über das Sein ist. Zu sagen, alle Menschen haben Grundrechte, ist eine Aussage, die das Sein (wer ist Mensch und wer nicht?) mit dem Sollen (Menschenrechte) in Beziehung setzt. Allerdings hat all das mit dem naturalistischen Fehlschluss nichts zu tun.

Nach David Hume ist der Fehler des logischen naturalistischen Fehlschlusses, wenn von einer deskriptiven Proposition („x ist nützlich") zu einer normativen Proposition („Du sollst x tun") direkt logisch geschlossen wird (Höffe 1997). Da die beiden nicht logisch zusammenhängen, kann auch nicht von einer zur anderen Proposition logisch geschlossen werden, ohne dass zusätzliche Annahmen getroffen wurden. George Edward Moore zeigte den semantischen naturalistischen Fehlschluss auf, bei dem die Definition von „ethisch gut" durch empirische Begriffe bewerkstelligt wird (Höffe 1997). Das ist z. B. dann der Fall, wenn jemand zu erkennen meint, dass sich die Evolution zielgerichtet zu „höheren" und „komplexeren" Lebensformen entwickelt und deshalb ethisch definitionsgemäß jene Handlungen „richtig" wären, die „komplexere" Lebensformen auch auf Kosten weniger komplexer fördern. Abgesehen von der Unhaltbarkeit dieses Schlusses an sich konnte Gould (1995) überzeugend darlegen, dass die Evolution keine zielgerichtete Entwicklung hin zu komplexeren Wesen ist, sondern eine Ausdifferenzierung und Erhöhung der Varianz.

Oder jemand missversteht die natürliche Selektion und folgert aus ihr, dass jedes Lebewesen danach strebe, die eigene Art zu erhalten, und deshalb wäre es ethisch definitionsgemäß richtig, die eigene Art anderen Arten vorzuziehen. Tatsächlich ist die Arterhaltung aber keine Triebfeder der Evolution, vielmehr sind gleichgeschlechtliche ArtgenossInnen die größten evolutionären KonkurrentInnen. Und natürlich wäre in jedem Fall der Schluss von dem, was die natürliche Selektion bewirkt, zu dem, was ethisch richtig ist, ein naturalistischer Fehlschluss.

Oder die natürliche Selektion wird zur Definition der Ethik herangezogen, indem es als ethisch richtig bezeichnet wird, wenn Schwächere, weniger Lebensfähige durch Stärkere, Lebensfähigere getötet oder ausgebeutet werden. Auch diese sozialdarwinistische Sicht ist ein naturalistischer Fehlschluss und rational nicht haltbar.

In unserer Gesellschaft wird der naturalistische Fehlschluss oft z. B. zur Rechtfertigung des Fleischessens angewandt. Es wird gesagt, es sei natürlich für Menschen, das Fleisch anderer Tiere zu essen. Und daraus schließt man offenbar, dass es auch ethisch richtig wäre. Ein klassischer naturalistischer Fehlschluss. Nicht nur, dass er die Ausbeutung von weltweit Milliarden nichtmenschlicher Tiere rechtfertigen würde. Hollingham (2004) belegt, dass Kannibalismus unter Menschen weit verbreitet und offenbar die Norm war. Ein wesentliches Argument dafür ist der Umstand, dass DNS-Analysen ergeben haben, dass es eine genetische Prionenresistenz bei allen Bevölkerungsgruppen weltweit gibt, die sich aber nur entwickeln konnte, wenn durch Kannibalismus bedingt ein Selektionsdruck durch die menschliche Form von BSE, die vCJD, längerfristig ernsthaft gegeben war. Diese genetische Resistenz ist nämlich in anderen Bereichen nachteilig und hätte sich sonst längst wieder wegselektiert. Zusätzlich hat man an vielen Menschenknochenfunden Schabspuren von Küchengeräten gefunden. Und z. B. in verschiedenen Kochgeschirren sowie fossilisierten Menschenfäkalien eines 850 Jahre alten indianischen Pueblo in Südwest-Colorado, USA, fand man das Protein von Menschenfleisch: Mindestens sieben Personen waren dort gekocht und gegessen worden.

Wie auch immer, es ist zumindest bedenklich, dass unsere Gesellschaft ihr Verbot, Menschen zu töten und zu essen, davon abhängig machen will, ob Kannibalismus natürlich ist oder nicht. Entsprechend kann dieses Argument auch nicht für das Töten und Essen anderer Tiere herhalten.

Aber nur weil wir die Eigenschaften von Lebewesen oder Entitäten in die Ethik einbeziehen, begehen wir noch keinen naturalistischen Fehlschluss. Um eine Ethik in irgendeiner Form anwendbar zu machen, müssen ja empirische Größen darin vorkommen. Problematisch wird es erst, wenn die Ethik mit empirischen Größen begründet wird.

Da wir unsere ethischen Auffassungen unserer Gesellschaft in Form von Gesetzen zugrunde legen, ist gerade in der Ethik ein Weg der Konsensfindung abseits von Gewalt notwendig. Dieser Konsens kann aber grundsätzlich nicht auf religiösen Überzeugungen basieren, weil religiöse Überzeugungen nicht konsensfähig sind. Ebenso darf sich die ethische Diskussion nicht auf subjektive Intuitionen verlassen, weil andere Subjekte andere Erlebnisse haben können und damit ein Konsens auf dieser Basis grundsätzlich nur unter jenen Wesen möglich ist, die ähnliche Erfahrungen hatten. Das würde traditionellen Vorurteilen Tür und Tor öffnen. Es bleibt daher nur, auch in ethischen Fragen die wissenschaftliche Methode maximaler Objektivität ohne metaphysische Intervention anzuwenden. Ethik muss auf wissenschaftlichen Fakten beruhen, um einen Konsens zu ermöglichen.

Es ist mir durchaus bewusst, dass in der Praxis kaum ein Mensch rational genug ist, durch wissenschaftliche Argumente sein Weltbild und seine Ethik zu verändern. Im Gegensatz zu Hedigers Auffassung ist es mit dem menschlichen Intellekt eben nicht weit her. Aber auf lange Sicht kommt man in der politischen Diskussion zum Glück nicht ohne rationale Argumente aus, jedenfalls in einer funktionierenden Demokratie. Und deshalb werde ich hier trotzdem die ethische Grundfrage auf wissenschaftlicher Basis abhandeln.

Ohne anthropozentrisches Dogma

Die hier aufgeworfene Grundfrage „Was soll ich tun?“ und damit einhergehend die kulturhistorische und biologische Frage der Mensch-Tier-Beziehung lässt sich allerdings nur ernsthaft diskutieren, wenn wir bereit sind, auch unser Grunddogma der Anthropozentrik und unser Vorurteil nichtmenschlichen Tieren gegenüber als grundsätzlich anders und minderwertig zu hinterfragen. Diese Auffassungen können bestenfalls am Ende, dürfen aber keinesfalls am Anfang unserer Überlegungen stehen. Bei rationalen Wesen müssten gerade bei Dogmen der eigenen Höherwertigkeit die Alarmglocken läuten. Natürlich wünschen wir uns alle innerlich, die wichtigsten und besten und wertvollsten Wesen zu sein. Und gerade deshalb müssen wir mit Argumenten doppelt und dreifach vorsichtig sein, die uns scheinbar diese Eigenschaften bestätigen.

Es ist mir bewusst, dass es für „normale“ Mitglieder unserer Gesellschaft fast unmöglich ist, den Anthropozentrismus und das Gefühl der eigenen Höherwertigkeit gegenüber nichtmenschlichen Tieren auch nur zeitweilig im Rahmen einer Kette rationaler Überlegungen abzulegen. Aber das zu tun ist absolut notwendig, um sich den anstehenden Fragen ernsthaft zu stellen. Ansonsten gehen wir mit allen im Weiteren aufgeworfenen Argumenten so um, wie das Badura (1999) in seinem Buch vorgeführt hat, und damit wird jegliche Diskussion sinnlos. Das Dogma der Anthropozentrik ist vergleichbar mit einer religiösen Vorstellung: Nur wer sie teilt, kann einen Konsens finden; wer sie nicht teilt, ist durch alle weiteren Argumente unerreichbar, weil sie auf diesem Dogma fußen. Der Konflikt ist vorprogrammiert.

Für Badura scheint sich die Frage der Tierethik wie folgt zu stellen: „Wir“ Menschen sind mit einigen Dingen in dieser Welt konfrontiert, wie z. B. Kunstwerken, Pflanzen, Pilzen und eben auch „Tieren“. Und jetzt müssen „wir Menschen“ uns überlegen, wie wir diese Entitäten, u. a. auch diese „Tiere“, behandeln sollen. Schon durch diese Art von Zugang wird die vorurteilslose, wissenschaftliche Diskussion aber verunmöglicht. Dieser anfängliche Fehler zieht sich quer durch das gesamte Buch, und entsprechend werden die Grundfragen der Ethik nicht mehr diskutierbar. Die grundsätzliche, gruppenbildende Abgrenzung Menschen versus „Tiere“ verstellt jeden tieferen Blick auf die eigentlichen Zusammenhänge.

Entsprechend muss die Frage lauten: Was soll *ich* tun? Der Ausgangspunkt muss *mein* Erkennen sein, von dem aus ich die Welt erschließe. Natürlich kann es sein, dass ich erst durch soziale Interaktion zu dem geworden bin, was ich jetzt bin, aber auch das muss eine Konsequenz und darf keine Voraussetzung meines Zugangs sein.

Ausgehend von meinem Bewusstsein möchte ich also mittels wissenschaftlicher Methodik die Frage zu beantworten versuchen, was Bewusstsein ist und woran ich es bei anderen Wesen erkennen kann. Danach überlegen wir uns, wie sich historisch das Dogma der Höherwertigkeit und Andersartigkeit des Menschen entwickelt hat. Anschließend wird es einer kritischen Prüfung unterzogen. Zuletzt ziehen wir aus all dem die ethischen Konsequenzen.

Konventionen

Da ja das anthropozentrische Dogma selbst Untersuchungsobjekt dieser Studie ist und daher nicht vorausgesetzt werden darf, wähle ich eine entsprechende Schreibkonvention. Beim Begriff „Tier“ sind also immer die Menschen miteinbezogen. Nichtmenschliche Tiere sind jene Tiere, die keine Menschen sind. Weiters wird das wertneutrale „tierlich“ statt dem herabsetzenden „tierisch“ verwendet. Spezielle Begriffe für nichtmenschliche Tiere, die bei Menschen unter gleichen Voraussetzungen herabwürdigen, werden nicht verwendet, wie Männchen und Weibchen statt Mann und Frau, fressen statt essen usw.

Wenn Ergebnisse von Tierversuchen zitiert werden, so bedeutet das nicht, dass ich diese Versuche gutheiße, im Gegenteil, ich distanziere mich explizit von allen Tierversuchen, werde aber nicht davon Abstand nehmen, ihre Ergebnisse im Sinne der Opfer der Versuche anzuwenden.

Wenn ich mich auf männliche und weibliche Wesen beziehe, verwende ich die -Innen-Endung, wo es mir leicht möglich ist. Der Lesbarkeit wegen ist es manchmal besser, nur ein Geschlecht zu wählen. Das soll aber das andere Geschlecht nicht ausschließen, außer das wird explizit gesagt. Um die Geschlechtsneutralität in solchen Fällen zu unterstreichen, wird willkürlich manchmal die weibliche und manchmal die männliche Form benutzt.

I Ist die Welt determiniert?

1.1 Determinismus

Das heutige Weltbild der Physik geht mehr oder weniger davon aus, dass die gesamte Welt determiniert ist, d. h. die Naturgesetze bestimmen genau, was überall in Zukunft geschehen wird und was in der Vergangenheit geschehen ist, sofern man an einem Zeitpunkt die physikalische Situation im kleinsten Detail überall kennt. Im Gegensatz zu landläufigen Vorstellungen bestimmen nämlich die Naturgesetze, wie z. B. die Energieerhaltung, das Verhalten eines physikalischen Systems vollständig, d. h. es gibt innerhalb der Energieerhaltung für das System oder seine Komponenten keine Möglichkeit, noch irgendwie „frei", also nicht vorherbestimmt bzw. indeterminiert, zu agieren. Zum Beispiel mein Bewusstsein. Angenommen, meine bewussten Entscheidungen würden Energie benötigen. Ich könnte mir jetzt vorstellen, dass ich Energie durch meine Nahrung aufnehme und dann für die bewussten Entscheidungen verwende und so frei entscheiden kann, ohne dass die Energieerhaltung verletzt wurde. Ich könnte quasi im Rahmen der Naturgesetze frei und indeterminiert agieren. Das ist aber mit der physikalischen Weltsicht unvereinbar. Die Naturgesetze sind so vollständig, dass sie das gesamte Verhalten eines physikalischen Systems vorausbestimmen und determinieren, sofern der Anfangszustand vollständig bekannt ist.

Das widerspricht aber eindeutig meinen persönlichen Erlebnissen. Ich fühle sehr deutlich, dass ich frei entscheiden kann und nicht determiniert bin. Allerdings haben wir uns auf die wissenschaftliche Methode geeinigt und müssen daher auch wissenschaftlich-objektiv, zunächst unabhängig von meinen persönlichen Eindrücken, diese Frage untersuchen. Mein Eindruck könnte ja reine Fiktion sein.

Dennet (1996) folgert aus dieser physikalischen Sicht, dass sich Roboter konstruieren ließen, die auch Bewusstsein entwickeln, obwohl sie nur Maschinen und entsprechend mechanisch-physikalisch determiniert sind. Am Massachusetts Institute of Technology in den USA arbeitet er in einer Gruppe an dem Projekt COG, dem „menschenähnlichsten Roboter, der je in Angriff genommen wurde". In logischer Konsequenz billigt Dennet im Übrigen nichtmenschlichen Tieren keine besondere ethische Bedeutung zu (Dennet 1999), ja, es fragt sich, wie er mit seiner Ansicht Menschen überhaupt Menschenrechte und damit eine andere ethische Rolle als Maschinen zubilligen kann. Nach Durchsicht seiner Arbeiten habe ich das Gefühl, dass er nur deswegen Menschenrechte nicht ablehnt, weil es ihm die Gesellschaft aufzwingt. An und für sich bedeuten ihm, wie mir scheint, Menschen und andere Tiere jedenfalls nicht mehr als komplizierte Maschinen. Natürlich ist er selbst aber auch ein Mensch und daher allein schon aus Egoismus an einem besonderen Schutz für „seinesgleichen" interessiert.

Diesem „Angriff" der Physik auf unsere Freiheit und Eigenständigkeit wird i. A. mit dem Einwand des Reduktionismus begegnet. Psychologisches ließe sich eben nicht auf Physikalisches wie Elementarteilchen und Naturkräfte reduzieren. Das wäre eine Kategorienverwechslung (Pauen 2001). Intuitiv hat dieser Einwand viel für sich. Psychologisches wird so anders als Physikalisches erlebt, dass es den Anschein hat, als ob die beiden nichts miteinander zu tun hätten. Allerdings könnte das eben nur dem Anschein nach so sein und die Realität sieht anders aus.

1.2 Die Entstehung des Sonnensystems

Gehen wir einmal etwa 4,5 Milliarden Jahre in der Zeit zurück und betrachten die Entstehung unseres Sonnensystems. Bevor sich die Sonne und die Planeten gebildet hatten, war das Proto-Sonnensystem eine gleichförmige Wolke von Gas und Staub. Alle würden doch so ein recht einfaches Gebilde als physikalisches System betrachten.

Die Bewegung jedes einzelnen der Atome, Gasmoleküle und Staubteilchen ist durch die Naturgesetze der Impulserhaltung festgelegt. Die Atome und Gasmoleküle können aneinander stoßen, wobei diese Stöße der Energieerhaltung genügen. Die quantenmechanische Beschreibung dieser Stöße zeigt, dass sie auch zu einer so genannten Anregung der Energiezustände der Teilchen führen können, die sich entweder durch Abstrahlung eines Lichtteilchens oder bei einem weiteren Stoß entlädt. Zusätzlich müssen wir also die Energie- und Impulserhaltung der Lichtteilchen und ihre Wechselwirkung mit den Materieteilchen einbeziehen. Staubteilchen stoßen inelastisch aneinander und koagulieren, d. h. verschmelzen zu immer größeren Gebilden. Zusätzlich zu diesen Stößen wirken die elementaren Naturkräfte zwischen den Teilchen. Da ist zunächst die elektromagnetische Kraft durch geladene Teilchen und ein etwaiges Magnetfeld in der Wolke. Dann müssen wir die Gravitationskraft in die mathematischen Gleichungen einbeziehen, die alle Materie auf andere Materie ausübt. Die Wechselwirkung der Elementarteilchen, Atome und Moleküle untereinander wird durch die quantenfeldtheoretischen Kräfte der starken und schwachen Wechselwirkung beschrieben.

Diese Naturkräfte lassen sich im Prinzip für jedes Teilchen formulieren und lösen. Unter Vorgabe der genauen Art und Verteilung aller Teilchen zusammen mit ihren Energiezuständen und Impulsen im Anfangszustand sowie mit den Randbedingungen an den Grenzen des physikalischen Systems nach außen kann so im Prinzip das Verhalten dieses Systems für alle Zukunft vorhergesagt werden. Es ist deterministisch.

Da so ein System von der Masse der Sonne – es soll ja zuletzt unser Sonnensystem entstehen – ca.

100000000000000000000000000000000000000000000000000000000000000000000

Teilchen enthält, müssen wir für das praktische Vorgehen die mathematischen Gleichungen, die sich aus den Naturgesetzen für jedes einzelne Teilchen ergeben, in statistischer Weise umformulieren. Der makrophysikalische Zustand dieses Systems ist ja vom genauen mikrophysikalischen Verhalten der einzelnen Teilchen unabhängig.

Bei dieser Umformulierung erhalten wir statt der Einzelteilchenparameter wie deren Energiezustand, Impuls usw. statistische Größen wie Materiedichte, Temperatur und Strömungsgeschwindigkeit an jedem Ort. Für jede dieser Größen gibt es aber weiterhin eine eindeutige Gleichung, wie z. B. Massenerhaltung, Energieerhaltung und Impulserhaltung im statistischen Mittel, die die jeweilige Größe wie z. B. Temperatur oder Dichte bei gegebener Anfangsbedingung für alle Zeiten bestimmt (Balluch 1989).

Wenn wir diese Gleichungen nun lösen, z. B. indem wir sie in einen Computer füttern, dann ergibt sich in etwa folgendes Bild (Balluch 1991, Tscharnuter 1987): Zunächst beginnt die Wolke – bei geeigneten Anfangsbedingungen – unter ihrem eigenen Gewicht zu kollabieren. Bei diesem Kollaps steigt die Dichte im Zentrum an, die Temperatur bleibt aber in etwa gleich, weil jede Erwärmung sofort in Form von Licht abgestrahlt werden kann. Wenn die Materie so dicht wird, dass das Licht nicht mehr ohne Wechselwirkung mit der Materie entkommen kann, d. h. wenn die Materie für das Infrarotlicht undurchlässig wird, dann steigen die Temperatur und der Druck im Inneren stark an, und es bildet sich ein Kern, in dem der Kollaps vorerst endet. Die äußere Hülle fällt aber mit rasender Überschallgeschwindigkeit auf diesen Kern, sodass um den Kern, wie bei Überschallflugzeugen, eine so genannte Stoßwelle entsteht, die die anströmende Materie stark abbremst. Zusätzlich wird die gesamte Wolke zu einer gigantischen Scheibe, weil der Drehimpuls einen Kollaps nur vertikal auf den Drehimpuls zulässt.

Im Folgenden sammelt der Kern langsam immer mehr an Masse aus der Hülle, rückt damit stetig immer weiter zusammen und wird immer heißer. In der Scheibe bilden sich durch Koagulation der festen Teilchen immer größere Teilchenansammlungen, die letztendlich so groß werden, dass sie auch das Gas aus der Hülle zu sich anziehen: Auch dort entstehen eigene Kollapszentren und feste Kerne mit Gashüllen – die Protoplaneten (Wuchterl 1991).

Zuletzt wird die Temperatur im Innern des zentralen Hauptkerns, der Protosonne, so heiß, dass die Kernfusion zündet. Jetzt gibt es ein unabhängiges Energiereservoir für lange Zeit – etwa für die nächsten neun Milliarden Jahre –, und die neu gebildete Sonne schrumpft nicht mehr weiter. Umgekehrt bläst die durch das Zünden der Kernfusion entstandene Strahlung die Gashüllen der innersten Planetenkerne davon. Es entstehen Merkur, Venus, Erde und Mars. Übrig bleibt die Sonne, wie wir sie heute kennen, und die Planeten – die inneren Planeten inklusive der Erde, die statt einer Gashülle nur eine dünne Atmosphäre haben, und die äußeren großen Gasplaneten wie Jupiter und Saturn, jeweils mit einigen Trabanten.

Die Erde kühlt ab, und auf ihrer Oberfläche bilden sich organische Molekülverbindungen, die sich letztendlich selbst reproduzieren. Die Evolution ist damit in Gang gesetzt, die dann zuletzt zu bewusstem Leben führt, wie wir es heute kennen.

An welcher Stelle dieses Bildes soll das anfängliche physikalische System zu einem psychologischen werden, auf das die Naturgesetze und ihr Determinismus nicht mehr anwendbar wären? Wo und wann soll hier die Kategorienverwechslung passieren? Wann entsteht ein unzulässiger Reduktionismus, und warum? Die Naturgesetze, d. h. die Erhaltungssätze, lassen keinen Spielraum, sie bestimmen immer weiter eindeutig, was für einen Zustand das gesamte System an jedem Ort zu jeder Zeit haben wird. Sollte die physikalische Beschreibung tatsächlich an einem gewissen Zeitpunkt nicht mehr zutreffen, zum Beispiel wenn Leben oder Bewusstsein entsteht, so dürften ab dann die Erhaltungssätze nicht mehr gelten, und die Naturgesetze müssten gebrochen werden. Das scheint die einzige Alternative zum physikalischen Determinismus zu sein.

Dem physikalischen Weltbild zufolge spielt die Zeit eine ähnliche Rolle wie eine Raumdimension, sie ist jedenfalls nicht im Fluss, und nichts zeichnet die

Gegenwart aus. Alle Erhaltungssätze sind zeitsymmetrisch, keine Zeitrichtung ist von der anderen zu unterscheiden. „Die Zukunft ist [dem Forscher] nicht minder notwendig und bestimmt wie die Vergangenheit“ (Einstein 1966, S. 18). Und in einem Kondolenzbrief zum Ableben seines eben verstorbenen Freundes Michele Besso vom 15. März 1955 schreibt Einstein etwa einen Monat vor seinem eigenen Tod: „Nun ist er mir auch mit dem Abschied von dieser sonderbaren Welt vorausgegangen. Dies bedeutet nichts. Für uns gläubige Physiker hat die Scheidung zwischen Vergangenheit, Gegenwart und Zukunft nur die Bedeutung einer wenn auch hartnäckigen Illusion.“ (Einstein 1972, S. 538)

1.3 Emergenz neuer Qualitäten

Popper versucht diesem Determinismus mit seiner Theorie der Emergenz zu entgehen (Popper und Eccles 1987). Nach der Vorstellung, dass das Ganze mehr wäre als seine Teile, meint er, dass durch Kombination von Elementarteilchen unter dem Einfluss der Naturgesetze grundsätzlich neue Qualitäten entstünden, die in den Elementarteilchen selbst noch nicht vorhanden gewesen wären. Diesen Vorgang nennt er Emergenz. Als Beispiel sieht Popper die Bildung von Atomen aus Elementarteilchen, die Bildung von Molekülen aus Atomen, dann die Bildung von Kristallen, dann Viren und zuletzt von lebenden Organismen. Popper begründet diese Vorstellung damit, dass die bekannten Naturgesetze das physikalische Problem nicht vollständig beschreiben und determinieren: „Es kann invariante Gesetze und Emergenz geben, denn das System der invarianten Gesetze ist nicht vollständig, nicht abgeschlossen und nicht einschränkend, dass es die Entstehung, unter neuen Bedingungen, von neuen gesetzartigen Eigenschaften verhindern könnte.“ (Popper und Eccles 1987, S. 48) „Die Emergenz [beruht] auf dem fundamentalen Indeterminismus des physischen Universums.“ (Popper und Eccles 1987, S. 60)

Diese Ansicht basiert aber auf der Annahme, dass die mathematische Beschreibung eines physikalischen Systems ein „Modell“ des Systems wäre, das sozusagen die beobachtbaren Eigenschaften des Systems beschreibt, aber nicht die Wirklichkeit. Nur dann könnten „neue“ Eigenschaften bei einer Änderung des Systems plötzlich und unerwartet entstehen, die ein neues Modell der Beschreibung des Systems mit neuen Parametern notwendig machen.

Die Mathematik ist aber auf eine viel fundamentalere Weise mit der physikalischen Wirklichkeit verknüpft. Mathematische Beschreibungen von physikalischen Systemen sind keine an empirische Eigenschaften des Systems angepasste Modelle, sondern sie werden entdeckt, sie sind praktisch mit dem System ident. Diese Einsicht ergibt sich nicht nur aus der Praxis, wenn man selbst mathematische Physik betreibt, sondern sie wird auch durch verschiedene Erfahrungen bestätigt.

So hat Einstein die Mathematik des gekrümmten Raumes ohne zwingenden empirischen Grund für die Formulierung seiner Allgemeinen Relativitätstheorie verwendet. Aber dadurch hat sich nicht nur eine harmonische, allumfassende Beschreibung ergeben, sondern es konnten auch Vorhersagen für Experimente getroffen werden, die für die nächsten Jahrzehnte weder absehbar noch durchführbar waren. Russell Hulse und Joseph Taylor haben 1993, ca. 80 Jahre nach Einsteins Veröffentlichung, den Nobelpreis für Physik dafür gewonnen, dass sie anhand des Doppelneutronensternes PSR 1913+16 nachweisen konnten, dass die Vorhersagen von Einsteins Allgemeiner Relativitätstheorie den Beobachtungen mit einem relativen Fehler von maximal 0,00000000000001 entsprechen (Penrose 1994, S. 230). Wenn die mathematische Beschreibung nur ein Modell gewesen wäre, wäre diese Genauigkeit der Vorhersage in Bereichen, die bei Erstellung der Theorie noch unbekannt waren, unplausibel.

Aber in praktisch allen Bereichen der mathematischen Physik lässt sich ähnliches finden. So hat Paul Dirac seine mathematische Beschreibung der Quantenfeldtheorie des Elektrons 1928 entdeckt, die nicht nur das Entstehen und Vernichten von Elektronen enthält und damit vorhersagt, sondern zwingend auch das Antiteilchen zum Elektron, das Positron. Antimaterie wurde damit als Konsequenz der mathematischen Struktur der Quantenfeldtheorie empirisch völlig unmotiviert vorhergesagt und vier Jahre später, 1932, von Andersen experimentell bestätigt.

Die komplexen Zahlen hat Cardano bereits im 16. Jahrhundert entdeckt. Sie waren notwendig geworden, um reelle Lösungen zu kubischen Gleichungen zu finden. Nach ihrer Entdeckung lieferten sie erst das Verständnis für das seltsam-unerklärliche Verhalten reeller Funktionen, indem man diese als Einschränkungen eigentlich komplexer Funktionen auffasst, die dann ein völlig stetiges, harmonisches Verhalten zeigen. In der Quantentheorie wird diese Einsicht auch physikalisch relevant. Die quantentheoretischen Zustände sind grundsätzlich komplexwertig, und komplexe Superpositionen von

Zuständen sind auch existierende Zustände. Aus diesen Zusammenhängen ergibt sich z. B. die Nichtlokalität quantentheoretischer Effekte. Dabei ist so ein komplexer Quantenzustand real existent, wenn auch nicht experimentell messbar, sondern nur mathematisch zugänglich. Die Realität des Quantenzustandes ergibt sich daraus, dass man für jeden Quantenzustand im Prinzip eine Messung angeben kann, die genau diesen Zustand mit Sicherheit als Messergebnis liefert. Allerdings kann man umgekehrt rein experimentell nicht feststellen, welcher Zustand vor der Messung bestanden hat – das weiß man nur mathematisch. Es wurde bereits experimentell bewiesen, dass es keine versteckten Variablen, also eine versteckte Realität hinter der mathematischen Beschreibung der Quantenzustände gibt. Sie sind die Realität und kein Modell für die Realität.

Die Vereinheitlichung aller in der Natur auftretenden Kräfte ist ein anderes Indiz dafür, dass die mathematische Physik die Realität darstellt. So ergibt die elektrische Kraft zusammen mit der Dynamik der Speziellen Relativitätstheorie alle Effekte der magnetischen Kraft. Es handelt sich also bei der elektrischen und der magnetischen Kraft um ein und dieselbe elektromagnetische Kraft. In der Quantenfeldtheorie konnte so durch die Mathematik der Faserbündel erkannt werden, dass alle bekannten Naturkräfte – außer der Gravitationskraft – quasi durch ein geometrisches Konzept vereinheitlicht Spezialfälle ein und derselben Kraft sind. Die Koordinatenwechsel auf der Faser, die so genannte Eichung, wird dann in der Quantenfeldtheorie durch Eichteilchen vermittelt.

Ein weiteres Beispiel ist der Zusammenhang zwischen Eigenschaften des Raumes und der Zeit und den Erhaltungssätzen. In der Newtonschen Mechanik lässt sich zeigen, dass die Energieerhaltung der Homogenität der Zeit entspricht (1 Parameter entspricht 1 Zeitdimension), die Impulserhaltung der Homogenität des Raumes (3 Parameter entsprechen 3 Raumdimensionen), die Drehimpulserhaltung der Isotropie des Raumes (3 Parameter entsprechen 3 Raumrichtungen) und die Schwerpunkterhaltung der Invarianz unter Transformationen des Koordinatensystems zu einem mit konstanter Geschwindigkeit (3 Parameter entsprechen 3 möglichen Geschwindigkeitsrichtungen). Das sind insgesamt 10 Erhaltungsgrößen für 10 Dimensionen von Transformationen im Raum und in der Zeit. In der Speziellen Relativitätstheorie werden Raum und Zeit zur vierdimensionalen Raumzeit mit einer speziellen Geometrie und Metrik, der so genannten Minkowski-Geometrie, verwoben. Die Homogenität dieses vierdimensionalen Gebildes liefert die Erhaltung des relativistischen Impulses, die auch die Energieerhaltung beinhaltet, die die Ruheenergie von Materie nach Einsteins berühmter Formel $E = mc^2$ einbezieht. Den 4 Raumzeitdimensionen entsprechen also 4 relativistische Energie-Impuls-Erhaltungssätze. Die Isotropie der vierdimensionalen Raumzeit entspricht mit ihren 6 freien Parametern der Erhaltung des so genannten Drehimpulstensors, der relativistischen Verallgemeinerung des Drehimpulses, der ebenfalls 6 freie Parameter hat. Die Spezielle Relativitätstheorie hat also die Korrespondenz in der Newtonschen Mechanik zwischen Eigenschaften von Raum und Zeit auf der einen Seite und den Erhaltungsgrößen auf der anderen, die etwas holprig war, zu einer harmonischen Korrespondenz zwischen Homogenität und Isotropie der Raumzeit auf der einen und den Erhaltungsgrößen des relativistischen Impulses und Drehimpulses auf der anderen Seite verallgemeinert. Vom allgemeineren Standpunkt sieht man erst, was im Spezialfall der Newtonschen Mechanik so „holprig“ war. Das ist offensichtlich kein „besseres Modell“, sondern eine tiefere Einsicht in die Realität.

Ich könnte noch viele Beispiele bringen. Ganz im Gegenteil zu Poppers Sicht ist also die mathematische Beschreibung keine Modellierung, sondern die Realität und entsprechend vollständig. Etwaige Unvollständigkeiten sind also mathematische Fehler in der Beschreibung, nicht ungenaue Modelle. Die mathematische Beschreibung ist, wenn richtig, grundsätzlich vollständig. In der mathematischen Physik ist also kein Platz für die Poppersche Emergenz neuer Eigenschaften. Auf diese Weise können wir dem Determinismus nicht entkommen.

Galison (2003) schreibt über Einstein: „Einstein [...] meinte nicht, dass sich die Funktion von Theorien darin erschöpfte, wahre Relationen zwischen Phänomenen nutzbringend respektive zweckdienlich einzufangen. Er strebte nach einem viel tieferen Zusammenhang zwischen der Beobachtung und der ihr zugrundeliegenden Theorie.“ (Galison 2003, S. 333) Einstein selbst schrieb: „Die Natur [ist] die Realisierung des mathematisch denkbar Einfachsten. [...] In einem gewissen Sinne halte ich es also für wahr, dass dem reinen Denken das Erfassen des Wirklichen möglich sei, wie es die Alten geträumt haben.“ (Einstein 1966, S. 116)

1.4 Indeterminismus: Chaos und quantentheoretische Wahrscheinlichkeit

Popper beruft sich in seiner obigen Argumentation aber auch auf den Indeterminismus der physikalischen Welt, der sich in der Quantentheorie zeigt. Zusätzlich hat ja auch das so genannte Chaos in der Physik Furore gemacht und bekräftigt nach landläufiger Meinung, dass sich nichts exakt vorausberechnen und damit vorherbestimmen ließe.

Für die Wettervorhersage werden grundsätzlich dieselben Gleichungen, d. h. Erhaltungssätze, wie oben für die Sternentstehung beschrieben, verwendet. Beim Wetter ist aber bekannt, dass im Prinzip die Bewegung der Flügel eines Schmetterlings auf einer Seite der Erde letztendlich auf der anderen Seite zu einem Wirbelsturm führen kann. Das ist die Folge der Nichtlinearität der Gleichungen: Eine beliebig kleine Änderung der Anfangsbedingung, wie z. B. der Flügelschlag des Schmetterlings, kann sich im Rahmen der Naturgesetze beliebig groß aufblähen und zu einem Wirbelsturm führen. Deshalb ist ja die Wettervorhersage so ungenau. Der auch noch so kleine Fehler bzw. die noch so kleine Ungewissheit in den Anfangsbedingungen wird nach kurzer Zeit zu einem riesengroßen Fehler bzw. zu einer riesengroßen Ungewissheit im physikalischen Zustand. Das nennt man „Chaos".

Diese Art des Indeterminismus hilft uns aber auch nicht gegen den Determinismus der Naturgesetze. Vielleicht schmälert er unsere Vorhersagefähigkeit, aber er ändert nichts daran, dass die Naturgesetze alles vorherbestimmen. Unsere Berechnungen der Erhaltungsgleichungen liefern dann zwar nach einiger Zeit nicht unbedingt den physikalischen Zustand, wie er in Wirklichkeit eingetreten ist, aber immerhin einen möglichen physikalischen Zustand, der hätte eintreten müssen, wären die Anfangsbedingungen genau jene gewesen, die wir angenommen hatten. Es gibt eben einen Unterschied zwischen der Vorhersagbarkeit eines Systems und seiner prinzipiellen Determiniertheit. Deswegen nennt man das „Chaos" auch „deterministisches Chaos": Es ist im Prinzip determiniert, und es lässt sich zwanglos am Computer simulieren.

In der Quantentheorie ist der Indeterminismus wesentlich grundsätzlicherer Natur. Der Laplacesche Dämon, der alle Anfangsbedingungen 100%ig genau weiß und dann mittels Naturgesetzen alles Geschehen vorherberechnen kann, ist tatsächlich spätestens mit der Quantentheorie gestorben. Der radioaktive Zerfall eines Atoms ist z. B., wie die Quantentheorie zeigt, grundsätzlich nicht kausal bedingt, sondern obliegt in gewissem Rahmen einem echten Zufall. Die quantentheoretische Beschreibung von Elementarteilchen liefert nur Wahrscheinlichkeiten dafür, dass gewisse Messungen gewisse Ergebnisse liefern. Deshalb haben lange Zeit konservative PhysikerInnen die Quantentheorie als eine nicht vollständige Theorie angesehen, die noch versteckte Parameter haben muss, die die Kausalität zeigen und das Ergebnis jeder Messung eindeutig vorhersagbar machen würden. Diese versteckten Parameter gibt es aber nicht, und die Quantenzustände sind vollständig und real. Die Natur ist eben in gewissen Bereichen akausal und probabilistisch.

Die Probabilistik ergibt sich aber erst bei einer Messung, der so genannten Reduktion der Wellenfunktion. In der quantentheoretischen Welt entwickeln sich die Elementarteilchen oder Quantenzustände nach denselben Erhaltungssätzen wie die klassischen Teilchen, z. B. bei der Entstehung des Sonnensystems. Diese Erhaltungssätze sind hier wie dort völlig deterministisch und bestimmen alles eindeutig vorher. Die Quantenwelt ist also real und deterministisch. Erst wenn wir eine Messung machen wollen und den komplexwertigen Quantenzustand zu einer makrophysikalischen Größe aufblähen, wandeln sich die komplexwertigen Wellenamplituden in reelle Wahrscheinlichkeiten um. Dieser Vorgang, die so genannte Reduktion der Wellenfunktion, ist allerdings nicht vollständig mathematisch verstanden (Penrose 1990, S. 383) und entspricht im Moment eher einem Kochrezept als einer tiefen Einsicht. Reduktion der Wellenfunktion wird das deshalb genannt, weil eine gewisse mathematische Darstellung der Quantenzustände die Schrödingersche Wellenfunktion ist, die bei einem Experiment zur Messung des Ortes des Teilchens eben reduziert, also auf den gemessenen Bereich eingeschränkt wird.

Wie auch immer, es ist aber unbestritten und experimentell unzählige Male bestätigt, dass sich die Natur beim Übergang vom mikrophysikalischen, quantentheoretischen zum makrophysikalischen, „klassischen" Bereich probabilistisch und nicht mehr deterministisch verhält. Allerdings sind diese sich dabei ergebenden Wahrscheinlichkeiten eindeutig festgelegt: Wird das Experiment mit denselben Bedingungen oft wiederholt, ergibt sich statistisch genau das vorhergesagte Muster der Wahrscheinlichkeiten.

Ein Beispiel ist das Doppelspaltexperiment. Ein Elementarteilchen wird in einem gewissen Quantenzustand auf einen Doppelspalt einer Blende geschossen und hinter den Spalten jeweils in einem Detektor gemessen. Der Detektor reduziert die Wellenfunktion: Das quantentheoretische Teilchen stößt z. B. im starken elektrischen Feld des Detektors auf eine Reihe von still stehenden Atomen und ionisiert diese durch den Stoß, wodurch sie sich im elektrischen Feld zu bewegen beginnen, an andere Teilchen anstoßen und diese ionisieren usw., und zuletzt wird diese Teilchenlawine als hörbares Klicken in der makrophysikalischen Welt vernommen. Das mikrophysikalische, quantentheoretische Teilchen produziert durch diesen Prozess der Verstärkung einen makrophysikalischen, „klassischen" Effekt, das Geräusch.

Je nachdem, ob der eine oder der andere Detektor anschlägt, ist das Teilchen durch den einen oder anderen Spalt der Doppelspaltblende gegangen. Die reelle Länge der komplexwertigen Amplituden für den Quantenzustand „Teilchen im einen Spalt" bzw. „Teilchen im anderen Spalt" liefern die Wahrscheinlichkeiten, dass der eine oder der andere Detektor anschlägt. Für ein einzelnes Teilchen ist also nur die Wahrscheinlichkeit vorhersagbar, mit der es den einen oder den anderen Detektor auslöst. Eine immer größere Zahl von Teilchen führt aber zu einer immer genaueren Vorhersage dahingehend, wie oft die beiden Detektoren im Verhältnis zueinander anschlagen.

Die Quantentheorie zeigt uns damit, dass die Realität zwar zuweilen akausal und indeterministisch ist, aber deswegen nicht willkürlich, sondern probabilistisch, wobei diese Wahrscheinlichkeit genau determiniert ist. Statt einem Determinismus des Faktischen haben wir eine deterministische Probabilistik. Auch dieser Indeterminismus bietet also keine Möglichkeit einer offenen Zukunft, wie sie notwendig zu sein scheint, um der Dennetschen Schlussfolgerung zu entgehen, und wie sie Popper deshalb zu konstruieren versucht hat. Die Quantentheorie, wie wir sie heute verstehen, lässt auch keinen Raum für den freien Willen eines Bewusstseins.

2 Bin ich eine biologische Maschine?

Eine seltsame Frage: Bin ich eine biologische Maschine? In meinem persönlichen Erleben jeden Tag scheint mir das völlig absurd. Wenn ich entscheide, einen Finger zu heben, dann hebe ich ihn, wenn ich dagegen entscheide, dann nicht. Es scheint mir völlig klar, dass ich das wirklich entscheiden kann. Wenn WissenschaftlerInnen meinen, diese Entscheidung wäre eigentlich keine, sondern letztlich durch die Naturgesetze, deren Rahmenbedingungen sämtliche Umwelteinflüsse sind, vorausbestimmt und dementsprechend prinzipiell vorausberechenbar, dann würde ich sie auffordern, die Entscheidung zu berechnen und mir das Ergebnis zu nennen. Nach meinem Eindruck könnte mich nichts davon abhalten, das Gegenteil von dem zu tun, was sie behaupten, dass die Naturgesetze mir aufzwingen. Also entweder es ist praktisch unmöglich, so etwas vorauszuberechnen, obwohl es vorausberechenbar wäre, oder es ist grundsätzlich nicht vorausberechenbar, weil es noch gar nicht bestimmt ist, weil ich es nämlich tatsächlich mit meinem freien Willen entscheide.

Zunächst habe ich ein Bewusstsein. Soviel steht fest. Eine Illusion meiner Erfahrungen könnte zwar im Bewusstsein auftreten, mein Bewusstsein selbst kann aber keine Illusion sein, weil es die Voraussetzung einer Illusion ist. Das Bewusstsein in anderen Wesen könnte vielleicht meine Illusion sein, mein Bewusstsein aber sicher nicht. Und schließen sich Bewusstsein-Haben und Eine-biologische-Maschine-Sein in ein und demselben Wesen nicht aus?

2.1 Das naturwissenschaftliche Argument, warum ich eine Biomaschine bin

Viele NeurobiologInnen sehen das Gehirn sehr wohl als eine Art biologischen Computer. Die heutige Neurobiologie liefert eindringliche Belege dafür, dass alle mentalen Dinge – unsere Überlegungen, Pläne, Entscheidungen, Theorien, Ansichten und Werte, aber auch das Bewusstsein, das Ich, der freie Wille und die Seele – nichts in ihrer Art Eigenständiges sind, sondern überkommene Namen für Funktionen des Gehirns, hervorgebracht durch materielle Strukturen und Prozesse in einer physikalisch geschlossenen Welt. Wolf Singer vom Max-Planck-Institut für Hirnforschung in

Frankfurt am Main wird im Feuilleton der Frankfurter Allgemeinen Zeitung vom 8. Jänner 2004, Nr. 6, S. 33, mit den Worten zitiert: „Keiner kann anders, als er ist. Verschaltungen legen uns fest: Wir sollten aufhören, von Freiheit zu reden."

Wie sieht das wissenschaftliche Argument dafür nun im Detail aus? Zunächst einmal kann man feststellen, dass das Gehirn Sitz des Bewusstseins ist – ohne Gehirn ist auch das Bewusstsein weg. Es sind eine Reihe von Techniken entwickelt worden, mit denen die Hirnaktivität bis auf die Ebene einzelner Zellen oder gar Zellbestandteile erfasst werden kann: die Einzell- und Vielzellableitungen mit Hilfe von Mikroelektroden, die Elektroenzephalographie (EEG), die Magnetenzephalographie (MEG), die Positronen-Emissions-Tomographie (PET) und die funktionelle Kernspintomographie (fNMR) (siehe Roth 2001, S. 188).

Für die Untersuchung von Zellaktivität mit Mikroelektroden wird Gehirngewebe freigelegt. Dann können extra- oder intrazellulär Nervenimpulse, Aktionspotentiale von Zellen und Hemmungszustände gemessen werden. Auch die Aktivität kleinerer Zellverbände lässt sich so nachweisen. Beim EEG werden Elektroden außen an der Schädeldecke angebracht, die dann die elektrische Aktivität vertikal zur Hirnoberfläche einer großen Zahl von Zellen mit einer Zeitauflösung von Millisekunden messen können. Beim MEG werden auf ähnliche Weise Veränderungen der magnetischen Felder, allerdings horizontal zur Hirnoberfläche, gemessen. Da die magnetische Leitfähigkeit des Hirns geringer ist als die elektrische, ist bei gleicher Zeitauflösung die Raumauflösung des MEG dem des EEG überlegen. PET und fNMR messen lokale Veränderungen der Hirndurchblutung und des Hirnstoffwechsels. Für die PET-Messung wird dem Blut der Versuchsperson eine radioaktive Substanz zugeführt, deren Verstoffwechslung im Hirn mittels ringförmig um das Hirn angebrachten Detektoren messbar wird. Es entsteht ein dreidimensionales Aktivitätsbild mit räumlicher Auflösung im Millimeterbereich, allerdings benötigt die Messung etwa eine Minute. Da der Sauerstoffgehalt des Blutes dessen magnetische Eigenschaften verändert, kann die fNMR-Messung der Ausrichtung von Atomkernen im Magnetfeld Schwankungen im Sauerstoffgehalt des Blutes und den lokalen Blutfluss in Abhängigkeit von der leistungsbedingten Stoffwechselaktivität des Gehirns bestimmen. Dadurch lassen sich dreidimensionale Bilder der Hirnaktivität erstellen, die räumlich und zeitlich wesentlich besser aufgelöst sind als bei der PET-Messung. Allerdings ist die zeitliche Auflösung von einer Sekunde noch immer 1000-mal schlechter als die des EEG. Üblicherweise werden daher die genannten Verfahren kombiniert.

Mit diesen Methoden lässt sich jetzt feststellen, dass das Bewusstsein mit Aktivitäten in verschiedenen Hirnregionen einhergeht, sodass sogar bestimmte perzeptive, kognitive, emotionale und motorische Aktivitäten mit Aktivitätszuständen in definierten Zentren des Gehirns aufs Engste räumlich und zeitlich assoziierbar werden. So gelang es WissenschaftlerInnen Szenen, die einer Katze gezeigt wurden, aus der Zellaktivität ihres Gehirns zu rekonstruieren (*New Scientist*, 2. Oktober 1999). Kamitani und Tang konnten bei vier Versuchspersonen nur durch Messung der Gehirnaktivität feststellen, auf welches von acht Bildern sich diese bewusst konzentrierten (www.newscientist.com, 25. April 2005). Es liegt also nahe, hier direkte Zusammenhänge anzunehmen.

Untersuchen wir die Hirnsubstanz, dann finden wir, dass sie aus Nervenzellen, den Neuronen, und den so genannten Gliazellen besteht. Letztere bilden ein Stütz- und Versorgungsgewebe für die Nervenzellen. Die Nervenzellen bestehen aus einem Zellkörper, den vielarmigen Dendriten, über die sie Erregungszustände aufnehmen können, und einem oder mehreren Axonen, über die sie Erregungszustände weiterleiten können. Das Gehirn enthält etwa 100 bis 1000 Milliarden Neuronen, von denen es etwa 100 verschiedene Typen gibt. Eine Nervenzelle ist über 1000 bis 10000 Synapsen mit anderen Nervenzellen verbunden. Diese Synapsen setzen meist an den Dendriten an und können die Erregung teils über chemische Botenstoffe und teils elektrisch übertragen, sie können die Übertragung aber auch chemisch verhindern. Die Synapsen können sich ändern, trennen, verstärken oder neu bilden. Axone sind etwa 1 cm lang (Reichert 2000).

Die Erregung eines Neurons bzw. seine Aktivität bedeutet, dass ein elektrischer Strom vom Zellkörper das Axon entlang gefeuert wird. Diesen Strom nennt man Aktionspotential. Wenn er bei einer Synapse ankommt, dann überträgt er sich auf die Dendriten und von dort in den Zellkörper und in das Axon des nächsten Neurons. Ob ein Neuron nach Anregung feuert, hängt aber vom Aktionspotential des die Erregung aussendenden Nachbarneurons und den chemischen Reaktionen an den Synapsen in der Umgebung des Neurons ab. Gewisse chemische Stoffe, die Neurotransmitter, werden beim Übertragungsversuch des Aktionspotentials an den Synapsen ausgeschüttet. Manche davon hemmen die Übertragung und manche fördern sie.

Die große Anzahl von Neuronen und die vergleichsweise geringe Anzahl von Synapsen pro Neuron sowie die Länge der Axonen bedingen, dass ein Neuron nur mit einer vergleichsweise geringen Anzahl von Nachbarneuronen verbunden ist. Deshalb hängt die Aktivität eines Neurons von der Aktivität in der unmittelbaren Nachbarschaft dieses Neurons ab. Allerdings pflanzen sich Erregungszustände durch die Vernetzung lokal vernetzter Neuronensysteme fort. Das Gehirn besteht also jeweils aus vernetzten Neuronensystemen, die Aktivitäten zeigen. Es gibt keinen zentralen Ort des Bewusstseins (Damasio 1994, S. 30).

Das wissenschaftliche Argument dafür, dass das Gehirn eine Biomaschine, quasi ein biologischer Computer, ist, lautet nun so: Wir stellen fest, dass das Bewusstsein bzw. die Steuerzentrale des Körpers im Gehirn ist. Dieses besteht aus Nervenzellen und ist, für ein Steuerzentrum nicht überraschend, mittels Nervenzellen mit allen Teilen des Körpers verbunden. Eine Nervenzelle leitet ein elektrisches Potential, das ihr vermittelt wird, durch elektrischen Strom weiter. Diese Vermittlung geschieht via Verbindungen zwischen den Nervenzellen, die diese Übertragung schwächen, verstärken, unterbinden oder gewährleisten können. Alle diese Vorgänge sind physikalisch vollständig verstanden und werden durch Erhaltungssätze und physikalische Theorien bestimmt und determiniert, die bestens bekannt und empirisch getestet sind. Ein Reiz, der irgendwo am Körper, sei es durch Berührung, durch Schallwellen im Ohr, durch Licht im Auge oder durch Geruch in der Nase bzw. durch Geschmack im Mund, wahrgenommen wird, pflanzt sich entlang der Nervenbahnen ins Gehirn fort, löst dort ein gewisses Muster an Nervenreaktionen aus, das wiederum ein Signal zurück in den Körper sendet und die körperliche Reaktion auf den Reiz bestimmt, z. B. ein Zurückzucken bei einem Verbrennen der Finger oder Angst beim Anblick von Gefahr usw. In diesem Kreislauf scheint nirgendwo der freie Wille eingreifen zu können, alle Reaktionen sind durch kausale Auslöser und physikalische Gesetze fix festgelegt.

Roth kommentiert diese Erkenntnis so: „Das Entstehen von Bewusstsein im Gehirn vollzieht sich streng im Rahmen makrophysikalischer, biochemischer und physiologischer Gesetzmäßigkeiten; nichts deutet darauf hin, dass Geist etwas ist, das die Grenzen von Prozessen, wie sie Physik, Chemie und Physiologie beschreiben, transzendiert. [...] Dies bedeutet, dass jegliche Art von Geist-Hirn-Dualismus und jeder Glaube an eine Autonomie des Geistes gegenüber dem Gehirn mit dem Wissensstand der Hirnforschung unvereinbar ist." (Roth 2001, S. 205).

Als neurobiologischer Beleg der wissenschaftlichen Unhaltbarkeit des freien Willens wird üblicherweise das Ergebnis der Arbeit von Libet (1985) herangezogen, das bis heute in verbesserter Form immer wieder bestätigt und erweitert wurde (Libet 1992, Eagleman 2004). Libet ließ Versuchspersonen zu einem selbst vorgegebenen Zeitpunkt entscheiden, ihren Finger zu bewegen, und maß dabei die Gehirnaktivität. Er fragte auch die Versuchspersonen, wann sie meinten, sich entschieden zu haben, ihren Finger zu bewegen. Er fand dabei, dass die Versuchspersonen zwar alle übereinstimmend angeben, sich frühestens 200 Millisekunden (ms) vor der Handlung zu ihrer Durchführung entschieden zu haben, dass aber die Gehirnaktivität, die charakteristisch für die Handlung ist, zum Teil schon Sekunden vorher zu messen ist. Die Experimente scheinen also nahezulegen, dass keine bewusste, willentliche Entscheidung zur Handlung geführt hat, selbst bei so simplen und scheinbar von anderen Einflüssen unabhängigen Handlungen wie bei der Bewegung eines Fingers. Vielmehr erscheint das Bewusstsein als so genanntes Epiphänomen: Es beobachtet, dass eine Handlung kommt, und erzeugt die Illusion einer bewussten Entscheidung, kann aber selbst nicht kausal ins Geschehen eingreifen. Das wird jedenfalls üblicherweise aus diesen Experimenten geschlossen. Zumindest konnte bisher nie ein neuronales Ereignis beobachtet werden, das nicht in einer Kette neuronaler Wechselwirkungen von einem anderen Neuron ausgelöst worden wäre. Wie könnte in einer geschlossenen, determinierten Welt neuronaler Kausalketten ein freier Wille entstehen?

2.2 Künstliche Intelligenz

Wenn das Gehirn praktisch determiniert und grundsätzlich im Aufbau von Computern nicht zu unterscheiden ist, fragt man sich, ob es überhaupt noch einen Unterschied zwischen Computern bzw. Robotern und Lebewesen mit Bewusstsein gibt. Mit der gleichen Anzahl von Transistoren im Computer, wie es Neuronen im Gehirn gibt, sowie mit einer ähnlich komplexen Vernetzung der Transistoren sollten Computer, entsprechend programmiert, durch ihre viel schnellere Verarbeitungsgeschwindigkeit jedes biologische Gehirn ersetzen bzw. auch überbieten können.

Alan Turing hat vorgeschlagen, die Frage, ob das möglich ist, zu klären, indem ein Computer und ein Mensch sozusagen hinter einem Vorhang, ohne dass der Tester wüsste, wer der Computer und wer der Mensch ist, von ihm befragt werden. Kann der Computer nach beliebig langem Fragen durch seine Antworten vom Menschen nicht unterschieden werden, hat er den Test, den so genannten Turing-Test, bestanden. Allgemeiner könnte man sagen, dass wenn ein Roboter mit künstlicher Intelligenz sich nach beliebigen Tests ununterscheidbar von Lebewesen mit Bewusstsein verhält, man davon ausgehen muss, dass er Bewusstsein hat. Wenn Bewusstsein ein reines Epiphänomen ohne jegliche Auswirkungen ist, dann kann es mit solchen Tests allerdings nicht nachgewiesen werden. Der positivistische Standpunkt ist dann, dass es auch nicht existiert bzw. mit den internen Vorgängen beim Roboter identisch ist.

Dennet (1996) anerkennt, dass es Bewusstsein gibt. Entsprechend stellt er die Frage, ob künstliche Intelligenz in einem Roboter letztendlich auch künstliches Bewusstsein produzieren würde. Dennet meint, seine LeserInnen würden sich so sehr davor fürchten, erkennen zu müssen, einfach nur ein Computer bzw. ein Roboter zu sein, dass sie in irrationaler Weise nach allen nur möglichen Strohhalmen greifen, um sich dieser Schlussfolgerung zu entziehen. Als mögliche irrationale Ausflucht führt er die Ansicht an, dass das Bewusstsein eine immaterielle Geistessubstanz benötigt, um zu existieren. Dieses Argument hat aber keine rationale Überzeugungskraft, wie in der Einführung dargelegt wurde, und bringt uns hier nicht weiter.

Eine andere Ausflucht wäre nach Dennet die Annahme, dass es Bewusstsein nur in organischer Materie geben könne. Jeder Körper ersetzt alle seine Zellen und seine Bausteine im Laufe von etwa sieben Jahren. Nach dieser Zeit ist also kein einziges Bauelement des Körpers inklusive des Gehirns noch das alte. Offenbar macht die Struktur des Körper- und Gehirnaufbaus das Bewusstsein aus und nicht die konkrete, individuelle Materie. Organische Herzklappen können schon durch künstliche ersetzt werden. Warum nicht auch ein künstliches Auge? Und dann, warum nicht auch ein künstlicher Sehnerv? Wenn jeder einzelne Teil des Körpers und des Gehirns durch einen künstlichen Teil ersetzt wird, der genauso funktioniert, z. B. jedes Neuronensystem durch ein entsprechendes Transistorsystem, warum sollte dieses Wesen nicht auch dasselbe bleiben und dasselbe Bewusstsein haben?

Ist die Nachahmung eines Dings in allen Funktionen etwas grundsätzlich anderes als das nachzuahmende Ding selbst? Dennet meint, dass, wenn alle Funktionen und Eigenschaften zweier Dinge übereinstimmen, sie auch wirklich das gleiche sind. Diese Sicht wird durch die Quantenfeldtheorie bestätigt. Ein Faktum der Physik mit wesentlichen Folgen ist jenes: Wenn zwei Elementarteilchen, die sich in allen Eigenschaften gleichen, an einem Ort zusammenkommen und wieder auseinandergehen, dann ist es prinzipiell nicht möglich, nachher zu sagen, welches Teilchen vorher welches war. Sie haben keine Individualität.

Die letzte mögliche Ausflucht, die Dennets LeserInnen noch bleibt, wenn sie befürchten, von Robotern mit Bewusstsein nicht zu unterscheiden zu sein, ist die Annahme, dass Roboter mit Bewusstsein so unendlich kompliziert sind, dass es in der Praxis nicht möglich ist, sie zu konstruieren. Dennet vergleicht das mit einem Spielfilm mit SchauspielerInnen. Im Prinzip besteht der Film nur aus gefärbten Pixeln, die man alle künstlich konstruieren könnte. Dennoch war es bis dato keinen ComputeranimateurInnen möglich, einen computeranimierten Spielfilm so zu machen, dass er von einem Spielfilm mit SchauspielerInnen nicht zu unterscheiden wäre. Nach dieser Ansicht bestünde allerdings dennoch im Prinzip die Möglichkeit, Roboter mit Bewusstsein zu machen, und deshalb bezeichnet Dennet diese Ausflucht als wissenschaftlich uninteressant. Die LeserInnen wären trotz allem doch noch reine Biomaschinen.

Selbst wenn wir annehmen, dass die Hardware, also die Art, wie Gehirne gemacht sind, durch Computer im Prinzip strukturell und funktionell nachgemacht werden kann, stellt sich die Frage: Sind Gefühle und die Lernfähigkeit von Lebewesen mit Bewusstsein überhaupt durch Computerprogramme simulierbar? Ist also die Software des Gehirns auch für einen Computer programmierbar?

Wenn Gefühle nur als Auslöser für Verhalten interpretiert werden, sehen VertreterInnen der künstlichen Intelligenz hier kein Problem. Im persönlichen Gespräch wurde mir von allen möglichen Neurosen erzählt, die ganz automatisch bei Computerprogrammen auftreten würden, wenn man Handlungsalternativen programmiert, die aber alle frustriert werden. Bei den Versuchen von Harlow und Suomi (1972) wurden Rhesusaffen bis zu 54 Tage in kleine Stehbunker aus Stahl gesperrt, ohne jegliche Ansprache, ohne Sozialkontakt und ohne irgendeine Möglichkeit, Sinneswahrnehmungen zu machen. Anderen Rhesusaffenkindern wurde eine „Ersatzmutter" geboten, eine Puppe, die plötzlich Stahlspitzen gegen die Kinder stach. Affen, die auf diese Weise behandelt wurden, wurden auf Dauer schwer geistig gestört. Selbst Monate nach der Behandlung beschreiben die Autoren die Affen als unansprechbar, uninteressiert und völlig unsozial, sie sitzen stumm in einer Ecke, umarmen sich selbst und starren gegen die Wand. WissenschaftlerInnen, die sich mit künstlicher Intelligenz befassen, haben mir versichert, dass sich ihre Programme genauso verhalten. Ein Programm, das eine genügend komplexe Variation von Handlungen und Reaktionen auf sein umliegendes Geschehen zulässt und dabei lernfähig ist und dann völlig isoliert und frustriert wird, endet ebenso stumm in einer Ecke, ohne jegliche Handlungen zu setzen und ohne auf irgendeinen Zuspruch zu reagieren.

Programme, die diese Art von Lernfähigkeit aufweisen, nennt man neuronale Netzwerke (Rojas 2001). Sagen wir z. B., ich möchte das Problem lösen, möglichst rasch von einem Ort auf einem Straßennetz mit dem Auto zu einem anderen zu kommen. Auf der Straßenkarte kann ich zwar die kilometermäßig kürzeste Verbindung leicht und eindeutig heraussuchen, aber das muss nicht die schnellste Verbindung sein. Vielleicht führt sie durch 30-km/h-Zonen oder es gibt viele Ampeln. Mit viel Erfahrung kann ich dieses Problem viel leichter lösen als ohne Erfahrung. Ich entwickle ein Gefühl dafür, wie viele Straßenkilometer durch dichtbesiedeltes Gebiet durch wie viel mehr an Landstraßen- oder Autobahnkilometern aufgewogen werden können.

Will ich, z. B. für ein Navigationssystem in einem Auto, ein Computerprogramm schreiben, dann könnte ich mir ein paar sehr einfache Regeln einfallen lassen und diese starr programmieren. Z. B. könnte ich sagen, dass Kilometer auf der Landstraße doppelt soviel zählen wie Kilometer auf der Autobahn, aber nur halb soviel wie Kilometer im Ortsgebiet. Mit solchen starren Regeln würde ich aber der Wirklichkeit nicht gerecht. Dieses Programm wäre nicht sehr verlässlich darin, wirklich die schnellste Verbindung zu finden.

Im Leben ist es ähnlich. Ein Roboter bzw. ein Wesen mit Bewusstsein würde, wenn es nur eine Biomaschine mit starren, einprogrammierten Regeln wäre, an den einfachsten Problemen, die nicht vollständig vorhergesehen worden sind, scheitern. Wir brauchen also lernfähige Programme, die sich an neue Probleme anpassen und aus ihnen lernen können.

Im Fall unseres Navigationssystems, das die FahrerInnen über die zeitlich kürzeste Strecke informieren will, könnte das so aussehen: Ich beginne mit einem einfachen Regelsystem, lasse aber eine Rückkoppelung, d. h. eine Veränderung der Regeln aufgrund von Erfahrungen, zu. Ich fahre immer wieder verschiedene Strecken und vergleiche die Zeiten. Durch verschiedene mögliche Algorithmen erlaube ich eine laufende Fehlerminimierung, die mir immer bessere und an die Gegebenheiten immer neu adaptierbare Kriterien bzw. Gewichtungen für die Vorhersage der Strecke mit der kürzesten Zeit erlaubt. Einer der möglichen Algorithmen ist der „Backpropagation-Algorithmus“, der das Minimum der Fehlerfunktion eines bestimmten Lernproblems durch Abstieg in der Gradientenrichtung sucht. Diejenige Kombination der Gewichte eines Netzes, die den Berechnungsfehler minimiert, wird als Lösung des Lernproblems betrachtet. Details zu den Berechnungen finden sich bei Rojas (2001).

Wichtig ist hier allerdings festzustellen, dass auch neuronale Netze nur Algorithmen sind, zwar Algorithmen, die sich quasi immer neu schreiben und verbessern, aber zu jedem gegebenen Zeitpunkt kann ich die Vorhersage des neuronalen Netzes durch einen vorgegebenen, nichtlernfähigen Algorithmus, durch ein nichtlernfähiges Computerprogramm ersetzen. Und zusätzlich muss ich vor der Herstellung des neuronalen Netzes die möglichen Problemfelder, die mir begegnen könnten, kennen und vorhersehen. Ich muss zwar ihre Wirkung nicht abschätzen können, aber ich muss vorher festlegen, welche Parameter quasi in den Lernprozess einbezogen werden, also welche Parameter mir überhaupt die Lösung meines Problems definieren bzw. dafür relevant sind. In unserem Beispiel mit der zeitlich kürzesten Straßenverbindung könnten das Ampeln, Baustellen, Geschwindigkeitsbegrenzungen, Stoßzeiten usw. sein. Wenn ich aber einen relevanten Parameter nicht voraussehe, wie z. B. die Urlaubszeit, dann ist mein neuronales Netzwerk diesbezüglich auch nicht lernfähig. Neuronale Netzwerke sind keine Wunderdinge, die alles können, sondern letztendlich auch nur Computerprogramme mit einer gewissen, Computerprogrammen inhärenten Inflexibilität.

2.3 Schlussfolgerung

Zusammenfassend lässt sich also sagen, dass der naturwissenschaftliche Zugang dazu zu führen scheint, dass wir annehmen müssen, dass die Welt vollständig determiniert und vorherbestimmt ist und keinen freien Willen zulässt. Weiters ist das Bewusstsein bestenfalls ein Epiphänomen einer komplexen algorithmischen Verschaltung wie bei einem Computer, hat also keinerlei kausale Wirkung und ist daher wissenschaftlich gesehen vollkommen irrelevant. Genügend komplexe Verschaltungen sind so zu behandeln, als ob sie auch Bewusstsein haben, weil sie von Wesen mit Bewusstsein in ihrem Verhalten und in all ihren Eigenschaften ununterscheidbar sind. Vermutlich ist das auch tatsächlich der Grund, warum die Erforschung des Bewusstseins in den Naturwissenschaften bisher eher belächelt und nicht wirklich ernst genommen wurde.

Die ethische Konsequenz daraus müsste eigentlich sein, dass Wesen mit Bewusstsein keine besondere ethische Rolle spielen sollten. Jedenfalls würde ihnen kein größerer Schutz zustehen als entsprechend komplexen Computern. Nachdem wir Computern aber keine Rechte zubilligen, warum sollten dann Menschen oder andere Tiere Rechte bekommen, wenn sie sich doch nach dieser Sicht um nichts Wesentliches unterscheiden?

Dennet scheint tatsächlich diese Schlussfolgerung zu ziehen: „COG, ein reizend menschenähnlicher Roboter, der gerade am MIT gebaut wird, hat Augen, Hände und Arme, die sich genauso wie bei Menschen bewegen – rasch, ohne Stress, folgsam. Selbst diejenigen von uns, die an diesem Projekt mitarbeiten und die daher genau wissen, dass wir noch nicht einmal damit begonnen haben, die hochkomplexen Programme zu verfassen, die COG letztendlich ein Bewusstsein geben werden, bekommen in seiner Gegenwart das überwältigende Gefühl, einem bewussten Wesen gegenüberzustehen, wenn COGs Augen, obwohl noch etwas blindlings und stupid, unseren Handbewegungen folgen. Ich muss hier dafür plädieren, Gleiches gleich zu behandeln: Wenn uns diese eleganten, lebensechten Bewegungen die Illusion von Bewusstsein geben, dann muss es auch umgekehrt erlaubt sein zu fragen, ob wir nicht auch bei unserem geliebten Hund oder bei unserer Katze oder beim edlen Elefanten einer gleichen Illusion erliegen. Gefühle werden in dieser Sache viel zu leicht provoziert, als dass wir sie ernst nehmen dürfen. [...] Die prinzipielle Idee einer Trennlinie zwischen jenen Wesen, die etwas ‚empfinden', und jenen Wesen, die reine ‚Automaten' sind, schaut mehr und mehr nach einer rein künstlichen Trennlinie aus, die nur auf traditionellen Annahmen beruht." (Dennet 1999, S. 284)

Wolf Singer wendet seine Einsichten auch auf den Menschen an: „Die Annahme, zum Beispiel, wir seien voll verantwortlich für das, was wir tun, weil wir es ja auch hätten anders machen können, ist aus neurobiologischer Perspektive nicht haltbar. Neuronale Prozesse sind deterministisch. Gibt man der nichtsprachlichen Hirnhälfte einen Befehl, führt die Person diesen aus, ohne sich der Verursachung bewusst zu werden. Fragt man dann nach dem Grund für die Aktion, erhält man eine vernünftige Begründung, die aber mit der eigentlichen Ursache nichts zu tun hat. Wir handeln und identifizieren die vermeintlichen Gründe jeweils nachträglich. Dieses Wissen muss Auswirkungen haben auf unser Rechtssystem, auf die Art, wie wir Kinder erziehen und wie wir mit den Mitmenschen umgehen. [...] Eine Ameisenkolonie erscheint uns als geschlossenes System, in dem alles voneinander abhängt. Die einzelnen Ameisen tun das, was sie tun, weil sie von allen anderen über vielfältige Signale dazu veranlasst werden. Nun könnte man sich ja vorstellen, das sei auch bei uns Menschen genauso, nur dass das Geflecht der Determinanten unendlich viel komplexer ist. Könnten wir uns von einer höheren Warte aus betrachten, würden wir feststellen: Wir tun dies oder jenes, weil diese oder jene Faktoren uns dazu veranlassen." (Singer 2003, S. 20)

In seinem eigenen familiären Alltagsleben setzt Singer diese Erkenntnisse aber seltsamerweise nicht um: „Ich kann bei der Erforschung von Gehirnen nirgendwo ein mentales Agens wie den freien Willen oder die eigene Verantwortung finden – und dennoch gehe ich abends nach Hause und mache meine Kinder dafür verantwortlich, wenn sie irgendwelchen Blödsinn angestellt haben." (Singer 2003, S. 12)

3 Die Rückkehr des freien Willens

Die Schlussfolgerung der vorigen Kapitel war, dass Bewusstsein an sich bestenfalls ein Epiphänomen der eigentlich relevanten, computerartigen Fähigkeiten des Gehirns ist. Lebewesen mit Bewusstsein seien völlig vergleichbar mit Robotern, determiniert und ohne freien Willen. Meine täglichen Erlebnisse von der Eigenständigkeit bewusster Wesen um mich herum und von mir selbst wären nur Illusion. Aber diese meine persönliche Überzeugung, ein Bewusstsein mit freiem Willen zu haben, grundsätzlich anders zu sein als programmierte Computer und meine Handlungen selbst mitbestimmen zu können, ist so außerordentlich stark, dass es sehr verwunderlich wäre, wenn sich das im wissenschaftlichen Argument nicht niederschlagen würde. Und tatsächlich lässt sich auch ein wissenschaftliches Argument dafür formulieren.

3.1 Bewusstsein und Evolution

Mein Bewusstsein, soviel steht fest, existiert. Weiters bin ich durch Evolution entstanden. Also muss auch das Bewusstsein durch Evolution entstanden sein. Durch Evolution kann aber nur etwas entstehen, das in irgendeiner Form auch eine Auswirkung auf das Wesen hat, in dem dieses Etwas entstanden ist, sonst hätte die natürliche Selektion nicht greifen können. Das Bewusstsein muss also eine Auswirkung haben, die messbar ist. Das Bewusstsein hat bei mir eine Auswirkung auf meine Handlungen. Ich kann Handlungen bewusst setzen, und wenn ich akzeptiere, dass das Bewusstsein überhaupt Auswirkungen hat, dann sind diese bei mir sicher Auswirkungen auf meine Handlungen, weil es bei mir einen Unterschied macht, ob eine Handlung bewusst oder unbewusst gesetzt wird. Es wird also die Auswirkung des Bewusstseins auf meine Handlungen eine jener Auswirkungen sein, nach der die Evolution selektiert hat, um das Bewusstsein auszubilden. Diese Auswirkung des Bewusstseins auf das Handeln des bewussten Subjekts nenne ich den (freien) Willen. Die Eigenschaft „frei“ möchte ich an dieser Stelle noch in Klammern setzen, weil eine Diskussion darüber, was sie bedeutet, erst im nächsten Kapitel geführt wird.

Mit diesem Argument kann ich also auf wissenschaftlicher Basis tatsächlich einen (freien) Willen nachweisen. Wie kann das sein, wo wir doch im vorigen Kapitel scheinbar zum konträren Schluss gekommen sind?

Eine logische Schlussfolgerung lässt sich am besten in all ihren versteckten Annahmen durchblicken und kritisieren, wenn man sie in eine syllogistische Form bringt. Obiges Argument sieht dann so aus:

Prämisse 1: *Ich habe Bewusstsein.*

Prämisse 2: *Ich bin durch Evolution entstanden.*

Konklusion 1: *Bewusstsein ist durch Evolution entstanden.*

Prämisse 3: *Durch Evolution kann nur etwas entstehen, das eine Auswirkung auf das Wesen hat, bei dem es entstanden ist.*

Konklusion 2: *Bewusstsein hat eine Auswirkung auf das Wesen mit Bewusstsein.*

Prämisse 4: *Wenn Bewusstsein eine Auswirkung auf das Wesen mit Bewusstsein hat, dann zumindest auch auf sein Verhalten.*

Konklusion 3: *Bewusstsein hat auch eine Auswirkung auf das Verhalten des Wesens mit Bewusstsein.*

Definitionsgemäß nenne ich jetzt die Auswirkung des Bewusstseins auf das Verhalten des Wesens, das dieses Bewusstsein hat, den (freien) Willen oder die Intention dieses Wesens.

Ein Syllogismus lässt sich auf zwei Arten kritisieren. Entweder man kritisiert, dass ein logischer Fehler geschehen ist, wenn aus den Prämissen auf die Konklusion geschlossen wurde. Die Basis obiger Schlüsse ist die Regel der formalen Logik, wonach, wenn A gilt und wenn gilt, dass „wenn A, dann folgt B", logisch gefolgert werden kann, dass B gilt. Wie man sich leicht überzeugen kann, wurde diese logische Regel in den obigen drei Schlüssen korrekt angewandt.

Bleibt noch die zweite mögliche Kritik an einem Syllogismus, nämlich die Kritik an der Gültigkeit der Prämissen. Gehen wir also eine Prämisse nach der anderen durch.

Prämisse 1: *Ich habe Bewusstsein.*

Wie ich bereits mehrmals ausgeführt habe, gibt es für mich absolut nichts, das ich sicherer weiß, als dass ich ein Bewusstsein habe. Selbst wenn alles Illusion ist, kann es nur eine Illusion meines Bewusstseins sein. Dass ich ein Bewusstsein habe, ist also eine durchaus auch wissenschaftlich zu akzeptierende Annahme, von der ich ausgehen kann.

Prämisse 2: *Ich bin durch Evolution entstanden.*

Wenn wir die Diskussion über diese Grundfragen auf Basis möglichst objektiver, wissenschaftlicher Erkenntnisse führen wollen, dann ist diese Prämisse auch unmittelbar klar. Ich sehe jedenfalls keine Möglichkeit, in einem rationalen Weltbild eine andere Annahme zu treffen. Zumindest gehen auch alle NaturwissenschaftlerInnen, die in den letzten beiden Kapiteln für Determinismus und die grundsätzliche Gleichheit unseres Bewusstseins mit Computerprogrammen argumentiert haben, von der Richtigkeit dieser Prämisse aus.

Prämisse 3: *Durch Evolution kann nur etwas entstehen, das eine Auswirkung auf das Wesen hat, bei dem es entstanden ist.*

Grundsätzlich entsteht ein neues Lebewesen, eine „Tochter", durch Verschmelzen der genetischen Information zweier unabhängiger Individuen, der Eltern. Das Genom der Tochter enthält also, zufallsverteilt, 50 % der Gene des Vaters und 50 % der Gene der Mutter. Das Genom der Tochter ist also verschieden vom Genom beider Elternteile. Bei einer nichtsexuellen Fortpflanzung wird auch das Genom des einen Elternteils für den Nachfolger kopiert. Ab und zu geschieht bei diesem Kopiervorgang oder der Übertragung der elterlichen Gene auf die des Kindes ein Übertragungsfehler, eine Mutation.

Diese beiden Mechanismen, die Mutation und die Genvariation der Tochter durch Mischung der Elterngene, bedingen, dass die jeweils neue Generation ein leicht anderes Genom hat als die Vorgängergeneration, sagen wir z. B., die Nase ist ein bisschen größer, die Sichtfähigkeit ein bisschen schlechter, sie hat das Potential, schneller zu laufen usw. Wenn jetzt eine gewisse Art dieser Veränderungen, ein Merkmal, eine Auswirkung hat, die im gegebenen Augenblick unter den gegebenen Bedingungen einen relevanten Vorteil dafür bringt, die eigenen oder ähnliche Gene zu reproduzieren, dann wird im statistischen Mittel dieses Merkmal in den zukünftigen Generationen häufiger auftreten als in den Vorgängergenerationen. Die Situation wird dann verkompliziert, wenn ein genetisches Merkmal gleichzeitig Vor- und Nachteile hat, wie z. B. das Hämoglobin-Gen, das einerseits, wenn es nur in einem Genstrang der Doppelhelix vorkommt, Schutz gegen Malaria bietet, aber andererseits, wenn es in beiden Gensträngen vorkommt, Sichelzellenanämie produziert. Die Selektion wirkt sich in diesem Fall so aus, dass beide Varianten, mit und ohne diese genetische Veränderung bzw. dieses Merkmal, in der Population weiter bestehen. Wenn Malaria aber z. B. verschwindet und ein Schutz dagegen keine Rolle mehr spielt, dann wird das genetische Merkmal, das dagegen schützt, aber eben auch einen Nachteil hat, über kurz oder lang aussterben.

Zusammengefasst können wir schlussfolgern, dass ein genetisches Merkmal, das in einer gesamten Bevölkerung von Lebewesen vorkommt, in irgendeiner Form eine Auswirkung auf die Wesen, die es aufweisen, gehabt haben muss. Sonst hätte es sich nicht durchsetzen können. Selbst wenn das Merkmal durch eine Mutation in einem oder mehreren Wesen entstanden wäre, gäbe es, hätte es keine Auswirkung auf die Wesen, die es haben, keinen Grund für jene Wesen, die es nicht haben, ihre Gene weniger leicht zur Reproduktion zu bringen. Mit anderen Worten, es hätte sich nicht durchsetzen können, sondern wäre in der Masse der Wesen, die es nicht haben, wieder untergegangen. Ein neues Merkmal wird anfänglich ja immer in der Minderheit sein.

Eine Möglichkeit haben wir aber noch nicht bedacht. Es könnte sein, dass ein Merkmal entsteht, das eine Auswirkung hat, die einen Selektionsvorteil bringt, dass dieses Merkmal aber gleichzeitig eine Eigenschaft mit sich bringt, die keine Auswirkung oder weder eine positive noch eine negative Auswirkung für die Reproduktion hat. Diese Eigenschaft könnte quasi als Trittbrettfahrerin mit dem Merkmal mitselektiert werden, ohne dass sie eine relevante Auswirkung hat. Dieser seltsame, unwahrscheinliche Ausnahmefall, wenn er denn existiert, muss also für das Bewusstsein gesondert untersucht werden.

Im Falle des Bewusstseins hätten wir also quasi die Hirn-Hardware und das Computerprogramm, nach denen selektiert worden ist, während das Bewusstsein nur ein Trittbrettfahrer ist, ohne Auswirkung. Dazu müssten aber eine Hardware und eine Software, die dasselbe leisten, aber kein Bewusstsein als Trittbrettfahrer mit sich tragen, unmöglich sein. Ich sehe keinen Grund, warum das der Fall sein sollte.

Ein Computerprogramm ist einfach ein Algorithmus, eine Folge von Anordnungen, die, wenn sie in eine Maschine gefüttert werden, die sie umsetzen kann, aus einem Input einen Output produzieren. Wie wir gesehen haben, sind auch neuronale Netze, selbst wenn sie lernfähig sind, im Grunde genommen nichts anderes. Wenn das bewusste Gehirn durch ein Computerprogramm vollständig simulierbar wäre, dann hätte die Evolution dieses Computerprogramm entwickelt und nicht eines, das auch ein auswirkungsloses Bewusstsein mitschleppt.

In unserem Zusammenhang ist Prämisse 3 also auch zu akzeptieren.

Prämisse 4: *Wenn Bewusstsein eine Auswirkung auf das Wesen mit Bewusstsein hat, dann zumindest auch auf sein Verhalten.*

In einem schwachen Sinn ist das selbstverständlich. In zumindest sehr indirekter Weise hat jedes Merkmal eine Auswirkung auf das Verhalten des Organismus. Sei es z. B. ein Merkmal, das gegen gewisse Krankheiten immunisiert oder das die Energiebilanz des Organismus verändert, dann hat dieses Merkmal zwangsläufig auch Auswirkungen auf das Verhalten: Je nachdem, ob der Organismus krank oder gesund ist, mehr oder weniger Energie hat, wird er sich anders verhalten.

Aber wir können über das Bewusstsein ja auch neurologisch unterstützte Aussagen machen. Bewusstsein ist ein sehr energieaufwendiger Prozess. Sich bewusst auf etwas zu konzentrieren, ist anstrengend. Im Gegensatz dazu läuft die unbewusste Wahrnehmung scheinbar ohne jede Anstrengung praktisch von selbst ab. Mehr Energie aufzuwenden als notwendig bzw. ohne irgendeinen Unterschied in den Auswirkungen, ist übrigens sicher ein Selektionsnachteil. Entsprechend würde das Bewusstsein rasch wegselektiert, wenn es keinerlei positive Auswirkungen für die Reproduktionsfähigkeit des Organismus bzw. seines Genoms hätte.

Unbewusste Wahrnehmung führt zu einer flacheren Informationsverarbeitung, z. B. hinsichtlich einfacherer und auffallenderer physischer Merkmale oder weniger komplexer Regeln, zur Konstitution von Prototypen im Gegensatz zum Erfassen individueller Objekte, konkreter Details oder komplexer Zusammenhänge und Bedeutungen. Unbewusst erworbenes Wissen ist auch nicht in derselben Weise auf andere Zusammenhänge übertragbar wie bewusst erworbenes Wissen. Es ist viel mehr an den Kontext gebunden. Neurologisch zeigen sich unbewusstes und bewusstes Wahrnehmen und Lernen als zwei verschiedene Kategorien, die auch mit Aktivitäten in zwei völlig unterschiedlichen Gehirnsystemen einhergehen (Roth 2001, S. 161).

In der Wahrnehmung gibt es auch einen Filter, der eintreffende Informationen nach den Kriterien bekannt oder unbekannt bzw. wichtig oder unwichtig klassifiziert. Dinge, die unbewusst als unwichtig eingestuft werden, dringen nicht bis ins Bewusstsein vor, gleichgültig, ob sie bekannt oder unbekannt sind. Dinge, die als bekannt und wichtig eingestuft werden, führen zur Aktivierung von Verarbeitungsinstanzen, die sich bereits mit ihnen befasst haben. Nur unbekannte und wichtige Dinge, wie z. B. neuartige Sachverhalte, neue Bedeutungen von Objekten, Geschehnissen, Sätzen, das Lernen neuer motorischer Fähigkeiten, das Vorstellen neuer Inhalte usw. schalten das langsam arbeitende Bewusstseins- und Aufmerksamkeitssystem ein, und wir erleben dabei die in der Folge vollbrachten bewussten Leistungen als mühevolle Arbeit, und zwar umso mehr, je ungewohnter das Geschehen oder die Aufgabe ist (Roth 2001, S. 163).

Ein komplexer Prozess wird bewusst gelernt. Wenn er erfolgreich gelernt wurde, ist er unbewusst und mühelos abrufbar. Mentale Prozesse können immer dann bewusst werden, wenn sie sehr wichtig für die betroffenen Wesen mit Bewusstsein sind. Bewusst gelerntes Wissen ist öfter und leichter abrufbar und verwendbar als unbewusst gelerntes Wissen (DeGrazia 1996, S. 104).

Wenn Bewusstsein also Auswirkungen auf das Wesen mit Bewusstsein hat, dann können diese für das Verhalten dieses Wesens unmittelbar sehr bedeutsam und bestimmend sein. Wir können Prämisse 4 also auch akzeptieren. Damit ist die Schlussfolgerung aus unseren Überlegungen, dass das Bewusstsein direkt messbare Auswirkungen auf das Verhalten der Wesen mit Bewusstsein hat, ebenso zu akzeptieren.

Diesen Überlegungen zufolge sind also ein Bewusstsein und seine Auswirkungen auf das Verhalten weder faktisch wie ein Computer mit entsprechendem Programm konstruiert noch überhaupt durch einen Computer und das entsprechende Programm simulierbar. Ließe sich nämlich das Verhalten bewusster Wesen vollständig durch einen Computer simulieren, dann hätte die Evolution diesen, viel weniger energieaufwendigen Weg gewählt und nicht den Weg über das Bewusstsein. Wegen des hohen Energieaufwands benötigt ein Bewusstsein ja auch täglich Schlaf, während dessen es abgeschaltet wird bzw. in den Traumphasen offenbar Erlebtes verdaut und neu bearbeitet. Im Schlaf sind Wesen mit Bewusstsein ja sehr verletzlich, was mit Sicherheit ein weiterer großer Selektionsnachteil von Bewusstsein ist. Ein Computer muss nicht schlafen. Eine Biomaschine mit Computerprogramm hätte also eine Reihe von Vorteilen, die offenbar durch die Vorteile, die sich durch die Auswirkungen des Bewusstseins auf das Verhalten des bewussten Lebewesens ergeben, wettgemacht werden können. Daher ist es mit den Prinzipien der Evolution nicht vereinbar, dass das Bewusstsein nur ein Epiphänomen ist, das quasi nur bewusst erlebt, was ein Computer macht, ohne eingreifen zu können. Im Gegenteil, das Bewusstsein kann eingreifen, und dieser Eingriff ist der (freie) Wille. Dieser Wille, die Auswirkung des Bewusstseins auf die Handlungen, kann also grundsätzlich nicht durch einen Computer simulierbar, also berechenbar sein, weil sonst ja das Bewusstsein durch ein Computerprogramm ersetzbar wäre, was die Evolution wohl eingerichtet hätte, wenn es denn möglich wäre.

3.2 Die Antwort auf die neurobiologischen Belege für bewusste Wesen als Biomaschinen

Wie lassen sich diese Erkenntnisse mit dem neurobiologischen Argument für Determinismus und dem Bewusstsein als passivem Zuschauer der Handlungen von Biomaschinen vereinen? Was war falsch am Argument, wie es im letzten Kapitel vorgetragen wurde?

Das Argument lautete in Grundzügen, dass wir erkennen, dass das Bewusstsein seinen Sitz im Gehirn hat, dass das Gehirn aus zusammenhängenden Neuronen besteht, und dass die Physik von Neuronen vollständig verstanden ist. In der Folge muss auch alles, was dieses vollständig verstandene System produziert, im Rahmen des momentanen physikalischen Weltbildes existieren, und dieses ist deterministisch, und dort ist kein Platz für einen freien Willen oder etwas anderes als Biomaschinen.

Der Fehler in dieser Schlussfolgerung ist folgender: Ich weiß, dass ich ein Bewusstsein habe, und richtig, es ist vom Gehirn und dessen Aktivitäten abhängig. Wenn das Gehirn als physikalisches System vollkommen verstanden ist und dieses Gehirn samt seiner Aktivität zweifellos mein Bewusstsein produziert, dann müsste auch mein Bewusstsein vollständig physikalisch verstanden sein. Aber gerade das ist mit Sicherheit nicht der Fall. Nach dem heutigen Weltbild der Physik hat ein Bewusstsein – auch als Epiphänomen – darin keinen Platz. Es ist im Rahmen der Physik völlig unbeschreibbar. Also kann das Gehirn kein vollständig verstandenes physikalisches System sein. In unserem Verständnis der Physik müssen also Lücken sein, die gerade im Gehirn eine wichtige Rolle spielen. Dazu mehr im nächsten Kapitel.

Um auch diese Schlussfolgerung transparenter zu machen, wiederhole ich sie als Syllogismus:

Prämisse 1: *Das Gehirn ist ein vollständig verstandenes physikalisches System.*

Prämisse 2: *Wenn etwas ein vollständig verstandenes physikalisches System ist, dann sind auch alle Phänomene im Rahmen dieses Systems vollständig physikalisch verstanden.*

Konklusion 1: *Alle Phänomene im Rahmen des Gehirns und seiner Tätigkeit sind vollständig physikalisch verstanden.*

Prämisse 3: *Das Bewusstsein ist ein Phänomen des Gehirns.*

Konklusion 2: *Das Bewusstsein ist vollständig physikalisch verstanden. WIDERSPRUCH!*

Da die Konklusion 2 nachweislich falsch ist und alle Schlüsse korrekt nach den Regeln der formalen Logik durchgeführt wurden, kann nur eine der drei Prämissen nicht stimmen. Für Prämisse 2 habe ich im Kapitel 1 argumentiert: Emergenz neuer Eigenschaften ist keine rational haltbare Option. Prämisse 3 ist eine gut gesicherte Erkenntnis aus der Neurobiologie. Daher kann nur die Prämisse 1 falsch sein: Das Gehirn ist kein vollständig verstandenes physikalisches System. Unter den im Gehirn wichtigen physikalischen Prozessen muss mindestens einer sein, der (noch) nicht wirklich verstanden ist, ansonsten müsste auch das Bewusstsein verstanden sein.

Das Problem liegt also offenbar in unseren physikalischen Theorien, die einen wesentlichen Teil der physikalischen Welt noch nicht richtig beschreiben bzw. erfassen. Aber hat nicht Libet (1985, 1992) im Rahmen neurobiologischer Experimente den freien Willen widerlegt? Wie passt das mit den Erkenntnissen in diesem Kapitel zusammen?

Wir erinnern uns: Die Experimente von Libet oder, früher noch, Dekke et al. (1976) haben die Hirnaktivität vor einer willentlich gesteuerten Handlung wie dem Bewegen eines Fingers gemessen und dabei gefunden, dass die Hirnaktivität rund eine Sekunde vor der Handlung einsetzt und die Versuchspersonen regelmäßig angeben, frühestens 200 Millisekunden vor der Handlung sich zur Handlung entschieden zu haben. Die Schlussfolgerung der NeurobiologInnen war, dass das Bewusstsein die unbewusst vom Hirn sowieso gesetzten Handlungen nur beobachtet und dann als von sich gewollt interpretiert, ohne irgendetwas mit den Handlungen zu tun zu haben. Das wäre konsistent mit der Interpretation bewusster Wesen als Biomaschinen, stünde aber im Widerspruch zu dem oben gebrachten Argument für die Auswirkungen des Bewusstseins auf die Handlungen des bewussten Wesens.

Libet selbst interpretiert seine Resultate übrigens nicht als Beweis, dass das Bewusstsein nicht in Handlungen eingreifen könne. Seinem Eindruck nach würde zwar unbewusst eine Handlung mindestens eine Sekunde vor der Handlung durch Hirnaktivität eingeleitet, allerdings könnte das Bewusstsein noch „in letzter Sekunde“ die Handlung verhindern, bevor sie geschieht. Der freie Wille kann also nach dieser Meinung nichts selber in Gang setzen, aber bereits unbewusst in Gang Gesetztes verhindern. Immerhin wäre das eine Interpretation, die mit unserem obigen Argument konsistent ist: Wir konnten nur zeigen, dass das Bewusstsein irgendeine Art von Auswirkungen auf die Handlungen des bewussten Wesens hat, aber nicht, ob diese Auswirkungen sich so zeigen, dass sie selbstständig Handlungen setzen oder nur bereits eingeleitete Handlungen verhindern.

Die Interpretation der Ergebnisse dieser Experimente steht und fällt mit der Aussage der Versuchspersonen, dass sie ihre Entscheidung zu handeln 200 ms vor ihrer Handlung getroffen haben. Es ist bekannt, dass das Bewusstsein einige Zeit braucht, bevor es einen Reiz oder eine Hirnaktivität wahrnimmt. Roth (2001, S. 194) spricht von 100 ms, die das Gehirn aktiv sein muss, bevor Bewusstsein auftritt. Alle kürzeren Aktivitäten bleiben unbewusst, außer die kürzere Aktivität löst selbst weitere Hirnaktivitäten aus, die zusammen länger als 100 ms andauern. Reaktionen, die innerhalb von 100 ms gesetzt werden, müssen demnach unbewusst bedingt sein.

Das Bewusstsein braucht also einige Zeit, um sich zu entfalten. Bewusste Problemlösung ist ein viel langsamerer und langwierigerer Prozess als unbewusste Problemlösung. Dennoch wirkt der angegebene Zeitraum von einer Sekunde zwischen dem Beginn der Hirnaktivität, die zu der Handlung führt, und der Handlung selbst auf der einen Seite und einer bewussten Entscheidung und der entsprechenden Handlung auf der anderen Seite viel zu lang. Bei der Kommunikation zwischen bewussten Wesen, die ja bewusst abläuft, wird doch rascher als nur jeweils nach einer Sekunde reagiert. Es fällt schwer zu glauben, dass bei einer bewussten Kommunikation alle Antworten unbewusst erfolgen und erst vom Bewusstsein nachträglich beobachtet und als selbst gewollte Handlungen interpretiert werden.

Das Problem bei der Interpretation der Experimente könnte einerseits daran liegen, dass sich ein bewusster Entscheidungsprozess langsam entwickelt und eben ein Prozess und kein momentaner Entscheidungsaugenblick ist. Es könnte bewusste Vorentscheidungen geben, die das im Versuch gemessene Bereitschaftspotential, die elektrische Hirnaktivität, bereits vor der endgültigen Entscheidung aufbauen (Pauen 2001, S. 111). Das könnte speziell bei Entscheidungen für Handlungen wie für eine plötzliche, willkürliche Fingerbewegung relevant sein, im Gegensatz zu einer bewussten Entscheidung, die die Reaktion auf einen Reiz ist.

Ein anderer Aspekt, der in dieser Diskussion aber vernachlässigt wurde, ist die Frage, ob die Versuchspersonen sich des Augenblicks, in dem sie die

Entscheidung zur Fingerbewegung gefällt hatten, bewusst gewesen wären, wenn sie nicht danach gefragt worden wären. Die Handlung zusammen mit der Hirnaktivität könnte dadurch stark beeinflusst sein, dass die Versuchspersonen angehalten wurden, sich zu beobachten, wann sie entscheiden. Das muss nämlich eine eigene Hirnaktivität hervorrufen, die mit der Selbstbeobachtung zusammenhängt und die vielleicht mit der Entscheidung selbst wechselwirkt. Es ist fraglich, ob das nicht das gesamte Experiment bzw. zumindest den Ablauf, vom Aufbau des Aktionspotentials für die Handlung über die Entscheidung zu handeln bis zur eigentlichen Handlung, beeinflusst.

Die Ergebnisse dieser Versuche beweisen also sicher nicht zwingend, dass jede Handlung unbewusst entschieden wird oder gar vorher determiniert ist. Nicht einmal Libet selbst war dieser Ansicht. Die bewusste Entscheidungsfindung ist ein langsamer Prozess ohne konkreten Entscheidungsmoment, der festzunageln wäre. Bewusste Vorentscheidungen können raschere Reaktionen bewirken, wenn es notwendig ist. Und die Beobachtung des eigenen Entscheidungsfindungsprozesses muss diesen selbst auch beeinflussen.

Bei einem lebenden Gehirn gibt es laufend Gehirnaktivität. Irgendwelche Neuronenkomplexe feuern immer wieder. Was im Experiment als Hirnaktivität bezeichnet wurde, bedeutet nur die Zunahme von Aktivität in einem gewissen Bereich. Es gibt keinen genau definierbaren Anfang und kein genau definierbares Ende dieser Aktivität. Entsprechend sind auch bewusste Entscheidungen dynamische Prozesse, die immer im Fluss sind. Auch die Selbstbeobachtung wird keine verlässlichen Entscheidungsmomente, jedenfalls auf 100 Millisekunden genau, angeben können, vielmehr wird die konkrete Abfolge bewusster Ereignisse auf Anfrage (d. h. den bewussten Versuch, sich die Abfolge bewusst zu machen) durch eine eigene Hirnaktivität im Nachhinein rekonstruiert und interpretiert. Konkrete Eindrücke von Zeitpunkten und Ereignisabfolgen, die aus dieser Introspektion erwachsen, sind daher keine Quellen, auf die man sich unkritisch verlassen und aus denen man weitreichende Schlussfolgerungen ziehen kann.

4 Sind Naturwissenschaft und willensfähiges Bewusstsein vereinbar?

Im vorigen Kapitel habe ich versucht, nachzuweisen, dass Bewusstsein etwas grundsätzlich anderes sein muss als ein Algorithmus, also ein Computerprogramm auf einem Biocomputer, oder mit anderen Worten, ein vorgegebenes formales System von Operationen. Ja, der Unterschied war nach unserem Argument so fundamental, dass ein Bewusstsein auch durch ein solches System gar nicht simulierbar sein kann. Und weiters haben wir gezeigt, dass unser momentanes Verständnis der physikalischen Welt, und speziell der für das Gehirn relevanten physikalischen Gesetze, nicht vollständig sein kann, sondern dass etwas Wesentliches fehlen muss. Wir werden uns also jetzt mit der Frage beschäftigen, ob und wie sich diese Erkenntnisse in unser mathematisch-physikalisches Weltbild einordnen lassen.

4.1 Formalisierung und Gödels Theorem

Wenn wir uns über das Verhältnis zwischen Bewusstsein und einem formalen System klar werden wollen, ist es sicher instruktiv, das im Bereich der Mathematik zu untersuchen. Die Mathematik lebt von formalen Systemen und entsprechend formalen Beweisen, aber auch von Beweisen, die man bewusst verstehen kann. Wie stehen die beiden miteinander in Beziehung?

Ein formales System besteht zunächst einmal aus einem so genannten Zeichenvorrat oder einem Alphabet, einer Menge zugelassener Symbole, mit denen die Formalisierungen notiert werden können. Denken wir z. B. an die natürlichen Zahlen „0“, „1“, „2“, „3“..., zusammen mit den Operationen der Addition „+“ und Subtraktion „-“ und gewissen logischen Zeichen für „wenn“, „dann“, „und“ usw. Weiters besteht ein formales System aus Regeln, wie sich diese Zeichen zu sinnvollen Formeln kombinieren lassen. In unserem Beispiel wäre „1 + 1“ ein sinnvoller Teil einer Formel, aber „1 + + 1“ nicht. Nun gibt es eine Reihe solcher sinnvoll formulierter Formeln, die so genannten Axiome, die als wahr vorausgesetzt werden. In unserem Beispiel der natürlichen Zahlen könnten die so genannten Peano-Axiome zu diesen Axiomen gehören, von denen das erste z. B. lautet, dass die Zahl „1“ eine natürliche Zahl ist, und das zweite, dass jede natürliche Zahl einen Nachfolger hat, also eine um eins größere Zahl, die auch eine natürliche Zahl ist. Ein formales System hat zusätzlich noch so genannte Schlussregeln, also Regeln darüber, was ein gültiger logischer Schluss ist. Eine solche Regel könnte die bereits früher angeführte sein, dass wenn „A“ gilt und wenn gilt, dass „wenn A, dann gilt B“, dann gilt auch „B“. Und zu guter Letzt gibt es in einem formalen System auch Theoreme, das sind innerhalb des Systems sinnvoll formulierte Formeln, genannt Propositionen, die sich durch erlaubte Schlüsse aus den Axiomen ergeben. Eine Proposition beweisen bedeutet, im Rahmen des Systems diese Proposition mit formalen Schritten aus den Axiomen herzuleiten. Das ist dann ein formaler Beweis, und die Proposition wird zum Theorem.

Drei Forderungen werden nun an ein solches formales System dieser Art gestellt, damit das System sinnvoll ist. Die erste Forderung ist die Redundanzfreiheit, d. h. kein Axiom darf aus anderen herleitbar sein, sonst ist es überflüssig. Zweitens fordern wir die Widerspruchsfreiheit, d. h. wenn „A gilt“ eine im System beweisbare Proposition ist, dann darf das Gegenteil davon, also die Proposition „A gilt nicht“, nicht auch im System beweisbar sein. Es ist unabdingbar notwendig, die Widerspruchsfreiheit vorauszusetzen. Es lässt sich nämlich leicht zeigen, dass wenn ein formales System einen einzigen Widerspruch zulässt, sich dann jede Proposition sowie ihr Gegenteil beweisen lässt. Ein einziger Widerspruch reicht dafür schon aus. Und drittens fordern wir die Vollständigkeit eines formalen Systems, d. h. wir wollen, dass alle im System sinnvoll formulierbaren Propositionen innerhalb des Systems entweder beweisbar oder widerlegbar (d. h. ihr Gegenteil bzw. ihre Verneinung ist beweisbar) sind.

Der deutsche Mathematiker David Hilbert (1862–1943) wollte nun die gesamte Mathematik formalisieren, d. h. im Rahmen eines formalen Systems dieser Art beschreiben. Wäre dann nämlich einmal die gesamte Mathematik vollständig beschrieben, d. h. alle möglichen Axiome und Operationen angegeben, ließen sich alle nur möglichen Propositionen beweisen und die Mathematik sozusagen abschließen. Dann wäre auch klar, was als Beweis gilt und was nicht. Wenn man in der Praxis Mathematik betreibt, geht man im Übrigen nicht so vor. Jede Art von Beweis, die einem die Wahrheit einer Proposition unmittelbar einsichtig macht, gilt allgemein als Beweis, auch wenn man dazu kein formales System mit Axiomen angegeben hat. Mit Hilberts Formalisierung sollte das aber nicht mehr möglich bzw. notwendig sein.

1938 bildete sich unter dem Decknamen „Bourbaki", dem Namen eines Schuldirektors, eine Gruppe von MathematikerInnen, die diese Idee vollständig in die Praxis umsetzen wollten, natürlich aufbauend auf der Vorarbeit von Hilbert und anderen MathematikerInnen. Dabei erwies sich diese Idee in der Praxis als undurchführbar, weil immer neue zusätzliche Axiome notwendig wurden, um die bereits in der Mathematik als wahr bewiesenen Theoreme im Rahmen des Systems beweisen zu können. Im Jahr 1955 hatte Bourbaki bereits 22 Buchbände voller Axiome und Operationen herausgegeben, und es war kein Ende absehbar. Es zeigte sich in der Praxis, dass alle in der Mathematik als wahr bekannten Propositionen bzw. Erkenntnisse sich schlicht und einfach nicht in ein formales System pressen lassen. Die Mathematik erscheint vielmehr wie ein Baum: Der Stamm ist sicher und fest, das sind die gesicherten mathematischen Erkenntnisse, aber in den Wurzeln, den Axiomen, und in der Baumkrone, den kompliziertesten Theoremen, verästelt sich das Gebilde, wird immer dünner, also unsicherer, immer komplizierter und hat scheinbar kein Ende.

Der österreichische Mathematiker Kurt Gödel (1906–1978) formulierte 1931 mit 25 Jahren sein Unvollständigkeitstheorem, das die Unmöglichkeit dieser Unternehmung, die gesamte Mathematik zu formalisieren bzw. zu axiomatisieren, mathematisch bewies. Gödels Theorem besagt im Wesentlichen, dass in jedem genügend komplexen formalen System im obigen Sinn, das widerspruchsfrei ist, eine Proposition existiert, die zwar wahr ist, aber die in diesem formalen System nicht beweisbar ist. Mit anderen Worten: Ist ein formales System genügend komplex und widerspruchsfrei, dann kann es nicht vollständig sein. Eine solche Proposition lässt sich sogar explizit konstruieren, wenn das formale System konkret angegeben wird. Diese Proposition ist also nicht nur eine theoretische Möglichkeit, sondern eine praktische Tatsache. Eine für NichtmathematikerInnen verständliche Ableitung des Gödel-Theorems findet sich bei Penrose (1990 und 1994).

Um die Signifikanz des Gödel-Theorems richtig einschätzen zu können, was in der Literatur nicht überall geschehen ist (Grush und Smith Churchland 1996), müssen wir noch einmal dessen Aussage genauer betrachten. Da ist einmal die Voraussetzung, dass das formale System genügend komplex ist. Man kann leicht ganz simple formale Systeme konstruieren, die nicht dem Gödel-Theorem genügen. Im Beweis zum Gödel-Theorem wird verwendet, dass das formale System die Arithmetik zulässt, d. h. das simple Rechnen mit Zahlen. Für mathematische formale Systeme ist das allerdings nur eine sehr schwache Voraussetzung, man könnte sagen, dass formale Systeme, die nicht einmal die Arithmetik zulassen, in der Mathematik nicht besonders relevant sind.

Weiters ist die Widerspruchsfreiheit des formalen Systems Voraussetzung. Wie gesagt, diese Voraussetzung ist grundsätzlich sehr wesentlich, weil mit einem Widerspruch in einem einzigen Fall bereits jede Proposition und ihr Gegenteil beweisbar werden. Es lässt sich auch ein Beweis des Gödel-Theorems führen, der zeigt, dass die Widerspruchsfreiheit des Axiomensystems innerhalb des formalen Systems selbst nicht beweisbar ist. Die Widerspruchsfreiheit ist also selbst eine jener Propositionen, die nicht beweisbar sind, vorausgesetzt, sie ist wahr. Wenn es eine Proposition gibt, die zusammen mit ihrem Gegenteil im formalen System beweisbar ist, d. i. ein Widerspruch innerhalb des formalen Systems, dann kann ich sie im Prinzip finden und damit beweisen, dass das formale System nicht widerspruchsfrei ist. Aber umgekehrt kann ich keinen allgemeinen Beweis innerhalb des formalen Systems führen, dass das formale System widerspruchsfrei ist.

Der dritte wesentliche Aspekt des Gödel-Theorems steckt in der Wahrheit der Proposition, die nach der Konstruktion zwar im formalen System nicht beweisbar, aber dennoch wahr ist. Wenn man den Beweis verfolgt, dann erkennt man aus der Wahrheit der Axiome und der Wahrheit von deren Widerspruchsfreiheit, die vorausgesetzt werden, mit genau ebensolcher Sicherheit und in dem selben Sinn die Wahrheit dieser im formalen System nicht beweisbaren Proposition. Mit anderen Worten, ich bin mir genauso sicher, dass diese im formalen System nicht beweisbare Proposition wahr ist, wie ich mir sicher bin, dass die Axiome wahr und widerspruchsfrei sind.

Findige Köpfe könnten jetzt im Übrigen versuchen, das formale System zu vervollständigen, indem sie die im formalen System nicht beweisbaren Propositionen einfach als neue Axiome zum formalen System hinzufügen und das formale System so erweitern. Aber auch auf dieses erweiterte formale System lässt sich das Gödel-Theorem anwenden, und wieder ist es unvollständig, und wieder gibt es wahre Propositionen, die im erweiterten formalen System nicht beweisbar sind. Welches formale System wir auch immer nehmen und wie weit wir es auch immer erweitern, es wird immer unvollständig bleiben. Das hat sich auch in der Praxis, beim Versuch von Bourbaki, die Mathematik zu formalisieren, gezeigt.

Gödels Theorem überzeugt uns also, dass wir für jedes formale System Propositionen als wahr erkennen können, die im formalen System selbst nicht als wahr beweisbar sind. Deshalb kann der Mechanismus des „Als-wahr-Erkennens" selbst kein formales System sein bzw. auch nicht durch ein formales System simulierbar sein.

4.2 Verstehen kann kein Algorithmus sein

Eine mathematische Proposition als wahr erkennen, heißt, eine mathematische Wahrheit zu verstehen. Gödels Theorem sagt mir jetzt, dass das Verstehen von mathematischen Wahrheiten also grundsätzlich nicht algorithmisch sein kann, mit anderen Worten, durch ein Computerprogramm auf einem Computer bewerkstelligt werden kann oder, wieder mit anderen Worten, im Rahmen eines formalen Systems formalisierbar ist. Verstehen ist etwas grundsätzlich anderes als ein Beweis durch die Manipulation formaler Regeln.

Auch diese Schlussfolgerung ist so wichtig, dass wir sie im Rahmen eines Syllogismus untersuchen wollen:

Prämisse 1: *Mein Bewusstsein ist durch ein formales System gegeben oder simulierbar.*

Prämisse 2: *Wenn ein Bewusstsein durch ein formales System gegeben oder simulierbar ist, dann muss jede vom Bewusstsein als wahr erkannte Proposition in dem formalen System beweisbar sein.*

Konklusion 1: *Alle von mir als wahr erkannten Propositionen sind in einem gewissen formalen System beweisbar.*

Prämisse 3: *Gödels Theorem: Für alle formalen Systeme gibt es eine Proposition, die ich als wahr erkenne, die aber nicht im formalen System beweisbar ist.*

Konklusion 2: *Für das gewisse formale System, das alle von mir als wahr erkannten Propositionen beweisen kann, muss es auch eine Proposition geben, die ich als wahr erkenne und die es nicht beweisen kann. WIDERSPRUCH!*

Da die Konklusion 2 in sich widersprüchlich ist und da wir bei allen Schlüssen die Regeln der formalen Logik richtig angewandt haben, muss eine der Prämissen falsch sein. Prämisse 2 ist praktisch die Definition dessen, was es bedeuten würde, wenn mein Bewusstsein ein formales System ist bzw. durch ein formales System simulierbar ist. Prämisse 3 ist Gödels Theorem, setzt aber voraus, dass der Begriff vom formalen System den Voraussetzungen des Gödel-Theorems genügt, d. h. ich muss das formale System selbst für widerspruchsfrei und seine Axiome für wahr halten. Das ist aber notwendig, wenn dieses System die von mir als wahr erkannten Propositionen produzieren soll. Würde ich das System nämlich für widersprüchlich oder unwahr halten, dann könnte ich dessen Konsequenzen nicht für wahr halten.

Bleibt also nur übrig, dass Prämisse 1 falsch ist: Mein Bewusstsein ist weder durch ein formales System gegeben noch durch ein formales System simulierbar. Wenn etwas zu verstehen bedeutet, es bewusst als wahr zu erkennen, dann können wir folgern, dass etwas zu verstehen nicht durch ein formales System gegeben oder simulierbar ist. Es gibt keinen Grund anzunehmen, warum diese Argumentation auf das Verstehen von mathematischen Erkenntnissen beschränkt wäre, im Gegenteil, so wie der Syllogismus formuliert wird, gilt das Gesagte für Verstehen im Allgemeinen. Das Verstehen ist also die große Neuerung, die das Bewusstsein mit sich bringt, die es einem reinen Computerprogramm voraushat. Die Evolution hat deshalb ein Bewusstsein entwickelt, weil es im Gegensatz zu einem reinen Computerprogramm Zusammenhänge verstehen kann, und das bringt natürlich Auswirkungen mit sich, auch auf das Verhalten des bewussten Wesens, die sich von den Auswirkungen auf das Verhalten eines nur mit Computerprogrammen funktionierenden Wesens unterscheiden.

Die Erkenntnis können wir auch anschaulich nachvollziehen. Ein Computerprogramm ist ja dasselbe wie eine Reihe von Anweisungen, wie aus einem Input ein Output produziert werden soll. Dabei macht es prinzipiell keinen Unterschied, ob es sehr viele Anweisungen gibt, die viele Zwischenschritte vom Input zum Output vorgeben, und ob diese Anweisungen schnell oder langsam durchgeführt werden. Im Prinzip ist es in jedem Fall derselbe Vorgang. Ich stelle mir also die Arbeitsweise eines Computerprogrammes vor, indem ich selbst die Funktion des Computers übernehme. Sagen wir, das Programm löst eine gewisse mathematische Gleichung nach vorgegebenen Regeln. Ich, als Computer, bekomme einen Input, also gewisse Zahlen, und dann sagt mir das Programm, ich soll jetzt diese oder jene Manipulation machen, der ich blindlings folgen kann. Die Manipulationen sind ja fixe Vorgaben wie „subtrahiere zwei“ oder „multipliziere mit 10“. Zuletzt kommt ein Ergebnis heraus, das der Output ist. Bei diesen Manipulationen muss ich nichts verstanden haben, um sie auszuführen. Vor allem muss ich das Verhältnis von Input zu Output überhaupt nicht verstehen, also was für ein Problem das Programm überhaupt lösen will. Ich muss ja nicht mitdenken, ich brauche nur blind Anweisungen zu befolgen. Dieser ganze Vorgang hat überhaupt nichts mit Verstehen zu tun. Ja, es ist sogar ziemlich schwierig, von einem

Computerprogramm, dessen Codierung man sieht, darauf zu schließen, was für ein Problem dieses Programm eigentlich lösen will. Ein mathematisches Problem zu verstehen ist offenbar etwas ganz anderes, als blind Regeln zu folgen, wie das ein Computer mit seinem Programm tut.

Da ich ja viele Jahre Mathematik unterrichtet habe, kenne ich das auch aus der Praxis. Für SchülerInnen ist es etwas grundsätzlich anderes, ob sie Regeln zur Lösung eines Problems auswendig gelernt oder ob sie das Problem verstanden und auf Basis dieses Verständnisses gelöst haben. Das Auswendiglernen von Regeln kann vollkommen ohne Verständnis erfolgen. Keine Erkenntnis wird dabei erzielt. Oft ist es zunächst gar nicht so leicht zu sehen, ob einE SchülerIn ein mathematisches Problem verstanden hat oder nur blindlings Regeln befolgt. Prüfungen zielen ja darauf ab, diese beiden Möglichkeiten zu unterscheiden. Am besten erreicht man das, wenn man das Problem ungewohnt formuliert oder es so umgestaltet, dass es nur durch ein Verstehen der Zusammenhänge gelöst werden kann. Wir sehen unmittelbar die praktische Konsequenz des Unterschiedes von Verstehen (Bewusstsein) und dem Befolgen formaler Regeln (Computerprogramm): Bei einem unerwarteten Zugang zu einem bekannten Problem oder bei einem zwar strukturell gleichen, aber neuartigen Problem kann das Verstehen bzw. das Bewusstsein zu einer Lösung kommen, wenn das Regelbefolgen bzw. das Computerprogramm versagt. Für alle Regeln bzw. Computerprogramme müsste sich dieses Problem irgendwann einmal stellen. Da das Verstehen mühsamer ist und natürlich langsamer vor sich geht als das Befolgen von Regeln, erklärt sich auch der höhere Energieaufwand und die längere Bearbeitungsdauer von bewussten Handlungen bzw. Aktivitäten, wie sie ja neurobiologisch nachgewiesen sind (siehe voriges Kapitel).

Ein konkretes Beispiel für den Unterschied zwischen dem Verstehen und dem blinden Befolgen von Regeln bzw. Versuch und Irrtum ist das Schachspiel. Ein Schachcomputerprogramm geht alle möglichen Schrittfolgen durch und bewertet nach einer gewissen Schritttiefe die sich ergebende Stellung nach Bewertungskriterien, die sich vielleicht in Form eines lernfähigen Programms, eines neuronalen Netzes, ergeben haben oder die aus den Bewertungen von Schachstellungen in der Schachliteratur folgen. Diese Bewertungskriterien werden in der Regel eine Stellung mit oder ohne Turmverlust des Gegners, ohne sonstige wesentliche Stellungsveränderungen, sehr verschieden bewerten: Ein Turmverlust des Gegners wird i. A. sehr positiv bewertet. Man kann nun aber Schachprobleme kreieren, die ein bewusstes Wesen mit ein bisschen Verständnis für das Schachspiel sofort verstehen kann, die aber in der Praxis erst nach sehr vielen Zügen zu einer nach formalen Kriterien anders zu bewertenden Stellung gelangen. Eine Kette sich deckender Bauern von schwarz und weiß, die sich gegenüber stehen, bilden für Türme und einen Läufer der „falschen“ Farbe ein unüberwindliches Hindernis. Wenn also eine Spielerin auf der eigenen Seite dieser Bauernkette noch zwei Türme und einen „falschen“ Läufer hat, der andere Spieler aber keine Figuren außer dem König, dann ergibt sich trotz dieser Überlegenheit solange ein Patt, solange der Spieler ohne Figuren seine Bauernkette nicht aufbricht. Das wäre aber gleichbedeutend damit, das Spiel zu verlieren, weil er dann zwei Türme und einen Läufer weniger hat als seine Gegnerin. Auch die besten Schachcomputer brechen aber ihre Bauernkette auf, wenn sie mit dem Bauern einen Turm der Gegnerin schlagen können (Penrose 1994, S. 46). Während also in dieser Situation das bewusste Wesen, das das Schachproblem versteht, schon nach kürzester Zeit ohne Schwierigkeiten die richtige Strategie für ein Patt durchschauen wird – nämlich nichts zu tun –, versagen Schachcomputerprogramme hier, weil sie kein Verständnis der Situation haben, sondern blind nach Regeln, Versuch und Irrtum und einer vielleicht auch angelernten Bewertungsskala vorgehen.

4.3 Bewusstsein im physikalischen Weltbild

Wenn Bewusstsein grundsätzlich nicht wie ein formales System, also nicht wie ein Algorithmus, funktioniert, dann bedeutet das, dass Bewusstsein nicht berechenbar ist. Zusammen mit der Erkenntnis aus dem vorigen Kapitel, dass Bewusstsein mit einem (freien) Willen auf die Handlungen des bewussten Lebewesens einwirkt, ergibt sich das Problem, dass diese beiden Aspekte, der Indeterminismus und die Nichtberechenbarkeit, mit dem heutigen Verständnis von Physik nicht kompatibel sind. Die Erhaltungssätze, die den Determinismus der Welt bedingen, sind berechenbar. Wenn Bewusstsein aber messbare Effekte auf die bewussten Wesen hat, wie im vorigen Kapitel belegt, und aufgrund eines physikalischen Systems, des Gehirns, entsteht, dann muss es auch einer naturwissenschaftlichen, mithin auch physikalischen Beschreibung zugänglich sein.

„Nicht berechenbar“ bedeutet im Übrigen noch lange nicht „unwissenschaftlich“. Es gibt eine Reihe rein mathematischer Probleme, die nichtberechenbar bzw. nichtalgorithmisch sind. Wir haben ja gesehen, dass bei der Beschreibung mathematischer Erkenntnisse durch das Gödelsche Theorem das Problem der Unvollständigkeit aufgetreten ist. Nicht einmal die Arithmetik oder die natürlichen Zahlen lassen sich in einem formalen, berechenbaren System erfassen. Ja, unendlich viele reelle Zahlen lassen sich nicht einmal durch einen Algorithmus angeben. Es ist nicht einmal ein berechenbares mathematisches Problem, ob zwei berechenbare Zahlen gleich sind. Es zeigt sich, dass sehr viele Probleme in der Mathematik nicht berechenbar sind, wie z. B. diophantische Gleichungen (das sind Systeme algebraischer Gleichungen mit ganzzahligen Lösungen) mit mehr als 8 Variablen, die topologische Äquivalenz zweier Mannigfaltigkeiten mit mehr als 3 Dimensionen, die Frage, ob ein gewisses Set von Puzzlesteinen die Ebene vollständig bedecken kann, oder die berühmte Mandelbrotmenge der Chaostheorie. Bemerkenswert ist jedenfalls, dass nichtberechenbare mathematische Probleme trotzdem lösbar sein können.

Diese nichtalgorithmische Mathematik hat aber noch nicht in die Physik Einzug gehalten. Es gibt dennoch verschiedene Hinweise, dass das nur damit begründet ist, dass unser physikalisches Weltbild eben nicht nur noch nicht vollständig ist, sondern in ganz wesentlichen Bereichen Lücken aufweist, die sich vielleicht deshalb bisher nicht füllen ließen, weil dafür die nichtalgorithmische Mathematik notwendig würde. Im Folgenden werden einige solcher Problemfelder der heutigen Physik kurz erwähnt.

Am Anfang des 20. Jahrhunderts wurde das damalige physikalische Wissen als praktisch vollständig angesehen, man nahm an, es wären nur noch wenige Lücken zu füllen. Doch dann wurden die Relativitätstheorie und die Quantentheorie entwickelt, und heute wissen die PhysikerInnen mehr denn je, wie wenig sie eigentlich wissen.

Allein der Zeitbegriff gibt in der Physik eine Reihe von Rätseln auf (Zeh 1989, Prigogine 1988). Während mein Bewusstsein mich einen Zeitfluss erleben lässt, mit einem klar bestimmten Jetzt in der Gegenwart, zeigt sich die Zeit in der Physik bisher in einer ähnlichen Rolle wie eine Raumdimension, ohne ausgezeichnete Gegenwart. Ja, in praktisch allen Bereichen der heutigen Physik ist das Geschehen vollkommen zeitsymmetrisch, und zwar auch in der Relativitätstheorie und in der Quantentheorie. Erst der so genannte zweite Hauptsatz der Thermodynamik ist zeitasymmetrisch. Er besagt, dass die Entropie, ein genau spezifizierbares Maß für Unordnung, mit der Zeit nicht abnehmen kann. Allerdings ist der zweite Hauptsatz der Thermodynamik kein Naturgesetz im Status von Erhaltungssätzen, sondern eine Folgerung aus diesen.

Erinnern wir uns, im Kapitel 1, an den Übergang der Beschreibung vom Teilchenniveau, in dem wir Erhaltungssätze für jedes einzelne Teilchen betrachtet haben, zum statistischen Mittel. Die Entropie ist jetzt, kurz gesagt, ein Maß dafür, wie viele verschiedene mikrophysikalische Zustände bei Betrachtung der Dynamik jedes einzelnen Teilchens zum gleichen makrophysikalischen Zustand des statistischen Mittels führen. Die Unordnung oder Entropie steigt, je mehr mögliche mikrophysikalische Zustände denselben makrophysikalischen Zustand ergeben, weil das Wissen über den makrophysikalischen Zustand dann weniger Rückschlüsse auf den genauen mikrophysikalischen Zustand zulässt. Die zeitliche Zunahme der Unordnung ergibt sich dann einfach daraus, dass ein makrophysikalischer Zustand, der durch eine höhere Anzahl verschiedener möglicher mikrophysikalischer Zustände bestimmt sein kann, statistisch mit höherer Wahrscheinlichkeit eintritt. Es kann also kleinskalige, kurzfristige Verletzungen des zweiten Hauptsatzes, d. h. eine Abnahme der Entropie bzw. Unordnung, geben, aber im Großen und Ganzen wird die Unordnung zunehmen.

Betrachten wir z. B. einen Behälter, in dem sich Gas befindet, aber alle Gasmoleküle sind in einer Hälfte des Behälters, z. B. weil eine Trennwand eingezogen ist. Der makrophysikalische Zustand ist, dass in einer Hälfte des Behälters ein Gas homogen verteilt und in der anderen Hälfte Vakuum ist. Jetzt hebe ich die Trennwand auf, und die Gasmoleküle werden durch ihre stochastische Bewegung (abgesehen von einer Verdünnungswelle, die in diesem Fall eigentlich auftreten würde) in die andere Hälfte diffundieren. Nach einiger Zeit ist das Gas im ganzen Behälter gleichverteilt: ein neuer makrophysikalischer Zustand. Die beiden Zustände unterscheiden sich in der Entropie bzw. Unordnung: Im ersten Fall sind alle Gasmoleküle irgendwo in einer Hälfte des Behälters, im zweiten Fall irgendwo im ganzen Behälter. Es gibt also im zweiten Fall viel mehr Möglichkeiten der Teilchenverteilung, also von mikrophysikalischen Zuständen, die denselben makrophysikalischen Zustand ausmachen. Nun, im ersten Moment ohne Trennwand hatten wir den ersten Fall mit weniger Entropie, ein bisschen später den zweiten Fall mit mehr Entropie: Die Entropie hat also in der Zeit zugenommen.

Da alle Prozesse auf der Erde diesem Gesetz genügen, müssen sie also Entropie produzieren. Doch die gesamte Entropie auf der Erde steigt nicht an, weil wir von der Sonne permanent durch die Strahlung niedrige Entropie beziehen, die die Entropiezunahme ausgleicht. Niedrige Entropie bedeutet hohe Ordnung. Woher hat die Sonne den hohen Grad an Ordnung? Vom Universum, genauer, von seinem Beginn. Die Anfangsbedingungen des Universums müssen hochgradig geordnet gewesen sein, um bei ständiger Entropiezunahme den heutigen Zustand zu ermöglichen. In der Folge muss das Ende des Universums von hoher Entropie gekennzeichnet sein. Nur relativ niedrige Entropie erlaubt Leben, weil Leben einiges an Ordnung voraussetzt. Die heutige Physik kann nicht erklären, wie das Universum am Anfang so unfassbar niedrige Entropie, also so ein hohes Maß an Ordnung, hatte, dass die Welt heute so aussieht, wie sie ist.

Auf der anderen Seite kann auch der zweite Hauptsatz der Thermodynamik mit seiner Entropiezunahme keine Erklärung für die von unserem Bewusstsein erlebte Zeitasymmetrie und den Zeitfluss liefern. Bei Zeitumkehr sagt nämlich der zweite Hauptsatz auch eine Entropiezunahme in die Vergangenheit voraus. Die Zunahme in die Zukunft wird nur durch die hochgradig geordneten, d. h. niederentropischen, Anfangsbedingungen des Universums bestimmt.

Die Quantentheorie hat einerseits eine ungeheuerlich tiefe Einsicht in die fundamentalen Prinzipien der Welt gebracht und ist experimentell großartig bestätigt worden, aber sie liefert auch ein fundamentales Problem, das zeigt, dass im heutigen physikalischen Weltbild wesentliche Dinge noch ungeklärt sind. In der Quantentheorie wird das Elementarteilchen durch einen Quantenzustand beschrieben. Betrachten wir den Spezialfall einer Schrödingerschen Wellenfunktion, um zu sehen, was das bedeutet. Anstatt wie bisher einen fixen Ort eines Teilchens zu haben, liefert die Quantentheorie eine komplexwertige Funktion, genannt Wellenfunktion, für ein Teilchen, die über den Raum verteilt ist. Eine Wellenfunktion ist wie eine Schallwelle, man kann sie sich aus einer Überlagerung von unendlich vielen voneinander unabhängigen harmonischen Wellen zusammengesetzt vorstellen. Wir brauchen also unendlich viele Parameter, die Amplituden der harmonischen Wellen, um eine Wellenfunktion genau zu bestimmen. Der Übergang von der klassischen Beschreibung eines Punktteilchens zur quantentheoretischen Wellenfunktion ist also ein Übergang von einer diskreten Dimension zu einer unendlichdimensionalen Beschreibung. Weil dieser Übergang so grundsätzlich und nicht kontinuierlich ist, bekommen wir Probleme, wenn wir in der Beschreibung eines Phänomens diesen Übergang vollziehen müssen.

Betrachten wir z. B. ein Teilchen, also eine quantentheoretische Wellenfunktion, das von einem Detektor gemessen wird. Wenn der Detektor ausschlägt, ist das ein klassisches und nicht ein quantentheoretisches Phänomen. Jedenfalls erfasst mein Bewusstsein Detektoren nicht als Wellenfunktionen. Wie und wann ist der Übergang von der Wellenfunktion des Teilchens zur klassischen Beschreibung des Ausschlagens des Detektors geschehen? Die heutige Physik hilft sich hier mit einer Ad-hoc-„Reduktion der Wellenfunktion", ohne genau anzugeben, warum und wann genau das geschehen soll. Bei der Messung würde die quantentheoretische Wellenfunktion des Teilchens auf eine punktförmige Funktion (eigentlich: Distribution) reduziert, die nur einem Punkt einen von Null verschiedenen Wert zuordnet. Wie diese Reduktion geschehen ist, wann sie geschehen ist und was für Gesetze sie beschreiben, bleibt ein ungelöstes Problem. Jedenfalls ist die Reduktion der Wellenfunktion asymmetrisch in der Zeit. Hier haben wir also einen Hinweis, dass obige Zeitasymmetrie, die mir mein Bewusstsein vorgibt, genau dort auftritt, wo wir die Quantentheorie nicht mehr verstehen.

Die Relativitätstheorie von Einstein hat auch einen unglaublichen Fortschritt im Verständnis der Welt gebracht. Raum und Zeit werden zu einer vierdimensionalen Raumzeit verschmolzen, die, wie die Oberfläche zweidimensionaler Flächen, gekrümmt sein kann. Die Vierdimensionalität und ihre Krümmung entziehen sich unserer Vorstellungskraft, aber mathematisch kann man diese Aspekte sehr gut verstehen und damit umzugehen lernen. Statt der geraden kräftefreien Bewegung ist die kräftefreie Bewegung in der gekrümmten Raumzeit eine Geodäte, d. i. die kürzeste Verbindung zwischen zwei Punkten. Die Gravitationskraft wird so quasi obsolet, weil die Materie, statt wie im vorrelativistischen Weltbild andere Materie durch die Gravitationskraft anzuziehen, einfach eine Krümmung der Raumzeit bewirkt. Dadurch bewegen sich Teilchen in der Umgebung großer Massen auf Geodäten, die in den drei Dimensionen unserer Anschauung gekrümmt wirken, statt auf Geraden. Die Erdumlaufbahn um die Sonne, von unserer dreidimensionalen Anschauung aus gesehen eine Ellipse, ist eine solche Geodäte der gekrümmten vierdimensionalen Raumzeit. Nach der Allgemeinen Relativitätstheorie befindet sich ein Astronaut, der auf einer Erdumlaufbahn ist, eigentlich auf einer „Geraden" der Raumzeit und damit in einer kräftefreien Bewegung: Er ist schwerelos.

Die Relativitätstheorie ist eine hochgradig nichtlineare Theorie, d. h., kleine „Störungen" – wie der Flügelschlag des Schmetterlings, der einen Wirbelsturm in der Erdatmosphäre erzeugen kann – können sehr groß, ja sogar unendlich groß werden. So eine Unendlichkeit nennt man Singularität. Eine Singularität markiert das Ende der Berechenbarkeit und des Determinismus. Die Naturgesetze verlieren dort ihre Gültigkeit. In der Relativitätstheorie sind die Schwarzen Löcher als Beispiele solcher Singularitäten allgemein bekannt geworden. Sie liefern quasi eine unendliche Krümmung der Raumzeit, d. h. einen Rand von Raum und Zeit. Dahinter gibt es kein Wo und Wann mehr. Schwarze Löcher bilden einen Rand, über den man von der Raumzeit herunterspringen kann.

Können solche Singularitäten in der Praxis auftreten oder sind sie nur Artefakte praktisch nie auftretender spezieller physikalischer Bedingungen? Mathematisch wurde mit den so genannten Singularitätentheoremen bewiesen, dass es viele praktische Fälle geben kann, an denen Singularitäten tatsächlich auftreten. Ja, man hat Schwarze Löcher an verschiedenen Stellen des Universums bereits längst nachgewiesen und beobachtet. Schwarze Löcher halten aber die Unberechenbarkeit und den Indeterminismus noch in Grenzen. Sie sind eben schwarz, d. h. aus ihrer Singularität tritt nichts nach außen, sie haben keine Auswirkungen von Unberechenbarkeit und Indeterminismus außerhalb ihres so genannten Ereignishorizonts, der sie umgibt. Sie sind quasi nur ein Ende, aber kein Anfang. Um die Unberechenbarkeit und den Indeterminismus in Grenzen zu halten, hat man nach Theoremen gesucht, genannt Kosmische Zensur, die so genannte nackte Singularitäten, also Singularitäten, die unverschämt ihre Unberechenbarkeit und ihren Indeterminismus in die Außenwelt transportieren, ausschließen. Die strenge Kosmische Zensur, die nackte Singularitäten der Raumzeit vollständig ausschließt, gibt es nicht. Allein schon der Anfang des Universums, der Urknall, muss eine solche nackte Singularität gewesen sein. Weil aber Singularitäten nach der heutigen Physik nicht berechenbar sind, ist es so schwer, eine Erklärung dafür zu finden, warum diese Anfangssingularität des Universums so hochgradig niederentropisch gewesen sein soll. Aber abgeschwächte Formen der Kosmischen Zensur konnten bewiesen werden, die in etwa besagen, dass, wenn sich bei physikalisch realistischem Geschehen eine Singularität lokal bildet, sich die daraus ergebende Unberechenbarkeit nicht beliebig weit von dieser Singularität entfernen kann. Das gilt allerdings nur für die „klassische“ Allgemeine Relativitätstheorie ohne quantentheoretische Einflüsse.

Die Allgemeine Relativitätstheorie hat aber auch ein Energieerhaltungsproblem. Die Bewegung zweier umeinander kreisender Körper in der Raumzeit, wie zwei Sterne oder Planeten, sendet sozusagen Wellen der Raumzeitkrümmung aus, wie ein Stein, der ins Wasser fällt, auf der Wasseroberfläche Wellen ausschickt, die die Wasseroberfläche krümmen. Diese Wellen können Energie davontragen, die dem System umeinander kreisender Körper entzogen wird: Die Körper rücken zusammen. Die Raumzeit-Krümmung selbst hat also auch Energie, selbst im Vakuum, jede Energie ist aber auch Materie und krümmt damit wiederum die Raumzeit. Diese Selbstbezogenheit macht ein Energiekonzept in der Allgemeinen Relativitätstheorie schwierig, und es scheint so zu sein, dass die Energieerhaltung unter gewissen Bedingungen ein bisschen verletzt ist. Jedenfalls ist die Energie der Raumzeit im Gegensatz zum Fall der vorrelativistischen Physik ein extrem nichtlokales Konzept.

Die Quantenfeldtheorie hat wesentlich schwerwiegendere grundsätzliche Probleme als alle bisher behandelten physikalischen Theorien. In der Quantentheorie wurden die Teilchen zu Wellenfunktionen bzw. Quantenzuständen. Man nennt das die erste Quantisierung. Die Kräfte zwischen den Teilchen wurden zunächst einfach klassisch angenommen. In der Quantenfeldtheorie werden aber auch die Kraftfelder zwischen den Teilchen quantisiert. Jede Kraftquelle, wie z. B. ein geladenes Teilchen, produziert ein Kraftfeld, d. i. die Kraft an jedem Punkt, wie z. B. ein elektrisches Feld oder ein Magnetfeld. Man nennt die Quantisierung dieser Kraftfelder die zweite Quantisierung. Sie bringt eine ganze Reihe mathematischer Probleme mit sich, die zu einem guten Teil bis heute ungelöst sind. Die Quantisierung der Kraftfelder bedeutet, dass die Kräfte quasi durch eigene Teilchen übertragen werden. Da aber ein Kraftfeld vorhanden ist, auch wenn keine Wechselwirkung mit einem anderen Teilchen auftritt, wird das Kraftfeld dann durch so genannte „virtuelle“ Teilchen gegeben, die erst real werden, wenn sie mit einem realen Teilchen wechselwirken. Automatisch ergibt sich bei der zweiten Quantisierung auch das Konzept der Antiteilchen: Im Vakuum werden virtuelle Teilchen-Antiteilchen-Paare erzeugt, die sich gegenseitig wieder vernichten, wenn sie auf kein reales Teilchen treffen. Die Wechselwirkung zwischen zwei Teilchen aufgrund einer bestimmten Kraft wird in der Quantenfeldtheorie durch eine Summe von Wechselwirkungen aufgrund von Zusammenstößen mit 1, 2, 3, 4 usw. virtuellen Teilchen, die einbezogen werden, berechnet. Im Prinzip muss man unendlich viele mögliche virtuelle Teilchen einbeziehen, die eine Rolle spielen können, aber wenn man beweisen kann, dass der Effekt der Einbeziehung von immer mehr Teilchen immer geringer wird, kann man innerhalb gewisser Fehlergrenzen die Wechselwirkung auch tatsächlich berechnen.

Jetzt zeigt sich aber, dass bei gewissen Wechselwirkungen auch hier Singularitäten, die wieder das Ende der Berechenbarkeit und des Determinismus anzeigen, auftreten. Manche dieser Singularitäten sind renormierbar, d. h. ihre Unendlichkeit ist von einer Art, die sich durch andere Unendlichkeiten, die auch in die Berechnung einbezogen werden müssen, genau aufhebt. Diese so genannten Infrarot-Singularitäten sind also harmlos. Daneben gibt es aber auch ernste Singularitäten, so genannten Ultraviolett-Singularitäten, die echte Singularitäten sind, an denen man sich nur durch mathematisch nicht gerechtfertigte Ad-hoc-Tricks vorbeischummeln kann. In der heutigen Quantenfeldtheorie treten also in manchen Fällen echte Singularitäten, die die Berechenbarkeit und den Determinismus eigentlich beenden, auf.

Dazu kommt noch das im Moment fundamentalste Problem der Physik: Es gibt keine Vereinheitlichung von Allgemeiner Relativitätstheorie und Quantentheorie. Im Rahmen der Quantentheorie ist es gelungen, alle bekannten Naturkräfte – die elektromagnetische, die schwache und die starke Kraft – mittels eines geometrischen Konzeptes so zu vereinheitlichen, dass sich alle Kräfte als Spezialfall einer einzigen Naturkraft unter gewissen Bedingungen zeigen. Es gibt also eigentlich nur eine einzige Kraft in der Natur. Nur die Gravitation oder Schwerkraft passt in dieses geometrische Konzept grundsätzlich nicht hinein. Sie ist ja, wie die Zentrifugalkraft auf einem Ringelspiel, durch das Raumzeit-Konzept zu einer Scheinkraft geworden. Die Raumzeit besteht aber in der Allgemeinen Relativitätstheorie noch immer nur aus Raumzeitpunkten. D. h., wenn man beliebig genau hinschaut, wird der betrachtete Raumzeit-Bereich beliebig klein. Auch die Elementarteilchen der Quantentheorie sind eigentlich Punktteilchen geblieben, weil ihre Quantenzustände bzw. die Wellenfunktionen von jedem Raumzeitpunkt abhängen und im Fall der Reduktion – wir erinnern uns – sogar auf einen Raumzeitpunkt reduzierbar sind. Es wäre also notwendig, die Raumzeit zu quantisieren. Dazu könnten entweder jeder Raumzeitpunkt oder die Metrik selbst quantisiert werden. Bisher sind diesbezüglich aber alle Versuche fehlgeschlagen, solche Konzepte in einer harmonischen mathematischen Beschreibung zu vereinheitlichen. Mit anderen Worten, es wurde hier etwas Grundsätzliches noch nicht verstanden.

Wir stehen also vor dem Phänomen, dass die Allgemeine Relativitätstheorie nur im Großen gilt und die Quantentheorie nur im Kleinen, und die Übergangsbereiche zwischen den beiden sind physikalisch vollkommen unverstanden. Gerade bei Singularitäten in der Raumzeit, wie beim Urknall z. B., der offenbar durch seine niederentropischen Bedingungen die Entropiezunahme und damit eine Zeitasymmetrie und das Leben und das Bewusstsein auf der Erde ermöglicht hat, werden Quanteneffekte aber eine wesentliche Rolle spielen. Umgekehrt werden vielleicht bei der Reduktion der Wellenfunktion, wenn der Quanteneffekt makrophysikalische Dimensionen erhält, Effekte der Allgemeinen Relativitätstheorie wichtig.

Bei einer Quantisierung der Raumzeit wird man vielleicht auch mit virtuellen Raumzeiten rechnen müssen, wie mit den virtuellen Teilchen-Antiteilchen-Paaren in der Quantenfeldtheorie, die die Entwicklung bestimmen. Dafür ist aber eine Klassifizierung von Raumzeiten auch nach topologischen Gesichtspunkten notwendig. Diese Klassifizierung für vierdimensionale Räume, wie die Raumzeit einer ist, ist aber ein nichtberechenbares Problem in der Mathematik. Es gibt also verschiedene Hinweise, dass die Zeitasymmetrie bzw. der Zeitfluss, den das Bewusstsein erlebt, aber auch eine nichtalgorithmische Mathematik, also die Grenze der Berechenbarkeit, in einer zukünftigen Physik eine wesentliche Rolle spielen könnten. Die Unberechenbarkeit und die Zeitasymmetrie des Bewusstseins könnten also durchaus mit unserem physikalischen Weltbild vereinbar sein, wenn wir die ausstehenden Probleme, wie sie hier skizziert wurden, gelöst haben.

4.4 Nichtberechenbare, indeterminierte Physik im Gehirn

Selbst wenn eine neue Physik aber Unberechenbarkeit, Indeterminiertheit und Zeitasymmetrie enthalten sollte, heißt das noch nicht, dass diese Physik für das Bewusstsein relevant sein muss. Dafür müsste diese neue Physik ja im physikalischen System des Gehirns eine wesentliche Rolle spielen. Wir erinnern uns, dass die NeurobiologInnen das Gegenteil behauptet haben: Die Physik des Gehirns sei vollständig verstanden.

Penrose (1994) und Penrose und Hameroff (1995) liefern Hinweise darauf, wo im Gehirn sich diese noch unbekannte Physik abspielen könnte. Es müsste sich um Bereiche handeln, die für das Bewusstsein verantwortlich sind und die wesentlich durch den Übergang vom quantentheoretischen zum makrophysikalischen Bereich bestimmt werden. Es müsste sich also um die

Reduktion einer globalen, d. h. weite Bereiche des Gehirns umfassenden, Wellenfunktion handeln. Penrose identifiziert als möglichen Ort für dieses Geschehen die Mikrotubuli im Skytoskelett der Neuronen. Sie wären nach außen hin genügend abgeschottet, um einen globalen Quantenzustand, d. h. eine globale Wellenfunktion, zu erlauben, und befänden sich gerade im Übergangsbereich zur Makrophysik. Zusätzlich würden sie die Bildung und Entfernung von Synapsen bewirken. Die Synapsen waren ja die Verbindungen zwischen den Neuronen, über die hinweg die Erregungszustände vermittelt, d. h. verstärkt, abgeschwächt oder verhindert, wurden. Und diese Synapsen werden laufend gebildet und entfernt, d. i. die so genannte Plastizität des Gehirns. Die Hypothese von Penrose ist nun, dass ein globaler Quantenzustand in den Mikrotubuli, dessen Reduktion Teil der nichtalgorithmischen Physik und daher unberechenbar ist, die Bildung und Entfernung von Synapsen bewirkt. Ohne sich verändernde Synapsen wäre das Gehirn wie ein Computer. Die sich nichtalgorithmisch verändernden Synapsen könnten aber genau jene Nichtformalisierbarkeit ergeben, die für das Verstehen von Problemen, und damit für Bewusstsein, notwendig sind.

Auch eine unberechenbare Physik könnte allerdings determiniert sein, sie muss aber nicht. Wir wissen im Moment viel zu wenig, wie diese erweiterte Physik ausschauen wird. Jedenfalls gibt es, wie gesagt, Hinweise, dass Singularitäten und das Brechen von Erhaltungssätzen durchaus in der physikalischen Welt auftreten können. Das würde ein Ende auch des probabilistischen Determinismus der Quantentheorie einläuten. Die Singularitäten der Allgemeinen Relativitätstheorie sind zwar nicht im Gehirn zu erwarten, obwohl das bei einer Verbindung zwischen Quantentheorie und Allgemeiner Relativitätstheorie durchaus möglich sein könnte, aber die Singularitäten der Quantenfeldtheorie, so sie denn physikalisch sind, befinden sich überall, also auch im Gehirn. Und wenn z. B. die Energie nicht mehr erhalten ist, wenn auch in sehr geringem Ausmaß, wie das die Allgemeine Relativitätstheorie andeutet, dann kann auch das für den freien Willen eine Rolle spielen. Etwas wie eine Verletzung der Energieerhaltung würde notwendig sein, um einen freien Willen zu ermöglichen. Diese Verletzung dürfte natürlich nicht beliebig groß oder völlig unbestimmt sein, weil das Bewusstsein sonst ja beliebig Energie erzeugen oder vernichten könnte, was es offensichtlich nicht kann. Sie müsste sehr klein und subtil sein, aber doch einen Effekt haben.

Da die generelle Entropiezunahme letztendlich lebensfeindlich ist und eine Entropieabnahme einer Zunahme der Ordnung entspricht, könnte man versucht sein zu sagen, die Erhaltungsgrößen der Physik werden durch die Tätigkeit des Bewusstseins nicht verletzt, sondern es würde vielmehr nur den zweiten Hauptsatz der Thermodynamik verletzen und einfach Ordnung erzeugen. Man denke an das Beispiel des Behälters mit dem Gas. Wenn ich eine Trennwand einziehe und das Gas in einer Hälfte entferne, dann habe ich den Anfangszustand mit niedrigerer Entropie und höherer Ordnung hergestellt. Aber das ist kein Ausweg, wie mir scheint. Im Fall dieses Beispiels muss man das größere System betrachten, das denjenigen miteinbezieht, der die Trennwand einzieht und das Gas aus einer Hälfte des Behälters entfernt. Wenn dessen Entropie in die Berechnung miteinbezogen wird, dann steigt die Gesamtentropie des Systems wieder an, auch wenn die Teilentropie des Behälters gesunken ist – eben nur auf Kosten jener Entropie von anderswo, wie die Entropie auf der Erde nur deswegen gleich bleiben kann, weil die Sonne laufend Strahlung mit niedrigerer Entropie zuführt. Wenn das Bewusstsein die Entropie eines Gesamtsystems verringern könnte, dann müsste sie dabei die Naturgesetze wie die Energieerhaltung verletzen. Daran führt kein Weg vorbei.

Zusammenfassend bringt also, wie uns Gödels Theorem lehrt, das Bewusstsein in nichtformalisierbarer Weise die Fähigkeit des Verstehens mit sich. Dieser Vorgang des Verstehens ist mühsam und energieaufwendig, im Gegensatz zum Ablauf eines Computerprogramms. Auf Basis dieses Verstehens wirkt mein bewusster Wille auf meine Handlungen, sonst hätte sich das Bewusstsein evolutionär nicht entwickeln können. Wenn der bewusste Wille dem zuwiderläuft, was die unbewusste programmierte Automatik meines Gehirns erfordert, dann ist auch die Umsetzung dieses bewussten Willens mühsam und energieaufwendig. Wenn auch der ganze Prozess der bewusst gewollten Handlung nicht berechenbar und willentlich nicht determiniert ist, so ist er deshalb nicht unphysikalisch bzw. naturwissenschaftlich nicht fassbar. Es steht fest, dass die Physik in diesem Zusammenhang in kritischen Bereichen noch nicht vollständig verstanden ist.

5 Was ist Bewusstsein?

In diesem Abschnitt möchte ich darlegen, was man vom neurobiologischen Standpunkt aus über das Bewusstsein aussagen kann. Gerade in den letzten Jahren hat dieses Wissen ungeheuer zugenommen. Es basiert auf zwei wesentlichen Wissensquellen: Erstens auf Messungen der Hirnaktivität mit den in Kapitel 2 beschriebenen Methoden. Auf diese Weise kann man feststellen, bei welcher mentalen Aktivität oder bei welcher Köperreaktion welcher Teil des Gehirns besonders aktiv ist. Dadurch können wir gewissen Aktivitäten gewisse Hirnregionen als Steuerzentren bzw. dafür verantwortliche Bereiche zuordnen. Und zweitens können wir aus dem Verhalten von PatientInnen mit einer Beschädigung gewisser Gehirnteile sehr viel darüber lernen, welche Hirnaktivität in welchen Hirnbereichen wofür verantwortlich ist, vor allem, wenn die PatientInnen in Experimente einbezogen werden, bei denen man alle möglichen Einflüsse gut kontrollieren kann. Bei vielen dieser Versuche lässt sich ganz klar zwischen bewusster und unbewusster Wahrnehmung oder zwischen bewusstem und unbewusstem Lernen unterscheiden.

Was wir von Hirnaktivitätsmessungen und von gehirngeschädigten PatientInnen zunächst einmal unmittelbar lernen können, ist, dass das Bewusstsein ein globaler Prozess des Gehirns ist und nirgends konkret lokalisiert gedacht werden darf. Die Interaktion verschiedenster Hirnbereiche ist in die bewusste Tätigkeit einbezogen. Eine lokalisierte Hirnverletzung durch einen Schlag mit einem sehr spitzen Gegenstand beeinträchtigt das Bewusstsein oft nicht, sondern es fallen nur gewisse Hirnteile aus. Ein Schlag mit einem stumpfen Gegenstand, der das gesamte Gehirn betrifft, führt hingegen leicht zu Bewusstlosigkeit. Bemerkenswert ist aber auch, dass spezifische Schädigungen evolutionär alter Hirnregionen viel leichter zur Bewusstlosigkeit führen als Schädigungen evolutionär jüngerer Bereiche, obwohl das Zusammenspiel vieler Hirnregionen für Bewusstsein notwendig ist. Offenbar hängt das Bewusstsein als Ganzes viel stärker vom Funktionieren dieser evolutionär älteren Hirnregionen ab, sie bilden in gewissem Sinn die Basis des Bewusstseins (Damasio 2000b, S. 275).

5.1 Vom Protoselbst zum Bewusstsein

Die Erklärung von Bewusstsein, wie ich sie im Folgenden geben möchte, skizziert gleichzeitig die mögliche phylogenetische Entwicklung von Bewusstsein. Da Bewusstsein evolutionär entstanden ist, muss es sozusagen in jeder Zwischenphase der Entwicklung auch eine Funktion gehabt haben, die in ihren Auswirkungen auf die Handlungen der betroffenen Lebewesen einen Unterschied für ihren Reproduktionserfolg ausgemacht hat. Diese Zwischenphasen lassen sich schön nachvollziehen, was als ein weiterer Hinweis auf die Richtigkeit der folgenden Ausführungen gesehen werden kann. Und da wir aus dem Umstand, dass Verletzungen evolutionär älterer Hirnregionen viel eher zur Bewusstlosigkeit führen, geschlossen haben, dass Bewusstsein fundamental auf diesen evolutionär älteren Hirnregionen aufbaut, ist die Rekonstruktion von Bewusstsein durch ihre phylogenetische Entstehungsgeschichte berechtigt.

Jedes Lebewesen muss sich in irgendeiner Form von seiner Umgebung abgrenzen. Dadurch bildet sich in diesem Lebewesen ein eigenes, von der Umgebung unabhängiges Milieu. Um am Leben zu bleiben, also um dieses Milieu gegenüber Umwelteinflüssen zu erhalten, muss das Lebewesen in irgendeiner Form die so genannte Homöostase beherrschen, d. h. es muss den Gleichgewichtszustand seines inneren Milieus durch Regulationsprozesse erhalten können.

In Lebewesen mit Zentralnervensystem sind alle Teile ihres Körpers durch Nervenbahnen mit einer zentralen „Verrechnungsstelle" verbunden. Diese zentrale Verrechnungsstelle, bei mir das Gehirn, übernimmt die Aufgabe der Homöostase. Dort gehen alle Informationen, die das Gleichgewicht des internen Milieus gefährden, ein, und es werden physiologische Kreisprozesse in Gang gesetzt, die einschreiten, um das Gleichgewicht zu erhalten bzw. wieder herzustellen. Allerdings gibt es keine „Theaterbühne" im Gehirn, also einen einzigen Ort, an dem alle Sinnesdaten zusammenkommen und integriert werden, wie das René Descartes angenommen hat. Vielmehr sind für die Informationen von verschiedenen Sinnesorganen auch verschiedene Hirnteile zuständig.

Ein Beispiel einer Bedrohung des Gleichgewichts des internen Milieus ist, wenn ich mir die Finger auf einer heißen Herdplatte verbrenne. Die elektrochemische Reaktion in den Nervenbahnen, aber auch chemische Botenstoffe im Blut senden die Information dieser Gleichgewichtsstörung des internen

Milieus unmittelbar ins Gehirn, aus dem sofort die entsprechende Nervenreaktion zurückgeschickt wird: Die Hand wird reflexartig zurückgezogen. Diese Reaktion geschieht im Zeitraum von Millisekunden. Dafür ist mehr oder weniger eine direkte Verschaltung durch das Zentralnervensystem verantwortlich, in das das Gehirn als Zentrale einbezogen ist. Der ganze Vorgang hat aber mit Bewusstsein nichts zu tun.

Im nächsten Schritt einer komplexeren Homöostase werden alle Teile des Körpers im Gehirn repräsentiert. Während also weiterhin in gewissen Teilen des Gehirns solche Reflexreaktionen unverändert ablaufen, gibt es eine Repräsentation sowohl des Körpers als auch der Hirnaktivität im Rahmen solcher Reflexreaktionen in wiederum anderen Teilen des Gehirns. Diese Repräsentation erster Ordnung wird das Protoselbst genannt. Auch dieses Protoselbst hat noch nichts mit Bewusstsein zu tun. In ihm wird der gesamte Körper inklusive jener Teile des Gehirns, die in die Reflexreaktionen involviert sind, repräsentiert. Das Protoselbst befindet sich nicht in einem gewissen Hirnzentrum, sondern viele Regionen des Gehirns spielen zusammen, um das Protoselbst zu produzieren.

Man kann sich das Protoselbst wie die Zentrale für die Koordination des Zugverkehrs einer Region vorstellen. Das Schienennetz entspricht in diesem Bild dem Nervensystem, die Züge den Nervensignalen. In der Zentrale hängt nun ein elektronischer Verschaltungsplan an der Wand, bei dem Lichter die Orte angeben, an denen gerade Züge unterwegs sind, und andere Lichter zeigen wiederum die Ampelsignale bzw. die Bahnschranken, die gerade in Betrieb sind, und ob sie auf Grün bzw. offen stehen oder rot bzw. geschlossen sind. Dieser Plan des gesamten Zugverkehrsnetzes ist eine Repräsentation erster Ordnung des realen Zugverkehrs. Sie erleichtert offensichtlich die Organisation des gesamten Geschehens. Genauso funktioniert das Protoselbst im Gehirn.

Das Protoselbst hat an sich mit Bewusstsein, wie gesagt, noch nichts zu tun. Es ist aber eine absolut notwendige Voraussetzung dafür, dass Bewusstsein entsteht. Das bewusste Erleben eines Vorganges muss man sich nun so vorstellen. Es beginnt mit einem Objekt, das im Gehirn in erster Ordnung mental repräsentiert wird. Dieses Objekt kann ein Reiz sein, den die Nerven als Wahrnehmung ins Gehirn geleitet haben, es kann aber auch eine Vorstellung von etwas sein oder eine Erinnerung an etwas, wie eine Wahrnehmung usw. Dieses Objekt, das in erster Ordnung mental repräsentiert wird, tritt jetzt mit dem Protoselbst, das die mentale Repräsentation erster Ordnung des gesamten Körpers ist, in Wechselwirkung. Diese Wechselwirkung wird jetzt in zweiter Ordnung von wieder einer anderen Gehirnregion nichtverbal beschrieben bzw. kommentiert. Dabei wird diese Repräsentation zweiter Ordnung der Beeinflussung des Organismus durch die Wahrnehmung eines Objektes im raumzeitlichen Kontext erweitert, es wird darauf mental fokussiert. Dieser Prozess, der nichtverbale Kommentar bzw. die Repräsentation zweiter Ordnung dieser Wechselwirkung zusammen mit dem Fokussieren auf dieses spezifische Geschehen, ist das Bewusstsein bzw. bedingt das bewusste Erleben dieser Wechselwirkung. Damasio (2000b) nennt dies das Kernbewusstsein.

Versuchen wir diesen Vorgang anhand des bewussten Erlebens eines Gefühls nachzuvollziehen. Zunächst lege ich also die Finger auf eine heiße Herdplatte. Wieder läuft die bekannte Reaktion ab, die Information des Verbrennens wird ans Hirn weitergeleitet und die reflexartige Rückziehbewegung der Hand erfolgt sofort und unbewusst. Um das Weitere zu verstehen, müssen wir nun eine Begrifflichkeit einführen, die dem gängigen Verständnis dieser Begriffe nicht entspricht. Neurobiologisch stellt sich nämlich heraus, dass Gefühle an sich, wie Schmerz, nicht unbedingt bewusst werden müssen. Das scheint der Intuition im Alltagsverständnis zu widersprechen, belegt aber deswegen nur umso mehr, warum wir den Weg der objektiven Wissenschaft und nicht der rein subjektiven Erfahrung gewählt haben. Es gibt unbewusste Gefühle. Daran kann kein Weg vorbeiführen. Ich muss daher gezwungenermaßen zwischen Emotion, Gefühl und bewusstem Gefühl unterscheiden. Was die jeweiligen Begriffe bedeuten, wird im Folgenden beschrieben.

Nach dem Verbrennen der Finger auf der heißen Herdplatte geschieht die direkte Reflexreaktion auf das Verbrennen: das Zurückziehen der Hand. Natürlich werden auch sofort Reparaturmechanismen an der Verletzungsstelle in Gang gesetzt. All das ist weder bewusst noch hat es mit Emotionen oder Gefühlen zu tun. Der Verbrennungsreiz löst im Gehirn aber nicht nur die Reflexreaktion aus, sondern auch eine den gesamten Körper betreffende Reaktion, die so genannte Emotion. Sie bedingt die interne Körperanpassung an den Reiz und an die Reflexreaktion darauf. In unserem Fall des Fingerverbrennens kann die Emotion bedingen, dass der Organismus alle seine momentanen Tätigkeiten einstellt und sich nur mehr auf die Verletzung konzentriert, oder sie kann ein heftiger Adrenalinausstoß sein. Generell können Emotionen aber in Form von Schmerz, Leid, Freude, Lust, Trauer, Angst, Wut, Überraschung, Ekel usw. auftreten oder soziale Emotionen wie Peinlichkeit, Scham, Schuld, Stolz, Eifersucht usw. umfassen. Neurobiologisch gesehen sind die Emotionen im Gehirn nachweisbare, komplexe, neuronale oder chemische Aktivitätsmuster. Dabei werden verschiedene Emotionen von verschiedenen Hirnregionen induziert. Sie scheinen biologisch determiniert, aber natürlich nicht nur von genetisch vorgegebenen, sondern auch von im Laufe der ontologischen Entwicklung adaptierten Verschaltungen bestimmt zu sein.

Diese natürlich zunächst unbewusste Reaktion auf einen Reiz bzw. ein Objekt (wie eine Vorstellung oder Erinnerung), diese Emotion, wird jetzt in erster Ordnung mental repräsentiert. Gewisse Gehirnregionen stellen also die Emotion noch einmal dar, wie das Protoselbst den Zustand des gesamten Körpers darstellt. Die Darstellung erster Ordnung der Emotion, ihr mentales Abbild, nennen wir Gefühl. Auch dieses allein ist noch nicht bewusst, genauso wenig wie das Protoselbst. Wenn aber die Wechselwirkung dieses Gefühls mit dem Protoselbst in zweiter Ordnung in einer weiteren Hirnregion dargestellt, d. h. nichtverbal kommentiert wird, dann wird das Gefühl bewusst erlebt. Die Emotion wird zum bewussten Gefühl.

Bei unserem Beispiel der Verbrennung auf der Herdplatte haben wir also die Reflexbewegung, die nicht bewusst ist, die aber natürlich auch in erster Ordnung als mentales Abbild im Hirn repräsentiert wird und so zuletzt auch bewusst werden kann, auch wenn sie in jedem Fall nicht bewusst ausgelöst wurde. Weiters induziert die Verbrennung eine Emotion des Schmerzes sowie weitere Emotionen, sagen wir Wut. Der Schmerz zusammen mit dieser Wut und ihren Auswirkungen auf den ganzen Körper werden im Gehirn mental repräsentiert, und diese Wechselwirkung von Schmerz, Wut und Protoselbst wird von einer weiteren Gehirnregion nichtverbal kommentiert und so im Kontext erweitert und zur Hauptaktivität des Gehirns, also zum zentralen Geschehen. Erst dann wird uns bewusst, dass wir Schmerzen haben und wütend sind.

Die Trennung in bewusste und unbewusste Gefühle bzw. Emotionen wird uns auch von den Erfahrungen mit der Anästhesie nahegelegt. Nach einem Sturz in eine Gletscherspalte, bei dem ich mir die Schulter gebrochen hatte, musste ich operiert werden, mein Schultergelenk wurde zusammengeschraubt. Dafür wurde ich anästhesiert. Für die Operation wurde ich aber nicht nur bewusstlos gemacht, sondern ich habe noch extra ein Schmerzmittel bekommen. Das deswegen, weil mein Körper auch im bewusstlosen Zustand alle Schmerzreaktionen gezeigt hätte, wie z. B. ein rasendes Herz, die

Ausschüttung körpereigener Substanzen als Schmerzreaktion, die Reflexreaktionen der Extremitäten usw. Für den ruhigen Ablauf der Operation sowie für eine möglichst einfache postoperative Genesungsphase musste ich also bei der Operation nicht nur bewusstlos sein, sondern auch starke Schmerzmittel bekommen. Die Trennung in unbewusste und bewusste Schmerzen wird uns durch diese Erfahrungen sehr deutlich gemacht.

Emotionen müssen nicht unbedingt durch Objekte wie äußere Reize, Gedanken oder Erinnerungen ausgelöst werden. Es gibt auch so genannte Hintergrundemotionen, die quasi zeitlich zwischen den durch Objekte aufgetretenen Emotionen vorhanden sind. In erster Ordnung repräsentiert werden sie zum Körpergefühl. Kategorien von Hintergrundemotionen sind z. B. Anspannung, Nervosität, Motiviertheit, Deprimiertheit, Unlust, Fröhlichkeit, Krankheit, Müdigkeit, Erwartung, Unternehmungslust, Befriedigung, Gelassenheit, Ruhe, Befürchtung usw. Auch diese Hintergrundemotionen können auf dieselbe Weise bewusst werden, eben durch die Darstellung zweiter Ordnung der Wechselwirkung ihrer Repräsentation erster Ordnung (dem Körpergefühl) mit dem Protoselbst.

Die Funktion des Bewusstseins, an dieser Stelle also des Kernbewusstseins, ist biologisch gesehen grundsätzlich natürlich, die Homöostase zu unterstützen. Das geschieht durch das Konzentrieren und Fokussieren, also das Lenken der Aufmerksamkeit auf ein wichtiges Problem, zusammen mit der Darstellung in zweiter Ordnung des Geschehens, also dem nichtverbalen Kommentar. Dieser Vorgang ist das Verstehen des Problems, wobei Verstehen natürlich auf vielen Ebenen erfolgen kann. Wenn ein Vorgang in erster Ordnung dargestellt wird, dann heißt das, dass das reale Geschehen abstrakt, aber so realitätsgetreu wie möglich wiedergegeben wird. Die Darstellung in zweiter Ordnung ist aber nicht wieder eine identische Darstellung, sonst wäre sie ja von der Darstellung erster Ordnung nicht zu unterscheiden. Vielmehr ist sie ein nichtverbaler Kommentar, also eine Bewertung, eine Einordnung, eine Herausarbeitung des Wesentlichen, mit anderen Worten: das Verstehen des Vorgangs. Bewusstsein ist also in seiner elementarsten Form bereits durch das Verstehen eines Vorgangs gegeben. Bewusstsein ist das Gefühl, etwas zu wissen bzw. als wahr zu erkennen (Damasio 2000b, S. 182). Hier stimmt also unsere mathematische Analyse in Kapitel 4 mit den Forschungsergebnissen der Neurobiologie in sehr bemerkenswerter Weise überein. Das Bewusstsein unterscheidet sich von den unbewussten – computerprogrammartigen – Verschaltungen im Gehirn (dem Reflex und den unbewussten Emotionen) dadurch, dass es verstehen und aus dem

Verstandenen mit einem eigenen Willen eine bewusste Reaktion ableiten und umsetzen kann.

Wesentliche notwendige Voraussetzungen für Bewusstsein überhaupt sind also ein Zentralnervensystem, eine Art von Gehirn, das zur mentalen Repräsentation des gesamten Nervensystems, also zu einem Protoselbst, fähig ist, ein Kurzzeitgedächtnis, das mentale Inhalte zumindest einige Sekunden lang behalten kann, um dem Bewusstwerden genügend Zeit zu geben, und Hirnstrukturen, die eine Darstellung zweiter Ordnung der Wechselwirkungen mentaler Inhalte, also ein nichtverbales Verstehen von Wechselwirkungen, erlauben.

Für das Funktionieren des Bewusstseins als homöostatischer Regulator sind das zeitweilige Wachsein des Organismus samt der Fähigkeit zur Energieaufnahme notwendig, weiters das zeitweilige Schlafen, um die Aktionspotentiale in den Neuronen wieder aufzufüllen, und Aufmerksamkeit, um eine Wechselwirkung mit der Umgebung zu ermöglichen.

5.2 Eigenschaften des Kernbewusstseins

Bisher wurde nur das so genannte Kernbewusstsein beschrieben. Es ist ein Bewusstsein des momentanen Gefühls bzw. ein Erkennen und Verstehen eines momentanen Problems, jeweils mit Kurzzeitgedächtnis. Ohne Langzeitgedächtnis, ohne Erinnerung, lässt sich keine längerfristige Planung verwirklichen. Dennoch hat dieses kurzzeitige Kernbewusstsein bereits alle wesentlichen Eigenschaften von Bewusstsein.

Das Kernbewusstsein erlaubt das bewusste Erleben von Freud und Leid, von Lust und Schmerz. Bewusstsein ist also identisch mit Leidensfähigkeit. Es macht daher das bewusste Lebewesen zu einem erlebenden Subjekt mit einer eigenen Perspektive der Welt. Für ein bewusstes Lebewesen ist es sinnvoll zu fragen, wie es sich anfühlt, dieses Lebewesen zu sein, wie dieses Lebewesen empfindet.

Da die entscheidende, neue Fähigkeit des Kernbewusstseins das Verstehen von Sachverhalten ist und seine Funktion, aus diesem Verstehen ein Verhalten abzuleiten, also etwas zu wollen, hat jedes Lebewesen mit Kernbewusstsein einen eigenen Willen. Es hat eigene Interessen, von denen es wollen kann, dass sie erfüllt werden. Der Begriff „Autonomie“ bekommt für solche Lebewesen einen Sinn: Autonomie bedeutet, die Möglichkeit zu haben, nach den eigenen Interessen zu leben, den eigenen Willen umsetzen zu können.

Das Kernbewusstsein macht aber das bewusste Lebewesen auch zu einem Individuum, weil Bewusstsein immer singulär ist. Damasio (2000b, S. 142) nennt dies das erste Prinzip: Einem Körper entspricht nur ein Geist und umgekehrt. Niemals gibt es zwei Bewusstsein in nur einem Körper oder umgekehrt zwei getrennte Körper mit nur einem Bewusstsein. Selbst bei siamesischen Zwillingen spricht man von zwei Zwillingen, wenn sie zwei Bewusstsein in einem zusammengewachsenen Körper haben, oder von einem Wesen, wenn es nur ein Bewusstsein in einem Körper gibt, der vielleicht vier Arme und Beine und zwei Verdauungssysteme usw. hat. Selbst Menschen mit pathologisch gespaltener Persönlichkeit sind entweder die eine oder die andere Persönlichkeit, niemals aber beide gleichzeitig.

Weiters ist das Kernbewusstsein grundsätzlich ein Bewusstsein von sich selbst (Damasio 2000b, S. 172). Bewusstsein ist ja das Wissen des Organismus, selbst von einem Objekt (d. h. einem Reiz, einem Gedanken, einer Vorstellung, einer Wahrnehmung) beeinflusst zu werden. Das Gefühl wird erst bewusst, wenn es ein fühlendes Selbst gibt. Bewusstsein ist der Gedanke von sich selbst als Individuum, das sich selbst denkt und fühlt. Bewusstsein ist damit immer und ganz grundsätzlich auch Selbstbewusstsein. Natürlich kann auch Selbstbewusstsein in verschiedenen Schattierungen auftreten, aber das Bewusstsein eines Gefühls z. B. bedeutet immer das Bewusstsein von sich selbst als einem Wesen, das gerade etwas fühlt. Bewusstsein bedeutet, dass man sich dessen bewusst wird, dass man selbst ein Gefühl hat.

Bewusstsein hat nichts mit Sprache oder Sprachfähigkeit zu tun. Die Darstellung erster Ordnung von sich selbst, das Protoselbst, sowie die Darstellung erster Ordnung des Objekts, das mentale Bild, sind nichtverbal. Der Kommentar bzw. die Interpretation der Wechselwirkung zwischen den Darstellungen des Objekts und des Selbst ist ebenso nichtverbal. Eine sprachliche Darstellung dessen, wessen man sich bewusst ist, wäre eine Darstellung der dritten Ordnung. Sie ist nicht notwendig für Bewusstsein. Die Sprache ist nicht selbst mit dem Bewusstsein verbunden, sondern nur eine Darstellung nichtverbaler Konzepte (Damasio 2000b, S. 185). Wenn man nichtverbal denkt, ist man deswegen nicht bewusstlos. Die Sprache kann nur symbolisieren, was nichtverbal bereits vorhanden ist. Gedanken ohne Sprache wurden bei aphasischen PatientInnen, die ihr Sprachvermögen verloren hatten, und bei vorsprachlichen Kleinkindern nachgewiesen (Weiskrantz 1999, S. 80).

Bewusstsein erweitert die Reichweite des Mentalen. Durch seine Fähigkeit zu verstehen kann es die Homöostase im Gegensatz zu Computerprogrammen auch bei Problemen erreichen, die nicht vorhersehbar waren. Bewusstsein kann auch imaginäre Situationen, die nie passiert sind, zur Problemlösung verwenden.

Da immer nur die Wechselwirkung von etwas mit dem Protoselbst bewusst werden kann, ist einerseits immer der Selbstbezug bei allem Bewusstsein gegeben. Andererseits bedarf es eines Objektes, also einer Wahrnehmung oder der Vorstellung einer Wahrnehmung, um Bewusstsein produzieren zu können.

Am Bewusstsein sind praktisch alle Hirnregionen beteiligt, auch und gerade die phylogenetisch älteren Teile, die für die automatische Regulation der Homöostase verantwortlich sind. Werden diese älteren Teile beschädigt oder wird die Bildung des Protoselbst durch einen Hirnschaden verhindert, dann fällt das Bewusstsein vollständig aus, weil diese Strukturen grundsätzlich eine notwendige Voraussetzung für das Bewusstsein sind.

Die REM-(rapid eye movement-)Phase des Schlafes, in der geträumt wird, aktiviert das Bewusstsein. Die Hirnaktivitätsmessungen zeigen, dass die Hirnaktivität während eines REM-Schlafes jener beim wachen, bewussten Wesen sehr ähnlich ist. In der Traumphase des Schlafes ist das Bewusstsein also sehr aktiv (Damasio 2000b, S. 249 und 262).

5.3 Bewusstsein und Intelligenz

Wenn Geschehen bewusst erlebt und Zusammenhänge verstanden werden, liegt es nahe, dieses Erlebte und das Verstandene so abzuspeichern, dass es für zukünftige Nutzungen wieder abrufbar wird. Dazu gibt es das Langzeitgedächtnis. Alles bewusst Erlebte und Verstandene kann aber offenbar aus speichertechnischen Gründen nicht ganz realitätsgetreu abgespeichert werden. Sich alles zu merken, würde ein Lebewesen darüber hinaus in der Praxis daran hindern, lebensfähig zu sein. Weiskrantz (1999, S. 16) beschreibt PatientInnen, die nichts vergessen können. Das Vergessen hat auch eine wichtige Funktion. Aber für gewisse Inhalte ist es sehr sinnvoll, sie für lange Zeit abzuspeichern.

Diese Speicherung geschieht jetzt dispositional, d. h. statt das Erlebte identisch realitätsgetreu abzuspeichern, werden nur gewisse Erinnerungsstützen oder Erinnerungsmerkmale abgespeichert, zusammen mit Regeln, aus denen sich, wenn es notwendig wird, das Erlebte wieder rekonstruieren lässt. Wenn eine Erinnerung im Laufe der Zeit immer blasser wird, so ist das darauf zurückzuführen, dass offenbar nach einiger Zeit immer weniger Erinnerungsstützen zur Verfügung stehen. Diese Disposition für eine Erinnerung kann auch so verschüttet sein, dass sie erst bei einer gewissen Assoziation wieder „ausgegraben" wird.

Das Bewusstsein eines Gehirns, das einen großen Arbeitsspeicher zur Verfügung hat, kann durch ein funktionierendes Langzeitgedächtnis für jeden Bewusstseinsinhalt auf eine reiche Palette von Assoziationsebenen zugreifen. Das Kernbewusstsein erlebt und versteht zunächst also Sachverhalte. Diese werden dann dispositional abgespeichert und assoziativ zugänglich gemacht. Auf diese Weise erzeugt das Bewusstsein ein autobiographisches Selbst, das für jedes Bewusstsein verschiedener Wesen aus vielen verschiedenen Assoziationsfeldern besteht. Damasio (2000b) nennt dies das Erweiterte Bewusstsein. Während das Kernbewusstsein nur in einem Zeitraum von Sekunden lebt, greift das Erweiterte Bewusstsein auf Assoziationsfelder zurück, die Jahre in der Vergangenheit liegen können, um unter Umständen auf Jahre hin in die Zukunft zu planen. Das Erweiterte Bewusstsein lebt also im Zeitraum von Jahren oder Jahrzehnten oder noch länger.

Betrachten wir die Funktion von Assoziationsfeldern anhand eines Beispiels: Sagen wir, ich nehme beim Wandern eine Forststraße im Wald wahr. Das Kernbewusstsein ermöglicht es mir, diese Wahrnehmung in Bezug auf mich bewusst zu erleben und zu verstehen. Das Erweiterte Bewusstsein liefert mir gleichzeitig dazu eine Reihe von Assoziationsfeldern, wie z. B., dass ich mich erinnere, genau an dieser Straße schon dieses oder jenes gesehen zu haben, dass Forststraßen in immer größerem Ausmaß gebaut werden und die Natur zerstören, dass die Gesellschaft Maschinen baut und sich so von der Natur entfernt, dass die Erosion künstlich Gemachtes zerstört usw. Verstehen kann eben vom einfachsten Verständnis einer Wahrnehmung bis in beliebige Tiefe gehen. Zwei Äpfel können einfach zwei Äpfel sein. Aber zwei Äpfel repräsentieren auch die abstrakte Zahl 2, die wiederum ein Spezialfall der natürlichen Zahlen ist, die wiederum reelle Zahlen sind, wobei 2 eine Primzahl ist, und die reellen Zahlen sind der Realteil komplexer Zahlen usw. Verstehen kann eben auf unterschiedlichen Niveaus stattfinden, aber auch das einfachste Niveau des Verstehens ist bereits ein Verstehen, das vom Ablauf von Computerprogrammen verschieden ist.

Intelligenz bedeutet jetzt das Abrufenkönnen geeigneter Assoziationsfelder, die beim gegebenen Problem eine Lösung erleichtern. Voraussetzung dafür ist nicht nur ein Kernbewusstsein, sondern auch ein Erweitertes Bewusstsein mit Zugriff auf Assoziationsfelder. Auf der anderen Seite sieht man sofort, dass Intelligenz sehr vielschichtig und nicht eindimensional sein kann. Assoziationsfelder können sich auf Erinnerungen beziehen, auf Wahrnehmungen mit verschiedenen Sinnesorganen, auf Gedanken, Vorstellungen usw. Intelligenz ist also u. a. von der Leistungsfähigkeit einzelner Sinnesorgane und von Erfahrungen abhängig. Intelligenz durch so genannte Intelligenztests messen zu wollen, die dann mit einer Zahl, einem IQ, einem Wesen einen Intelligenzwert zuordnen, ist offensichtlich absurd.

Generell gilt, je komplexer und größer ein Gehirn ist, desto mehr Assoziationsfelder kann es speichern und daher eher bzw. leichter mehr Intelligenz entwickeln. Wenn das Gehirn eines Wesens vollständig ausgebildet ist, nimmt mit zunehmendem Alter die Leistungsfähigkeit eher ab, aber die Anzahl und Komplexität der Assoziationsfelder nimmt stetig zu, weil das bewusste Wesen laufend mehr Lebenserfahrungen gewinnt.

Für eine bewusste Entscheidung muss der Denkinhalt mindestens eine Sekunde lang im Geist gehalten werden (Damasio 2000a, S. 84). Offenbar braucht das Gehirn so lange, um den nichtverbalen Kommentar (die Darstellung zweiter Ordnung) durchzuführen und gegebenenfalls alle Assoziationsfelder zu aktivieren. Der Aufbau der Darstellung zweiter Ordnung und der Aufbau der Assoziationsfelder, die den Prozess der bewussten Entscheidung einleiten, können also für den Aufbau des Aktionspotentials bei den Hirnaktivitätsmessungen von Libet (1985) mitverantwortlich sein. Der Prozess der bewussten Entscheidung wird also eingeleitet, bevor sich das Wesen dieses Prozesses bewusst ist.

Das Verhältnis von bewussten zu unbewussten Gefühlen wird bei Wesen mit Erweitertem Bewusstsein deutlich. Die Emotion ist einfach die unbewusste Körperreaktion auf den Reiz. Das unbewusste Gefühl ist die Repräsentation der Emotion im Gehirn. Ursprünglich, um die Organisation der Homöostase durch Schaffung einer Metaebene zu erleichtern, dient sie dem bewussten Lebewesen als Basis, sich das Gefühl bewusst machen zu können. Leiden beginnt mit einem Gefühl, wird aber durch das Wissen um das Gefühl erst ermöglicht. Das Gefühl dient dazu, den Organismus auf jenes Problem aufmerksam zu machen, das die Emotion gerade zu lösen versucht. Sie liefert ihm eine Motivation, sich an die Emotion zu halten und entsprechend zu handeln. Bewusste Gefühle ermöglichen bewusstes Lernen, um in Hinkunft neue adaptive Reaktionen auf Probleme vorausplanen zu können.

Rationalität und Intelligenz sind nicht identisch. Beim rationalen Denken wird das Problemhafte des praktischen Problems von seinen Aspekten in der Realität, die nichts zu dem Problem beitragen, um das es geht, abstrahiert. Dieses abstrahierte Problem lässt sich dann besser analysieren. Allerdings haben Probleme in der Praxis immer sehr viele verschiedene Problemaspekte, die alle separat abstrahiert und analysiert werden müssen. Diesen Vorgang bis ins kleinste Detail durchzuführen, wäre viel zu zeit- und energieaufwendig. Daher werden assoziierte Gefühle bei der praktischen Anwendung der Rationalität dazu verwendet, die möglichen Problemaspekte eines Problems vorzuselektieren. Ohne diese Zuhilfenahme der Gefühle wäre praktische Intelligenz nicht möglich (Damasio 2000a). Es gibt eine Reihe von PatientInnen, denen jener Teil des Gehirns beschädigt worden ist, in dem Gefühle und Rationalität in Beziehung gesetzt werden. Bei diesen PatientInnen war dadurch ihre praktische Intelligenz in relevantem Ausmaß beeinträchtigt, obwohl die Rationalität an sich unverändert effektiv war. Sie konnten in der Folge z. B. auf die praktische Frage, wann sie sich am liebsten das nächste Mal treffen würden, keine Antwort finden, weil sie sich in Detailanalysen über Vor- und Nachteile gewisser Tage und Zeitpunkte verloren, statt nur die relevanten Aspekte einzubeziehen und die Relation ihrer Wichtigkeit zu erfassen.

5.4 Hirnkrankheiten bestätigen die Theorie

Über das Messen von Hirnaktivitäten lassen sich Phänomene dadurch unterscheiden, dass die Hirnaktivitäten für verschiedene Phänomene in verschiedenen Hirnregionen auftreten. So sind z. B. die Hirnaktivitäten für verschiedene Emotionen sehr verschieden lokalisiert. Aber auch das Lächeln als Reaktion auf eine Emotion und das Lächeln als Willkürakt sind neurobiologisch völlig verschiedene Dinge (Damasio 2000a, S. 140). Deswegen ist es wahrscheinlich auch oft leicht möglich, die beiden Arten von Lächeln bei anderen in der eigenen Wahrnehmung zu unterscheiden. Es gibt auch Personen, die durch eine Schädigung einer Hirnregion eine gewisse Emotion weder empfinden noch bei anderen Wesen als diese Emotion erkennen können. Z. B. fehlt bei einer Schädigung der Amygdala einfach jede Emotion der Angst bei den betroffenen PatientInnen. Die Emotionen sind also direkt an die Aktivität gewisser Hirnregionen gebunden.

Aber neben diesen Messungen haben vor allem die Untersuchungen der Effekte von Hirnschäden zu großen Fortschritten im Verständnis der Gehirnfunktionen geführt. Weiskrantz (1999) hat sich vor allem mit unbewusster Wahrnehmung und unbewusstem Lernen beschäftigt. PatientInnen mit gewissen Hirnschäden können Gesichter einfach nicht bewusst wahrnehmen oder Wörter weder bewusst lesen noch bewusst bilden oder bewusst verstehen. Andere PatientInnen haben Amnesie und können sich nichts bewusst merken. Neben dem tragischen Schicksal dieser Wesen ist für uns an diesen Hirnschäden jedoch interessant, dass die PatientInnen alle diese Wahrnehmungs- und Lernschwächen nur bezüglich der bewussten Wahrnehmung und des bewussten Lernens haben, nicht des unbewussten. So beweisen jene PatientInnen, die Gesichter bewusst nicht wahrnehmen können, bei indirekten Tests, dass sie die Gesichter sehr wohl unbewusst wahrnehmen können. Genauso zeigen die PatientInnen ohne bewusstes Wortverständnis, dass sie unbewusst die Wörter sehr gut verstehen. Als Test für die unbewusste Wahrnehmung wird z. B. nach Assoziationen gefragt oder es werden emotionale Reaktionen gemessen, z. B. durch die sich verändernde Hautleitfähigkeit. Amnesische PatientInnen, die sich nichts länger als einige Sekunden merken können, zeigen durch ihre Reaktion, deren Grund ihnen nicht bewusst ist, dass sie Wesen, die ihnen gegenüber in vormaligen Tests bösartig aufgetreten sind, mit einem negativen Gefühl begegnen, ohne zu wissen, dass sie diese Wesen überhaupt schon einmal gesehen haben. Amnesische PatientInnen zeigen auch ein motorisches Lernen, das dem vergleichbarer gesunder Wesen völlig gleich ist. Sie können z. B. genauso schnell Radfahren lernen usw.

Besonders intensiv hat Weiskrantz das Phänomen des „blind sight“ untersucht. Dabei sind die PatientInnen nicht in der Lage, in einer Hälfte des visuellen Gesichtsfelds bewusst irgendetwas zu sehen, obwohl sowohl der Sehnerv als auch der Wahrnehmungsapparat keinerlei pathologische Veränderungen aufweisen. Dennoch können in assoziativen Tests unbewusste Wahrnehmungen im „blinden“ Gesichtsfeld nachgewiesen werden. Die PatientInnen können unbewusst wahrgenommene halbfertige Bilder vervollständigen oder in anderer Weise das unbewusst Wahrgenommene unbewusst in ihren Handlungen verwerten. Sie können auch mit dem „blinden“ Gesichtsfeld unbewusst lernen, allerdings lässt sich das unbewusst Wahrgenommene bzw. das unbewusst Gelernte mit nichts bewusst in Beziehung setzen.

Während das bewusste Gesichtsfeld besser eine individuelle Objektidentifikation ermöglicht, ist das unbewusste Gesichtsfeld besser darin, einen Reiz zu erkennen.

Weiskrantz schließt aus seinen Forschungen mit solchen PatientInnen, dass der entscheidende Aspekt für das Bewusstwerden einer Wahrnehmung oder eines Lernvorgangs jener ist, dass das Gehirn in zweiter Ordnung die Wahrnehmung bzw. den Lernvorgang nichtverbal kommentiert. Die Wahrnehmung wird mental als Gedanke repräsentiert. Aber erst ein Gedanke über diesen Gedanken, die Repräsentation zweiter Ordnung, macht die Wahrnehmung bewusst (Weiskrantz 1999, S. 71).

Damasio (2000b, S. 263) nennt eine Reihe von Hirnregionen, die für diese Repräsentation zweiter Ordnung mitverantwortlich sind. Wenn eine Schädigung dieser Hirnregionen die Repräsentation zweiter Ordnung generell verhindert, dann sind die betroffenen PatientInnen ohne Bewusstsein. Sie sind zwar wach, aber völlig apathisch, reaktionslos und nicht ansprechbar. Sie können sich offensichtlich auf nichts konzentrieren. Sie haben keinen Wunsch, keinen Willen und kein Selbst. Sie wirken wie Zombies. Sie haben aber immer noch Schmerzreflexe und körperliche Schmerzreaktionen, d. h. sie haben Emotionen, nur sind sie sich dessen nicht bewusst.

Im Gegensatz dazu sind bei Wesen im Tiefschlaf (ohne Traum, also ohne REM-Phasen), in tiefer Anästhesie oder im Koma auch die Emotionsreaktionen beendet. Die Reflexe sind aber auch dann noch vorhanden. Bei einer Schädigung der Rückseite des Hirnstammes oberhalb eines gewissen Punktes tritt Koma auf, unterhalb nur eine Lähmung ohne Verlust des Bewusstseins. Ab diesem Punkt in Richtung Gehirn sind nämlich die Nerven von allen Körperteilen vereint, die die Signale ins Gehirn leiten. Eine Schädigung dieser Stelle zerstört das Protoselbst und damit eine Basis für das Bewusstsein. Eine Schädigung weiter unten am Hirnstamm hingegen schädigt nur einige Nerven, führt also zu einer teilweisen Lähmung des Körpers, beschädigt also auch das Protoselbst, zerstört es aber nicht vollständig, sodass das Bewusstsein weiterhin erhalten bleibt.

Wird allerdings nur die Vorderseite des Hirnstammes geschädigt, entsteht das so genannte „locked-in"-Syndrom. Die PatientInnen sind bei vollem Bewusstsein, sie können sich aber nicht bewegen, mit Ausnahme einer vertikalen Augenbewegung, weil der entsprechende Nerv nicht an dieser geschädigten Stelle des Hirnstammes zu finden ist. Auf der Vorderseite des Hirnstammes gehen die Nerven vom Gehirn in den Körper, d. h. eine Schädigung an dieser Stelle zerstört nicht das Protoselbst, sondern verunmöglicht es nur dem Gehirn, Signale an den Rest des Körpers zu schicken. Dass in diesem Fall kein Koma eintritt, bestätigt, dass das Protoselbst und nicht der Hirnstamm an sich eine der wesentlichen Grundvoraussetzungen für das Bewusstsein ist (Damasio 2000b, S. 253).

PatientInnen mit „locked-in"-Syndrom, die sich also überhaupt nicht bewegen können, obwohl sie bei vollem Bewusstsein sind, können grundsätzlich alle Emotionen empfinden. Sie beschreiben sie auch, indem sie durch vertikale Augenbewegungen kommunizieren. Auf diese Weise wurden von solchen PatientInnen ganze Bücher geschrieben. Sie empfinden aber seltsamerweise gegenüber ihrem Zustand große Gelassenheit. Weil ihre Emotionsreaktionen durch den geschädigten Hirnstamm nicht in den Körper gelangen können, es also keinen Schauplatz ihrer Emotionen gibt, empfinden sie zwar schwach die Emotionsinduktion im Gehirn, aber nicht die Reaktion ihres Körpers. Das einzige Emotionssignal, das sie vom Körper empfangen, sind die Hintergrundemotionen, die sich z. B. durch den Zustand der inneren Organe ergeben und über die Blutbahn das Gehirn informieren. Damasio spekuliert, dass diese aber Gelassenheit ausstrahlen und daher der völlig unverständliche Zustand emotionaler Gelassenheit entstünde (Damasio 2000b, S. 293). Bestätigt wird diese These, wenn man diese PatientInnen mit jenen vergleicht, die eine totale muskuläre Lähmung aufgrund einer Kurare-Injektion erleben. Kurare blockiert die Skelettmuskulatur auf chemischem Weg. Obwohl beide Arten von PatientInnen dieselben Symptome haben – völlige Lähmung –, sind die PatientInnen, denen Kurare injiziert wurde, emotional in totaler Panik. Der Unterschied könnte darin bestehen, dass bei letzteren der Körper, vor allem mit der auf Emotionen reagierenden glatten Muskulatur, immer noch als Schauplatz der Emotionen fungieren kann, weil er vom Gehirn unverändert die Emotionsreaktionen über die Nervenbahnen mitgeteilt bekommt.

„Anosognosie" ist eine weitere tragische, aber in unserem Zusammenhang interessante Form von Hirnschädigung, die die obige Theorie des Bewusstseins bestätigt. Bei linksseitiger Anosognosie, also einer kompletten linksseitigen Lähmung des Körpers, sind sich die PatientInnen dieser Lähmung weder bewusst noch können sie sich ihren Zustand merken. Obwohl ihnen mitgeteilt wird und sie es selber erleben, dass sie linksseitig gelähmt sind, vergessen sie diesen Umstand sofort wieder. Ansonsten haben die PatientInnen ein völlig intaktes Erweitertes Bewusstsein. Damasio (2000b, S. 210) interpretiert dieses Phänomen so, dass jene Teile des Gehirns geschädigt sind, die hinsichtlich des Zustands der linken, gelähmten Körperhälfte zum Protoselbst beitragen. Das Protoselbst, dessen Wechselwirkung mit Objekten in zweiter Ordnung dargestellt zum Kernbewusstsein führt, zeigt also kein Krankheitssymptom, und so kann auch im Langzeitgedächtnis des Erweiterten Bewusstseins keinerlei derartige Information abgespeichert werden. Die PatientInnen merken also ihre Krankheit nicht, ihr Körpergefühl, dem sie vertrauen, signalisiert ununterbrochen, dass alles normal und gesund ist.

Dieses Phänomen ist mit dem so genannten Phantomschmerz verwandt. Nach einer Amputation empfinden PatientInnen oft noch Schmerzen, Kälte oder Wärme usw. in der amputierten Extremität. Damasio (2000a, S. 112) spekuliert, dass diese Gefühle darauf zurückzuführen sind, dass das Protoselbst keine neuen Informationen aus dem amputierten Körperteil erhält und noch die alten Informationen weiterverwendet, die es einmal gespeichert hat. Bei der Repräsentation zweiter Ordnung wird das dann als Körpergefühl im amputierten Körperteil bewusst empfunden.

Studien über PatientInnen, die z. T. substantielle Schädigungen von Hirnregionen haben, die ihnen die Fähigkeit zum Erinnern, Sprechen oder Lernen nehmen, die aber trotzdem nicht nur vollständig bei Bewusstsein, sondern sich oft sogar ihres geschädigten Zustands völlig bewusst sind, können vielerorts nachgelesen werden. Bei diesen Wesen ist das Erweiterte Bewusstsein mehr oder weniger durch die Schädigung beeinträchtigt, aber das Kernbewusstsein ist vollständig intakt und funktionsfähig.

Am deutlichsten zeigt sich, was Kernbewusstsein ist, bei PatientInnen mit totaler Amnesie. Diese Wesen erinnern sich an nichts für länger als wenige Sekunden, nachdem sie es erlebt haben. Sie verhalten sich dennoch rational und sind völlig bei Bewusstsein, sie zeigen im großen Kontext sinnvolle Handlungen, sie können sich auf etwas konzentrieren und sehr aufmerksam sein. Und sie können unbewusst Neues lernen. Das Kernbewusstsein ist bei diesen PatientInnen also ungestört aktiv, sie haben auch ganz normale REM-Schlafphasen mit entsprechender Hirnaktivität. Sie haben nur kein Erweitertes Bewusstsein mehr, sie können auf kein Langzeitgedächtnis und keine Assoziationsfelder zugreifen. Manche PatientInnen erleiden diesen Zustand globaler Amnesie nur vorübergehend. Danach setzt das Erweiterte Bewusstsein wieder ein, ohne dass die PatientInnen bewusst aus der amnesischen Zeit irgendein Wissen mitnehmen (Damasio 2000b, S. 121 und 203).

Die Entwicklung von Bewusstsein lässt sich am Verlauf der Alzheimer-Krankheit im umgekehrten Sinn nachvollziehen. Die PatientInnen haben zunächst ein völlig intaktes Erweitertes Bewusstsein. Zunehmend wird ihr Erweitertes Bewusstsein immer mehr eingeschränkt, immer weniger Assoziationsfelder stehen ihnen zur Verfügung. Zuletzt kollabiert das Bewusstsein zum Kernbewusstsein zurück. Die Situation ist dann ähnlich wie eine totale Amnesie. Doch das Krankheitsbild endet dort nicht. Eines Tages verschwindet auch das Selbst in den PatientInnen, und sie bleiben zwar noch wach, sind aber unansprechbar, unaufmerksam und willenlos. Sie verhalten sich wie PatientInnen, deren Fähigkeit zur Repräsentation des Protoselbst und seiner Wechselwirkungen in zweiter Ordnung zusammengebrochen ist. Sie haben dann auch kein Kernbewusstsein mehr (Damasio 2000b, S. 104).

Auch aus eigener Beobachtung kann ich bestätigen, dass das Bewusstsein ein Kommentar zum Geschehen und keine treue Abbildung des realen Geschehens im Gehirn ist. Ich habe viele Fälle erlebt, bei denen ein traumatisierendes Ereignis, wie ein Angriff durch Zirkusangestellte oder Jäger auf mich, sowohl von mir erlebt als auch von anderen gefilmt wurde. Ich konnte dann mein Erlebnis mit der Filmsequenz vergleichen. Es ist immer wieder erstaunlich, wie sehr sich diese beiden Repräsentationen der Wirklichkeit unterscheiden. Beim persönlichen Erlebnis werden gewisse Ereignisse, wie der physische Angriff auf mich, zeitlich viel länger, und wiederum andere, wie das Geschehen zwischen physischen Angriffen auf mich, zeitlich viel kürzer erlebt. Manche Aktionen werden beim bewussten Erleben zum zentralen Geschehen, obwohl sie im Film nur nebensächlich wirken, und umgekehrt usw. Das Bewusstsein nimmt sich für das bewusste Subjekt wichtige Aspekte aus dem Geschehen heraus und bläht sie zeitlich und in ihrer Bedeutung gegenüber dem Restgeschehen vollkommen auf. Bei anderen bewussten BeobachterInnen setzt das Bewusstsein wiederum ganz andere Schwerpunkte. Bei den Aussagen von ZeugInnen auf der Polizeistation, selbst unmittelbar nach dem Geschehen, zeigt sich das oft so extrem, dass unbedarfte Personen annehmen könnten, die ZeugInnen hätten nicht dasselbe Geschehen beobachtet. Der Kommentar zum Geschehen ist also ein wesentlicher Aspekt des Bewusstseins. Und dieser Kommentar ist nichtverbal, was sich u. a. daran zeigt, dass es für die Umsetzung in Zeugenaussagen einer weiteren Arbeit (einer Repräsentation dritter Ordnung) bedarf, die wiederum das bewusst Erlebte nur mehr approximativ wiedergibt.

6 Woran erkennt man Bewusstsein?

LeserInnen, die mit dem allgemeinen Anthropozentrismus unserer Gesellschaft sozialisiert worden sind, haben wahrscheinlich den Eindruck gewonnen, in den vorigen Kapiteln hätte ich von etwas wie einem „menschlichen Bewusstsein“ gesprochen. Habe ich aber nicht. Ich habe die Worte absichtlich so gewählt, dass ich mich in nichts spezifisch auf Menschen bezogen hätte. Einige der vorangegangenen Beschreibungen von Hirnschäden bei „PatientInnen“ waren zum Teil vorsätzlich vorgenommene Hirnschädigungen bei nichtmenschlichen Versuchstieren. Ich wollte mich bei meiner Wortwahl nicht in irgendeiner Weise über das Los dieser Wesen lustig machen, im Gegenteil. Aber es ist mir sehr wichtig festzuhalten, dass wir hier nicht zuerst menschliches Bewusstsein beschreiben und dann schauen, ob es das auch noch bei anderen Lebewesen gibt. An dieser Stelle weiß ich nur eines: *Ich* habe ein Bewusstsein, und die hier im Folgenden zu erarbeitenden Kriterien sind solche, mit denen ich ein Bewusstsein bei anderen Wesen erkennen will, ganz unabhängig davon, welcher Tierart diese Wesen angehören. Alle LeserInnen, die meinen Argumenten folgen möchten, gehen natürlich entsprechend von ihrem eigenen Bewusstsein aus.

Dieser Zugang ist eine unbedingt notwendige Voraussetzung, um zu verhindern, dass sich durch die Hintertüre versteckte Annahmen und Vorurteile einschleichen können, die unsere objektive Urteilsfähigkeit behindern. In der Ethik, zu der wir letztendlich kommen wollen, geht es darum, wie ich mich anderen Wesen gegenüber verhalte. Bevor die Grundsatzüberlegungen zu dieser Frage aufgestellt sind, darf ich in keinen Vorentscheidungen die Lebewesen bereits kategorisiert haben, denen ich mit meiner Ethik später begegnen will. Diese Kategorisierung könnte nur Ergebnis meiner Grundsatzüberlegungen sein, darf aber natürlich nicht vorher vorausgesetzt werden.

6.1 Neurobiologische Kriterien für Bewusstsein

In den vorigen Kapiteln habe ich physikalische und neurobiologische Aspekte des Bewusstseins beschrieben. Wir haben festgestellt, dass Bewusstsein, soweit wir wissen, auf einem Zentralnervensystem und einem Gehirn basiert. Die Grundstrukturen des Gehirns, die für Bewusstsein notwendig zu sein scheinen, sind zumindest bei allen Wirbeltieren gegeben:

Von hinten (caudal) nach vorne (rostral) aufgezählt sind das das Rückenmark, das verlängerte Mark (Medulla oblongata), die Brücke (Pons), das Kleinhirn (Cerebellum), das Mittelhirn (Mesencephalon), das Zwischenhirn (Diencephalon) und das Endhirn (Telencephalon), siehe Reichert (2000, S. 10).

Das *verlängerte Mark* wird mit der ersten Stufe der Verarbeitung von Sinnesinformationen im Bereich des Hörens, der Tast- und Körperempfindungen, der Geschmacksempfindungen und des Gleichgewichts sowie mit der Steuerung der Motorik und den vegetativen Funktionen im Bereich von Schlafen, Wachsein, Kreislauf, Atmung, Blutdruck und Wärmehaushalt in Zusammenhang gebracht.

Die *Brücke* koordiniert unter anderem die Aktivitäten der Endhirnrinde und des Kleinhirns im Zusammenhang mit der Bewegungssteuerung.

Das *Kleinhirn* betreibt den komplizierten Abgleich der Bewegungskommandos, die von den unterschiedlichen motorischen Zentren einlaufen, sowie zwischen diesen Kommandos und den sensorischen Rückmeldungen aus der Körperperipherie. Es ist auch ein wichtiger Ort motorischen Lernens und nimmt an kognitiven Leistungen wie der Handlungsplanung teil.

Das *Mittelhirn* verarbeitet und integriert visuelle, auditorische und somatosensorische Informationen und enthält Zentren, die sensorische Prozesse in motorische Aktionen umsetzen. Mittelhirn, Brücke und verlängertes Mark haben ganz wesentlich mit der Kontrolle des Bewusstseinszustandes und der Aufmerksamkeit zu tun. Ein Ausfall in diesem Bereich führt zu Bewusstlosigkeit.

Das *Zwischenhirn* enthält Umschaltrelais zwischen sensorischen und motorischen Bahnen. Es ist auch für die Regulation vegetativer Funktionen wie Schlafen, Wachsein, Kreislauf, Atmung, Blutdruck und Wärmehaushalt verantwortlich. Weiters kontrolliert es auch grundlegende Verhaltensweisen im Bereich von Sexualität, Brutfürsorge, Angriff und Verteidigung, und es hat mit der Induktion von Emotionen wie Lust, Unlust, Wut und Furcht zu tun.

Das *Endhirn* beherbergt primäre und sekundäre sensorische Hirnregionen für Sehen, Hören, Körperempfindung und Schmecken sowie primäre und sekundäre motorische Hirnregionen für Bewegungen. Weiters sind im Endhirn assoziative Hirnregionen zu finden, in denen komplexe Informationsverarbeitungen stattfinden.

Die Größe des Gesamthirns und seiner verschiedenen Substrukturen, auch relativ zueinander, sowie deren Komplexität wird in der Nomenklatur des vorigen Kapitels den Grad der Erweiterung des Bewusstseins mitbestimmen, sagt aber nichts über das Vorhandensein oder Nichtvorhandensein eines Bewusstseins überhaupt bzw. eines Kernbewusstseins aus. Während also der Unterschied, ob ein Bewusstsein vorhanden ist oder nicht, als qualitativer Sprung bezeichnet werden kann, ist der Grad der Erweiterung eines vorhandenen Bewusstseins eben nur ein gradueller, also quantitativer Unterschied.

Die Funktionen dieser Hirnstrukturen im Rahmen des Bewusstseins könnten im Prinzip auch von anderen informationsverarbeitenden Systemen übernommen werden. Die Existenz dieser Hirnstrukturen muss also nicht unbedingt unumgänglich notwendige Voraussetzung von Bewusstsein sein, obwohl sie bei einem Wesen bereits ein starker Hinweis auf dessen Bewusstsein sein dürfte. Die wesentliche Funktion von Bewusstsein ist aber, wie bereits ausgeführt, Auswirkungen auf das Verhalten des bewussten Wesens zu haben. Diese Auswirkungen sind ja die Grundlage, auf der es zur evolutionären Entwicklung von Bewusstsein gekommen ist. Sie müssen also objektiv bestimmbar sein. Wir werden daher im Weiteren versuchen, aus den bereits beschriebenen Erkenntnissen Kriterien für das Vorhandensein von Bewusstsein zu destillieren, deren Erfüllung aus dem Verhalten bestimmbar ist.

6.2 Instinkthandlungen und Bewusstsein

Niko Tinbergen (1991) und Konrad Lorenz (1965) haben am Beginn der wissenschaftlichen Verhaltensforschung im ersten Drittel des 20. Jahrhunderts das Konzept der Instinkthandlung eingeführt. Dabei ist ein Handlungsablauf für das handelnde Wesen vollständig fix im Gehirn verschaltet und tritt bei einem gewissen Auslöser auf. Diese Art von Handlung, die Instinkthandlung, entspricht also vollständig dem Ablauf eines Computerprogramms. Bei mir könnte das z. B. das Heben der Augenbrauen beim Grüßen sein, oder das Lächeln, oder das Durchstrecken der Beckenbodenmuskulatur beim Orgasmus. Alle diese instinktiven Handlungsabläufe haben einen gewissen, direkt erkennbaren, evolutionären Sinn. So zeigt mein Grußverhalten oder das Lächeln meine freundliche Gesinnung und nimmt meinem sozialen Gegenüber die Angst bzw. beschwichtigt dessen Aggression, obwohl mir das gar nicht bewusst ist. Das Instinktverhalten beim Orgasmus wiederum dient dazu, den Samen möglichst tief in der Vagina meiner Sexualpartnerin zu deponieren, um die Chancen auf eine Befruchtung zu erhöhen.

Diese Art der Instinkthandlung wurde oft als Zeichen dafür gesehen, dass ein Wesen kein Bewusstsein haben kann. Das Instinktive dieser Handlung zeigt sich nämlich dann, wenn das Wesen diese Handlung in einer Weise oder bei einer Gelegenheit benutzt, in der sie ihren evolutionären Sinn nicht mehr erfüllen kann. Letzteres bedeutet sicherlich, dass das handelnde Wesen keinen Einblick in den Sinn der Handlung hat, also die Handlung nicht versteht. Da etwas zu verstehen das wesentliche Kriterium von Bewusstsein ist, scheint zu folgen, dass Instinkthandlungen nicht darauf hinweisen, dass das instinkthandelnde Wesen ein Bewusstsein hat, aber umgekehrt folgt daraus auch nicht, dass es kein Bewusstsein haben kann. Verstehen ist eine hinreichende Bedingung für Bewusstsein, aber einmal etwas nicht zu verstehen ist kein Beweis, dass kein Bewusstsein vorliegt.

Den Beweis dafür liefere ich selbst. Ich benütze die Instinkthandlungen des Grüßens mit den Augenbrauen und des Lächelns völlig unbewusst selbst am Telefon, wenn mich meine GesprächspartnerInnen gar nicht sehen können. Und die Orgasmusbewegung wird auch bei Orgasmen vollführt, die nicht zu einer Befruchtung führen können. Offenbar setze ich sehr wohl solche Instinkthandlungen, ohne mir ihrer Bedeutung bewusst zu sein und sie zu verstehen, obwohl ich ein Bewusstsein habe und auch bei ihrer Ausführung bei Bewusstsein bin.

In meinem Bewusstsein zeigen sich Instinkthandlungen einfach dadurch, dass ich Lust darauf bekomme, die entsprechende Handlung zu setzen. Diese Emotion muss nicht unbedingt bewusst werden, aber jedenfalls drängt sie sich mir auf und verleitet mich, so zu handeln. Wenn mir das Gefühl bewusst wird, dann handle ich bewusst aufgrund der Lust, die ich auf diese Handlung habe, und erlebe nach Ausführung der Handlung ein befriedigendes Gefühl. In unserer Diktion aus dem vorigen Kapitel habe ich also verstanden, dass ich ein Wesen bin, das jetzt Lust auf diese oder jene Handlung hat. Dadurch kann sich die Handlung von ihrem durch die Evolution entwickelten adaptiven Sinn abkoppeln und eine eigene, unabhängige, nichtadaptive Rolle bekommen. Das funktioniert, solange es nicht explizit einen Nachteil für das Verbreiten der eigenen oder ähnlicher Gene bedeutet. Für den selektiven Vorteil hat auch die Verbreitung ähnlicher Gene eine Auswirkung, immerhin hat jedes Kind eines Individuums nur 50 % von dessen Genen, und ein Neffe oder eine Nichte genauso viel wie ein Enkelkind, nämlich 25 %. Hamilton (1964a und 1964b) hat erstmals das Konzept der „inclusive fitness" beschrieben, wonach nicht unbedingt die Verbreitung der eigenen, sondern auch die

Verbreitung ähnlicher Gene für die natürliche Selektion eigener Eigenschaften ausreicht.

Beim Brutpflegeverhalten zeigt sich zuweilen, dass es auch auf nichtverwandte, adoptierte Kinder mit gleicher Elternliebe angewandt wird wie bei genetisch eigenen Kindern. Sind die Adoptiveltern aber auch nicht entfernt mit ihrem Adoptivkind verwandt und hilft das Aufziehen ihrer Adoptivkinder auch nicht sonst in irgendeiner Form der Verbreitung von Genen, die den ihren ähnlich sind, dann sind Erklärungen dieses Verhaltens, die sich auf den Selektionsvorteil durch „inclusive fitness" beziehen, auch nicht überzeugend. Jamieson und Craig (1987) und Koenig und Mumme (1996) argumentieren, dass sich dieses Hilfsverhalten epigenetisch als Nebenprodukt gruppenlebender Wesen aus dem Elternverhalten ableitet und als Verhalten ohne Selektionsvorteil weiter besteht, weil es für die betreffenden Wesen befriedigend geworden ist, ohne aber einen Selektionsnachteil zu produzieren. Bei bewussten Wesen können sich also auch instinktiv geschaltete Emotionsreaktionen von ihrem ursprünglich adaptiven Sinn entkoppeln und einen eigenständigen, selektionsunabhängigen Sinn für die agierenden, bewussten Wesen annehmen.

Ähnlich kann man argumentieren, warum instinktives Sexualverhalten auch auf sich selbst oder SexualpartnerInnen des gleichen Geschlechts gerichtet sein kann, obwohl willige SexualpartnerInnen des anderen Geschlechts vorhanden sind. Auch hier haben bisher alle adaptiven Erklärungsmodelle versagt (siehe Schweizer 1999 oder Sommer 2000), weshalb ebenso angenommen werden kann, dass sich bei der Homosexualität die Sexualität im bewussten Lebewesen quasi verselbstständigt hat.

Ein weiteres Beispiel dieser Kategorie ist Mitgefühl mit nicht verwandten Wesen. Mitgefühl könnte vielleicht aus der Fähigkeit entstanden sein, die Intentionen anderer Wesen vorauszuahnen. Diese Fähigkeit, bewusst erlebt und gefühlt, könnte sich von ihrem adaptiven Sinn entkoppelt haben und zu einem unabhängigen, nichtadaptiven, generellen Mitgefühl geworden sein.

Noch ein Beispiel dieser Art wäre das moralische Gefühl von allgemeiner Gerechtigkeit. Frans de Waal (1996) beschreibt, wie sich aus der adaptiven Entwicklung sozialer Regeln und einer ebenso adaptiven Sorge um das Wohl der eigenen sozialen Gemeinschaft bei bewussten Lebewesen ein generelles moralisches Gefühl entwickeln kann, das sich dann entkoppelt von selektiven Vorteilen auch auf gruppenfremde und nicht verwandte Individuen beziehen kann.

Zusammenfassend halten wir also fest, dass sich Bewusstsein u. a. darin zeigen kann, dass ein Wesen eine Handlungsweise bzw. eine damit in Zusammenhang stehende, vielleicht auch angeborene Emotionsreaktion aus ihrem ursprünglich adaptiven Kontext löst und in anderen, nichtadaptiven Kontexten verwendet und damit diese Emotionsreaktion verselbstständigt. Beispiele für solche entkoppelten Handlungsbereiche sind die Adoption nichtverwandter Individuen, die Homosexualität, das Mitgefühl gegenüber nichtverwandten Individuen und ein moralisches Gefühl, das über die Sorge über das Schicksal Verwandter oder der eigenen sozialen Gruppe hinausgeht. Wichtig ist natürlich zu betonen, dass Bewusstsein eine notwendige Voraussetzung solcher Entkoppelungen ist. Also ist das Auftreten solcher Entkoppelungen ein hinreichender Beweis für Bewusstsein. Wenn solche Entkoppelungen bei einem Wesen aber nicht auftreten, heißt das noch lange nicht, dass das betreffende Wesen kein Bewusstsein hat.

6.3 Konditionierung und Lernen

Instinkthandlungen allein bieten aber im Allgemeinen ein viel zu starres Schema, um in der realen Praxis damit zurecht zu kommen, jedenfalls wenn man in einer Umgebung agiert, die eine gewisse Komplexität zeigt. Als erster Schritt könnte z. B. die Instinkthandlung an sich unverändert und fix verschaltet vorgegeben bleiben, aber das Objekt, auf das sie sich bezieht, müsste erst gelernt werden. So ist z. B. mein Ess-, Schluck- und Verdauungsverhalten angeboren, aber was ich gerne esse, was mir schmeckt, nicht. Letzteres bestimmt sich vielmehr durch Assoziation in meinem Leben. Fühlt man sich wohl beim Essen von etwas Bestimmtem, dann ist es zunächst einmal eine gute Idee, dieses Essen beim nächsten Hunger wieder zu sich zu nehmen. Umgekehrt, wenn Essen zu Übelkeit oder Unwohlsein führt, dann empfiehlt es sich, dieses Essen in Zukunft zu meiden.

Ich habe in meiner Kindheit immer ein fein gemahlenes Grießkoch bekommen, wenn ich vom Internat nach Hause gekommen bin. Dieses Essen habe ich also in Verbindung mit Geborgenheit und dem Wohlgefühl, nach Hause gekommen zu sein, zu mir genommen, wenn ich das verhasste Internat verlassen konnte. Entsprechend habe ich bis heute ein sehr starkes Bedürfnis, vor allem, wenn ich mich von Stress und Anfeindungen nach Hause zurückziehe, ein solches Grießkoch zu essen. Umgekehrt habe ich einmal im Internat, während ich mich, der Internatsstimmung entsprechend, nicht wohlgefühlt habe, von der dortigen Küche ein Grießkoch aufgetischt bekommen, das aber nicht fein gemahlen, sondern grobkörnig war. Und tatsächlich habe ich bis heute eine unaussprechliche Aversion gegen grobkörniges Grießkoch, während ich feinkörniges Grießkoch liebe. Diese Zusammenhänge musste ich mir natürlich erst im Nachhinein erarbeiten. Grundsätzlich laufen sie völlig unbewusst ab und erzeugen eine unbewusste Emotionsreaktion. Sie könnte auch durch ein Computerprogramm simuliert werden und hat mit Verstehen und daher mit Bewusstsein nicht das Geringste zu tun.

Diesen Prozess, einen Reiz, der aus bestimmten Gründen mit einer positiven oder negativen Emotion korreliert, nach einigen solchen Erfahrungen direkt, auch ohne Auftreten der Gründe, mit der Emotion zu assoziieren und ihn daher entweder zu meiden oder zu suchen, nennt man Konditionierung.

Ivan Pavlov war bereits 1903 bei Versuchen mit Hunden auf diesen Mechanismus gestoßen. Er hatte gefunden, dass, wenn man immer bei einem Signal, wie z. B. einem Pfeifton, einem hungrigen Hund ein gewünschtes Essen bietet, der Hund nach einiger Zeit bereits beim Signal, noch ohne ein Essen wahrzunehmen, mit erhöhtem Speichelfluss reagiert.

Die Konditionierung ist ein sehr wirksamer Prozess, wie ich im Selbstversuch herausgefunden habe. Aus mir unbekannten Gründen ist mir früher beim Anblick und Geruch von heißen Paradeisern fürchterlich schlecht geworden. Ich habe dann vorsätzlich einige Male dampfend heiße Paradeiser vor mir auf den Tisch gestellt, während ich ein Essen, das mir sehr geschmeckt hat, gegessen und gleichzeitig Bilder von Bergen betrachtet habe, die in mir sehr positive Gefühle auslösen. Nach rund zehn solcher Konditionierungen war meine Einstellung heißen Paradeisern gegenüber völlig umgedreht. Heute liebe ich sie, ihren Geschmack und ihren Geruch, sehr.

Mittels Konditionierung lassen sich auch Verhaltensweisen lernen. Wenn ein Wesen einem Problem gegenübersteht und dabei, wie auch immer, auf eine Verhaltensweise stößt, die das Problem beseitigt, dann kann auch Konditionierung ins Spiel kommen: Die durchgeführte Verhaltensweise wird mit dem Auftreten des Problems assoziiert und beim nächsten Mal angewandt. Auch dafür wird kein Bewusstsein benötigt, jedenfalls, wenn die ursprüngliche Problemlösung ohne Verständnis und Einsicht in das Problem, z. B. durch Versuch und Irrtum, zustande gekommen ist.

Da ich zu Hause viele Jahre lang Schlapfen trug und diese die Eigenschaft haben, sich von Socken nicht so leicht abstreifen zu lassen, gewöhnte ich mir vor Verlassen der Wohnung an, die Füße drei- bis viermal kräftig zu schütteln, um die Schlapfen abzustreifen und in die Schuhe steigen zu können. Eines Tages ertappte ich mich dabei, diese „Schlapfenabschüttelbewegung“ durchzuführen, bevor ich in die Schuhe stieg, ohne überhaupt Schlapfen anzuhaben. Ein anderes Beispiel wäre die „Visieröffnenbewegung“ beim Stehenbleiben mit dem Motorrad vor einer Ampel, weil sonst das Visier eines Vollvisierhelms anlaufen würde. Auch hier habe ich bei mir beobachtet, dass ich diese „Visieröffnenbewegung“ auch im Leerlauf durchgeführt habe, und zwar, wenn das Visier schon offen war oder wenn ich einmal gar kein Visier auf dem Helm hatte.

In diesen beiden Fällen war die Handlung des Schlapfenabschüttelns oder des Visieröffnens ankonditioniert, ist völlig unbewusst abgelaufen und wurde durch den Reiz der vor mir stehenden Schuhe bzw. durch den Reiz des Stehenbleibens mit dem Motorrad ausgelöst. Ich hatte keinerlei Einsicht in das Verhalten, ja, es lief völlig unbewusst ab. Nur durch Zufall und intensive Selbstbeobachtung ist es mir gelungen, diese Verhaltensweisen bei mir zu entdecken.

Eine rein konditionierte Verhaltensweise, die vollkommen unbewusst bleiben kann, hat Weiskrantz (1999, S. 82) beschrieben. Wenn man mir zugleich mit einem beliebigen Reiz, wie einem Ton, leicht Luft in die Augen bläst, sodass mein Augenlid zuckt, dann werde ich auch sehr bald den Ton mit dem Luftzug assoziieren und beim Ton bereits mit dem Augenlid zucken, auch wenn kein Luftzug kommt.

Das Auftreten von konditionierten Verhaltensweisen, einer Art von Lernen, setzt also weder Bewusstsein voraus noch ist es ein Hinweis darauf, dass das Wesen, das konditioniert wurde, kein Bewusstsein hat. Die wesentliche Funktion von Bewusstsein ist das Verstehen. Erst eine Art von Lernen, die Verstehen voraussetzt, wäre also ein Beweis für Bewusstsein.

Ein Beispiel von Lernen durch Verstehen ist die Imitation. Ein bewusstes Wesen beobachtet ein anderes Wesen bei der Lösung eines Problems. Wenn sich nun ersterem Wesen dasselbe Problem stellt, greift es auf die Lösungsstrategie des zweiten Wesens zurück, die bei diesem zum Erfolg geführt hat. Eine mögliche Strategie, die Imitation als aktives Unterrichtsmittel zu benutzen, ist die so genannte Model-Rival-Methode, wie sie Pepperberg (2002) beschrieben hat. Dabei wird dasjenige Wesen, das lernen soll, einer Lernsituation bei zwei anderen Wesen ausgesetzt. Nur durch Zuschauen lernt dabei das erstere Wesen, dieselben Problemlösungsstrategien zu verwenden. Dass dabei Verstehen involviert ist, zeigt sich u. a. daran, dass nach dem Lernen mit dieser Methode das Gelernte auch in ganz neuartigen Fällen erfolgreich angewandt wird. Wichtig für den Lernerfolg ist dabei, dass von Wesen gelernt wird, die als Vorbild anerkannt sind und dass ein funktionaler Zusammenhang vom Gelernten zu einem Problem gezeigt wird, das das Wesen auch selbst betrifft. Weiters sollten die relevanten Umweltaspekte signalisiert, die Gemeinsamkeiten herausgestrichen, kontextabhängige Gründe für das Handeln aufgezeigt und die Konsequenzen deutlich gemacht werden. Das Lernen gelingt am besten, wenn das zu Lernende nicht zu leicht (Langeweile) und auch nicht zu schwer (Frustration) ist.

Savage-Rumbaugh und Brakke (1996) betonen, dass die wichtigste Voraussetzung für das Lernen durch Verstehen darin besteht, dass das Wesen, das lernen soll, ein echtes Problem hat, also ein starkes Bedürfnis, ein Problem zu überwinden. Das Lernen von etwas, das einem kein Bedürfnis ist, nur um eine Belohnung zu bekommen, fördert das unbewusste, assoziative Lernen von Regeln durch Konditionierung. Das entspricht auch meiner Erfahrung beim Mathematikunterricht. Zweifellos ist es am besten, Mathematik zu lernen, wenn man an der Lösung eines z. B. physikalischen oder praktischen Problems sehr interessiert ist, für das die zu lernende Mathematik notwendig wäre. Das Lernen durch Verstehen wird also dann gefördert, wenn man nicht ein Extratraining mit Belohnung absolviert, sondern selbst auf Probleme stößt, die man durch eigenes Können oder durch Hilfe oder durch Imitation von Könnern meistern kann. Die auf diese Weise gelernte Lösungsstrategie ist dann verstanden worden, stellt also ein neues Wissen dar, das man in anderen, ähnlichen Situationen genauso anwenden wird können.

Zusammengefasst kann man Bewusstsein beim Lernen dadurch identifizieren, dass das lernende Wesen durch Imitation oder durch Hilfe echte Probleme zu meistern lernt, ohne Konditionierung und Belohnung, und dass das lernende Wesen das so Gelernte bei vollkommen neuen Problemen entsprechend anwenden kann.

6.4 Kriterien für Bewusstsein

Das zentrale Kriterium für Bewusstsein ist die Fähigkeit zu verstehen. Das Verstehen lässt sich nicht durch Computerprogramme vollständig simulieren. Es ist aber im Verhalten anderer oft nicht so leicht vom Verhalten ohne Verstehen zu unterscheiden. Bei entsprechend komplexen neuronalen

Netzwerken muss man schon genauer hinschauen, bevor man erkennt, dass sie nichts verstanden haben.

Bei der Erstellung neuronaler Netze müssen aber, wie gesagt, alle möglichen Aspekte eines Problems, alle möglichen freien Parameter, die für das Problem bestimmend sind, vor dem Programmieren vorausgeahnt worden sein. Stellt man ein Wesen also vor völlig neue und komplexe Probleme, dann sollte man das bewusste Wesen vom neuronalen Netzwerk unterscheiden können. Bewusstsein ermöglicht aufgrund des Verständnisses des Problems flexiblere Handlungsvariationen und das Übertragen von Lösungsstrategien von einem Problem auf ein völlig anderes, das aber mit dem ersten Problem einen gewissen, hier relevanten Aspekt gemeinsam hat. Die Lösung eines Problems durch Nachdenken, d. h. durch das Abschätzen von Lösungsmethoden und ihres Erfolgs in der Vorstellung, ist ein untrüglicher Beweis für Bewusstsein, weil das Problem offenbar verstanden wurde.

Man muss bei der Bewertung vorsichtig sein, um auszuschließen, dass eine versteckte Lösungsmethode nach blindem Versuch und Irrtum möglich ist. Sind z. B. bei einem wissenschaftlichen Versuch nur sehr wenige Lösungsmethoden möglich, von denen eine durch die Versuchsanordnung oder durch die Disposition des Versuchswesens besonders nahe liegt, dann kann die spontane Lösung des Problems durch das getestete Wesen vielleicht beeindruckend wirken, ohne aber in Wirklichkeit beeindruckend zu sein. Erst eine Wahrscheinlichkeitsrechnung, die statistisch angibt, wie unwahrscheinlich bei den gegebenen Möglichkeiten und Handlungsalternativen bzw. bei der benötigten Anzahl von Fehlversuchen die gezeigte Handlung war, belegt, ob es sich um eine Problemlösung handelt, die etwas über das Verständnis des Problems aussagt.

Besonders wichtig ist es, sowohl beim Lehren als auch beim Testen, die Konditionierung auszuschalten. Das bekannteste Beispiel einer solchen Konditionierung war der Kluge Hans, ein Pferd, das am Anfang des 20. Jahrhunderts in Deutschland der Öffentlichkeit vorgeführt wurde. Dem Klugen Hans konnten langwierige Rechenaufgaben gestellt werden, und er antwortete korrekt, indem er die Zahl, die die Lösung der Aufgabe war, durch eine entsprechende Anzahl von Hufschlägen oder von Nickbewegungen verkündete. Eine genauere Untersuchung ergab allerdings, dass der Kluge Hans nicht wirklich gerechnet hatte, sondern nur auf subtile Zeichen seiner Zuhörerschaft konditioniert war. Wenn die richtige Zahl von Hufschlägen erreicht war, änderte sich die Spannung bei der Körperhaltung der ZuhörerInnen. Auf diesen Auslöser reagierte der Kluge Hans durch das Beenden seiner Hufschläge.

Niemand hatte den Klugen Hans vorsätzlich konditioniert. Ich kenne das von mir selbst: Wenn ich an einer Problemlösung an sich kein intellektuelles Interesse habe, sie mir aber dennoch helfen würde (z. B. weil ich eine Belohnung für die Lösung bekomme), dann werde ich den am wenigsten aufwendigen und am wenigsten mühsamen Weg zur Problemlösung wählen. Da Bewusstsein und Verstehen sehr anstrengend sind, bietet sich die Konditionierung als viel weniger mühsamer Weg förmlich an. Genauso würde ich in diesem Fall die einfachstmöglichen Regeln wählen, die mir eine Problemlösung gewährleisten, wenn es denn welche gibt, bevor ich mir das mühsame Verstehen des Problems antue. Entsprechend sind Konditionierung und das Wählen möglichst simpler, naiver Regeln als Problemlösungsstrategien kein Beweis dafür, dass das betroffene Wesen kein Bewusstsein hat. Sie müssen aber ausgeschlossen werden, wenn wir aus dem Verhalten auf ein Verstehen und damit ein Bewusstsein schließen wollen (Stamp-Dawkins 1993).

Das Verstehen der eigenen Umwelt zeigt sich auch darin, nach welchen Prinzipien die Umwelt mental geordnet wird. Sinnvolle Kategorisierungen und das Erstellen von Konzepten, die den Eigenschaften der Realität in gewisser Weise entsprechen und die Umwelt rational und vernünftig einordnen, sind Belege für Bewusstsein, weil sie Verstehen voraussetzen. Ein vernünftiges Weltbild der Umgebung löst bei der Wahrnehmung eines physikalisch unmöglichen Geschehens besonderes Interesse oder Verwunderung aus. Das kann man nachweisen, und es ist dann als ein weiterer Hinweis auf Bewusstsein zu sehen. Ein Beispiel so eines vernünftigen Verhaltens ist die so genannte Objektpermanenz. Dabei geht das bewusst wahrnehmende Wesen davon aus, dass ein Objekt, das aus dem Gesichtsfeld verschwindet, weiterhin existiert und sich auch mit der Blende, die es versteckt, mitbewegen muss, wenn es nicht zum Vorschein kommt.

Verstehen kann sich aber auch dadurch zeigen, dass Werkzeuge benutzt oder sogar hergestellt werden, um ein Problem zu lösen, das sich mit dem Werkzeug leichter lösen lässt. Um hier die Werkzeugnutzung als einen Hinweis auf das Verstehen des gegebenen Problems heranziehen zu können, muss natürlich sichergestellt sein, dass diese Werkzeugnutzung kein angeborenes Verhalten darstellt. Ein sicherer Beleg dafür, dass das nicht der Fall sein kann, ist, wenn genetisch identische Individuen bei gleicher Umgebung, d. h. gleichem Zugang zum Werkzeugrohmaterial, den Werkzeuggebrauch nicht zeigen, weil sie z. B. in einer anderen sozialen Gruppe leben, die mit den Werkzeug gebrauchenden Individuen nicht in Kontakt steht.

Wenn eine ganze Gruppe ein Verhalten wie z. B. einen gewissen Werkzeuggebrauch entwickelt, das nicht angeboren ist und das auch nicht durch Lernen mittels Versuch und Irrtum durch jedes einzelne Individuum der Gruppe, unabhängig voneinander, erklärt werden kann, dann muss dieses Verhalten tradiert worden sein, d. h., in dieser Gruppe lernen die einzelnen Mitglieder der nächsten Generation von der vorherigen, dieselbe Problemlösungsstrategie anzuwenden. Dieses Phänomen nennt man Kultur. Es ist der spezifischen sozialen Gruppe zu eigen und lebt und stirbt mit ihr. Kultur ist daher auch ein Beleg für Bewusstsein.

Bei der REM-Phase im Schlaf träumt das schlafende Individuum. Träume sind aber mentale Bilder, die bewusst sind. Die Fähigkeit zu träumen ist also ein Beleg für Bewusstsein. Aber selbst die Notwendigkeit zu schlafen ist schon ein starker Hinweis auf Bewusstsein, weil nur ein Bewusstsein eine solche Regenerationsphase zu brauchen scheint.

Die Auswirkung des Bewusstseins auf die Handlungen des bewussten Wesens haben wir den Willen oder die Intention des Wesens genannt. Intentionales Verhalten ist also ein deutlicher Hinweis auf Bewusstsein. Beispiele für intentionales Verhalten sind die Herstellung eines Werkzeugs, die Wahl des kürzesten Weges durch ein Gelände, um zu einem Ziel in weiterer Entfernung zu gelangen, der Transport von Werkzeugen über längere Strecken zum Ort ihrer Verwendung oder Kommunikation. Bei der Kommunikation müssen wir zwischen einem Signal und einem Zeichen für die Kommunikation unterscheiden. Ein Signal wird unbewusst gesetzt und teilt allen, die es verstehen können, Informationen mit, ohne dass die SenderIn des Signals das bewusst gewollt hat. Dazu gehört z. B., wenn ich vor Verlegenheit rot werde, wenn mein erschöpfter Zustand signalisiert, dass ich mich gerade angestrengt habe usw. Im Gegensatz dazu definieren Philips und Austad (1996) das Zeichen als ein bewusst gesetztes Kommunikationsmittel. Ein Wesen setzt ein Zeichen mit dem Ziel, einem anderen Wesen etwas mitzuteilen. Hier beginnt die echte Kommunikation.

Kommunikation kann zwar auch durch Sprache erfolgen, muss aber nicht. Intentionen und Gedanken können auch nichtverbal mitgeteilt werden. Umgekehrt kann es auch Gedanken ohne Kommunikation und vor allem ohne Sprache geben. Savage-Rumbaugh (1999, S. 145) meint, dass die Sprache nicht zum Denken dient, sondern nur dafür, anderen etwas mitzuteilen. Sie bestünde nur aus Worten und den Regeln, wie diese Worte anzuwenden sind. Wenn man sprachlich etwas mitteilen will, dann denkt man daran, wie man die Worte benutzen kann, um anderen den Sinn, den man transportieren will, möglichst verständlich zu machen, und nicht daran, was man eigentlich mitteilen will. Sie zeigt sich erstaunt, dass wir trotz Sprache und Worten denken können. Dennoch ist natürlich auch die Sprache, als intentionales Kommunikationsmittel, ein deutliches Zeichen für Bewusstsein. Wenn ein Wesen allerdings keine Sprache hat, dann sagt das noch nichts darüber aus, ob es ein Bewusstsein hat oder nicht.

Ein besonders interessantes Beispiel von Intentionalität und Verstehen ist das Spiel (Rosenberg 1996). Beim Spiel wird das Verhalten aus verschiedenen Kontexten in seinem Sinnzusammenhang erkannt und in einem neuen Kontext aneinandergereiht. Es gibt eigene Zeichen, mit denen die SpielgefährtInnen sich gegenseitig mitteilen, dass sie spielen wollen. Das setzt einen intentionalen Sender und eine die Mitteilung verstehende EmpfängerIn voraus. Beim sozialen Spiel werden dann die außerhalb des Spiels auftretenden Resultate derselben Verhaltensweisen, wie z. B. Unterwerfung und Dominanz, nicht gezeigt. Beim sozialen Spiel kommen vielmehr allen MitspielerInnen gewisse Rollen zu, die aber auch im Laufe des Spiels umgekehrt werden können. Unter Umständen nimmt dabei eine MitspielerIn auch ein Selbsthandicap in Kauf. Dafür ist das Verständnis der Rollen notwendig. Die MitspielerInnen müssen hier deutlich unterscheiden können.

Bei der Intention eines Wesens, einem anderen mitzuteilen, dass es nur spielen will und gewisse Handlungen nicht ernst meint, geschieht eine mentale Repräsentation dritter Ordnung: Es handelt so, dass sein Gegenüber glauben soll, dass es nur spielen will und seine Handlung nicht ernst meint. Das setzt Verstehen voraus. Spielverhalten ist also ein starker Beleg für Bewusstsein.

Ein weiterer Aspekt von Bewusstsein war, dass es unbewusste und bewusste Wahrnehmungen gibt, wie z. B. beim „blind sight"-Phänomen deutlich wird. Man kann jetzt unbewusste Wahrnehmung nachweisen, indem man dem zu testenden Wesen die Möglichkeit gibt, unbewusst zu assoziieren. Das unbewusst Wahrgenommene bzw. das unbewusst Gelernte lässt sich nämlich mit nichts bewusst in Beziehung setzen. Eine sorgfältige Versuchsanleitung kann aber diese Unterschiede herausarbeiten, auch bei Wesen, die keine Sprache verstehen. Bewusste Wahrnehmung zeichnet sich durch Konzentration und Aufmerksamkeit beim bewusst wahrnehmenden Wesen aus, es ist „geistig da".

Jedes Bewusstsein ist auch Selbstbewusstsein. Es gibt allerdings verschiedene Arten von Selbstbewusstsein, die jeweils auch verschieden komplex ausgeprägt sein können, und deshalb kann es sinnvoll sein, diese Arten des Selbstbewusstseins durch verschiedene Versuche zu untersuchen. Kann ich Selbstbewusstsein und Selbstreflexion bei bestimmten Wesen nachweisen, dann müssen sie auch Bewusstsein haben. Parker, Mitchell und Boccia (1994) haben ein Buch herausgegeben, in dem verschiedene AutorInnen eine Reihe möglicher Versuchsanordnungen zum Nachweis gewisser Arten von Selbstbewusstsein angeben und diskutieren.

Zum Beispiel wird der Spiegelselbsterkennungstest oder MSR für Mirror Self Recognition beschrieben. Dabei wird das zu testende Wesen zunächst mit einem Spiegel vertraut gemacht. Danach bringt man, für das zu testende Wesen selbst unbemerkt, an seinem Gesicht eine auffällige Markierung an und versucht, aus dem Verhalten des Wesens vor dem Spiegel zu schließen, ob sich das Wesen im Spiegel selbst erkennt. Aus der Selbsterkennung wird gefolgert, dass das sich selbst erkennende Wesen von sich im Gegensatz zu anderen einen Begriff haben muss. Derselbe Test lässt sich auch mit einer Live-Kamera machen, auf deren Monitor das Bild zu sehen ist, das die Kamera gerade aufnimmt. Auch mit dieser Versuchsanordnung kann sich das zu testende Wesen selbst visuell erkennen. Zu bedenken ist beim MSR-Test natürlich, dass nur Wesen, die visuelle Markierungen in Gesichtern überhaupt beachten bzw. den Schwerpunkt auf visuelle Erkennung legen, mit diesem Test auf die Probe gestellt werden können.

Ein anderes Beispiel eines klassischen Tests für Selbstbewusstsein ist der Wisser-Rater-Test. Man sagt von einem Wesen, das von sich selbst einen Begriff hat und seinen eigenen Bewusstseinszustand als verschieden vom Bewusstseinszustand anderer Wesen erkennt, es habe eine „Theory of Mind". So ein Wesen kann also zwischen dem unterscheiden, was es selbst weiß, und dem, was andere wissen. Dafür wäre auch Selbstbewusstsein Voraussetzung.

Beim Wisser-Rater-Test wird dem Testindividuum eine möglicherweise auch nichtverbale Frage gestellt, und zwei Tester bieten Antworten dazu an. Das Testindividuum kennt die richtige Antwort nicht, kann aber durch aufmerksame Beobachtung wissen, dass einer der Tester die Antwort weiß (der Wisser) und einer nicht (der Rater).

Z. B. sitzt das Testindividuum einem Tisch gegenüber, auf dem zehn Becher umgestülpt stehen. Ein Tester, der Wisser, legt nun einen kleinen Ball unter einen der Becher, sodass das Testindividuum nicht sieht, unter welchen, aber sehr wohl sieht, dass der Wisser den Ball unter einen Becher gelegt hat. Der Rater geht während des Balllegens entweder aus dem Zimmer oder stülpt sich einen Sack über den Kopf, sodass klar werden könnte, dass er nicht weiß, unter welchem Becher der Ball liegt. Wisser und Rater bieten nun dem Testindividuum einen Vorschlag an, unter welchem Becher der Ball liegt. Schließt sich das Testindividuum dem Wisser an und ignoriert den Vorschlag des Raters, dann gilt der Test als bestanden.

Bei der Beobachtung bewusster Wesen und ihres Verhaltens kann man so eine „Theory of Mind" auch nachweisen, ohne sie eigens konstruierten Tests auszusetzen, z. B. beim Phänomen der Täuschung. Für eine echte Täuschung muss ein Wesen bewusst einem anderen Wesen einen unwahren Sachverhalt, z. B. dass es diese Emotion nicht hat, aber jene Emotion schon hat, vorspielen, um das andere Wesen glauben zu machen, dass dieser Sachverhalt tatsächlich vorliegt. Um auf diese Weise den Bewusstseinszustand eines anderen Wesens manipulieren zu können, ist es auch notwendig, zwischen dem eigenen Bewusstseinszustand und dem des anderen Wesens unterscheiden zu können und letzteren vorauszusagen bzw. richtig zu interpretieren. Man muss dafür also eine „Theory of Mind" haben.

Masson und McCarthy (1994, S. 176) diskutieren die Möglichkeit, aus reflexiven Gefühlen auf Selbstbewusstsein zu schließen. Reflexive Gefühle sind Gefühle, die nur dann entstehen können, wenn das fühlende Lebewesen den Eindruck, den es auf andere Wesen macht, feststellen und berücksichtigen kann. Also auch dafür scheint eine „Theory of Mind" notwendig. Solche reflexiven Gefühle sind z. B., sich zu schämen, sich schuldig zu fühlen, schüchtern zu sein, gehemmt zu sein oder Peinlichkeit zu empfinden.

6.5 Zusammenfassung

Neben den neurobiologischen Kriterien wie dem Vorhandensein eines Zentralnervensystems und gewisser Hirnstrukturen, deren Status hinsichtlich ihrer Notwendigkeit allerdings nicht zufriedenstellend geklärt werden kann, haben wir folgende Kriterien als hinreichende Bedingungen für die Identifikation von Bewusstsein aus dem Verhalten von Wesen festgestellt:

- Wenn bei Wesen eine Adoption nichtverwandter Individuen, Homosexualität, Mitgefühl gegenüber nichtverwandten Individuen oder ein moralisches Gefühl, das über die Sorge über das Schicksal Verwandter oder der eigenen sozialen Gruppe hinausgeht, nachgewiesen werden kann.

- Wenn die Wesen in der Lage sind, bewusst, also durch Verstehen, zu lernen, was sich darin zeigt, dass das Wesen durch Imitation oder durch externe Hilfe echte Probleme zu meistern lernt, ohne Konditionierung und Belohnung, und dass das lernende Wesen das so Gelernte bei vollkommen neuen Problemstellungen selbstständig anwenden kann.
- Wenn die Wesen durch eine problemadäquate, flexible Reaktion ihr Verständnis eines Problems demonstrieren oder die Lösung eines Problems durch Nachdenken, d. h. durch das Abschätzen von Lösungsmethoden und ihres Erfolgs in der Vorstellung, erreichen, wobei Konditionierung wie beim Kluger-Hans-Effekt, ein blindes Reagieren nach einfachen Regeln und eine Problemlösung ohne Plan, nach Versuch und Irrtum, ausgeschlossen werden können.
- Wenn die Wesen ein offenkundig vernünftiges Weltbild haben, wie z. B., indem sie Objektpermanenz zeigen, und dieses Weltbild durch sinnvolle Konzepte und Kategorisierungen erschließen.
- Wenn die Wesen eine Kultur haben, d. h. ein nicht genetisch determiniertes Verhalten in der Gruppe zeigen, das genetisch identische Individuen einer anderen Gruppe mit denselben Umweltbedingungen nicht haben, wie z. B. gewisse Arten von Werkzeuggebrauch oder von Medizineinnahme.
- Wenn die Wesen REM-Traumphasen im Schlaf haben bzw. überhaupt schlafen müssen.
- Wenn die Wesen ein intentionales Verhalten zeigen, wie z. B. bei Kommunikation oder beim sozialen Spiel.
- Wenn bei Wesen zwischen unbewusster und bewusster Wahrnehmung unterschieden werden kann oder wenn sie Konzentration, Aufmerksamkeit und geistige Anwesenheit zeigen.
- Wenn die Wesen im Rahmen von MSR- oder Wisser-Rater-Versuchen bzw. durch die Fähigkeit zu täuschen eine spezielle Art von Selbstbewusstsein und eine „Theory of Mind" demonstrieren.
- Wenn die Wesen durch selbstbezogene Gefühle nachweisen, dass sie sich des Eindrucks, den sie bei anderen Wesen erwecken, bewusst sind.
- Das grundsätzliche Vorhandensein eines Erweiterten Bewusstseins zeigt sich u. a. darin, dass Wesen sich Erfahrungen ins (Kern-)Bewusstsein rufen können, die älter als einige Sekunden sind.

7 Die soziale Konstruktion der Kluft zwischen Mensch und „Tier"

Wir leben in einer extrem anthropozentrischen Zeit und in einer äußerst anthropozentrischen Gesellschaft. Gerade die rasante Entwicklung der Technik in den letzten Jahrzehnten scheint die anthropozentrische Annahme einer unendlichen Kluft zwischen Mensch und „Tier" noch verstärkt zu haben. Auffällig ist bei dieser Verherrlichung der eigenen Art durch strikte Abgrenzung gegenüber anderen Tieren, dass sie oft zu den absurdesten Äußerungen Anlass gibt, die vorsätzlich wissenschaftliche Forschungsergebnisse negieren und zur Not sogar die gesamte wissenschaftliche Methodik in Frage stellen, nur um die Abgrenzung erhalten zu können.

So schrieb der Salzburger Bischof Laun auf seiner Website am 30. Juni 2003 (http://www.kirchen.net/bischof/laun/texte/Tierliebe-Sbg-Fenster.doc):

„Durch die Seele unterscheidet sich der Mensch durch eine Welt vom Tier. Sie ist nicht eine Art Aura des Hirns, die mit diesem steht und fällt, sondern umgekehrt, sie ist eine geistige Realität, in deren Dienst das Gehirn in einer undurchdringlich-geheimnisvollen Einheit steht. Sie ist durch keine ‚Entwicklung von unten' erklärbar. Wer behauptet, der Mensch sei nur ein ‚Tier unter Tieren' und prinzipiell nicht mehr als wohlorganisierte Materie, der tritt mit dem Glauben in einen unversöhnlichen, häretischen Gegensatz.
9. Evolutionstheorie als Widerspruch zur Vernunft
Die Geistseele von Materie und Entwicklung herzuleiten, widerspricht auch der Vernunft. Denn wer das Wesen der personalen Seele begriffen hat, weiß, dass eine ‚Erklärung' der Seele ‚aus' dem Tier absurd ist. Keine Gemeinsamkeit und keine Ähnlichkeit im Bereich des Leibes können diesen ‚Graben' zwischen Mensch und Tier sozusagen zuschütten. Der menschenähnlichste Menschenaffe ist, genau genommen, ähnlicher der Kaulquappe oder einer Amöbe als dem Menschen – trotz allen Respektes, den wir besonders den höheren Tieren schulden."

Laun ist immerhin insofern ehrlich, als er seine Position mit seinem Glauben und nicht mit wissenschaftlich-empirischen Erkenntnissen begründet. Allerdings nimmt er Rekurs auf die Vernunft. Diese Vernunft hat hier aber ebenfalls metaphysischen und nicht empirischen Charakter. Er spricht ja explizit davon, dass alle empirische Ähnlichkeit zwischen Menschen und anderen Tieren niemals die von ihm angenommene Kluft überwinden könne. Offenbar ist diese Kluft prinzipieller, metaphysischer Natur.

Besonders erschüttert mich allerdings, dass solche mit einem irrationalen und unwissenschaftlichen Glauben begründeten Ansichten anscheinend nicht nur Allgemeingut in der Gesellschaft sind, sondern sich sogar in Schulbüchern wiederfinden, ohne dass dort angemerkt wird, dass es sich um Glaubenssätze statt um wissenschaftliche Fakten handelt. Sommer (2000, S. 42) zitiert aus Schulbüchern u. a. folgende Sätze:

„Spezifisch menschlich ist die Fähigkeit, aus der Einsicht in kausale Zusammenhänge Geräte und Werkzeuge zu schaffen und sie sinnvoll zu nutzen. [... Man kann] Homologien tierischer und menschlicher Bewusstseinszustände nicht aufstellen. Nur wenn man das könnte, könnte man in einem wissenschaftlichen Sinne Entwicklungsabläufe behaupten. [...] Man kann menschliche Eigenart nicht aus tierischen Vorformen erklären."

Es ließen sich noch beliebig viele weitere Beispiele angeben. Besonders beunruhigend ist dabei, dass in Analogie zu der Zeit, in der die Erde aus ideologisch-religiösen Gründen Mittelpunkt der Welt bleiben musste, diese Ansicht einerseits zur vorsätzlichen Verfälschung wissenschaftlicher Erkenntnisse führt und andererseits, wenn handfeste, unbestreitbare wissenschaftliche Fakten dagegen sprechen, diese einfach ignoriert werden.

Ein Beispiel einer solchen Verfälschung wissenschaftlicher Ergebnisse ist in Gould (1991, S. 30) illustriert. Um die stetige Höherentwicklung des Menschen vom Schimpansen zu bestätigen, wurde von Osborn 1915 aus den bekannten Fossilien eine stetige Zunahme des Gehirnvolumens vom Schimpansen über den Pithecanthropus, den Piltdown-Menschen und den Neandertaler bis hin zum modernen Menschen konstatiert. Dabei wissen wir heute, dass der Neandertaler im Mittel ein größeres Hirnvolumen hatte als der heutige Mensch und, schlimmer noch, der Piltdown-Mensch eine vorsätzliche Fälschung war, bestehend aus einer menschlichen Hirnschale und dem Kiefer eines Schimpansen. Osborn gelang es also, natürlich ideologisch bedingt, aus der Hirnschale eines heutigen Menschen ein kleineres Hirn abzuleiten. Und der Schimpanse war natürlich kein Vorfahre des Menschen.

Die *New York Times* vom 11. April 1965 gibt das Alter des letzten „tierischen" Vorfahren des Menschen mit 30 Millionen Jahren an. Tatsächlich finden sich noch in modernen Schulbüchern Darstellungen, in denen Schimpanse, Gorilla und Orang-Utan als Menschenaffen zusammengefasst in einem Stammbaum dem Menschen gegenüberstehen, obwohl wir längst wissen, dass beides falsch ist: Der letzte gemeinsame Vorfahre eines heute lebenden Schimpansen und eines heute lebenden Menschen ist wesentlich jünger anzusetzen, und der Mensch ist mit dem Schimpansen viel näher verwandt als der Schimpanse mit dem Gorilla. Also sehen wir auch hier eine vorsätzlich falsche Darstellung, die den wissenschaftlichen Fakten nicht entspricht, selbst in Schulbüchern, offenbar um eine Ideologie zu stützen, die sich so jedoch gar nicht stützen lässt.

Viele ErforscherInnen des Verhaltens nichtmenschlicher Tiere, wie z. B. Jane Goodall (1993, S. 12), berichten in vielen ihrer Bücher, dass sie in ihren frühen Publikationen keine emotionalen oder sich auf Bewusstsein oder Persönlichkeit beziehenden Worte für ihre Forschungssubjekte verwenden durften. Ja, es wurde ihnen sogar vorgeschrieben, die von ihnen beobachteten nichtmenschlichen Tiere mit Nummern statt mit Namen zu bezeichnen.

Frans de Waal (1996, S. 65), selbst Zoologe und Verhaltensforscher, meint, dass ein Gutteil der Forschungstätigkeit dafür verwendet wird, einen Unterschied zwischen Menschen und anderen Tieren zu suchen, um endlich die große Kluft belegen zu können. Obwohl die WissenschaftlerInnen die Evolution ernst nehmen, konnten sie nicht umhin, zu versuchen, den großen Unterschied in verschiedenen Aspekten zu identifizieren: Kultur, Werkzeuggebrauch, Gemeinschaftsjagd, Humor, echter Altruismus, sexueller Orgasmus bei weiblichen Wesen, das Inzesttabu oder die Sprache haben für den Unterschied herhalten müssen. Alle diese Eigenschaften können aber in der einen oder anderen Form bei nichtmenschlichen Tieren nachgewiesen werden. Offenbar wurde auch hier die Wissenschaft zu ideologischen Zwecken missbraucht.

Bei Vorträgen in der Schule habe ich öfters einen Videofilm einer englischen psychologischen Studie vorgeführt, in dem eine Schimpansenfrau in einem Intelligenztest mit Zahlen besser als eine Menschenfrau abschneidet. Die Schimpansenfrau stellt sich also in diesem getesteten Aspekt als intelligenter heraus. Viele der SchülerInnen können und wollen dieses Resultat aber nicht akzeptieren, suchen nach Ausflüchten oder brüllen einfach „Das brauch ich mir nicht anzuhören!“ und laufen aus dem Schulzimmer, nicht ohne dabei die Türe zuzuknallen. Man ist unwillkürlich an das Verhalten weißer RassistInnen in der Zeit vor der Bürgerrechtsbewegung in den Südstaaten der USA erinnert. Kein noch so sorgfältig ausgeführter Versuch, der das Vorurteil der eigenen Überlegenheit widerlegt, wird akzeptiert, wenn überhaupt zu Wort kommen gelassen. Wir müssen uns also die Frage stellen, wie es überhaupt so weit kommen konnte, dass die Annahme der menschlichen Überlegenheit und Höherwertigkeit sowie der totalen menschlichen Andersartigkeit so allgemein anerkannt wurde.

7.1 Das Mensch-„Tier"-Verhältnis bis zu Descartes

Für viele heute unvorstellbar, war die Ansicht einer so deutlichen Kluft zwischen Menschen und „Tieren" vor der Aufklärung überhaupt nicht prävalent. Zumindest in der Zeit vor der Domestikation nichtmenschlicher Tiere sei das Verhältnis von den Menschen zu anderen Tieren als grundsätzlich gleich angesehen worden (Bekoff 1998, S. 76). Eine Reihe von Ritualen hätte gegenüber nichtmenschlichen Tieren von Respekt gezeugt und ihre Tötung, auch als Jagdopfer, der Tötung anderer Menschen gleichgestellt (Ingold 1994). Verschiedene Indianervölker Nordamerikas hätten bis in jüngere Zeit die grundsätzliche Gleichheit von Menschen und anderen Tieren angenommen. Afrikanische Stämme betrachteten und bezeichneten sich gegenseitig nicht als Menschen, sondern wendeten diesen Begriff nur auf sich selbst, also den eigenen Stamm, an. In Malaysia wurde der Orang-Utan „Waldmensch" genannt und als dem Menschen grundsätzlich gleich gesehen.

In der Enzyklopädie für Religion und Ethik aus dem Jahr 1908 steht: „Die Zivilisation und die Bildung haben die Einsicht einer großen Kluft zwischen dem Menschen und den niederen Tieren mit sich gebracht. [...] In den niedrigen Formen von Kultur, die entweder bei Rassen, die sich als ganzes unter dem Niveau der europäischen Rasse befinden, oder in den unkultivierten Teilen der zivilisierten Gesellschaft, wird die Unterscheidung zwischen Menschen und Tieren nicht richtig bzw. überhaupt nicht anerkannt. [...] Der Wilde [...] gesteht dem Tier wesentlich komplexere Gedanken und Gefühle und ein viel größeres Wissen und eine viel größere Macht zu, als es tatsächlich besitzt. [...] Es verwundert daher nicht, dass seine Ansicht über Tiere eher von Respekt als von Überlegenheit getragen wird." (Zitiert in Masson und McCarthy 1994, S. 41.)

In der klassischen griechischen Antike wird bereits ein ganz anderes Bild vom Mensch-„Tier"-Verhältnis gezeichnet (Dinzelbacher 2000). Aristoteles (384–322), selbst in einer hierarchischen Gesellschaft aufgewachsen, teilt alle Lebewesen in eine Hierarchie, entsprechend dem Kriterium der Vernunft, ein. Je vernünftiger ein Wesen ist, je mehr Anteil an der rationalen Seele es hat, desto höherwertiger, desto perfekter, desto gottähnlicher sieht er es. Nach dieser Philosophie des Perfektionismus sind die weißen, nichtbehinderten, männlichen griechischen Bürger die perfektesten aller irdischen Wesen. Sie bilden die Spitzengruppe, die Gruppe der moralisch wichtigsten und wertvollsten. Innerhalb dieser Gruppe herrscht unter ihren Mitgliedern Gleichberechtigung.

Im aristotelischen Perfektionismus folgen dann die weißen, nichtbehinderten, weiblichen Griechinnen, dann die griechischen Kinder, dann die NichtgriechInnen oder Barbaren, dann die nichtmenschlichen Tiere und danach die Pflanzen usw. Diese Hierarchie wird als natürliche Ordnung verstanden. Die Untergeordneten sind für die Übergeordneten da. So sind die Frauen für die Männer da, die Kinder für die Erwachsenen, die Barbaren für die GriechInnen und die nichtmenschlichen Tiere für die Menschen.

Wer sich nicht freiwillig in diese natürliche Ordnung einfügt und sich ihr unterwirft, der darf auch mit Gewalt dazu gezwungen werden. So ist es nach Aristoteles für griechische Bürger „gerecht" und moralisch gerechtfertigt auszuziehen, um Barbaren in einem Eroberungskrieg zu unterwerfen und als SklavInnen zurückzubringen. Die rational vorgeblich höher entwickelten Griechen sollen sich nicht durch ihrer Hände Arbeit beschmutzen, sondern vielmehr Muße und Zeit für hochgeistige Bedürfnisse haben. Und ebenso sind die nichtmenschlichen Tiere einzig und allein für die Menschen auf dieser Welt da und dürfen entsprechend nach Belieben zum menschlichen Vorteil benutzt werden.

An dieser aristotelischen Sichtweise fällt zunächst auf, dass sie bereits der Realität der Gesellschaft entspricht, in die Aristoteles hineingewachsen ist. In gewissem Sinne werden also im Nachhinein bestehende Verhältnisse gerechtfertigt und rationalisiert. Weiters gibt es Gleichberechtigung und Gerechtigkeit – aber nur in einer ausgewählten Spitzengruppe von Gleichen. Zwischen dieser Gruppe der Gleichen und allen anderen Wesen besteht eine große, unüberbrückbare Kluft. Ähnlichkeiten zwischen den Gleichen und anderen Wesen werden ignoriert, Verschiedenheiten über Gebühr aufgebauscht oder einfach angenommen. Der Unterschied zwischen den Ungleichen untereinander verschwimmt dafür. Aristoteles spricht in einem Atemzug von „Barbaren und wilden Tieren": „Die niedrigere Art von Lebewesen ist von Natur aus sklavisch, und es ist besser für sie, wie für alle Unterlegenen, dass sie sich in die Gewalt eines Herrschers begeben. Weil der, der im Prinzip jemandem anderen gehören kann und deshalb auch gehört, und der, der genügend Verständnis hat dieses rationale Prinzip zu verstehen, aber nicht genug Verständnis, um selber ein rationales Prinzip zu haben, ist Sklave von Natur aus. Die niedrigen Tiere können dieses rationale Prinzip auch nicht einmal verstehen; sie folgen ihren Instinkten. Die Nutzung von Sklaven und gezähmten Tieren ist nicht sehr verschieden; beide dienen mit ihren Körpern den Bedürfnissen unseres Lebens. [...] Die Kunst der Kriegführung ist eine natürliche Kunst [...], die gegen wilde Tiere und jene Menschen praktiziert werden soll, die von Natur aus dazu bestimmt sind beherrscht zu werden, sich aber nicht unterwerfen; ein Krieg dieser Art ist ein natürlicher und gerechter Krieg." (Aristoteles 1981, Buch 1, Kapitel 5 und 8)

Alle Wesen, die nicht in die Spitzengruppe der Gleichen gehören, bekommen mehr oder weniger all jene Eigenschaften zugeschrieben, die wir heute im gängigen Sprachgebrauch mit „dem Tier" assoziieren: primitiv, ohne Vernunft, unzivilisiert, wild, instinktgetrieben, ungehemmt, triebhaft, unkultiviert, roh usw.

In den folgenden Jahrtausenden war das Gesellschaftssystem durch diese aristotelische Hierarchie bestimmt. So gab es hierzulande z. B. ein Feudalsystem, mit einem herrschenden Kaiserhaus, darunter einer Hocharistokratie, einer Aristokratie, einem Bürgertum, einer Landbevölkerung und dann den nichtmenschlichen Tieren auf der untersten Stufe. Dabei gab es für die Untergebenen die Leibeigenschaft oder sogar die Sklaverei. Auch der Imperialismus mit seinen Eroberungskriegen, der die europäische Geschichte bestimmte, lässt sich durch das aristotelische System begründen. Da die Hierarchie als natürliche Ordnung gesehen wurde, war Sozialhilfe für Bedürftige ein Fremdwort und eher auf großherzige Almosen der Oberen reduziert, die für ihre milden Gaben entsprechenden Dank und Unterwürfigkeit erwarteten. Diese Art der Sozialhilfe gleicht die vorhandene Hierarchie nicht nur nicht aus, sondern verstärkt sie sogar.

Auch der Umstand, dass das europäische Mittelalter christlich geprägt war, ändert dieses Bild nicht. Der frühe Kirchenfürst Augustinus (354– 430) bezog sich in seinen Schriften explizit auf Aristoteles, wenn auch mit einer biblischen Begründung. Die Hierarchie unter den Lebewesen war im Prinzip dieselbe, es hatten auch Menschenfrauen keine Seele, und das gesellschaftliche Machtgefälle und die Sklaverei wurden von christlicher Seite her nicht in Frage gestellt. „Aus ihren Schreien können wir ersehen, dass Tiere qualvoll sterben, aber das tangiert den Menschen nicht, denn das Tier entbehrt einer vernünftigen Seele und ist deshalb nicht mit uns durch eine gemeinsame Natur verbunden." (Augustinus 1981, 1,20) Und: „Liebe soll nur Gott und deinen Nächsten gegeben werden. Aber Tiere können nicht deine Nächsten sein, weil irrationale Lebewesen mit rationalen Lebewesen keine Gemeinschaft haben."

Thomas von Aquin (1224–1274), tonangebender katholischer Theologe im Spätmittelalter, bezieht sich in seinen Arbeiten wieder explizit auf Aristoteles und reicht die These der Hierarchie der Wesen unkritisch weiter. Das Credo, dass niedrigere Lebewesen den höheren zu dienen haben und dass die Rationalität der Gradmesser dieser Hierarchie von höher und niedriger wäre, bleibt erhalten. Es sei keine Sünde, etwas dafür zu nutzen, wofür es da ist. Und weiter: „Lieben heißt jemandem Gutes wünschen; es ist nicht möglich irrationalen Lebewesen Gutes zu wünschen, weil sie nicht die Fähigkeit haben Gutes zu besitzen" (Aquin 1953, Frage 65 Artikel 3). Also könne es keine Freundschaft oder Liebe zwischen „Menschen" und irrationalen Wesen geben. Im Vergleich dazu schreibt Aristoteles: „Menschen können keine Freundschaft mit Pferden, Rindern und Sklaven, als solche betrachtet, haben; weil ein Sklave ist nur ein lebendes Mittel zum Zweck und ein Mittel zum Zweck ist ein lebloser Sklave."

7.2 Von Descartes zur Aufklärung

Aus dem in der europäischen Kulturgeschichte immer stärker dominierenden Bild des Menschen als ein Ebenbild des christlichen Gottes und von diesem geschaffen, lässt sich das dualistische Weltbild von René Descartes (1596–1650) verstehen. Aus dem Gedanken an eine göttliche Schöpfung der Seele eines Wesens, das dann einen Körper bekommt und so eine irdische Form annimmt, schließt Descartes, dass man Vernunft vollständig hat oder gar nicht. Vernunft ist eine Eigenschaft der Seele und damit metaphysisch und über jeden empirischen Nachweis erhaben. Die Intelligenz, die ein irdisches Wesen mit einer Seele zeigt, ist die Vernunft, die durch den Körper ihren Ausdruck findet. Hat der Körper einen Defekt, dann kommt eben nicht die gesamte Vernunft zum Ausdruck. Also empirisch nachzuweisen, dass ein Wesen mit einer Seele aufgrund seines Verhaltens keine Vernunft zeigt, sagt nichts darüber aus, dass es keine Vernunft hat. In diesem Sinn ist die Vernunft metaphysisch und nicht empirisch.

Andererseits ist der Körper wie eine Maschine, eben eine biologische Maschine. Er ist von der Seele grundsätzlich unterschieden, da diese immateriell ist. Hier haben wir also den Dualismus zwischen Seele und Körper, zwischen Geist und Materie.

Descartes möchte jetzt gern aus ideologisch-religiösen Gründen nachweisen oder begründen können, dass alle Menschen eine Seele haben und alle nichtmenschlichen Tiere nicht. Das ist einerseits absurd, wenn die Seele eben grundsätzlich empirisch nicht nachweisbar, sondern metaphysisch sein soll. Allerdings braucht Descartes wenigstens eine Scheinbegründung.

So bietet er zwei Tests, einen Sprachtest und einen Handlungstest, dafür an, die Vernunft, also die Seele, in verschiedenen Wesen empirisch belegen zu können. Descartes meint jetzt zu erkennen, dass nichtmenschliche Tiere nicht sprechen könnten, während auch der unintelligenteste Mensch wenigstens in irgendeiner Form sprechen könne: „Obwohl alle Tiere uns leicht durch ihre Stimme oder ihre Körpersprache ihre natürlichen Antriebe wie Wut, Angst, Hunger usw. mitteilen können, ist es bis jetzt noch nie beobachtet worden, dass irgendein Tier wirkliche Sprache benutzt hat, d. h. durch Worte oder Zeichen einen reinen Gedanken und nicht nur einen natürlichen Antrieb mitgeteilt hat. Aber nur diese Art von Sprache ist ein sicheres Zeichen dafür, dass Gedanken in dem Körper sind. Aber alle Menschen benützen Sprache, wie dumm und verrückt sie auch sein mögen, und auch wenn sie weder eine Zunge noch Organe für eine Stimme haben; kein Tier macht das. Das muss daher als eine echte Unterscheidung zwischen Menschen und Tieren angesehen werden.“ (Descartes in einem Brief an Henry Moore vom 5. Februar 1649, Kenny 1970; die gleiche Abhandlung in ähnlichem Wortlaut findet sich auch in Descartes 1961, S. 54).

Die implizite Voraussetzung für den Handlungstest ist, dass Vernunft entweder ganz oder gar nicht vorhanden ist. Descartes beobachtet, dass nichtmenschliche Tiere die Menschen durch ihre Fähigkeiten in vieler Hinsicht weit übertreffen. In anderen Bereichen seien sie aber dem unintelligentesten Menschen unterlegen. Da Menschen Vernunft haben und Vernunft nur vollkommen da sein kann oder gar nicht, würden nichtmenschliche Tiere in ihren Handlungen zeigen, dass sie überhaupt keine Vernunft haben: „Obwohl ihre Bewegungen oft sicherer und präziser als die der weisesten Menschen sind, versagen sie bei anderen Dingen, die sie tun müssten um uns zu imitieren, wesentlich weitreichender als der dümmste Mensch. [...] Zweifellos [müssen wir] zu der Auffassung gelangen, dass es keine echten Gefühle und Emotionen [in Tieren] gibt, sondern, dass sie Automaten sind, die, von der Natur hergestellt, unvergleichlich viel besser als [vom Menschen gemachte] Maschinen funktionieren.“ (Descartes im April 1638, zitiert nach Radner und Radner 1996, S. 55)

Aus diesen Überlegungen und Beobachtungen schließt Descartes, dass alle Menschen eine Seele zusammen mit einem Körper haben, während alle nichtmenschlichen Tiere nur aus einem Körper bestehen. Die Vereinigung von Körper und Seele beim Menschen erlaubt ihm, Gefühle zu haben. Descartes schreibt: „[Bedürfnisse, Gefühle und Empfindungen] dürfen nicht entweder dem Geist oder dem Körper allein zugeordnet werden. Sie entstehen vielmehr [...] nur durch die enge und intime Vereinigung von Geist und Körper.“ (In den Prinzipien der Philosophie, zitiert nach Radner und Radner 1996, S. 61). Der Mensch hat einen Körper, und dieser Körper ist eine Maschine. Aber die Gefühle hat nicht der Körper, sondern die Person, die aus der Vereinigung von Körper und Geist besteht. Nichtmenschliche Tiere haben aber nur einen Körper, sind daher nur Maschinen und können also keine Bedürfnisse, Gefühle und Empfindungen haben.

Descartes sagt im Mai 1637 explizit: „Wollen, verstehen, vorstellen, fühlen usw. sind nur verschiedene Arten zu denken und benötigen eine Seele.“ (In einem Brief an Mersenne, Radner und Radner 1996, S. 61) Descartes unterscheidet drei Grade von Reaktionen auf Sinneswahrnehmungen. Der erste Grad ist die rein mechanische Reaktion auf den Reiz der Wahrnehmung. Der zweite Grad umfasst alle unmittelbaren Effekte, die durch die Sinneswahrnehmung im Geist durch seine Vereinigung mit dem körperlichen Organ, das die Wahrnehmung hervorruft, entstehen, wie Schmerz, Lust, Durst, Hunger, Geschmack, Geruch, usw. Der dritte Grad entspricht der Reaktion, die durch ein Urteil der Vernunft entsteht. Da Descartes sich aber weigert, einen Geist bei nichtmenschlichen Tieren zuzulassen, kann er ihnen nur die Reaktion ersten Grades zubilligen, also die rein mechanische Reaktion. Descartes verneint also sogar, dass nichtmenschliche Tiere Schmerzen oder Hunger empfinden können. Für ihn sind sie reine Maschinen, ohne jegliche Gefühle oder Empfindungen (Radner und Radner 1996, S. 63).

Ein weiteres Argument von Descartes in diesem Zusammenhang zeigt noch deutlicher die anthropozentrischen Voraussetzungen, die er verwendet, wenn er zwischen Menschen und „Tieren“ trennt. „Wenn die Tiere wie wir denken würden, dann hätten sie unsterbliche Seelen. Das ist aber unwahrscheinlich, weil wenn ein Tier eine unsterbliche Seele hat, dann müssen alle eine unsterbliche Seele haben, und bei einigen von ihnen, wie bei Austern oder Schwämmen, ist das völlig unglaubwürdig.“ (Am 23. November 1646 in einem Brief an die Marquesse von Newcastle, Kenny 1970) Zu solchen argumentativen Blüten führt es also, wenn man vor Beginn der Überlegungen bereits völlig unkritisch in anthropozentrischen Kategorien, hier Mensch und dort „Tier“, denkt.

Nicole Malebranche (1638–1715) führt die cartesianische Argumentation fort. Zu sagen, ein Hund liebe seinen „Besitzer“ und könne Schmerz fühlen, wäre gleichbedeutend damit, den Hund zu einem Menschen zu machen. Wahrnehmung ist nämlich immer die Wahrnehmung einer Idee. Ideen müssen aber in einem Gott sein, und daher könne nur dieser Gott Wahrnehmungen produzieren. Aus dem Umstand, dass manche nichtmenschlichen Tiere viel schärfere Sinnesorgane haben als Menschen, schließt Malebranche messerscharf, dass sie keine Wahrnehmungen haben könnten, sondern nur Maschinen sein müssten, weil sie sonst einen größeren Zutritt zu Gottes Wahrheit hätten als die Menschen. Und das wäre offenbar ausgeschlossen. Weitere Argumente im selben Fahrwasser sind z. B., dass nichtmenschliche Tiere, die ja keine Seele haben, allein schon deswegen nicht leiden könnten, weil ein „lieber Gott“ keine Unschuldigen ohne nachherige Belohnung leiden lassen würde. Und ohne Seele könne es auch keine Belohnung im Jenseits geben. Oder: Ein „lieber Gott“ würde niemals den sündigen Menschen die Macht über leidensfähige Wesen geben, daher wären die nichtmenschlichen Tiere mit Sicherheit nicht leidensfähig (Radner und Radner 1996).

Das Menschenbild in der Aufklärung ist also durch eine christlich-spirituelle Vorstellung der Ebenbildlichkeit aller Menschen zu einem christlichen Gott geprägt. Alle Menschen haben dadurch eine Seele, die gleichbedeutend mit der Vernunft ist. Diese Vernunft ist bei Wesen mit einer Seele, den Menschen, vollständig da, und bei Wesen ohne Seele, den nichtmenschlichen Tieren, überhaupt nicht. Es gibt keine Zwischenstufen. Ähnlich ist es mit dem Willen, der entweder vollständig frei ist, bei Wesen mit einer Seele, also bei Wesen mit Vernunft, also bei den Menschen, oder überhaupt nicht vorhanden, wie bei den seelen- und vernunftlosen nichtmenschlichen Tieren. Diese freie, vernünftige Seele ist in diesem Weltbild im Körper gefangen. Daher sagt der Grad der Intelligenz bzw. der Freiheit eines Wesens, wie er im Verhalten empirischen Ausdruck findet, nichts darüber aus, ob das Wesen eine Seele und eine Vernunft hat oder nicht. Das sind keine empirischen Fragen mehr. Auf diese Weise kann man alle Menschen grundsätzlich gleich machen, auch wenn sie in ihren empirischen Eigenschaften nicht gleich sind. Sie haben nämlich alle die gleiche Seele, nur eben verschiedene Körper, die den

Seelen verschiedene Ausdrucksmöglichkeiten geben. Auf der anderen Seite kann ein nichtmenschliches Tier noch so intelligent und intentional handeln, es wird nichts daran ändern können, dass es als seelen- und vernunftlos angesehen wird. Seele und Vernunft sind zu metaphysischen anstelle von empirischen Eigenschaften geworden. Die Gleichheit aller Menschen wurde durch die Abgrenzung zum „Tier“, d. h. durch die Ausgrenzung der nichtmenschlichen Tiere, also auf dem Rücken der nichtmenschlichen Tiere erkauft.

Die DenkerInnen der Aufklärung stellten die aristotelische Hierarchie durch diese fundamentale Gleichheit aller Menschen, und ihre fundamentale Verschiedenheit zu allen anderen Tieren, grundsätzlich in Frage. Im Rahmen der französischen Revolution, unter dem Banner der Freiheit und Gleichheit aller, wurden auf dieser Basis 1789 erstmals Menschenrechte proklamiert. Diese Gleichberechtigung der Menschen wird durch eine metaphysisch angenommene, fundamentale Gleichheit aller Menschen begründet, die auf der grundsätzlichen Verschiedenheit aller Menschen zu den anderen Tieren fußt. Erst mittels dieser Abgrenzung zu nichtmenschlichen Tieren und zur Natur wird der Schritt zu Gleichheit und Freiheit aller Menschen vollzogen. Während also für das nichtmenschliche Tier als Naturwesen ohne Vernunft die Grundsätze der Natur wie das Recht des Stärkeren gelten sollen, gäbe es für Menschen als Kulturwesen mit Vernunft eine Ethik. Immanuel Kant (1724–1804) folgert in seiner „Metaphysik der Sitten“ (Kant 1982), dass nichtmenschliche Tiere nur Mittel zum Zweck für die Menschen seien, während der Mensch Zweck an sich wäre und niemals nur als Mittel zum Zweck für andere benutzt werden darf. Im Jahr 1811 wird in Österreich das Allgemeine Bürgerliche Gesetzbuch ABGB, basierend auf den Prinzipien der Gleichheit und Freiheit aller Menschen, erlassen – auch wenn diese noch lange nicht für alle Menschen umgesetzt waren. Diesem bis heute unser Zivilrecht bestimmenden Gesetzbuch liegt auch die Grundidee einer metaphysischen Vernunft aller Menschen, und damit einer unendlichen Kluft zum vernunftlosen Rest der Tierwelt, zugrunde.

Horkheimer und Adorno schreiben im Jahr 1947 dazu: „Die Idee des Menschen in der europäischen Geschichte drückt sich in der Unterscheidung vom Tier aus. Mit seiner Unvernunft beweisen sie die Menschenwürde.“ (Horkheimer und Adorno 1986)

MENSCH	„TIER“
Kultur	Natur
Gerechtigkeit	Recht des Stärkeren
EigentümerIn	Eigentum
Person, Du	Sache
Seele	seelenlos
Selbstbewusstsein → freier Wille	Biomaschine, determiniert
Vernunft, Gefühle	Instinkt
Zweck an sich	Mittel zum Zweck
Subjekt	Objekt
Soziale Hilfe für Schwache	Natürliche Auslese der Schwachen
BewohnerInnen der Erde	Ausstattung der Erde
Soziologie (Geisteswissenschaften)	Ethologie (Naturwissenschaften)
WIR	DIE ANDEREN

Tabelle 1: Die Andersartigkeit von Mensch und „Tier“ nach dem Weltbild der Aufklärung

Die metaphysische Vernunft sei nicht empirisch nachweisbar, sondern eben nur durch reine Vernunft unzweifelhaft mit allen ihren Konsequenzen zu erkennen. Und diese Konsequenzen sind im Begriff der „Person“ zusammengefasst. Das ABGB kennt nur Personen und Sachen. Die Personen sind Zwecke an sich und dürfen nicht als Mittel für andere Zwecke missbraucht werden. Die Sachen, im Gegensatz dazu, sind grundsätzlich Mittel zum Zweck.

Diese prinzipielle Andersartigkeit von Mensch und „Tier“ nach dem Weltbild der Aufklärung zeigt Tabelle 1.

Auf Basis dieser grundsätzlichen Verschiedenheit zwischen Menschen und anderen Tieren wird nicht nur in der ethischen Bewertung – die Menschen gelten unendlich viel mehr als andere Tiere –, sondern sogar in der Art der Ethik, die auf beide angewendet wird, unterschieden. Während für Menschen eine deontologische Ethik der individuellen Grundrechte angenommen und gesetzlich festgeschrieben wird, gilt für nichtmenschliche Tiere ein Utilitarismus, der sich vor allem auf die Artenvielfalt bezieht und damit die einzelnen

Individuen transzendiert. Das Individuum zählt nicht mehr, sondern nur sein Nutzen für die Menschheit, für die Allgemeinheit oder für das Ökosystem.

Im Oktober 1993 veranstaltete das Naturhistorische Museum des Smithsonian Institute in Washington, USA, eine Ausstellung über Säugetiere, bei der die Säugetiere nach ihrem Nutzen für den Menschen in Kategorien eingeteilt waren. Auch hier: Der Mensch als Angelpunkt, die „Tiere" werden utilitaristisch, also nach ihrem Nutzen für den Menschen, bewertet.

7.3 Die soziale Konstruktion von Mensch versus „Tier"

Der Mensch-Begriff hat als Synonym für „wir" bzw. „ich und meinesgleichen" eine lange Tradition. Schon im klassischen Altertum wurde zwischen Menschen und „Barbaren" unterschieden und damit die Ausgrenzung und Versklavung letzterer gerechtfertigt. Um ein Herrschaftsverhältnis aufzubauen, muss zwischen Herrschenden und Beherrschten klar unterschieden werden können. Die sprachliche Trennung in diese Kategorien geht mit dem Gefühl der Andersartigkeit der anderen, der „Nichtmenschen", einher und liefert emotional und politisch die Basis für deren Unterdrückung. „Nichtmenschen" oder Barbaren sind hemmungslos, instinktgetrieben, kulturlos, unzivilisiert, unmoralisch, sexbesessen, ungepflegt usw., mit einem Wort, sie sind „tierisch".

Im Mittelalter hat sich diese Trennung in Menschen versus Hexen, Krüppel, Aussätzige, Asoziale etc. fortgesetzt. Körperlich Behinderte wurden als ExotInnen in Freakshows auf Jahrmärkten ausgestellt, Frauen als Hexen auf Scheiterhaufen verbrannt, EinsiedlerInnen als Asoziale verfolgt. Gemeinsam ist allen diesen Misshandlungen die begriffliche Abtrennung vom „normalen Menschen", die Auffassung von der unheimlichen Andersartigkeit dieser „Nichtmenschen", ihrer Unberechenbarkeit, ihrer Wildheit, ihrer Unkultiviertheit, ihres „tierischen" Wesens. Entsprechend wurde auch der Teufel als „das Tier" bezeichnet und meistens mit behuftem Fuß, Hörnern und Schwanz dargestellt.

In der frühen Neuzeit setzte sich diese Begrifflichkeit fort: Mensch versus Wilder, also die indigene Bevölkerung der kolonialisierten, „neu entdeckten" Kontinente. Sowohl die amerikanischen IndianerInnen als auch die australischen Aborigines wurden in der Diktion der neuen MachthaberInnen als

„Nichtmenschen“ angesehen und ihre Unterdrückung entsprechend gerechtfertigt. Die tasmanische indigene Bevölkerung wurde wie der tasmanische Beutelwolf von den neuen europäischen Herren auf die gleiche Weise innerhalb von 100 Jahren bis zur Ausrottung gejagt. Wanderzirkusse mit „Nichtmenschen“ als exotischen Kuriositäten, von LöwInnen und TigerInnen bis zu ganzen Stämmen und Familienverbänden farbiger AfrikanerInnen oder IndianerInnen aus Amerika, zogen durch Europa. Henry Salt (1921) berichtet, dass ihm einmal ein Großwildjäger seine Trophäensammlung gezeigt hat. Unter den Köpfen von Elefant, Nashorn und Antilope war auch der Kopf eines afrikanischen Menschen.

Aber auch das Gegensatzpaar Mensch versus Frau ist ein Aspekt des Mensch-Begriffs, wie er sich z. B. im englischen „man“ für „Mensch“ bzw. „mankind“ für „Menschheit“ widerspiegelt. Frauen wurden im Gegensatz zu Menschen als seelenlos, irrational, emotionsgetrieben usw. gesehen und oft auch als sexbesessen und hemmungslos, als „tierisch“ (im Gegensatz zu „menschlich“) dargestellt.

Der Mensch-Begriff spielt auch bei der Rechtfertigung der Todesstrafe eine wesentliche Rolle, wenn Straftaten als „bestialisch“ und die TäterInnen als „Bestien“ bezeichnet werden. In den Nachrichten wird das Verhalten verschiedener Gruppierungen bei gewalttätigen Konflikten wiederholt mit „wie die Tiere“ beschrieben. So verlieren die TäterInnen den „Menschen“-Status und damit das Lebensrecht. Militärisches Eingreifen wird gerechtfertigt. Die Ideologie der Todesstrafe, harte Strafen zur Abschreckung, Strafe als Rache etc. sind die Folge.

Allen diesen Unterdrückungsformen liegt dasselbe dualistische Prinzip zugrunde, nämlich die Dichotomie Mensch versus „Tier“ (Mütherich 2003a und 2003b). Die Ausgebeuteten und anderen werden immer zu „Tieren“ gemacht und bekommen „tierische“ Eigenschaften zugeschoben. Wenn auch einige Befreiungsbewegungen dazu geführt haben, verschiedene Gruppen von Individuen in den hehren Kreis der Menschen aufzunehmen, so ist doch das Grundsätzliche geblieben: Es gibt so etwas wie „Nichtmenschen“, die man generell und nach Belieben unterdrücken und beherrschen kann. Als Archetypus der „Nichtmenschen“ gilt und galt das „Tier“, und entsprechend extrem ist daher auch die Ausbeutung dieser „Nichtmenschen“ in unserer Gesellschaft. „Nichtmenschen“ sind völlig rechtlos, sie können besessen werden, d. h., ein Mensch hat ihnen gegenüber Eigentumsrechte. „Nichtmenschen“ gelten vor dem Gesetz als Sachen. Und vieles mehr.

Der Begriff „Mensch" ist synonym für „wir", bei Aristoteles noch „wir weißen, nichtbehinderten, griechischen Menschenmänner", bei Thomas von Aquin „wir europäischen, christlichen Menschenmänner" und heute „wir Homo sapiens". Das „Tier" ist synonym für „die anderen". Es ist eigentlich nur negativ definiert, als die „Nichtmenschen", und hat entsprechend immer andere Bedeutungen. In der Realität gibt es kein Wesen, das wirklich „tierisch" im Sinne von hemmungslos, instinktgetrieben, kulturlos, unzivilisiert, unmoralisch, sexbesessen, ungepflegt usw. ist. Das „Tier" ist nur ein soziales Konstrukt des Anderen.

Die Tabelle 2 (adaptiert aus Mütherich 2003a und 2003b) veranschaulicht, wie die Mensch-„Tier"-Dualität allen Ausgrenzungs- und Unterdrückungsphänomenen als Archetypus zugrunde liegt.

GOTT	gut	böse	SATAN	Phänomen
MENSCH	menschlich	tierisch	TIER	Speziesismus
Kultur	Geist	Materie	Natur	Person – Sache
Auserwählte (-s Volk)	privilegiert, friedlich	geduldet, gefährlich	Andere, Fremde	Nationalismus, Imperialismus, Genozid
Mann	Seele	Körper	Frau	Sexismus
Weiße	Vernunft	Gefühl	Farbige	Rassismus
Staat	Moral	Gewalt	Anarchie	Staatliche Gewalt
Oberschicht	feinsinnig	derb	Unterschicht	Klassenherrschaft
EuropäerIn	kultiviert	primitiv	WildeR	Kolonialismus
Übermensch	höherwertig	minderwertig	Untermensch	Vernichtung Ausbeutung
Gläubige	Himmel	Hölle	Heiden	Inquisition

Tabelle 2: Die Mensch-„Tier"-Dualität als Archetypus von Ausgrenzungs- und Unterdrückungsphänomenen

7.4 Speziesismen in der Sprache

Der Ausdruck *Speziesismus* wurde von Richard D. Ryder im Jahr 1970 erstmals auf einem Flugblatt in die Diskussion eingeführt und ist den Ausdrücken „Rassismus" und „Sexismus" nachgebildet. Er soll die Kritik an einer Haltung des „Art-Egoismus" oder „Art-Chauvinismus" ausdrücken, die die Angehörigen aller anderen Arten als der des Homo sapiens aufgrund der Tatsache diskriminiert, dass sie eben Mitglieder anderer Arten sind. RassistInnen bewerten die Interessen derjenigen, die dieselbe Hautfarbe wie sie haben, in einem Interessenskonflikt höher als die Interessen derjenigen, die eine andere Hautfarbe haben. SexistInnen bewerten die Interessen der Angehörigen des eigenen Geschlechts im Interessenskonflikt höher als die Interessen der Angehörigen des anderen Geschlechts. Analog handeln SpeziesistInnen im Falle eines Interessenskonflikts zwischen Mitgliedern verschiedener Arten.

Man kann verschiedene Formen des Speziesismus unterscheiden (Ach 1999, S. 116). Hinsichtlich seines Ausmaßes gibt es drei Formen:

Absoluter Speziesismus: Absolute SpeziesistInnen erkennen Angehörigen anderer Arten keinerlei moralische Schutzwürdigkeit zu. Ihre Interessen zählen schlicht und einfach nicht und müssen folglich im Konfliktfall zwischen menschlichen und nichtmenschlichen Interessen überhaupt nicht berücksichtigt werden. Absolute SpeziesistInnen würden sogar bestreiten, dass es so einen Konfliktfall überhaupt gibt.

Radikaler Speziesismus: Radikale SpeziesistInnen erkennen die Berücksichtigungswürdigkeit auch nichtmenschlicher Interessen grundsätzlich an und gestehen zu, dass es Konfliktfälle gibt. In Konfliktfällen geben sie jedoch den Angehörigen der eigenen, menschlichen Art grundsätzlich den Vorzug – auch dann, wenn den menschlichen Interessen größere Interessen der Angehörigen anderer Arten gegenüberstehen. Sie geben im Konfliktfall selbst den eigenen trivialen Interessen den Vorzug vor den vitalen Interessen nichtmenschlicher Lebewesen. In unserer Gesellschaft wird vornehmlich diese Art des Speziesismus praktiziert.

Milder Speziesismus: Milde SpeziesistInnen geben demgegenüber im Fall eines Konflikts zwischen nichtmenschlichen vitalen Interessen und eher trivialen menschlichen Interessen ersteren den Vorzug. Im Fall gleicher oder ähnlicher Interessen allerdings werden die Interessen nichtmenschlicher Lebewesen auch von milden SpeziesistInnen gegenüber den Interessen von Menschen hintangestellt.

Hinsichtlich seiner logischen Basis werden zwei Arten von Speziesismus unterschieden:

Unqualifizierter Speziesismus: Der unqualifizierte Speziesismus hält die pure Mitgliedschaft in der biologischen Art Homo sapiens ohne jedes weitere Argument für moralisch relevant.

Qualifizierter Speziesismus: Der qualifizierte Speziesismus hält die Zugehörigkeit zur menschlichen Art nicht per se für moralisch relevant, sondern aufgrund bestimmter Eigenschaften, die mit der Zugehörigkeit verknüpft sein sollen. Er fusioniert das biologische Artmerkmal mit anderen Eigenschaften. Der qualifizierte Speziesismus unterstützt also nur die eigentlich empirisch überprüfbare These, dass – zumindest auf unserer Erde und soweit wir wissen – ausschließlich die Menschen und genau alle Menschen aufgrund gewisser Eigenschaften Subjekte der Moral sind.

Wir alle sind in einer Gesellschaft aufgewachsen, in der das Herrschaftsverhältnis der Menschen gegenüber den nichtmenschlichen Tieren alle Bereiche durchdrungen hat. Das zeigt sich auch und gerade in der Sprache. Da wir uns aber die Sprache zu einer Zeit angeeignet haben, in der wir noch nicht wirklich kritisch gegenüber gegebenen Herrschaftsverhältnissen auftreten konnten, ist uns die Sprache mit ihren Speziesismen unwillkürlich in Fleisch und Blut übergegangen. Umso schwieriger ist es natürlich, das zu verändern. Aber die Sprache trägt sehr dazu bei, unser Denken zu prägen, und daher ist es wichtig, wenn wir den Speziesismus für eine objektive Diskussion ablegen wollen, das auch ganz bewusst in unseren sprachlichen Ausdrucksformen zu tun.

Analysieren wir unsere Sprache bezüglich Speziesismen, so treffen wir zunächst auf das Faktum, dass die meisten Tierbezeichnungen, speziell die Bezeichnungen von Nutztierarten, als Schimpfworte Verwendung finden. So sagen wir „du blöde Kuh", „du Esel", „du Ochse", „du Schwein", „du Sau", „du Schafskopf", „du dumme Gans", „du dumme Ziege", aber auch „so ein Affe", „so ein Kamel", „so ein gemeiner Hund" oder „so eine miese Ratte" usw. in abwertender Absicht. Solange Artbezeichnungen als Schimpfworte Verwendung finden, wird es schwierig sein, unsere Gefühle der Überlegenheit und Verachtung „dreckigen" und „dummen" Nutztieren gegenüber abzubauen.

Auch die „Schweinerei" und die „Sauerei" fallen in diese Kategorie. Wir bezeichnen damit einen schlechten Zustand, indem wir ihn mit dem Zustand in einer Schweinemastbox oder einer Wildschweinsuhle vergleichen. Dabei schwingt unterschwellig die Ansicht mit, dass Schweine eben dreckige

„Tiere" sind, die „Schweinereien" veranstalten, obwohl Schweine ganz im Gegenteil sehr saubere Wesen sind, wenn man ihnen die Möglichkeit dazu gibt. „Schweinerei" kann aber auch, wie „Ferkelei", einen pervers-sexuellen Anstrich haben. Solange die sexuelle Perversion einen negativen Beigeschmack in unserer Gesellschaft hat, geht mit der Verwendung dieser Begriffe auch eine unbewusste Abwertung von Schweinen einher.

Manche Tierbezeichnungen haben einen scheinbar positiven Anstrich, wie „schlau wie ein Fuchs" oder „kühn wie ein Adler" oder „(wahl-)kämpfen wie eine Löwin". Aber auch hier werden die betroffenen nichtmenschlichen Tiere nicht an sich respektiert, sondern nur als Symbol für eigentlich als menschlich gesehene Charaktereigenschaften gebraucht. Das individuelle nichtmenschliche Tier spielt keine Rolle. Der „Fuchs" wird als Platzhalter für eine ganze Art als Symbol genommen und so entindividualisiert (Dunayer 2001, S. 6).

Ein weiterer Speziesismus in unserem Sprachgebrauch besteht offenbar darin, dass nichtmenschliche Tiere in erster Linie als RepräsentantInnen ihrer Arten gesehen werden, statt als Individuen (Dunayer 2001, S. 58 und 88). So bekommt eine ganze Tierart eine Pseudopersönlichkeit, während das Individuum seine Persönlichkeit verliert und über einen Kamm geschoren wird. Deshalb wird in der Beschreibung des Verhaltens nichtmenschlicher Tiere sehr großzügig mit dem zumeist unzutreffenden Begriff des Instinktes hantiert. Den Instinkt hat die gesamte Art, er ist nichts Persönliches und kann daher für die Entindividualisierung verwendet werden (Dunayer 2001, S. 23).

Während in der ersten Kategorie von Speziesismen in der Sprache Tierartbezeichnungen als Schimpfworte oder Symbole verwendet werden, finden wir in der zweiten Kategorie auf den Menschen angewendete Begriffe in verniedlichender und verharmlosender Weise für andere Tiere umformuliert. So wird einerseits vermieden, dass menschliche Qualitäten in anderen Tieren erkannt werden, und andererseits werden dadurch Grausamkeiten gegenüber anderen Tieren verharmlost.

Das beginnt schon mit den Bezeichnungen „Weibchen", „Männchen" und „Junges" für „Frauen", „Männer" und „Kinder" nichtmenschlicher Tierarten. Dabei ist es genau genommen schon grotesk, wenn ein ausgewachsener männlicher Gorilla als „Männchen", also als kleiner Mann, bezeichnet wird. Ein ziemlich hilfloser Versuch menschlicher Männer, sich auch noch physisch überlegen fühlen zu können.

Schwangerschaft ist ein mit vielschichtigen Gefühlen belegter Begriff. Um jegliche Art von Mitgefühl und Mitleid mit nichtmenschlichen Tieren auszuschließen, muss auch „schwanger“ in „trächtig“ umbenannt werden, was die Identifizierung mit der Schwangeren erschwert. Trächtige Sauen kann man schon viel leichter jagen und erschießen als schwangere Frauen der Tierart Schwein. Überhaupt sind die Begriffe in der Jägersprache diesbezüglich stark verharmlosend, wenn z. B. von „Schweiß“ statt von „Blut“ oder von „Stücken“ statt von Individuen gesprochen wird. Diese Speziesismen haben sich aber nicht in der Alltagssprache festgesetzt.

Nichtmenschliche Tiere „fressen“ statt zu „essen“, man kann sie nicht „ermorden“, ihren toten Körper nennt man nicht „Leiche“ oder „Leichnam“, und man kann sie auch nicht „vergewaltigen“, obwohl viele Sexshops auch Tierpornographie auf Video und in Magazinen bereithalten, in denen nichtmenschliche Tiere oft gegen ihren Willen, zumindest im Rahmen eines klar vorgegebenen Herrschaftsverhältnisses, für und mit Menschen zu Sexualobjekten degradiert werden. Interessanterweise habe ich bei Vorträgen an Schulen mehrmals erlebt, dass LehrerInnen besonderen Wert darauf gelegt haben, dass ihre SchülerInnen die jeweils für nichtmenschliche Tiere reservierten Begriffe wie „trächtig“, „fressen“, „Junges“ etc. verwenden, offenbar im Einklang mit dem erklärten Ziel der Schulbildung, der Jugend die Illusion einer möglichst großen Kluft zwischen Menschen und anderen Tieren zu geben.

Vergewaltigung: Ein von Hand aufgezogener männlicher, jugendlicher Orang-Utan überfällt bei der Rehabilitation in den Dschungel die menschliche Köchin des Lagers und zwingt sie zum Geschlechtsverkehr (Galdikas 1995).

Vergewaltigung: Ein männlicher Mensch dringt in der Schweiz des Nachts regelmäßig in verschiedene Stallungen ein und zwingt dort weibliche Jungrinder zum Geschlechtsverkehr (*Der Standard,* im Februar 1999). Er wurde angezeigt und freigesprochen, weil das Vergewaltigen von nichtmenschlichen Frauen ein Kavaliersdelikt ist.

Vergewaltigung: Das weibliche Schwein ist als sehr wählerisch bekannt, was Geschlechtspartner betrifft. Dennoch werden weibliche Schweine in der Schweinemast regelmäßig an ein Eisengerüst gefesselt, im Fachjargon als „rape rack“, also Vergewaltigungsgerüst, bekannt, und dann lässt man ein männliches Schwein eine nach der anderen zum Geschlechtsverkehr zwingen. Die weiblichen Schweine wehren sich und schreien und versinken danach in tiefe Depression.

Keine Vergewaltigung? Bevor wir unkritisch diesen Begriff für gewisse Lebewesen reservieren wollen, müssen wir uns erst von unseren eigenen Vorurteilen trennen und dann objektiv und wissenschaftlich untersuchen, ob diese Einschränkung des Begriffs auch gerechtfertigt ist.

Eine Reihe generell als positiv bewerteter Gefühlsregungen, wie Liebe und Freundschaft, möchte man nichtmenschlichen Tieren rundweg absprechen, und darum werden die entsprechenden Gefühle in der Sprache anders benannt. Aus der Mutterliebe wird z. B. der Mutterinstinkt, aus der Freundschaft wird der Herdentrieb usw. Dabei werden Gefühle eben zu Instinkten und Trieben und damit das fühlende nichtmenschliche Tier zur gefühllosen Biomaschine und das Individuum zum Repräsentanten einer Art.

Durch die Dichotomie Mensch – „Tier“, die den Archetypus eines Herrschaftsverhältnisses darstellt, wird der Begriff „Tier“ von vornherein negativ bewertet. Das Tier als „Bestie“ oder „bestialisch“ ist ein besonderes Beispiel dieser Bewertung. Dabei ist ein Begriff „Tier“, der Menschen nicht miteinbezieht, speziesistisch, ähnlich wie der „Rassebegriff“ selbst schon rassistisch ist. Es gibt SchwarzafrikanerInnen, die weißen MitteleuropäerInnen genetisch näher verwandt sind als untereinander. Genauso sind z. B. SchimpansInnen und Bonobos dem Menschen genetisch näher verwandt als dem Gorilla oder irgendeinem anderen nichtmenschlichen Tier. Daher ist der Begriff „Tier“, ohne den Menschen miteinzubeziehen, ein speziesistisches Konstrukt. Für nichtspeziesistische, sprachliche Verwendungen wäre der Begriff „Tier“, der den Menschen miteinbezieht, zu benutzen, oder aber der Begriff „nichtmenschliche Tiere“, wenn Menschen explizit ausgeklammert werden sollen. Diese sprachlichen Verwendungsformen fassen heute im angloamerikanischen Raum langsam Fuß.

Mit der Problematik eines negativ bewerteten Tierbegriffs geht das Problem mit dem Begriff „tierisch“ einher. Dieser Begriff ist schon so negativ überladen und im Übrigen vom Begriff „menschlich“ auch in seiner Endung phonetisch unterschieden, dass ein neuer nichtspeziesistischer Begriff kreiert werden musste: „tierlich“. Fleisch wird in der speziesismenfreien Sprache also vom „tierischen Nahrungsmittel“ zum „tierlichen Leichenteil“.

7.5 Speziesismen in der Bewertung des Verhaltens nichtmenschlicher Tiere

Hoimar von Ditfurth und Volker Arzt (1977) schreiben in einem Kapitel über Intelligenztests und Sprachforschung an SchimpansInnen Folgendes: „Ohne Zweifel ist [die Schimpansin] Sarah bis an die Schwelle intelligenten Verhaltens geführt worden, und man mag sich fragen, wie weit eine derartige Schulung im Laufe eines Affenlebens getrieben werden kann. Wo liegt die Grenze? Sarah hat diese Grenze bereits erreicht – und zwar in einer Weise, die man wohl tragisch nennen muss: In einem Zwinger eingesperrt, faucht sie jeden an, der zu nahe an das Maschengitter kommt. [...] Das ‚Intelligenztraining' scheint allenfalls in besonders abgefeimter Hinterlist ihren Niederschlag gefunden zu haben: Freundliche Zuneigung vortäuschend, bringt die Äffin jeden in Lebensgefahr, der darauf eingeht. [...] Was war vorgefallen? Sarah hatte die Pubertät erreicht, und mit der geschlechtlichen Reifung war auch das Tierische voll durchgebrochen. Das Triebhafte hat die Oberhand gewonnen über die dünne Schicht des Verstandes – ein Bild, das durchaus den Proportionen eines Affengehirns entspricht." Im darauf folgenden Text werden dann die eigenartigsten metrischen Messungen an Schimpansenkopf und -gehirn mit menschlichen Werten verglichen.

Dieser Absatz zeigt beeindruckend, was der unbewusste Speziesismus bei der Interpretation des Verhaltens nichtmenschlicher Tiere für Folgen haben kann. Vergleicht man diese Passage z. B. mit Abschnitten aus Büchern von ForscherInnen wie Sue Savage-Rumbaugh (1994) oder Roger Fouts (1998), die persönlich mit solchen SchimpansInnen in der Sprachforschung zu tun haben, dann liegen Welten zwischen den Beschreibungen. Es ist offensichtlich, dass Ditfurth und Arzt mit allen Mitteln an ihrer Ideologie festhalten wollen und dafür auch die Wahrheit etwas strapazieren, wenn es notwendig ist.

In eine ähnliche Kerbe schlägt Catherine Roberts (1967), wenn sie die Deprivationsexperimente von Harry Harlow, bei denen er Rhesusaffen ohne Mutter aufwachsen ließ, mit folgenden Worten kritisiert: „Weiß [Harlow] nicht, dass die Liebe von Menschen sich qualitativ von der Liebe bei Tieren unterscheidet? Weiß er nicht, dass eine Menschenmutter einzigartig ist, weil sie eine abstrakte Idee des Guten hat, und daher die Liebe von Menschen, im Gegensatz zur Liebe bei Tieren, ihren ontogenetischen Anfang in einer spirituellen Verbindung zwischen Mutter und Kind hat?"

Dieser Speziesismus führt dazu, dasselbe Verhalten bei nichtmenschlichen Tieren von dem der Menschen zu unterscheiden und anders zu bewerten. Wenn z. B. eine Hundemutter ihr Kind unter Lebensgefahr verteidigt, dann wird das Instinkt genannt, wenn aber eine Menschenmutter ihr Kind unter Lebensgefahr verteidigt, dann ist das heldenhafte Mutterliebe. Wenn z. B. ein Hund ein Menschenkind rettet und dabei sein eigenes Leben verliert (für ein faktisches Beispiel eines solchen Falles siehe Fouts 1998, S. 18), dann ist das Instinkt, vielleicht aufgrund eines missverstandenen Arterhaltungstriebes, wenn ein Mensch ein Menschenkind rettet und dabei sein Leben verliert, dann ist das Heldentum und beweist gerade die Überwindung der Instinkte, nämlich des eigenen Lebenserhaltungstriebes. Man nennt diese Art der Interpretation „Anthroponegation". Dabei werden nichtmenschlichen Tieren aus ideologischen statt aus wissenschaftlichen Gründen fälschlicherweise Qualitäten und Eigenschaften abgesprochen.

Frans de Waal (2001, S. 13) machte die interessante Beobachtung, dass eine Zirkusshow, in der nichtmenschliche Tiere wie SchimpansInnen oder ElefantInnen menschliche Kultur nachahmen, wie z. B. ein Kaffeekränzchen, nur dann vom Publikum als lustig empfunden wird, wenn die nichtmenschlichen Tiere tollpatschig sind und nicht so behände wie Menschen. Den dafür dressierten SchimpansInnen mussten sogar vorsätzlich Fehler, wie das Runterfallenlassen eines Kaffeehäferls, beigebracht werden, weil sich das Publikum sonst langweilen würde. Die Versuche nichtmenschlicher Tieren zu beobachten, wie Menschen zu sein und es einfach nicht zu schaffen, ist lustig. Es schmeichelt uns und bestätigt unsere Höherwertigkeit, dass sie überhaupt versuchen, so wie wir zu werden. Solange sie es dann nicht schaffen, bleibt die Überlegenheit der Menschen anerkannt und die Welt ist in Ordnung. Wenn aber, umgekehrt, eine wildlebende Schimpansengruppe ihre eigene Kultur demonstriert und davon berichtet wird, dann ruft das allgemeinen Zweifel, ja sogar Ärger und Widerspruch hervor. Das Wort „Kultur" im Zusammenhang mit nichtmenschlichen Tieren sollte nach einem Vorschlag von Bennett Galef (1996), der generell die Kulturfähigkeit nichtmenschlicher Tiere anzuzweifeln scheint, „regional-spezifisches Verhalten" genannt werden.

Um ihre Illusionen erhalten zu können, greifen SpeziesistInnen gerne zu einer Lebenslüge: Nichtmenschlichen Tieren werden unbewusst Eigenschaften angedichtet, die ihre Andersartigkeit und Minderwertigkeit belegen sollen, und diese Vorurteile werden unkritisch in aller Unschuld angenommen und weitergegeben, als handle es sich um Fakten.

Ein typisches Beispiel von vielen liefert uns P. J. Blumenthal (2003) in seinem Buch auf Seite 17: „Ich war drei Jahre alt, als ich eines Sommertags auf Händen und Knien der Katze unter den Bungalow nachkroch, um ihr beim Verschlingen einer Schlange [...] zuzuschauen. [...] Ich hielt lange inne und fixierte das gefräßige Tier mit meinem Blick, als wäre ich selbst eine Katze. Doch zunehmend nahm ich den modernden Geruch des feuchten Bodens wahr. Die Stille, die Dunkelheit, die Enge und die Einsamkeit des Unterschlupfs wurden mir allmählich unheimlich. Panik stieg in mir auf, und ich spürte plötzlich eine starke Sehnsucht nach meiner Mutter und nach dem helllichten Tag. Augenblicklich wollte ich mich von der Tierwelt verabschieden. Auch wenn ich gerne Tier gespielt hatte, war ich eben Mensch. Ich kroch eilig in die Gesellschaft meiner Artgenossen zurück."

Das „Tier" wird hier völlig unreflektiert und biologisch falsch als ein Wesen dargestellt, das „gefräßig" ist und in der modernden, feuchten Enge, in der Dunkelheit, Einsamkeit und Stille (ohne Kommunikation) lebt. Der Mensch dagegen geht aufrecht, im hellen Licht der Sonne, in der Weite des Raums und in einem „lauten", kommunikativen Umfeld. Dunkle, gefräßige, gebückte „Tiere" im engen Gedränge versus aufrechte, klare, ehrliche Menschen im offenen Feld. Allein in dieser scheinbar harmlosen Beschreibung kommen bereits alle Vorurteile durch, die für die Minderbewertung nichtmenschlicher Tiere letztendlich als Rechtfertigung herangezogen werden.

Diese „natürliche Überlegenheit" des Menschen gegenüber „dem Tier" muss sich natürlich auch bei „wilden Menschen" zeigen. So wird z. B. behauptet, dass der Mensch, wenn er mit „Tieren" aufwächst, sich ihrem Verhalten anpasst, und daraus sei zu schließen, dass der Mensch vom Wesen her frei und prägbar ist und keine Instinktmaschine wie die „Tiere". Umgekehrt wird das in den Fällen, in denen sich die nichtmenschlichen Tiere den Menschen anpassen, damit erklärt, dass „Tiere" die Überlegenheit des Menschen anerkennen würden.

Im Jahr 1965 wurde Marcos Rodriguez Pantoja in der Sierra Morena als „verwilderter Mensch" im Alter von 19 Jahren aufgefunden und gegen seinen Widerstand gefangen genommen (Blumenthal 2003, S. 255–261). Er hatte zwölf Jahre lang in einem abgelegenen Tal ganz allein, ohne menschlichen Kontakt, gelebt, nachdem ihn seine Stiefmutter dorthin bringen hatte lassen. Da er bereits sieben Jahre alt gewesen war, als er in die Wildnis gebracht wurde, lernte er nach seinem Wiedereintritt in die menschliche Gesellschaft relativ rasch wieder zu sprechen. So konnte er selbst von seinen Erlebnissen erzählen: „Ich begann [die Wolfswelpen im benachbarten Wolfsbau mit freundlicher Duldung des Rudels] zu füttern und sie vertrauten mir [...]. Ich roch wie sie. [...] Wenn ich sie brauchte, zum Beispiel, wenn ich in Gefahr geriet oder mich verlaufen hatte, dann heulte ich [...] und die Wölfe kamen zu mir. [...] Dann zeigten sie mir den Weg zu ihrer Höhle. Am Wolfsbau angekommen wusste ich, wie ich nach Hause fände.“ Er freundete sich mit einer Reihe weiterer Tiere an, u. a. auch mit Adlern, Füchsen und einem Hund. Von den nichtmenschlichen Tieren lernte er auch, die giftigen Pflanzen von den genießbaren zu unterscheiden. Manchmal sang er auch in der Wildnis. Er konnte zwar keine Lieder, aber er ahmte mit seiner Stimme das Heulen und Summen der anderen Tiere nach. Auch später kam er immer wieder auf sein früheres Leben in der Sierra Modena zu sprechen und auf den Frieden, den er dort genossen hatte, in enger Freundschaft mit vielen nichtmenschlichen Tieren.

Der Buchautor kommentiert diese Schilderungen ohne ersichtlichen Grund mit den Worten: „Obwohl Marcos so eng mit seinen Tieren zusammenlebte, blieb ihm der Unterschied zwischen Mensch und Tier stets bewusst. [...] Marcos war zum König des Tals geworden. [...] Doch hat Marcos wirklich so enge Freundschaften mit Fuchs und Schlange, Wolf und Adler geschlossen? Oder haben wir es hier lediglich mit verklärten Erinnerungen bzw. dem Wunschdenken eines einsamen Jünglings zu tun?“

Im Jahr 1998 wurde ein sechsjähriger Bub in Moskau aufgegriffen, der zwei Jahre lang mit einem Rudel streunender Hunde gelebt hatte (Blumenthal 2003). „Es ging mir bei den Hunden besser. Sie liebten und beschützten mich“, erzählte der kleine Iwan Mischkukow nach seiner Gefangennahme. Die Gefühle zwischen dem Kind und den Hunden beruhten auf Gegenseitigkeit. So überlebten sie zusammen Winternächte mit bis zu -30 Grad ohne Schutz. Die Verbindung zwischen dem Knaben und den Hunden war derart intensiv, dass die Polizei einen ganzen Monat benötigte, um sie auseinander zu bekommen. Drei Versuche scheiterten, weil Iwan sich weigerte hervorzutreten und weil ihn die Hunde wie wild beschützten.

Wieder kommentiert der Buchautor ohne jegliche Begründung: „Der wilde [vierjährige] Iwan war nie „Mithund“, sondern stets „Überhund“, wenn man so will. Die Tiere haben sich von ihm leiten lassen. [...] Es ist nicht anzunehmen, dass sich Iwan jemals wie ein Hund fühlte. Er war sich seines Menschseins immer bewusst.“

Es verwundert daher nicht mehr, wenn das Buch mit folgenden Worten schließt: „Mensch bleibt Mensch. Tier bleibt Tier. Nur in der Literatur ist die Verbrüderung von Mensch und Tier möglich." Das ist ziemlich genau das Gegenteil der Schlussfolgerung, die kritische LeserInnen aus den faktischen Informationen des Buches ziehen, wenn sie in der Lage sind, ihre eigenen Vorurteile zu hinterfragen.

Und entsprechend dieser Einstellung des Autors fällt auch sein moralisches Urteil aus. Nach Schilderung der Fakten über Genie aus Temple City (Blumenthal 2003, S. 283–291), die von ihren Eltern in einem Zimmer in Los Angeles, USA, jahrelang bis 1970 wie ein Legebatteriehuhn eingesperrt, wie ein Schwein im Kastenstand angefesselt und ohne intellektuellen Anspruch gehalten worden war, kommentiert er: „Was Genie ertragen musste, zählt zu den grauenvollsten Schicksalen, die man auf dieser Erde erleiden kann." Und dann beißt er wahrscheinlich, ohne weiter nachzudenken oder sich in irgendeiner Form einer möglichen Analogie bewusst zu sein, in ein Legebatterie-Ei und ein Massentierhaltungs-Schweineschnitzel.

An diesem Beispiel zeigt sich, wie der Speziesismus überleben kann: „Argumente" bzw. „Hinweise" für die eigene Überlegenheit und Höherwertigkeit, vor allem, wenn einem die eigene Höherwertigkeit von Kindheit an unkritisch eingeimpft worden ist, werden so dankbar angenommen, dass selbst ansonsten kritische Geister sofort danach greifen und sie gebetsmühlenartig wiederholen, offenbar ohne sich darüber näher Gedanken zu machen.

7.6 Der Tier-Symbolismus als Speziesismus

In der Soziologie wird „das Tier" gerne mit auf den Menschen bezogener Symbolik beladen. Was auf den ersten Blick nicht weiter bemerkenswert erscheint, ist bei genauerem Hinsehen ein wesentliches speziesistisches Mittel, um nichtmenschlichen Tieren ihre Subjekthaftigkeit zu rauben. Oft ist das auch im künstlerischen Tierbegriff der Fall.

Diese Art von Speziesismus wird bei Christina von Braun (2001) sehr deutlich. Der Autorin gelingt es, auf 33 Seiten die symbolische Bedeutung des Stierkampfes für die menschlichen Beziehungen zu erläutern, ohne auch nur ein einziges Mal auf das Leid der Stiere einzugehen und damit das Opfer in den Mittelpunkt zu stellen und den Stier als Subjekt anzuerkennen.

„Es wird offenbar, dass die Lust am Laufen, Domestizieren und schließlich Töten des Stiers nicht nur einen Rückgriff auf die Gestalt der jungfräulich gebärenden Muttergottheit darstellt [...]. Darüber hinaus hat sich in der Entwicklung des modernen Stierkampfs in Spanien auch der Wandel des Stieropfers von sexueller zu geistiger Fruchtbarkeit niedergeschlagen: ein geschlechtlich codierter Transformationsprozess [...]. Das Laufenlassen des Stiers in der Arena durch den Torero stellt eine Transformation bei gleichzeitiger Beharrung auf dem inneren Gehalt dar, wie man sie sich gründlicher nicht denken kann. Der Stier läuft, die Masse des Volkes aber schaut diesem Lauf, den der Torero führen muss, zu. Diese Delegation in der modernen Corrida bewirkt, dass sich die Interaktion in der Arena erotisch auflädt. [...] Denn es stehen sich im Stier und dem als Torero-Matador herausgehobenen Mann zwei potentielle Opfer – jeder der beiden ein möglicher Paredros [Geliebter und Opfer der Göttin] – gegenüber. Das eigentliche Ausgerichtetsein auf die Weiblichkeit der Göttin wird in die Interaktion dieser beiden Agenten hineingezogen, die Interaktion dadurch schillernd. Die in der Corrida anfängliche Femininität und im Fortgang sich prononcierende Maskulinität des Matadors ist oft wahrgenommen und kommentiert worden. [...] Wurde einst das Männliche dem Prinzip des Weiblichen geopfert – der Symbolgestalt einer sich selbst regenerierenden Natur – so erzählt der moderne Stierkampf von einem Sieg des Männlichen über diese ihm zugewiesene Rolle: Man kann das mit Freud den Triumph der Geistigkeit über die Sinnlichkeit nennen. Man kann darin aber auch den Triumph männlicher Geistigkeit über männliche Fruchtbarkeit sehen."

Mit diesen Worten werden unvorstellbare Todesqualen eines leidensfähigen Wesens beschrieben, vor einer johlenden Zuschauermenge! Würde ich diese kritische Emotion an Frau von Braun herantragen, dann würde sie wahrscheinlich antworten, ich solle nicht so emotional sein und doch bedenken, dass sie in keinster Weise den Stierkampf für gut oder richtig erklärt habe. Sie hätte den Stierkampf keiner moralischen Bewertung unterzogen, sondern ihn nur im kulturhistorischen Kontext interpretiert. Mit der dafür nötigen kühlen Distanz.

Diese Art der kühlen Distanz würde schnell verloren gehen, wenn es sich um Menschenleid drehen würde. Stellen wir uns vor, die Tochter der Autorin Christina von Braun wird vergewaltigt und unter vorsätzlichen Qualen langsam zu Tode gebracht. Und dann konfrontieren wir sie mit unserer Interpretation dieser Tat:

„Das anfängliche Davonlaufen-Lassen des Mädchens stellt eine Transformation bei gleichzeitiger Beharrung auf dem inneren Gehalt dar, wie man sie sich gründlicher nicht denken kann. Das Mädchen läuft, kann aber nicht entkommen, der Mann schaut diesem Lauf nur zu und wartet ab, sodass sich die Interaktion erotisch auflädt. Denn es stehen sich im Mann und dem Mädchen zwei potentielle Opfer, jeder der beiden ein mögliches Opfer und Geliebter der Göttin, gegenüber. Das eigentliche Ausgerichtetsein auf die Weiblichkeit der Göttin wird in die mögliche Interaktion dieser beiden Agenten miteinbezogen, die Interaktion dadurch schillernd. Die anfänglich passive Femininität des Mannes wird im Fortgang der Vergewaltigung zu einer sich prononcierenden Maskulinität."

Und so weiter.

Wie würde die Autorin Christina von Braun reagieren? Würde sie sich auf diese Diskussion einlassen und ihre eigene Interpretation beisteuern? Würde sie meine kühle Distanz verstehen? Würde sie Verständnis dafür haben, dass ich ja damit keine Bewertung vorgenommen hätte, sondern nur eine kulturhistorische Interpretation der Vergewaltigung und des Mordes an ihrer Tochter?

Ich denke nein. Der wesentliche Aspekt, den ihre Darstellung des Stierkampfs und meine der Vergewaltigung ihrer Tochter gemeinsam haben, ist, dass das Opfer seiner Subjekthaftigkeit beraubt wurde. Durch die Verwendung der Tat und des Opfers als Symbol für irgendwelche kulturhistorischen Größen in uns bzw. in der Gesellschaft nutzen wir das Leiden und Sterben des Opfers für unsere Zwecke, ohne diesem Leiden und Sterben auch nur ansatzweise gerecht zu werden. Das Opfer ist nicht Subjekt der beschreibenden Sätze, seine bzw. ihre Gefühle niemals Inhalt der Analyse. Die Opfer müssen einfach als gefühlsleere Platzhalter für unsere inneren Konflikte herhalten. Das ist das Problem dieser Analysen, nicht ihre kühle Distanz und nicht der Umstand, dass die Vorgänge keine moralische Bewertung erfahren. Nur die stille und unbewusste Voraussetzung des Speziesismus erlaubt es überhaupt, diesen Zugang bei von Brauns Beschreibung des Stierkampfes zu wählen.

Helmut Kaplan (2000, S. 128) zitiert aus den Salzburger Nachrichten den Bericht eines Vorfalls, bei dem 200 Krähen in die Düsen eines Flugzeugs geraten sind und dabei natürlich lebendig zerstückelt wurden. Die Zeitung kommentiert erleichtert, dass der Zwischenfall zum Glück harmlos gewesen sei, weil niemand verletzt worden wäre. Das Zerstückeln von 200 lebenden Krähen gilt also als harmlos und nicht als Verletzen, und unter den Begriff „jemand" werden nichtmenschliche Tiere automatisch nicht subsumiert. Kaplan liefert noch eine Reihe ähnlicher Beispiele.

Manche Speziesismen sind so offensichtlich, dass sie einem sofort ins Auge springen. So wird Fernsehmoderatorin Dodo Roscic in der Zeitschrift *Wiener* vom April 2003 mit folgenden Worten zitiert: „Gefühle bestimmen unser ganzes Leben, sie unterscheiden uns vom Tier und sind das Schönste, das es gibt."

Wenn man alle Aussagen darüber, was „uns" vom „Tier" unterscheidet, sammeln würde, fände man schnell, dass es absolut nichts gibt, was nicht schon für das Herausstreichen dieses „Unterschiedes" herhalten musste. Das Erstaunliche daran ist vielmehr, dass diese Sätze zumeist mit einem Nicken bzw. zumindest ohne Widerspruch hingenommen werden. Wahrscheinlich ist jede Selbstbeweihräucherung so willkommen, dass auch offensichtlich Falsches dafür herhalten kann.

Aber oft findet sich der Speziesismus in viel versteckterer, weniger plumper Form wieder. Jürgen-Peter Stössel (1997) analysiert das Verhältnis von Mensch zu Haustier. In der Beziehung zwischen Mensch und Haustier würde „die Vereinfachung des Lebens, von dem schwer erträglichen Konflikt mit der Kultur befreit", erreicht. „Je sicherer sich der Mensch in der Herrschaft über die Tiere seiner Überlegenheit sein konnte, desto stärker wurde das Verlangen, die Entfremdung von der Natur wieder zu überwinden. [...] In der Liebe zum Tier [...] versucht der Mensch seine verlorene Natürlichkeit zurückzugewinnen." Aber „selbst wenn Tiere einfach dasein dürfen, treffen wir in der Begegnung mit ihnen immer uns selbst".

Auf den ersten Blick würden die meisten Menschen hier keinen Speziesismus vermuten. Aber versuchen wir obige Zitate auf Menschen umzulegen: In der Begegnung mit Schwarzen trifft der Weiße immer sich selbst. Oder: In der Begegnung mit Frauen trifft der Mann immer sich selbst.

In diesen Formulierungen wird das Problem deutlich. Der Autor behandelt „das Tier" nicht individuell und respektiert die einzelnen Individuen nicht als Subjekte. Für ihn sind „Tiere" eine gesichtslose Gruppe, die in der Analyse nur als Symbolträger und Spiegel für Menschliches fungiert. Die Gefühle der nichtmenschlichen Tiere werden nicht thematisiert. Ihre Subjekthaftigkeit wird vollkommen ignoriert. Ihre Situation hat ausschließlich für die Menschen Bedeutung, und daher ist nur von Belang, was die Menschen in die Begegnung hineininterpretieren.

Obwohl hier zumindest keine Opfer-Täter-Beziehung analysiert wurde, geht es doch um eine soziale Beziehung zwischen zwei Individuen. Der Autor erkennt das aber nicht an. Für ihn handelt es sich hier um eine Begegnung zwischen einem Subjekt, einem Menschen, und einem Objekt, „dem Tier", das sozusagen erst dadurch Leben erhält, dass der Mensch ihm symbolische Bedeutung verleiht. Hier wird weder überhaupt eine Beziehung, geschweige denn eine gleichberechtigte Beziehung, beschrieben. Nur die Gefühle der Menschen zählen, als würde es sich um eine „Beziehung" zwischen einem Menschen und seinem Auto handeln.

7.7 Zusammenfassung

Wir haben gesehen, dass der Begriff „Mensch" als Synonym für „wir" sozial konstruiert wurde, und der Begriff „Tier" als Synonym für „die anderen". Das „Tier" wird negativ definiert, nämlich als Nichtmensch. Auf diese Weise bildet das Begriffspaar Mensch – Tier die Urform der Dualität zwischen Geist und Körper, aber auch zwischen Gut und Böse. Entsprechend wichtig ist es für die Gesellschaft deshalb, dieses Konstrukt zu erhalten und eine möglichst große Kluft zwischen Menschen und anderen Tieren anzunehmen und zu bestätigen. Auf der anderen Seite muss das paradigmatische Tier auch für Unterdrückungsmechanismen unter den Menschen herhalten. Um eine Gruppe zu unterdrücken, muss sie zum „Tier" gemacht und so ausgegrenzt werden.

Diese soziale Konstruktion vom „Tier" als dem Anderen, die auf die Aufklärung zurückgeht, hat dafür gedient, die prinzipielle Gleichheit aller Menschen durch die Abgrenzung vom „Tier" zu ermöglichen. Diese Gleichstellung wurde aber auf dem Rücken der nichtmenschlichen Tiere ausgetragen, die auf diese Weise sozusagen aus den Gleichheitsüberlegungen a priori herausgehalten wurden, um diese zu vereinfachen. Deshalb wurde bisher auch Tierethik als ein kleines Spezialgebiet der Ethik gesehen, unabhängig von Fragen der Menschenrechte usw. Dieser Ansatz setzt aber bereits das speziesistische Vorurteil voraus. Eine objektive Diskussion muss daher schon vor diesem Vorurteil ansetzen, ja, muss dieses Vorurteil zum Thema machen und darf nicht von einer kategorialen Unterscheidung zwischen Mensch und „Tier" ausgehen.

8 Die De-Konstruktion des Menschbegriffs

Der Menschbegriff, wie er im letzten Kapitel analysiert wurde, ist ein soziales Konstrukt. Um ihm einen wissenschaftlichen, realen Sinn zu verleihen, versuchen wir es nun mit der genetischen Definition der Art. Eine andere Definition scheint zunächst nicht möglich. Die Rechtssprechung geht im Moment jedenfalls auch von dieser Artdefinition aus.

Doch auch diese Definition hat ihre Tücken, sie ist weder ganz klar und eindeutig, noch ist sie in der Lage, den ganzen sozialen Bedeutungsballast mitzutragen, den der Menschbegriff in unserer Gesellschaft immer noch hat. Es ist also notwendig, diesen Begriff genau zu analysieren und von seinem sozialen Ballast zu trennen, also zu de-konstruieren, um zu sehen, was dann von ihm noch übrig bleibt. Nur ohne die mit dem Menschbegriff zusammenhängenden Vorurteile können wir überhaupt hoffen, die Grundfragen der Ethik, die wir hier aufwerfen, objektiv zu lösen.

8.1 Der Mensch in der Evolution

Der Schwede Carolus Linnaeus hat im Jahr 1735, also mehr als 100 Jahre vor der Entdeckung der Evolution, in seinem Buch *Systema naturae* erstmals eine biologische Klassifikation der Organismen vorgenommen. Die Tiere werden dabei hierarchisch in Stämme, Klassen, Ordnungen, Familien, Gattungen und Arten unterteilt. Alle diese Kategorien haben noch Unterkategorien, wie z. B. die Art, die Unterarten haben kann, die auch Rassen genannt werden. Der heutige Mensch gehört zur Gattung „Homo" und zur Art „sapiens", er heißt also Homo sapiens. Zur Identifikation der Unterart wird dann noch ein „weise" hinzugefügt: Homo sapiens sapiens, der ultraweise Mensch.

Die Menschen wurden von Linné allerdings erst 1766 in der zwölften Auflage seines Buches *Systema naturae* in die Klassifikation aufgenommen. Eine Klassifikation, so möchte man meinen, ist immer willkürlich. Die Grenzen sind fließend und werden meistens pragmatisch gesetzt. Sie sind nicht real.

Doch was den Menschen betrifft, so wird das jedenfalls beim Menschbegriff angenommen, sei das anders. Wer ein Mensch ist oder nicht, sei eine reale Frage und nicht willkürlich. Immerhin entscheidet diese Frage in unserer Gesellschaft, ob man EigentümerIn oder Eigentum ist, ob man andere isst oder selbst gegessen wird, ob medizinische Versuche an anderen für einen gemacht werden oder ob man selbst Opfer medizinischer Versuche für andere wird, kurz, sie entscheidet über Leben und Tod. Eine wesentliche Entscheidung also, die, wenn dieses System erhalten bleiben soll, nicht willkürlich sein dürfte.

Ein fundamentaler Aspekt des heute noch gültigen Menschbegriffs ist der, dass der Mensch, wie Aristoteles bereits gesagt hat (auch wenn er damit nicht alle Individuen der Tierart Homo sapiens gemeint hat), das Maß aller Dinge wäre. In christlicher Diktion: Der Mensch ist die Krone der Schöpfung. Laut Bibel sei der Mensch als Ebenbild des christlichen Gottes geschaffen und das Kernstück in dessen Schöpfung, eben die Krone. Darwins Entdeckung der Evolution (Darwin 1859) hätte dieser Vorstellung eigentlich ein Ende bereiten müssen. Doch die natürliche Auslese wurde als Selektion des Besseren, Höheren interpretiert. Und das Beste und Höchste aller irdischen Geschöpfe, die Krone der Evolution, war man wieder selbst: der Mensch. Die aristotelische Hierarchie kam also wieder durch die Hintertür herein und blieb uns bis heute erhalten, mit dem Unterschied, dass es keine Hierarchie unter den Menschen geben solle, sondern nur mehr zwischen den Menschen und den anderen Tieren sowie bei den nichtmenschlichen Tieren untereinander. Wenn es bei Aristoteles noch die Spitzengruppe der Gleichen war, die weißen, griechischen, nichtbehinderten Menschenmänner, mit einer unüberbrückbaren Kluft zu den Frauen, den Barbaren und den nichtmenschlichen Tieren, so werden heute alle genetischen Menschen, also alle Mitglieder der Tierart Homo sapiens, als die Spitzengruppe der Gleichen gesehen, mit einer unüberbrückbaren Kluft zum Rest der Tierwelt. Im Selbstverständnis, das höchstentwickelte Lebewesen zu sein, kann man sich wieder quasi als Ebenbild Gottes fühlen, und diesmal sogar anscheinend mit einer wissenschaftlichen Rechtfertigung.

Die Evolution wird üblicherweise wie ein Baum gesehen, unten die primitiven, niederen Tiere, immer höher den Stamm entlang zu den besseren und höheren, bis in der Baumkrone der Mensch residiert: das allerbeste und allerhöchste aller irdischen Wesen (siehe Abbildung 1). Dabei wird der Baum aufgrund der speziesistischen Selbstüberschätzung oft unbewusst auch teleologisch interpretiert, d. h. die niederen Tiere seien nur als primitive Zwischenstufen auf dem Weg zum Menschen zu sehen, um den es – wie seinerzeit in der Schöpfung – eigentlich ginge. Würden z. B. plötzlich alle Wirbeltiere inklusive Mensch verschwinden, dann, so wird meistens unbewusst angenommen, würde es wieder eine Höherentwicklung bis letztendlich hin zum Menschen geben. Vielleicht ist die Evolution nur als Werkzeug des christlichen Gottes zu sehen, um die Schöpfung durchzuführen!

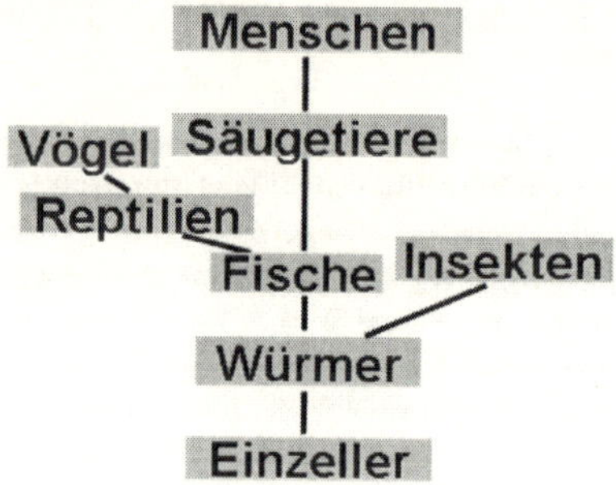

Abbildung 1: Die Evolution als Baum

Aus dieser Idee der Höherentwicklung durch die Evolution entstand auch am Ende des 19. Jahrhunderts die Idee der Eugenik. Die realen biologischen Größen von Art und Rasse, so die Vorstellung, würden in einem andauernden, erbitterten Existenzkampf stehen, den nur der Bessere gewinnen könne. Das eherne Gesetz der Höherentwicklung würde die niedrigeren Wesen ausmerzen. Mit einem klassischen naturalistischen Fehlschluss (siehe Einleitung) folgte für die EugenikerInnen daraus, dass sie ethisch verpflichtet wären, diesem Gesetz nachzuhelfen. Und da sie sich natürlich selbst als die bisher am höchsten entwickelten Lebewesen sahen, bedeutete die Förderung der Höchstentwickelten, zusammen mit Sterilisation, Heiratsverbot oder Schlimmerem für die minderwertigen Wesen, eine Förderung ihrer selbst und ihresgleichen.

Wise (2000) nennt das das Aristotelische Axiom. Immer wenn jemand behauptet, dass es eine solche Hierarchie der Höherwertigkeit gäbe, dann sehen diejenigen, die das behaupten, auch die eigene Gruppe bzw. ihresgleichen an der Spitze dieser Hierarchie. Dabei hat sich diese Spitzengruppe immer als „Mensch" bezeichnet. So auch heute, nur haben sich die Kriterien, nach denen sich jemand als Mensch sehen darf, geändert. Heute ist es das genetische Kriterium der Art. Um Vorurteile aufgrund des eigenen Egoismus zu vermeiden, postuliert Wise (2000) zwei Regeln, die man bei Vergleichen von sich und seinesgleichen mit anderen Lebewesen befolgen sollte. Wise-Regel 1 besagt: „Es bedarf der allergrößten Anstrengung, sich selbst in fairer Weise mit anderen Lebewesen zu vergleichen." Und Wise-Regel 2 lautet: „Wir müssen besonders skeptisch sein gegenüber Argumenten, die unsere eigene extrem gute Meinung von uns selbst bestätigen."

Dabei hat Darwin explizit festgestellt, dass die Evolution keine Höherentwicklung ist. In einem Brief vom 30. Dezember 1858 (Darwin und Seward 1903) schreibt er, dass man sorgfältig vermeiden müsse, zwischen höheren und niederen Tieren zu unterscheiden. Dunayer (2001) zitiert eine Notiz von Darwin, die er für sich selbst an den Rand seiner Aufzeichnungen gekritzelt hatte: „Benutze niemals die Worte höher und niederer". Die Neurowissenschaftler MacPhail (1982) und Hodos (1970) stellen ebenso fest, dass der Begriff der evolutionären Höherentwicklung wissenschaftlich keinen Sinn hat.

Gould (1989) argumentiert gegen die klassische Annahme einer linearen Höherentwicklung. Die Evolution produziert Diversifikation und Ausdifferenzierung, die Evolution ist kein Baum mit einer Krone, sondern ein Netzwerk ohne Hierarchie (siehe Bild 2). Wesen mit mehr oder weniger Komplexität in diesem Netzwerk sind nicht höher oder niederer, besser oder schlechter, werden nicht mehr oder weniger von der Selektion begünstigt. Mehr Wesen mit mehr Komplexität ergeben sich im Laufe der Evolution deswegen, weil die Ausdifferenzierung fortschreitet und daher immer mehr Variation auftritt, also auch immer mehr Komplexität neben anderen Formen. Mehr Komplexität ist in keinem Sinne höher oder lebensfähiger als weniger Komplexität. Selbst wenn man dem naturalistischen Fehlschluss anhinge, dass es ethisch richtig ist, zu tun, was die Evolution fördert, könnte man daraus keine Eugenik ableiten, die sich z. B. auf Intelligenz oder irgendwelche „besseren" Qualitäten bezieht.

Wissenschaftlich gesehen gibt es also keine evolutionäre Basis dafür, den Menschen als höchstentwickeltes oder sogar nur höherentwickeltes Wesen zu qualifizieren. Diesen Aspekt des heutigen Menschbegriffes müssen wir ablegen.

8.2 Der Mensch als Gattung und Art

Verfolgen wir das Netzwerk der Evolution entlang des Tierastes in Richtung Mensch, dann finden wir nach der Linnéschen Klassifikation, die sich heute an der phylogenetischen Entwicklung orientiert, den Stamm der Chordatiere, den Unterstamm der Wirbeltiere, die Klasse der Säugetiere, die Ordnung der Primaten und die Überfamilie der Menschenähnlichen (Hominoidea), zu der die Familien der Gibbons und der Großen Menschenaffen gehören. Die Familie der Großen Menschenaffen teilt sich, wie die Abbildung 3 zeigt, in die Unterfamilie der Orang-Utans und die der Afrikanischen Großen Menschenaffen, letztere mit Gorilla, Mensch, Bonobo und Schimpanse.

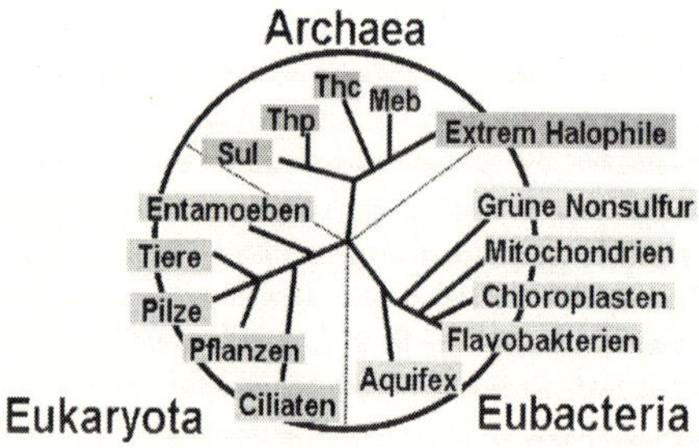

Abbildung 2: Die Evolution, wie die Wissenschaft sie heute sieht (siehe auch Seite 198 in Storch, Welsch und Wink 2001)

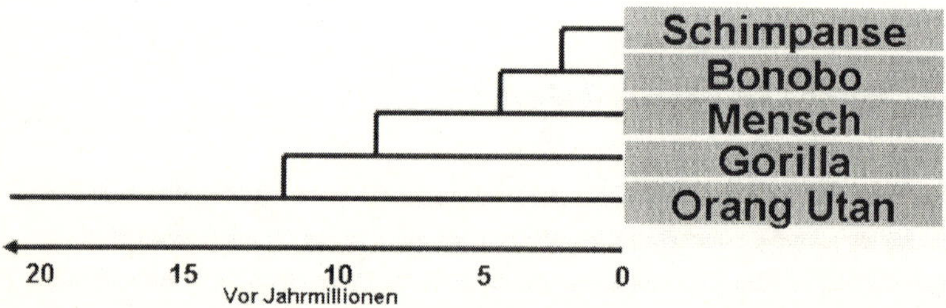

Abbildung 3: Die Familie der Großen Menschenaffen (siehe auch Seite 367 in Storch, Welsch und Wink 2001)

Noch vor kurzer Zeit wurde der Mensch nicht zu den Menschenaffen gezählt (auch beschrieben in Wuketits 2002, S. 99), aber Analysen des Genoms haben eindeutig ergeben, dass der Mensch Bonobo und Schimpanse am nächsten verwandt ist. Neuere Forschungsergebnisse haben gezeigt, dass der Schimpanse und der Bonobo auf der einen Seite und der Mensch auf der anderen eine genetische Übereinstimmung von 98,4 % zeigen. Große Teile des genetischen Materials haben aber keinen Nutzen mehr, sondern sind nur ein evolutionäres Überbleibsel, das nicht mehr vom betroffenen Wesen verwendet wird. Da Mutationen in diesen Bereichen keiner Selektion unterliegen, Mutationen in Genbereichen, die noch vom Wesen aktiviert werden, aber schon, verändert sich dieser evolutionäre „junk" rascher als das genetisch relevante Material. Betrachten wir also nur das genetisch relevante Material, dann sehen wir eine genetische Übereinstimmung von 99,5 % (Wise 2002, S. 182) bzw. 99,4 % (Hecht 2003) zwischen Mensch und Schimpanse bzw. Bonobo. Bei den Aminosäureketten, den Bausteinen für die Proteine, zeigte sich bei 1271 Aminosäurepositionen, dass zwischen Mensch und Schimpanse nur fünf Aminosäurepositionen unterschiedlich waren, also 0,4 %. Bezüglich der Aminosäuren gleichen sich Mensch und Schimpanse also zu 99,6 % (Bekoff 2001, S. 40).

Jene Bereiche des Genmaterials, die keinen Nutzen mehr haben, unterliegen nicht mehr der natürlichen Selektion. Da die Mutation eine statistische Wahrscheinlichkeit hat, die über längere Zeitperioden in etwa gleich bleiben sollte, kann man diese unnützen Teile der Gensequenz als evolutionäre Uhr verwenden: Eine konstante Mutationsrate führt zu einer linearen Veränderungsrate dieser Gensequenz in der Zeit. Doppelt so viele Änderungen bedeuten dann, dass doppelt soviel Zeit vergangen ist. Horai und MitarbeiterInnen (1992) haben diesen Umstand genutzt und die Gensequenzen aus der mitochondrischen DNS, die nur mütterlicherseits vererbt wird, von Orang-Utan, Gorilla, Mensch, Bonobo und Schimpanse verglichen. Die evolutionäre Uhr wurde durch die Annahme eines letzten gemeinsamen Vorfahren zwischen Orang-Utan und Großen Afrikanischen Menschenaffen vor 13 Millionen Jahren eingestellt (bestätigt durch Goodman et al. 1998). Dabei fanden sie folgende Werte:

– Der letzte gemeinsame Vorfahre zwischen Gorilla auf der einen Seite und Mensch, Schimpanse und Bonobo auf der anderen hat vor 7,7 +/- 0,7 Millionen Jahren gelebt.

- Der letzte gemeinsame Vorfahre zwischen Mensch auf der einen Seite und Schimpanse und Bonobo auf der anderen hat vor 4,7 +/- 0,5 Millionen Jahren gelebt.
- Der letzte gemeinsame Vorfahre zwischen Schimpanse und Bonobo hat vor 2,5 +/- 0,5 Millionen Jahren gelebt.

Richard Dawkins (1993) schlägt ein Gedankenexperiment vor, um sich diese Zahlen zu veranschaulichen. Nehmen wir einen beliebigen heutigen Schimpansen und stellen ihn mir gegenüber. Zu meiner Rechten nehme ich nun gedanklich meine Mutter bei der Hand und der Schimpanse seine Mutter bei seiner Linken, sodass unsere Mütter sich gegenüberstehen. Nun nehmen unsere beiden Mütter wiederum ihre Mütter links und rechts bei der Hand, sodass sich unsere Großmütter gegenüberstehen. Gedanklich können wir nun diese Kette fortsetzen, obwohl natürlich fast alle Glieder dieser Kette heute schon tot sind. Aber trotzdem hat es alle diese Lebewesen, unsere Urururur...urgroßmütter, wirklich einmal gegeben. Wenn wir annehmen, dass unsere Urururur...urgroßmütter im Durchschnitt von ihren Müttern geboren wurden, als diese gerade 23,5 Jahre alt waren, dann heißt das, nach 200.000 Generationen, nach 200.000 Gliedern also, schließt sich die Kette. Da gab es wirklich und wahrhaftig einmal ein Lebewesen, das zugleich meine Urururur...urgroßmutter und die des Schimpansen war. Geben wir jedem Glied der Kette einen Meter Platz zum Stehen, dann ist diese Kette 200 km lang! Nach nur 200 km schließt sich diese Kette von Ururur..großmüttern, meine und die des Schimpansen. Das ist eine völlig überschaubare Länge, man könnte daran in drei Tagen entlang gehen und jedem dieser Individuen in die Augen schauen, die mich und diesen Schimpansen in direkter Linie verbinden. Der Übergang vom Schimpansen zu mir ist völlig kontinuierlich, auf den Übergang zwischen Mutter und Tochter reduzierbar. Wo beginnt der Mensch, wo endet das „Tier“? Ist irgendwo eine Mutter noch ein „Tier“, während die Tochter bereits Mensch ist? Dieses Gedankenexperiment allein beweist, dass der Menschbegriff völlig willkürlich ist.

Innerhalb der Unterfamilie der Großen Afrikanischen Menschenaffen unterscheidet man drei Gattungen, die Gattung Gorilla, die Gattung Homo und die Gattung Pans für Schimpanse und Bonobo. Diese Trennung in Gattungen wurde aber zu einem Zeitpunkt festgelegt, an dem man noch von einer viel entfernteren Verwandtschaft zwischen den verschiedenen Großen Afrikanischen Menschenaffen ausgegangen ist. Die Gattung Homo und die Gattung Pans hatten vor weniger als fünf Millionen Jahren einen gemeinsamen Vorfahren, vergleichbar mit Pferd und Esel oder Tiger und Löwe. Pferd und Esel gehören aber zur selben Gattung (Equus), genauso wie Tiger und Löwe (Panthera). Ja, es ist sogar vollkommen üblich bei dieser Nähe der Verwandtschaft, wie bei Schimpanse und Mensch, denselben Gattungsnamen zu wählen.

Nur bei Homo und Pans haben wir ein Problem: Homo heißt auf lateinisch Mensch. Würde der Schimpanse denselben Gattungsnamen bekommen (und es ist üblich in der Biologie, bei Zusammenlegungen den älteren Gattungsnamen, hier also Homo, für beide zu übernehmen), dann würde er Homo heißen. Der Schimpanse wäre dann auch ein Mensch. Biologisch wissenschaftlich wäre das eigentlich eine Notwendigkeit, nur verkraftet die speziesistische Gesellschaft diesen Schritt nicht. Eine Reihe von WissenschaftlerInnen fordert das dennoch mit Vehemenz (Hecht 2003). Eigentlich müsste sogar der Gorilla noch zur Gattung Homo gezählt werden.

Es wird aber noch „schlimmer". Pferd und Esel können gemeinsam Nachkommen haben, die oft auch fruchtbar sind (das Maultier oder den Maulesel). Auch Tiger und Löwe können Nachkommen produzieren, die gigantische Riesenkatze namens „Liger" oder „Tion" (von „lion" und „tiger"), eine Attraktion für die Freakshows. Wie ist das dann mit Mensch und Schimpanse?

An dieser Stelle schütteln die meisten SchülerInnen bei meinen Schulvorträgen ungläubig den Kopf. Sie sind bereits derartig indoktriniert worden, mit dem Dogma der Kluft zwischen Mensch und „Tier", dass ein gemeinsames Kind zwischen einem Menschen und einem nichtmenschlichen Tier völlig unglaublich klingt. Das kann nur in einem Frankensteinlabor produziert werden.

In einem gentechnischen Labor ließe sich ein Schimpanse-Mensch-Mischling ganz leicht produzieren. Warum auch nicht? Der Schock, den diese Aussicht auslöst, sollte eigentlich zu denken geben. Wenn ein biologisches Faktum die Basis der Gesellschaft erschüttert, dann kann mit dieser Basis etwas nicht stimmen.

Aber wie es aussieht, bräuchten wir kein Labor dafür, dass Mensch und Schimpanse Kinder zeugen können. Es geht höchstwahrscheinlich auch ganz natürlich. Und ist offenbar auch bereits gemacht worden. DeGrazia (1996) schreibt auf Seite 59: „Es gibt zwei Berichte einer erfolgreichen Befruchtung zwischen Mensch und Schimpanse. In einem Fall soll die schwangere Schimpansenfrau gestorben sein. Im anderen wurde die Schwangerschaft durch Abtreibung künstlich abgebrochen." Referenzen dafür sind die Zeitungen *The Daily Telegraph* vom 13. Dezember 1980 und *The London Evening Standard* vom 11. Mai 1987.

Bei Thomson (2002) wird diese Frage im Detail diskutiert. Patrick Dickson berichtet davon, dass eine Schimpansenfrau erfolgreich dafür verwendet wurde, ein Menschenkind als Ersatzmutter auszutragen. Gordon Gallup erzählt, dass in den 1920er Jahren im Yerkes Primate Center – heute in Atlanta, Georgia, USA, damals in Orange Park, Florida, USA – eine Schimpansenfrau mit menschlichem Samen erfolgreich befruchtet worden war. Die Frau gebar ein Kind. Nach wenigen Tagen wurde aber beschlossen, es zu töten, um gesellschaftliche Konflikte zu vermeiden. Im Jahr 1967 ist in China im Laufe der Kulturrevolution eine im dritten Monat durch einen Menschenmann schwangere Schimpansenfrau getötet worden. Das Experiment wurde danach abgebrochen. Stuart Newman hat bereits einen Antrag für das Patentrecht auf einen Menschen-Schimpansen-Mischling gestellt.

Wie geht der Menschbegriff mit einem solchen Mischling um? Ist das ein Mensch oder doch nur ein „Tier"? Wenn die Erfahrungen mit dem Rassismus auch auf den Speziesismus umzulegen sind, was sehr wahrscheinlich ist, dann werden Mischlinge ersten Grades nicht als Menschen gesehen: Kinder von Schwarzen und Weißen zur Sklavenzeit in den Südstaaten der USA galten als Schwarze; Kinder von Juden und so genannten Ariern im Dritten Reich galten als Juden. Also werden auch Kinder von Menschen und Schimpansen „Tiere" sein. Das ist jedenfalls zu befürchten.

Sue Savage-Rumbaugh berichtet übrigens von Pancho, einem so genannten Koola-kamba, der als natürlich vorkommender Mischling zwischen Gorilla und Schimpanse angesehen wird. Pancho war an ihre Forschungsstation fälschlich als Bonobo geliefert worden (Savage-Rumbaugh 1994, S. 45). Ein weiterer Bericht von möglichen fruchtbaren Hybriden zwischen Gorilla und Schimpanse stammt von Shelly Williams aus dem Kongo. Im Norden der Demokratischen Republik Kongo in Zentralafrika glauben WissenschaftlerInnen, eine neue Menschenaffenspezies entdeckt zu haben, die sowohl Charakteristika von Gorillas als auch von SchimpansInnen aufweist. Shelly Williams will die etwa zwei Meter großen Affen selbst gesehen haben. Wie Gorillas bauen sie ihre Schlafnester am Boden und nicht auf Bäumen. Ihre Ernährungsweise gleicht aber eher jener von SchimpansInnen. Aufgrund weiterer Charakteristika ihres Verhaltens und ihrer Körpermaße mutmaßt Williams, dass es sich um fruchtbare Gorilla-Schimpanse-Mischlinge handeln könnte (Young 2004). Wenn die viel entfernter verwandten Gorillas und SchimpansInnen Nachkommen zeugen können, dann mit Sicherheit auch Schimpanse und Mensch, oder Bonobo und Mensch, und sogar Gorilla und Mensch. Letztere sind ja genau gleich nah miteinander verwandt wie Gorilla und Schimpanse.

Und selbst wenn Schimpanse und Mensch aus irgendeiner biologischen Zufälligkeit heraus keine Nachkommen zeugen könnten, so gibt es mit Sicherheit Wesen, die bereits ausgestorben sind, die mit sowohl dem Schimpansen als auch dem Menschen Nachkommen haben hätten können. Die Herring-Möwe und die Schwarzrückenmöwe kommen beide in England vor und unterscheiden sich deutlich in ihrem Äußeren (Dawkins 1993). Sie haben verschiedene Farben und gelten als verschiedene Arten: Sie können miteinander auch keine Nachkommen haben. Aber wenn man die Populationen der Herring-Möwen Richtung Westen nach Nordamerika, über Alaska und Sibirien wieder bis nach Europa verfolgt, dann wird man merken, dass die benachbarten Populationen langsam immer weniger wie Herring-Möwen aussehen, sondern immer mehr und mehr wie Schwarzrückenmöwen. An jeder Stelle können die benachbarten Populationen noch miteinander Nachkommen haben, nur am Anfangs- und am Endpunkt nicht mehr. Das nennt man eine „Ringtierart". Es gibt bei einer Ringtierart also eine „Zwischenart", die insofern zwischen zwei Arten, die keine Nachkommen miteinander haben können, vermittelt, als sie mit jeder der Arten separat Nachkommen haben kann.

Alle Arten, die es überhaupt gibt, sind de facto Ringtierarten, nur sind bei den meisten Arten diese Zwischenglieder bereits ausgestorben. Vielleicht war das bei Mensch und Schimpanse der Australopithecus? Aber für unser Argument bzw. unsere Definition des Menschbegriffs dürfte es doch keine Rolle spielen, ob dieses Zwischenglied noch existiert oder nicht mehr. Wenn also Australopithecus, oder das richtige Zwischenglied, noch leben würde und jeweils mit Schimpanse und Mensch Nachkommen hätte, wie würden wir diese Nachkommen einordnen? Wären sie Menschen oder „Tiere"? Und was würde passieren, wenn diese Nachkommen dann miteinander neue Nachkommen produzieren könnten?

Die Evolution ist kontinuierlich. Der Menschbegriff ist das Paradebeispiel von Diskontinuität: Alle Menschen sind gleich, alle Nichtmenschen, auch jene, die nur „knapp" Nichtmenschen sind, sind grundsätzlich und prinzipiell anders. Diese Art der Begrifflichkeit lässt sich angesichts der Kontinuität der

Evolution nicht mit der Realität vereinbaren. Wir müssen zugeben: Wer ein Mensch ist, ist einfach nur willkürlich festgelegt.

8.3 Die Art hat keine biologische Realität

Der Artbegriff an sich ist nicht nur willkürlich, er hat auch keine biologische Entsprechung in der Realität. Nach der herkömmlichen Definition der Art gehören zwei Individuen zur selben Art, wenn ihre Verpaarung zum reproduktiven Erfolg führt. Deswegen werden Zwillingsarten, die zwar zwillingshafte Ähnlichkeit haben und in derselben Umgebung leben, sich aber nicht paaren, zu verschiedenen Arten gezählt. Arten stellt man sich als genetisch geschlossene Gruppen vor, die sich nur selber reproduzieren können. So wurden sie zu den zentralen Einheiten in der Evolution hochstilisiert. Als Antrieb tierlichen Verhaltens galt der klassischen Ethologie nach Lorenz und Tinbergen die Arterhaltung. Es wurde sogar ein Arterhaltungstrieb postuliert. Das Individuum zähle in der Evolution nichts, die genetische Reproduktionsgemeinschaft, die Art, aber alles. Daher würden sich Individuen der Erhaltung ihrer Art unterordnen.

In Wirklichkeit verhält sich die Sachlage aber genau umgekehrt. Jenes Genmaterial wird von der Selektion bevorzugt, das sich identisch oder sehr ähnlich möglichst oft reproduziert. Der genetische Egoismus setzt sich am ehesten durch. Dadurch werden für jedes Individuum gerade jene ArtgenossInnen, die das gleiche Geschlecht haben und in derselben Umgebung leben, die größten evolutionären KonkurrentInnen. Sie sind nämlich potentielle PartnerInnen genau jener Wesen, die auch potentielle PartnerInnen für das betroffene Individuum wären. Und sie gehören nicht nur zur selben Art, sondern auch zur selben Reproduktionsgruppe. Ein Arterhaltungstrieb ist also das Gegenteil dessen, was sich evolutionär entwickeln wird.

Das wird am besten empirisch durch das Phänomen des Infantizids, d. h. der Kindestötung, belegt. Beim adaptiven Infantizid tötet das männliche Tier die jüngsten Kinder neu übernommener Sexualpartnerinnen, wenn diese Kinder noch so jung sind, dass sie die Mutter davon abhalten, ihren Menstruationszyklus zu haben. Nach der Tötung wird die Mutter viel früher fruchtbar, und der Mann wird sich eher fortpflanzen können. Selbst bei den Berggorillas, von denen es nur noch etwa 400 Individuen gibt, tritt der Infantizid auf. In diesem Fall stehen „inclusive fitness" des Einzelnen, für die die

Selektion wirkt, und Arterhaltung, für die es keine Selektion gibt, fast schon im Gegensatz zueinander.

Die natürliche Selektion setzt beim Individuum und seinem individuellen Genom an. Die ganze Art ist nicht direkt, sondern bestenfalls sehr indirekt, über den Selektionsdruck auf das Individuum, einem Selektionsdruck ausgesetzt. Die Art ist für die Evolution praktisch irrelevant. Das bedeutet natürlich nicht, dass Kooperation nicht auch eine adaptive Bedeutung haben kann. Die Kooperation in der sozialen Gruppe kann die „inclusive fitness" des einzelnen Individuums, auch wenn es sich selbst nicht einmal fortpflanzen sollte, beträchtlich erhöhen. Die soziale Gruppe und vor allem die Familiengruppe hat also vom Standpunkt der Evolution sehr wohl eine Bedeutung, im Gegensatz zur Art.

„Lorenz war überzeugt davon, dass Tiere sich in bestimmter Weise verhalten, um den Fortbestand ihrer Spezies zu sichern. So zügeln sie beispielsweise aggressive Impulse, weil andernfalls ihre Art aussterben könnte. Die ganze Idee verlor mit dem Aufstieg der Soziobiologie in den 1970er Jahren ihre Attraktivität. Die Soziobiologen sahen eindeutig das Individuum als die Einheit der Selektion; für sie war die Selektion auf der Ebene der Gruppe ein äußerst beschränktes Phänomen. Individuen, die sich nur um sich selbst kümmern, haben höhere Überlebenschancen als Individuen, die sich im Interesse der Gruppe verhalten. [...] Eine Selektion auf der Ebene der gesamten Art wurde nicht einmal ernsthaft diskutiert: Es scheint keinen Grund zu geben, warum Tiere sich für ihre Spezies einsetzen sollten. Die heute überholte Vorstellung von der Arterhaltung liegt auf derselben Linie wie die von Lorenz während des Krieges vertretene Meinung, hinter dem Volk müsse das Individuum zurücktreten." (Frans de Waal 2001, S. 104)

„Worin speziell unterscheidet sich die Soziobiologie moderner Prägung von der kulturpessimistischen Perspektive der klassischen vergleichenden Verhaltensforschung? Statt des Prinzips Arterhaltung, so die neue Denkungsart, herrscht auch und gerade in der Natur ein Prinzip vor, das vielen lange Zeit als Charakteristikum kulturverdorbener Menschen galt: das Prinzip Eigennutz." (Sommer 2000, S. 48) „Die Auffassung vom Primat des Artwohls ist grundfalsch. Leider gehört sie – besonders im deutschsprachigen Raum – noch immer zum festen Meinungsrepertoire vieler Leute, die es eigentlich besser wissen sollten: Kulturphilosophen, Biologen oder Psychologen." (Sommer 2000, S. 124)

Schaut man sich die Definition der Art als geschlossene reproduktive Einheit an, dann sieht man, dass sie nicht mit der gültigen Linnéschen Klassifikation kompatibel ist. Es gibt unfruchtbare Verpaarungen innerhalb einer Art, speziell unter nahen Verwandten, weil Inzucht die Fruchtbarkeit herabsetzt. Und viele Arten zeugen auch in der Natur fruchtbare Hybriden, wie etwa ein Zehntel aller Schmetterlingsarten und viele wildlebende Primaten (Sommer 2004, S. 14).

Der Begriff der Art lässt sich eben nicht widerspruchsfrei und vollständig definieren. Der Artbegriff hat keine diskrete Realität, sondern ist nur ein nützliches Hilfsmittel, um die Welt zu ordnen und darüber zu kommunizieren. Der Grund, warum Arten nicht widerspruchsfrei und vollständig definierbar sind, ist der, dass der Selektionsprozess die addierte Fortpflanzungsbilanz zahlreicher Einzelorganismen ist. Artdefinitionen hingegen begreifen die Art selbst als evolutionäre Einheit, deren Einzelteile auf Kohäsion angelegt sind. James Mallet (1995) schlägt deshalb vor, genetische Gruppierung („genetic cluster"), also ähnliche Genomsequenzen, statt der Art als relevanten Begriff einzuführen. Je nachdem, wie viele Sequenzen für die Kategorisierungen gewählt werden, kommen wir zu verschiedenen Kategorien, die sich im Übrigen auch wieder mischen können.

Charles Darwin (1859) selbst hat in seinem Buch über die Entstehung der Arten wörtlich geschrieben: „Es gibt so etwas wie Arten nicht." Darwin hat sogar davon gesprochen, dass sein Buch der „Tod der Arten" wäre. „Wie kann das sein? Löst doch der Titel seines Buches [...] genau gegenteilige Assoziationen aus. Etwa, dass Arten fest umrissene Einheiten seien; dass die Lebewesen jeweils nach ihrer Art leben; dass es arttypische Merkmale gibt; dass Verhalten dazu da sei, das Artwohl zu fördern. Dies Konglomerat aus instinktivem Halbwissen verfestigte sich [...] zum fatalen Konzept von Arten als konstanten Größen. [...] Darwins [...] Standpunkt war, dass Arten keine diskrete Realität haben." (Sommer 2004, S. 11)

Die Definition für Rasse war vor 100 Jahren jener für die Art sehr verwandt, nämlich als unwandelbare Einheit: „Eine Rasse stellt sich dar in einer Menschengruppe, die sich durch ihre eigene Vereinigung körperlicher Merkmale und seelischer Eigenschaften von jeder anderen Menschengruppe unterscheidet und immer wieder nur ihresgleichen zeugt" (zitiert in Sommer 2004, S. 9). Entsprechend bestehen bei Rasse und Art ganz ähnliche fundamentale Probleme in ihrer Definition. Deshalb gibt es auch genauso wenig ein angeborenes Erkennungsschema für Mitglieder der eigenen Art, also für ArtgenossInnen, wie für Mitglieder der eigenen „Rasse“, wie man das lange Zeit angenommen hat. Wen wir als potentielle SexualpartnerInnen sehen, lernen wir im Laufe unserer Sozialisation. Mit dem Ablegen des Rassismus wurde der Rassebegriff zurecht entwertet. Genauso steht einer Neubewertung des Artbegriffs und einem Ende des Menschbegriffs als einem Gegensatz zum „Tier“ nur der in unserer Gesellschaft noch sehr präsente Speziesismus im Weg.

8.4 Das Neandertalerargument

Der Neandertaler, Homo sapiens neandertalensis, ist eine Menschenrasse, d. h. eine Unterart der Tierart Mensch, Homo sapiens. Vor 37.000 bis 27.000 Jahren haben der moderne Mensch, Homo sapiens sapiens, und der Neandertaler zusammen in Europa gelebt. Dabei wurde der Neandertaler immer mehr zurückgedrängt, er verschwand aus Mitteleuropa bereits vor 35.000 Jahren und wurde zuletzt völlig ausgerottet. Der letzte gemeinsame Vorfahre des Neandertalers und des modernen Menschen hat vor etwa 500.000 Jahren gelebt (Schmitz und Thissen 2002).

Die UNESCO-Konferenz im Jahr 1999 zu Rassismus hat das Ergebnis einer Analyse des Genoms des modernen Menschen verbreitet: Der moderne Mensch hat eine Genvariation von 0,01 %, d. h., die am weitesten voneinander entfernt verwandten, heute lebenden Menschen teilen 99,99 % der Gene. Diese Nachricht wurde als das Ende des Rassismus gefeiert, weil bei einer so großen Ähnlichkeit doch niemand ernsthaft Unterschiede sehen könne, wo keine sind. Der Neandertaler weicht vom Genom des modernen Menschen im Mittel um 0,2 % ab, d. h., der Neandertaler und der moderne Mensch teilen 99,8 % des Genoms (Schmitz und Thissen 2002). Der Schimpanse weicht im relevanten Bereich vom Genom des modernen Menschen um etwa 0,5 % ab, d. h., er teilt, wie bereits gesagt, etwa 99,5 % des Genoms mit dem modernen Menschen. Der Neandertaler ist, wie der Schimpanse, zu allen heute lebenden Menschen gleich nah verwandt.

Vom Neandertaler sind keine Kunstäußerungen bekannt. Während der moderne Mensch auch zur Zeit des Neandertalers sowohl verzierte Werkzeuge sowie Schmuck und Figurinen geschaffen hat, ist nichts dergleichen vom Neandertaler gefunden worden. Der Neandertaler hatte zwar verschiedene Steinwerkzeuge und Holzlanzen hergestellt, aber keinen Bogen und keine Speerschleuder. Die Steinwerkzeuge waren wesentlich gröber als die des modernen Menschen zur gleichen Zeit. Kein Werkzeug des Neandertalers lässt sich nicht binnen weniger Minuten herstellen. So gibt es vom Neandertaler keinen Hinweis auf das Schleifen von Steingeräten.

Beim Neandertaler ist nur das Verscharren von Toten, und auch das nur selten, von insgesamt 35 Orten bekannt. Nichts weist auf eine kulturelle Bedeutung der Beisetzung der Toten hin. Sie sind alle etwa 1 m tief und in Höhlen begraben worden. Es gibt keine vorsätzlich gewählte Stellung der Leichen, keine Ausrichtung, keine Grabbeigaben.

Falls der Neandertaler eine Sprache hatte, dann war sie in ihrer Artikulation mit der des modernen Menschen nicht vergleichbar. Der Neandertaler hatte eine Schädelbasis mit sehr hoch gelegenem Kehlkopf. Beim modernen Menschen lag schon vor 400.000 Jahren der Kehlkopf weiter unten. Die Stellung des Kehlkopfes beim modernen Menschen ist Voraussetzung für seine Artikulationsfähigkeit durch Laute.

Das durchschnittliche Gehirnvolumen des Neandertalers war mit 1520 cm^3 größer als das des modernen Menschen mit 1400 cm^3, obwohl der moderne Mensch größer gewachsen ist. Dass der moderne Mensch den Neandertaler verdrängt hat, wird in der Wissenschaft im Allgemeinen darauf zurückgeführt, dass der Neandertaler geistig weniger flexibel gewesen sein soll und daher weder so anpassungsfähig wie der moderne Mensch noch beim Ausfüllen der gleichen ökologischen Nische ähnlich erfolgreich war. Andererseits folgt daraus, dass der Neandertaler ausgestorben ist, ohne sich mit dem modernen Menschen zu mischen, dass die beiden Rassen gesellschaftlich getrennt gelebt haben (Schmitz und Thissen 2002).

Fassen wir zusammen: Ein Wesen, der Neandertaler, lebt in einer gesellschaftlich und sozial von „uns", der Gesellschaft des modernen Menschen, getrennten Gruppe. Dieses Wesen ist genetisch um ein eindeutiges Maß von „uns" verschieden. Es ist nach „unseren" Maßstäben „uns" intellektuell unterlegen. Es hat nach „unseren" Maßstäben keine Kunst und Kultur. Es kann nach „unseren" Maßstäben nicht wirklich sprechen. Es kann nach „unseren" Maßstäben keine Werkzeuge herstellen. Stünde der Neandertaler vor uns, würden wir ihn nach dem gängigen speziesistischen Weltbild sicher nicht als Mensch, sondern als „Tier" einstufen.

Der Neandertaler gehört aber zur Tierart Homo sapiens, zum Menschen. Er kann sich sicher mit dem modernen Menschen fortpflanzen, er ist eben eine echte Menschenrasse. Dem Neandertaler also den Status „Tier" zu geben, erinnert an die dunklen Zeiten unserer rassistischen Vergangenheit. Den Neandertaler nicht als gleichwertig zu uns zu sehen, ist ein waschechter

Rassismus. Und dennoch ist es eigentlich der Speziesismus, der uns dazu gebracht hat. Speziesismus und Rassismus sind eben sehr nah miteinander verwandt. Im letzten Kapitel habe ich ausgeführt, dass der Speziesismus als Urform der Mensch-versus-„Tier“-Dualität auch der Kern des Rassismus ist. Hier sehen wir ein praktisches Beispiel, wenn auch nur im Gedankenexperiment. Allerdings gibt es Genom-Material des Neandertalers aus dem Knochenmark der Fossilien, und deshalb ließen sich NeandertalerInnen durch Klonen heute ohne Schwierigkeiten wieder zum Leben erwecken. Das Gedankenexperiment ist also nicht sehr weit hergeholt, sondern völlig real.

Im Jahr 2004 wurde von australischen Wissenschaftlern auf der indonesischen Insel Flores eine mögliche weitere Menschenart entdeckt, der Homo florensis, ein direkter Nachfolger des Homo erectus, der bereits vor 900.000 Jahren auf diese Insel gekommen war. Er soll zumindest bis vor 12.000 Jahren noch gelebt haben, einen Meter groß gewesen sein und ein Hirnvolumen von 30 % des heutigen Homo sapiens sapiens, also ein kleineres Hirn als der Schimpanse, gehabt haben. Nach mündlicher Überlieferung der UreinwohnerInnen dieser Insel könnte der Flores-Mensch noch vor 500 Jahren gelebt haben. Wäre er nach unserem Verständnis heute Mensch oder „Tier“? (*Nature* 2005, 434, S. 432; *Die Presse* vom 26. März 2005)

Nach Machtübernahme der NationalsozialistInnen wurde das Neandertaler-Museum im Neandertal bei Düsseldorf geschlossen: Der „arische Mensch“ durfte nicht mit einer „primitiven“ Rasse wie dem Neandertaler verwandt sein. Erst nachdem das Museum umstrukturiert worden war und der Neandertaler als primitives Gegenstück zum höherwertigen, „arischen Menschen“ präsentiert wurde, durfte das Museum 1938 wieder eröffnen (Schmitz und Thissen 2002). In diesen Dingen sind wir auch heute noch nicht so weit von der nationalsozialistischen Ideologie entfernt.

8.5 „Wilde Menschen“ oder doch „Tiere“?

Manche schließen aus den obengenannten Argumenten vielleicht, dass der Menschbegriff doch nicht als Artbegriff zu sehen sei und auch nicht genetisch definiert wäre, sondern durch Sozialisation. Mensch sei nach dieser Definition, wer in einer menschlichen Gesellschaft als Mensch sozialisiert worden ist.

Blumenthal (2003) fasst eine erstaunliche Vielfalt von Geschichten zusammen, die von Menschen berichten, die entweder von nichtmenschlichen Tieren aufgezogen worden oder alleine in der Wildnis bzw. zumindest isoliert von menschlichem Kontakt aufgewachsen sind. Alle diese so genannten „wilden Menschen" haben gemeinsam, dass sie keine Sprache sprechen und nicht im herkömmlichen Sinn denken und kommunizieren können. Viele dieser Menschen sind mit nichtmenschlichen Tieren aufgewachsen und verhalten sich ähnlich wie diese. Sie sind dennoch „geistig gesunde" Menschen, d. h., sie sind nicht geisteskrank, sondern nur nicht in einer menschlichen Gesellschaft sozialisiert worden, so wie, umgekehrt, Hunde heute nicht im autonomen Hunderudel, sondern in der menschlichen Gesellschaft sozialisiert werden.

Es gibt eine ganze Reihe historischer Beweise dafür, dass Tiergemeinschaften Individuen anderer Arten bei sich aufnehmen, oft an Kindes statt, und mit ihnen ihr Leben teilen. „Dass Tiere Artfremde aufnehmen und umsorgen, ist aber aller Skepsis zum Trotz durchaus belegt. Schon der unermüdliche Bibliothekar Tafel [1848] lieferte mehrere Beispiele aus der Tierwelt. Katze säugt Maus, Katze säugt Hund, Hündin säugt und erzieht Katze, Katze brütet Hühner aus und umsorgt die Küken, Henne brühtet Ente aus, Londoner Katze säugt Ratte, Hündin bemuttert Lämmer usw. Eine Münchner Boulevardzeitung brachte im Jahr 2000 das Foto einer Katze, die ein Küken liebevoll umschlingt, nicht allerdings als künftige Mahlzeit. Die Tiere, so der Text, stammten aus Lalin, einer Kleinstadt in Nordspanien. Die Katze säugte drei eigene Junge und hatte gleichzeitig drei verwaiste Küken ‚adoptiert'. Die Mischfamilie lebte gemeinsam in einem Schuhkarton, wo die Katzenmutter für Ordnung sorgte." (Blumenthal 2003, S. 38)

Am 12. Jänner 2003 berichtete der ORF in den Hauptnachrichten, dass eine Löwin in Kenia bereits das sechste Antilopenbaby adoptiert hatte. „Wie ein Wildhüter des Samburu-Parks der Nachrichtenagentur AFP mitteilte, kuschelt sich die etwa drei Monate alte Oryxantilope häufig an die Löwin." Die Liste der Beispiele ließe sich lange fortsetzen.

So verwundert es eigentlich nicht, dass auch Menschen von nichtmenschlichen Tiergemeinschaften oder -familien aufgenommen wurden. Schließlich ist der Mensch auch nur ein Tier unter vielen. „Rein statistisch ist der Wolf das Tier, das dem Menschen am häufigsten als Ersatzmutter gedient haben soll. Ob diese Fürsorge mit der besonderen Beziehung zwischen unserer Gattung und der Hunderasse zusammenhängt, bleibe dahingestellt. An zweiter Stelle, mit sieben bekannten Fällen, steht der Bär." (Blumenthal 2003, S. 41) Es gab auch Menschenkinder bei u. a. Schweinen, Schafen und Affen.

Für letzteres ist ein Fall vollständig wissenschaftlich belegt: John Ssebunya aus Uganda, über den BBC 1999 eine Wissenschaftssendung mit dem Titel „The Boy who Lived with Monkeys“ ausstrahlte. Als seine Mutter ermordet wurde, flüchtete John Ssebunya aus seinem Familienhaus im Dorf Kabonge und versteckte sich im Wald. Im Jahr 1989 wurde er mehrmals von Dorfbewohnerinnen zusammen mit einer Gruppe von Meerkatzen (ceropithicus aethiops, die gemeine afrikanische graue oder grüne Meerkatze, eine Affenart, die in der Gegend häufig ist und gesellig lebt) beobachtet. Er wurde dann eingefangen. Offenbar hatte er mehrere Jahre mit den Affen gelebt und war zum Zeitpunkt seiner Gefangennahme etwa fünf Jahre alt. Die Primatologin Debbie Cox untersuchte sein Verhalten und seine Kommunikation mit Meerkatzen und bezeichnete, als Expertin auf dem Gebiet, seine Fähigkeit, mit ihnen zu kommunizieren, als einmalig: „Kein Zweifel. Er hat bei ihnen gelebt, und zwar für längere Zeit.“ Douglas Candland, Professor für Tierverhalten an der Bucknell-Universität, und Vernon Reynolds von der Oxford School of Evolutionary Biology, ein Verhaltensforscher, bestätigten diese Schlussfolgerung vorbehaltslos. Später, als John Ssebunya mit großer Mühe wieder stotternd sprechen gelernt hatte, erzählte auch er, dass er mit den Affen gelebt hatte (Blumenthal 2003, S. 300–304).

Aber auch Fälle so genannter „Wolfskinder“ sind belegt. So wurde z. B. der etwa zehnjährige Seeall um 1890 nahe dem Dorf Sat-Bauri mit einem Wolfsrudel gesehen und gefangen. Er diente als Vorbild für Rudyard Kiplings Buch „Mowgli“ (Blumenthal 2003, S. 191 ff.).

Oder die Geschichte der beiden Mädchen Amala und Kamala, die in der Nähe von Godamuri in Indien mehrmals mit einem Wolfsrudel gesehen und für Geister gehalten worden waren. Sie wurden am 17. Oktober 1920 gefangen genommen, nachdem man ihren Wolfsbau ausgegraben und ihre Wolfsmutter erschossen hatte. Ein Augenzeuge: „Nun erschien ein dritter [Wolf aus dem Wolfsbau]. Er stürzte wie der Blitz heraus und bedrohte die Arbeiter, bevor er wieder eintauchte. Wieder erschien er, um die Männer zu verjagen. Er heulte, raste umher, kratzte am Boden wie besessen, knirschte mit den Zähnen. Er war nicht zu verscheuchen. Ich wollte ihn fangen, denn ich begriff, dass es sich hier um das Muttertier handelte. Wild von Natur, doch himmlisch in der Liebe. Ich war sehr beeindruckt. Ich war erstaunt, dass ein Tier solch edle Gefühle zeigte, die auch diejenigen von Menschen – dem Gipfel der Schöpfung – überboten. Es war in der Lage, seine ganze Liebe und Zuneigung wie eine liebende Mutter auf diese merkwürdigen Geschöpfe [Amala und Kamala] zu richten. Sicherlich hatte sie sie einst (oder vielleicht waren es die anderen zwei Wölfe) als Beute für die Welpen geholt [...] Dass sie leben durften und [von den Wölfen] ernährt wurden, ist beinahe göttlich. [...] Daraufhin erschoss ein Mann [die Wölfin] mit Pfeil und Bogen." (Blumenthal 2003, S. 210–222)

Das ältere der Mädchen, später Kamala genannt, war ungefähr acht Jahre alt, das jüngere, Amala, eineinhalb. Sie hatten beide lange verknotete Haare und aßen nur rohes Fleisch. Bei ihrer Festnahme hatten sie eine dicke Hornhaut an den Knien und den Handoberflächen, was auf ihre Fortbewegung auf allen vieren zurückgeführt wurde. Man versuchte ihnen beizubringen, aufrecht zu gehen, aber sie zogen es vor, auf Händen und Füßen zu laufen. Am liebsten hockten die Mädchen in ihrem Zimmer, wo sie in der dunkelsten Ecke blieben. So oft wie möglich versuchten sie zu fliehen. Zuweilen griffen sie Menschen, vor allem andere Kinder, mit Zähnen und Fingernägeln an. Kam ihnen ein Kind zu nahe, fletschten sie die Zähne. Sie hatten angeblich ein hervorragendes Nachtsehvermögen und waren stumm, heulten aber in der Nacht wie Wölfe und konnten Fleisch aus einer Entfernung von 63 m riechen. Sie verfügten über ein besonders empfindliches Gehör, und ihre Finger und Zehen waren durch das Laufen auf allen vieren verformt. Flüssigkeit leckten sie, statt zu trinken. Kleider, die man ihnen anzog, rissen sie sich vom Leib, Decken warfen sie von sich. Sie konnten Kälte und Hitze ohne sichtbares Unbehagen überstehen. Sie waren nicht stubenrein und kuschelten sich im Schlaf aneinander wie Welpen.

Die Jüngere, Amala, benutzte nach einigen Monaten erstmals ihre Stimme, um etwas mitzuteilen: „Bubu" bedeutete, dass sie Durst hatte. Am 21. September 1921, also elf Monate nach ihrer Gefangennahme, starb sie an einer Krankheit. Der frühe Tod nach der Gefangennahme ist ein Schicksal, das viele „wilde Kinder" mit ihr teilten. Während der nächsten Jahre lernte Kamala recht viel, zunächst, aufrecht zu stehen. Sie wurde auch fleischlos ernährt. Allerdings suchte sie für ihr Leben gern nach Aas. Lebendige Beutetiere fing und tötete sie nicht. Kamala lernte etwa 40 Begriffe in der Bengalisprache, mit denen sie sich verständigte. Auf zwei Beinen laufen konnte sie allerdings nie. Am 14. November 1929, neun Jahre und einen Monat nach ihrer Gefangennahme, starb sie an einer Nierenvergiftung (Blumenthal 2003, S. 210–222).

Gegen Ende des 18. Jahrhunderts beobachtete man immer wieder einen nackten Buben in der Gegend von Laucane in Frankreich im Wald. Er wurde fast zum Maskottchen der lokalen Bevölkerung. Im Sommer 1797 wurde er gesehen, wie er Eicheln und Wurzeln aß. Es gab einen ersten Versuch, ihn zu fangen, der aber misslang. 15 Monate später wurde er wieder gesichtet und gejagt und letztlich gefangen. Nach acht Tagen konnte er aber wieder entkommen. Nackt überlebte er einen der strengsten Winter seit Menschengedenken in dieser Gegend. Im Jänner 1800 wurde er endgültig eingefangen.

Ein Augenzeuge berichtete über ihn, dass er unruhiges Verhalten zeigte und auf keine Fragen reagierte. Er aß Erdäpfel, Nüsse und Kastanien im rohen Zustand, gewöhnte sich aber nach und nach an Suppe mit Schwarzbrot. Er verschmähte aber gekochtes oder rohes Fleisch, Brot, Käse, Äpfel, Birnen, Trauben, Pastinaken und Orangen, die man ihm anbot. Kleidung wollte er nicht dulden, er entfernte oder zerriss sie. Er lehnte anfänglich ab, im Bett zu schlafen, gewöhnte sich aber später daran. Wiederholt unternahm er Fluchtversuche. Er war Kälte und Hitze gegenüber erstaunlich unempfindlich. Jean Marc Gaspard Itard (1774–1838) nahm das Kind bei sich auf und beschrieb seine Versuche, es zu zivilisieren, in mehreren Berichten (Itard 1801–1807).

Der später Victor genannte Bub war bei seiner Gefangennahme 12 oder 13 Jahre alt. Er ging nicht, sondern trabte und bückte sich dabei nach vorne. Er hörte ganz normal, sprach aber kein Wort. Die aufkeimende Wissenschaft der Aufklärung befasste sich ausgiebig mit Victor von Aveyron. So wurde z. B. ein Spiegel-Selbsterkennungstest (MSR-Test) mit ihm durchgeführt, den er nicht bestand. Er erkannte sich also nicht selbst im Spiegel. Er konnte aber nach einiger Zeit den Spiegel benutzen, um Probleme zu lösen, d. h. er erkannte, dass der Spiegel eine Reflexion zeigt. Zwei Jahre nach seiner Gefangennahme begann er mit Lautäußerungen, allerdings konnte er nur „a", „e", „i", „o", „d", „g" und „l" aussprechen. Am häufigsten bediente er sich der Zeichen- und Körpersprache. So deutete er z. B. auf Dinge, die er wollte.

Sein Fortschritt stagnierte allerdings, und so verlor die Wissenschaft das Interesse an ihm. Nach sechs Jahren verfügte er, durch seine Metallbuchstaben und seine Abbildungen von Gegenständen, über einen bescheidenen Wortschatz, vermochte Sachen nach Größe, Beschaffenheit, Temperatur, Farbe und Gewicht adjektivisch zu unterscheiden und konnte auf Befehl auch ein paar Worte schreiben. Dann wurden die wissenschaftlichen Versuche an ihm eingestellt. Victor von Aveyron starb im Jahr 1828 im Alter von etwa 40 Jahren. Wie und in welchem Alter er in den Wald gekommen war, blieb ungeklärt. Er lernte nie richtig zu sprechen (Blumenthal 2003, S. 129- 143).

Aufgrund dieser und vieler anderer Umstände wird gemutmaßt, dass Menschen nur während einer gewissen Zeitspanne ihrer Kindheitsentwicklung sprechen lernen können. Wird dieses „Fenster“ verpasst, so lernen sie es nie mehr. Man kennt ähnliche genetisch vorgegebene Lernfähigkeitsphasen auch bei anderen Tieren. Menschenaffen konnten ebenso bei Versuchen in unvergleichlich größerem Ausmaß sprechen lernen, wenn sie bereits in ihrer frühen Kindheit der Sprache ausgesetzt waren.

Kaspar Hauser wurde im Jahr 1828 in Nürnberg auf der Straße gefunden. Er war zu der Zeit etwa 16 oder 17 Jahre alt und hatte etwa zwölf Jahre lang in einem dunklen Verlies sitzend bei Wasser und Brot leben müssen. Bei seinem Auffinden konnte er nicht sprechen, lernte es aber sehr rasch wieder, was belegt, dass er vor seiner Zeit im Verlies bereits sprechen konnte. Hauser hat übrigens – ohne in einer speziesistischen Gesellschaft aufgewachsen zu sein –, nicht zwischen „Tier“ und Mensch unterschieden und meinte sogar, beide hätten die gleichen Rechte und Pflichten. Fünfeinhalb Jahre nach seinem Auffinden wurde er erstochen. Dr. Heidenreich, der Hausers Gehirn obduzierte, schrieb dazu, dass es sehr klein gewesen wäre und nur wenige Windungen an der Oberfläche gehabt hätte, also im Ganzen eine „tierähnliche Bildung“ aufwiese, und schloss: „Das Organ blieb in seiner Entwicklung durch Mangel aller geistigen Tätigkeit und Erregung zurück.“ (Blumenthal 2003, S. 151–165)

Es gibt so genannte „Tiere“, wie die Schimpansin Lucy, die in einer Menschenfamilie aufgewachsen sind und nicht nur menschliche Verhaltensweisen angenommen haben, sondern auch in allen ihren sozialen Äußerungen auf Menschen geprägt wurden.

„Eines Nachmittags um etwa fünf Uhr beobachteten meine Frau Jane und ich das folgende – nicht untypische – Geschehen: Lucy ging vom Wohnzimmer in die Küche, öffnete den Schrank und nahm ein Glas, öffnete einen anderen Schrank und nahm eine Flasche Gin. Dann goss sie ein bisschen vom Gin in ihr Glas und ging mit dem Drink ins Wohnzimmer zurück. Vom Tisch nahm sie eine Ausgabe des Magazins ‚National Geographic‘, ließ sich auf dem Sofa nieder und begann das Magazin durchzublättern, während sie ab und zu an ihrem Drink nippte. Fünf Minuten später hielt sie plötzlich inne, als ob sie einen Einfall hatte. Sie setzte sich auf, dachte kurz nach, stellte den Drink auf den Boden und legte das Magazin weg, sprang auf und ging zu dem Kabinett auf der anderen Seite des Hauses, etwa 20 Meter von dort entfernt, wo sie gesessen hatte. Sie öffnete die Tür zum Kabinett und nahm den Staubsauger heraus, brachte ihn ins Wohnzimmer und steckte den Stecker in die Steckdose. Dann entfernte sie die Bürste vom Saugstutzen, schaltete den Staubsauger ein und hielt das Ende, an dem die Luft eingesogen wird, direkt an ihre Genitalien. Sie masturbierte mit dem Staubsauger, bis sie einen recht eindeutigen Orgasmus hatte, dann drehte sie die Maschine ab, nahm wieder ihren Drink und das Magazin zur Hand, legte sich auf dem Sofa zurück und setzte dort fort, wo sie aufgehört hatte: genüsslich im Magazin zu blättern, während sie hin und wieder an ihrem Drink nippte.“ (Temerlin 1975, S. 105)

Auch Vince Smith, der das Schimpansenmädchen Sophie in seiner Familie aufgezogen hat, schreibt (Smith 2003, S. 14): „Denn unter der Oberfläche, unter dem dicken, undurchdringlichen Körperhaar, haben die Schimpansen durchaus Gefühle und Persönlichkeit – sie haben eine Seele. Sind Gefühle ein Attribut, auf das die Menschen allein Anspruch haben? Ich glaube das nicht. Zuneigung und andere Emotionen sind natürlich subjektiv; es wäre jedoch überheblich zu glauben, wir seien die Einzigen, die zu bewusstem Denken, zu Kreativität, Sensitivität und zur Entwicklung einer Kultur in der Lage seien. [...] Vielleicht ist die ungeheure Kluft, die wir zwischen allen anderen Tieren und uns selbst sehen, nicht so breit, wie wir gerne glauben möchten. Manchen bereiten die großen Ähnlichkeiten zwischen Menschen und Affen sogar ein ziemliches Unbehagen.“ Sophie war sogar so sehr unter Menschen sozialisiert, dass sie auch unter Zoobedingungen nicht mehr mit SchimpansInnen leben konnte. Sie hat sich, wie Lucy, dem menschlichen Verhalten angepasst.

Umgekehrt gibt es Menschen, die in Tiergemeinschaften aufgewachsen sind und sich deren Verhalten voll angepasst haben, wie z. B. Kamala oder John Ssebunya. Und es gibt Menschen, die isoliert von der menschlichen Gesellschaft aufgewachsen sind und sich nie wieder einordnen und nie sprechen lernen konnten, wie Victor von Aveyron.

Unsere Gesellschaft unterscheidet zwischen Mensch und „Tier“, der eine Person, Rechtsträger und Eigentümer, das andere Sache, grundsätzlich vollkommen rechtlos und Eigentum. Wie steht es mit Lucy und den „wilden Menschen“? In ihrem Verhalten, in ihrer Gruppenzugehörigkeit und in ihrem Denken sind die „wilden Menschen“ „Tiere“. Genetisch allerdings Mensch. Halten die „wilden Menschen“ ihre nichtmenschlichen Ziehmütter eigentlich für rechtlose Sachen oder vielleicht doch für Personen? Während unsere Gesellschaft Lucy, die als Mensch sozialisierte Schimpansin, die übrigens Menschenmänner als ihre potentiellen Sexualpartner, und damit Artgenossen, sah, weiterhin zum „Tier“ macht, werden die „wilden Menschen“, die bei nichtmenschlichen Tieren sozialisiert wurden, als Menschen gesehen. Die Sozialisation kann also nicht den Unterschied in der Definition für den Menschbegriff, wie wir ihn heute benützen, ausmachen.

8.6 Schlussfolgerung

Der Menschbegriff dient zur Abgrenzung vom „Tier“. Er ist daher metaphysisch motiviert, und entsprechend schwer ist es, ihm eine objektive, sinnvolle Definition zu geben. In der gesellschaftlichen Praxis wird davon ausgegangen, dass das „gesunde Volksempfinden“ schon wüsste, wer ein Mensch sei.

Es ist am naheliegendsten, dem Menschbegriff eine Bedeutung als Bezeichnung für die Tierart Homo sapiens zu geben. Allerdings haben Arten keine diskrete biologische Realität, und deshalb bleibt die Definition willkürlich. Da auch der Neandertaler im sozialen Kontext als „Tier“ gelten würde, müsste die Definition des Menschen letztendlich so aussehen: Man nehme einen paradigmatischen Menschen willkürlich heraus. Alle Wesen, die sich genetisch nicht mehr als 0,01 % vom Genom dieses paradigmatischen Menschen unterscheiden, gelten auch als Menschen. Was ist dann allerdings mit menschlichen Embryos und Föten, speziell in den ersten drei Monaten der Schwangerschaft?

Es fällt schwer zu glauben, dass so eine Definition eine besondere soziale Bedeutung haben kann. Im täglichen Umgang miteinander ist das genaue Genom ja, gelinde gesagt, egal. Solange wir auf der objektiv-faktischen Ebene bleiben, dürfte dem Menschbegriff in der Ethik also keine besondere Funktion zukommen.

„Ansprüche auf menschliche Einzigartigkeit erinnern mich ein wenig an die Werbung für eichhörnchensichere Futterautomaten für Vögel. Ich bin noch immer auf der Suche nach einem Futterautomaten für meinen Garten, dem die vielen amerikanischen grauen Eichhörnchen nicht beikommen. [...] Um im Bild zu bleiben: Jeder Anspruch auf Einzigartigkeit wird von einem Heer von Wissenschaftlern attackiert, die ihn mit scharfen Zähnen durchlöchern. [...] Wir können das Eichhörnchen durch Schreien verscheuchen, sooft wir wollen; wir wissen, dass es wiederkommen und schließlich Erfolg haben wird. [...] Statt die Identität des Menschen daraus abzuleiten, wie anders wir sind als die anderen Spezies, sollten wir davon ausgehen, dass wir Tiere sind.“ (Frans de Waal 2001, S. 331)

9 Exkurs über das Psychogramm eines Hundes

Ich möchte also, ohne die in den beiden letzten Kapiteln aufgedeckten speziesistischen Vorurteile, versuchen, die Erkenntnisse aus Kapitel 6 auf meine Umgebung anzuwenden, um zu schauen, bei welchen Wesen mir Bewusstsein begegnet. Es liegt zunächst einmal nahe, Bewusstsein in meiner sozialen Umgebung zu suchen. Ich habe viele Jahre mit zwei Hunden, Hassan und Max, eng zusammengelebt, und aus diesen Erfahrungen möchte ich jetzt schöpfen, um festzustellen, ob diese beiden Hunde ein Bewusstsein haben. Hassan war ein Jugendfreund, er ist bereits tot. Max lebt noch immer mit mir zusammen. Die beiden haben sich nicht gekannt.

Mit beiden Hunden habe bzw. hatte ich ein inniges Verhältnis. Hassan war mir in meiner Jugend die wesentliche Bezugsperson, d. h., ich hatte zu ihm eine engere Beziehung als zu sonst irgendeinem anderen Wesen zu dieser Zeit. Er hat mir wahnsinnig viel bedeutet, und wir haben uns blind verstanden. Und mit dieser Erfahrung stehe ich nicht alleine da. Barker und Barker (1988) berichten, dass bei einem Drittel von 122 untersuchten Familien mit Hund ein Familienmitglied gemeint hat, der Hund stünde ihm näher als ein Mensch. Mit beiden Hunden bin ich sehr oft in den Bergen unterwegs gewesen, manchmal wochenlang nur wir zwei, weglos in der Wildnis, ohne sonstigen Sozialkontakt zu einem anderen Lebewesen die gesamte Zeit über. Man ist dann so sehr aufeinander angewiesen, dass man sich sehr gut kennen lernt und viel voneinander weiß. Aus diesem Wissensvorrat möchte ich jetzt schöpfen.

Zu einer echten Freundschaft gehört natürlich, dass beide Teile diese Beziehung als Freundschaft empfinden. Ich kann keine Freundschaft mit einem Auto führen, obwohl mir ein Auto viel bedeuten kann. Aber das beruht eben nicht auf Gegenseitigkeit. Echte Freundschaft muss auf Gegenseitigkeit beruhen. Für beide Hunde war bzw. bin ich eine ganz spezielle Person, sie können traurig sein, wenn ich nicht da bin, erwartungsvoll sein, wenn ich bald komme oder sie mich bereits kommen hören, sie können mir u. U. blind vertrauen, sie können sich über mich ärgern, sie beachten genau, wie ich mich fühle, und das macht für sie einen wesentlichen Unterschied dafür aus, wie sie sich selbst fühlen, usw.

Ein Wissenschaftler hat mir einmal erklärt, der Hund würde nur auf mich zugehen und freundliches Verhalten zeigen, weil er von mir Essen will. Das ist auf jeden Fall völlig falsch. Wenn wir uns nicht gut verstehen, wenn ein Streit in der Luft liegt oder der eine auf den anderen gerade nicht gut zu sprechen ist, dann kann es sein, dass Hunde die beste Nahrung einfach verweigern. Aus Protest oder weil sie sich nicht gut fühlen und deshalb nicht essen wollen. Das psychisch-emotionale Wohlbefinden kommt eindeutig vor dem Hunger.

Aber könnte bei all diesen Gefühlsreaktionen der Hunde ernsthaft von meiner Person abstrahiert werden, d. h., kann also ich für die Hunde auf einen Auslöser reduziert werden, auf den sie nur mit Instinktverhalten oder konditioniertem Verhalten reagieren? Mir scheint diese Möglichkeit vollkommen unvorstellbar, und diese Einschätzung teile ich wohl mit praktisch allen Menschen, die auch Beziehungen zu Hunden aufgebaut haben. Wir wollen also im Folgenden die Kriterien prüfen, die wir im Kapitel 6 entwickelt haben, um zu sehen, ob mit mir etwas nicht in Ordnung ist, wenn ich dieser Ansicht bezüglich meiner Hunde bin, oder ob mit denjenigen etwas nicht in Ordnung ist, die Hunde auf Instinkt und konditioniertes Verhalten ohne Bewusstsein reduzieren.

Ich möchte an dieser Stelle betonen, dass ich mit dem Ausdruck „meine Hunde“ keinerlei Besitzansprüche an die beiden verbinde. Meinem Verständnis nach können Wesen wie Hunde niemand anderem gehören als sich selbst. Die nichtspeziesistische Ausdrucksweise wäre dementsprechend HundeverantwortlicheR oder HundebetreuerIn oder wenigstens HundehalterIn, aber jedenfalls nicht HundebesitzerIn. Dementsprechend habe ich diese Hunde nicht gekauft, sondern übernommen, von anderen Leuten oder aus dem Tierschutzhaus, um ihnen mehr Lebensqualität zu bieten, als sie hatten. Ich finde die Zucht von nichtmenschlichen Tieren zur Unterhaltung von Menschen ethisch nicht vertretbar.

9.1 „Tierisches“ Verhalten: Dominanz und Persönlichkeit

Wie in Kapitel 7 beschrieben, gilt das paradigmatische „Tier“ eben als „tierisch“. Das bedeutet instinktgetrieben, hemmungslos, ungepflegt, primitiv, ohne Persönlichkeit usw. Das paradigmatische „Tier“ gibt es offensichtlich überhaupt nicht, es ist nur ein soziales Konstrukt. In der Folge werde ich dennoch über meine diesbezüglichen Erlebnisse sprechen und damit belegen, wie sehr meine Hunde das genaue Gegenteil von „tierisch“ sind.

Ich möchte den Hunden, die bei mir leben, ein größtmögliches Maß an Autonomie sichern. Deshalb vermeide ich es, sie zu konditionieren. Genauso habe ich nie versucht, sie zu dominieren, das entspräche auch nicht meinem Naturell. Dennoch ist die Frage nach der Dominanz anscheinend eine der wichtigsten, wenn Menschen von nichtmenschlichen Tieren sprechen. Wer wen dominiert oder wie die Dominanzhierarchie ausschaut, scheint frühe EthologInnen bei der Beobachtung sozialer Gruppen nichtmenschlicher Tiere oft am meisten beschäftigt zu haben.

Dieses klassische Bild des angeblichen Bedürfnisses von Hunden und Hündinnen, sich in eine Hierarchie einzuordnen und sich in dieser Hierarchie dann nach Möglichkeit unaufhaltsam hinaufzuarbeiten, weil das im natürlichen Wolfsrudel so wäre, halte ich für sehr fragwürdig. Der Wolfexperte Erik Zimen schreibt dazu: „Wenn ich [die Rangordnung im Wolfsrudel] im folgenden stichwortartig charakterisiere, so müssen wir uns stets bewusst bleiben, dass eine vom menschlichen Beobachter aufgestellte Rangordnung einer Tiergruppe nur ein stark vereinfachtes Schema sein kann. In einer Gruppe von zwölf Wölfen, wie wir sie zuletzt im Bayrischen Wald beobachtet haben, gibt es für jeden Wolf elf verschiedene Beziehungen, die zudem alle beeinflusst werden von den insgesamt 55 Zweierbeziehungen der übrigen Wölfe. Diese Beziehungen können sehr unterschiedlich sein, und es ist klar, dass ihre Charakterisierung allein mit den Begriffen ‚Rang‘ beziehungsweise ‚Position‘ und ‚Rangdifferenz‘ eine erhebliche Vereinfachung der Wirklichkeit darstellt.“ (Zimen 1990, S. 160)

In meinem Leben mit Hassan und Max scheint mir Dominanz überhaupt keine Rolle zu spielen. Es gibt klassische Anzeichen meiner Dominanz über jeden der beiden und umgekehrt. So geht Max bei Fuß und macht „sitz“ und „steh“ usw. auf Befehl – als ob ich dominieren würde. Aber wenn er knurrt, weil ich ihm auf die Nerven gehe oder wenn er mit Nachdruck auf einer Bergtour das bissel Essen haben will, das uns zur Verfügung steht, dann füge ich mich ihm – als ob er dominiert. Die Reihenfolge des Essens und die Höhe der Liegestatt sind kunterbunt gemischt, einmal isst der eine zuerst oder liegt höher, einmal der andere. Mir scheint es schlicht und einfach kein Dominanzverhältnis zwischen uns zu geben.

Ein Beispiel seiner Dominanz gegenüber mir ist das folgende Erlebnis: Im Winter packt mich das Schitourenfieber. Jeden Winter bange ich wieder, dass einmal kein Schnee mehr fallen könnte, und so hält mich nichts, kein Wind, kein Schneesturm, keine -25 Grad, und ich gehe jede freie Minute in den Schnee, als wäre es der letzte Schnee aller Zeiten. So ging ich auch in diesem Fall einmal bei besonders schlechtem Wetter hoch hinauf – und der arme Max mir nach. Er ist an und für sich sehr wetterbeständig und geht gern bei jedem Wetter hinaus, nur halt nach einer Stunde am liebsten wieder zurück. Das verträgt sich allerdings nicht mit meinen Vorstellungen, und so fanden wir uns mitten im ärgsten Schneesturm bei Eiseskälte irgendwo hoch über der Baumgrenze, bei 2 m Sichtweite im dichten Nebel, wieder. Und diese Art von Wetter wird selbst dem Max zuviel.

Ich hatte plötzlich Lust, mich unter eine windgeschützte Schneewächte zu ducken und an Kletzen zu kauen, bevor ich mit den Schiern abfahren wollte. Der Hund gab mir zunächst lautstark zu verstehen, dass er lieber weitergehen wollte, doch als Kompromiss beschloss ich dennoch, wenigstens für ein paar Minuten die Situation zu genießen, bevor es weiterging. Ich hatte zwei Kletzen mit, eine für ihn und eine für mich. Unten im Tal würde er Kletzen nicht anrühren. Oben am Berg isst er begeistert alles, was ich bei Touren mitzunehmen pflege, vor allem Obst, wie Äpfel, Orangen und – eben auch – Kletzen. Seine bei diesen Minusgraden bereits steifgefrorene Kletze behandelte er wie einen Knochen und hatte sie nach kurzer Zeit abgenagt und aufgegessen, bevor ich bei meiner nicht viel mehr als ein erbsengroßes Stück abgebissen hatte. Tja, und dann kam der Max zu mir und verlangte auch meine Kletze. Zunächst bellte er lauthals, mit klappernden Zähnen, ganz nah vor meinem Gesicht. Mein beschwichtigendes „Du hast deine schon gehabt“ konnte ihn nicht halten. Er sprang auf mich drauf und versuchte mir mit aller Macht, die Kletze aus der Hand zu reißen. Mitten im Schneesturm rollten wir aus unserem Versteck heraus und kämpften um die Kletze, als ginge es um unser Leben. Ich ließ ihn die Hälfte abbeißen, doch die hatte er auch gleich verschlungen, aber ich hatte wenigstens Zeit aufzustehen. Zunächst verbiss er sich vor Frustration in meinen Rucksack, schüttelte ihn hin und her, wie ein Raubtier sein Opfer zu Tode schüttelt, gewann dann aber wieder genügend Selbstvertrauen und sprang mich an, allerdings ohne mich zu beißen. Im Stress einer etwas bedrohlichen Bergsituation handeln wir alle anders als unten im Tal, im warmen Haus.

Jedenfalls hatte er sich zweifelsohne die Kletze mit Gewalt geholt und auch bekommen. Aus diesem Sieg im Kletzenkrieg hat er aber nie politisches Kapital geschlagen. Er hat nie versucht, damit einen „Aufstieg“ im imaginären Machtgefüge unseres „Rudels“ zu erkämpfen, und geht niemandem mit Dominanzgehabe auf die Nerven. Vorher wie nachher kommt er sofort, wenn ich ihn rufe, und geht bei Fuß, wenn es der Straßenverkehr erfordert.

Beide Hunde haben eindeutig keine Angst vor mir. Mit dem Max bin ich einmal durch eine enge Schlucht mit einem wilden Gebirgsbach, natürlich weglos, gegangen. Die Wasserfälle müssen in der steilen Böschung umklettert werden. Max ist darin viel besser als ich, und so nimmt er solche Situationen oft nicht sehr ernst. In diesem Fall hatte ich mich gerade im rutschigen Untergrund festgekrallt, um ja nicht die 5 m in das Becken des Wasserfalles zu stürzen, als der Hund aus purem Übermut unter mir durchkrabbelt und mich dabei um ein Haar zum Absturz bringt. Verzweifelt habe ich ihn weggeschlagen und laut und wütend geschrieen. Er hat mich daraufhin sofort und ansatzlos gebissen, sodass ich geblutet habe. Der Biss hat nur einen Moment gedauert und war eine richtiggehende Reflexreaktion. Max hat sich sofort zurückgezogen und mich betreten angeschaut. Es lag keine Aggression in der Luft. Gefürchtet hat er sich sicher nicht vor mir. Aber auch dieser Biss, der einzige bisher, ist für ihn völlig ohne Konsequenzen geblieben, und umgekehrt, auf lange Sicht, auch für unser Verhältnis. Er versucht nicht, mich zu dominieren, geht brav bei Fuß usw., aber könnte mich durchaus wieder beißen, wenn er glaubt, ich hätte ihn geschlagen.

Ich versuche aber auch, durch mein Verhalten möglichst wenig Dominanz auszustrahlen. So gilt ja das Begrüßen durch „Küssen“ der Schnauze des anderen als „Unterwerfungsgeste“. Ich wende diese Geste daher regelmäßig bei ihm an, damit er ja nicht auf die Idee kommt, ich wäre dominant. Ich würde ihn auch nie von einem Platz vertreiben, nur weil ich dort gerade sitzen will usw. Und manchmal, auf unseren Bergtouren, kann der Hund für uns beide bestimmen, wo wir hingehen und wo wir übernachten usw. Wir haben das oft tagelang so praktiziert.

Kein Hund gleicht dem anderen. Meine beiden Freunde sind zwar gleich groß, gleich schwarz, haben den gleichen weißen Fellfleck auf der Brust und sind beide deutsche Schäferhunde. Aber da endet die Ähnlichkeit.

Der eine war laut und aufgeregt, der andere ist leise und ruhig. Der eine wollte ununterbrochen fortgehen und etwas erleben, der andere liegt gerne stundenlang herum und liebt es, nichts zu tun. Der eine wollte schon um 5

Uhr früh losrennen, der andere schläft bis 10 Uhr vormittags. Der eine war extrem jagdbegeistert, der andere überhaupt nicht. Der eine hat jedes nichtmenschliche Tier, das er zwischen die Zähne bekommen hat, sofort getötet, ja, jedes bewegliche Ding brutal gebissen. Der andere hat niemals irgendein Lebewesen getötet, selbst kleine Mäuse nicht, die ihm beim Mähen plötzlich zwischen die Pfoten gesprungen sind, oder die Meerschweinchen meines Bruders oder verletzte Vögel, die wir gefunden haben. Der eine war hinterhältig und unberechenbar, der andere verlässlich und vorhersehbar. Der eine wollte am liebsten ununterbrochen durch die Berge wandern, der andere geht von sich aus nach einer Stunde nach Hause, obwohl er nicht müde ist. Der eine hat Straßen und Städte gehasst und die wilde Natur geliebt, der andere eher umgekehrt. Der eine war ein Raufbold und Draufgänger, der andere sehr friedlich, eher schüchtern und ängstlich, vor allem im Kontakt mit anderen Hunden. Der eine hat sich extrem vor Gewittern gefürchtet, den anderen lassen sie völlig kalt. Der eine aß alles, was er bekommen konnte, der andere ist sehr selektiv und wählerisch in seiner Nahrungswahl. Der eine wollte keine Sekunde lang alleine bleiben, dem anderen machen auch mehrere Stunden allein in vertrauter Umgebung nichts aus.

Also kann ich ernsthaft behaupten, dass die charakterlichen Unterschiede zwischen den beiden wesentlich größer sind als die zwischen jeweils einem der beiden und den meisten Menschen.

Zu unserem Bild vom „Raubtier" Hund gehört sicher, dass ein Hund instinktiv Fleisch essen will. Aber in Wirklichkeit ist ihm nicht einmal das instinktiv gegeben. Unser Max lebt mit uns vegan, d. h., er bekommt von mir keinerlei tierliche Produkte zur Nahrung. Wenn er bei Bergtouren Aas findet, kann er natürlich damit machen, was er will. Vor einiger Zeit war ich mit ihm im Frühling auf Schitour im Hochschwab. Bei den letzten Schwüngen im tiefen Sulzschnee in den Ausläufern eines südseitigen, vollkommen einsamen Kars, dort, wo sich die Reste der gewaltigen Lawinen des Hochwinters sammeln, stießen wir plötzlich auf eine Leiche. Wie in einem Horrorfilm ragte aus dem Schnee ein Bein heraus, abgerissen vom Rest des Körpers einer Gämse, sehr blutig, die Fleischfetzen waren rundherum verteilt. Immer wieder kommen auch diese BergbewohnerInnen, die uns alle sicher bei weitem an Bergerfahrung übertreffen, dennoch in eine Lawine. Und immer wieder findet man im Frühjahr, wenn die Lawinenreste auftauen, ihre oft völlig zerrissenen Körper. Und das in einem sehr gut konservierten Zustand, weil sie tiefgefroren sind, d. h., das Blut ist noch flüssig, färbt ab, und die Muskeln sind frisch und eigentlich von den blutigen Fleischklumpen in den Kühlvitrinen der Supermärkte ununterscheidbar.

Man hätte also erwarten können, dass sich Max bei diesem Fund wie ein Besessener auf die Tierleiche stürzt und sie mit bluttriefendem Mund aufisst, zumal er sonst ja nie das Fleisch anderer Wesen zu essen bekommt. Doch weit gefehlt. Er ging vorsichtig zu der Leiche hin, schnüffelte kurz, ohne sie zu berühren, und trippelte in seinem charakteristisch leichten Gang davon, um seine Nase in andere Dinge zu stecken. Ich glaube, der Max würde erstens schlicht und einfach kein Tier totbeißen können, zweitens keines jagen und drittens einfach keine (ganzen) Leichen anknabbern. Trotz allen Leichengeruchs, trotz Blut und Fleischklumpen, scheint er dies nicht als Nahrung zu sehen.

Meine Hunde sind jedenfalls keineswegs auf Lust und Triebe reduzierbar. Im Gegenteil. Viel wichtiger sind ihnen gute soziale Beziehungen, Frieden in der Gruppe, gemeinsames Spiel und gemeinsame Aktivitäten wie Bergtouren. Meine Hunde haben mit dem archetypischen „Tier" und „tierischem Verhalten" nichts gemeinsam.

9.2 Schlafen und Träumen

Eines unserer Kriterien für Bewusstsein war Schlafen und Träumen. Natürlich schlafen die Hunde jeden Tag. Aber sie träumen auch. Ich kann das täglich wieder beobachten. In so einer Traumphase können sich alle Gesichtsmuskeln und die Augen unter den Lidern bewegen, was die typischen Zeichen einer REM-(rapid-eye-movement-)Phase, der Traumphase, beim Schlafen ist. Der Hund kann auch im Schlaf verhalten bellen oder knurren und die Zähne blecken. Und er kann laufen, mit dem Schwanz wedeln und auch kämpfen. Angesichts meines lebhaft träumenden Hundes ist es praktisch unmöglich zu bezweifeln, dass er träumt und dabei in seiner Vorstellung die wildesten Szenen erlebt.

Aber er hat auch Tiefschlafphasen. Oft schläft er leicht und wacht beim geringsten Geräusch auf. Aber er kann auch abgrundtief schlafen, sodass er durch Ansprechen und Zurufen nicht aufzuwecken ist. Dann muss man ihn schon anstupsen, damit er aufwacht. Die Tiefschlafphase ist die eigentliche Erholungsphase des Bewusstseins im Schlaf.

9.3 Bewusste Wahrnehmung

Meine Hunde hatten zum Glück nie eine Hirnschädigung, und daher kann man mit ihnen auch keine „blind sight"-Experimente machen. Aber auch Aufmerksamkeit, Konzentration und geistige Anwesenheit sind ja Zeichen für bewusste Wahrnehmung. Natürlich ist es sehr leicht für mich zu unterscheiden, ob meine Hunde aufmerksam sind oder nicht. Ich habe mit ihnen Intelligenztests gemacht oder gespielt, und sie waren voll bei der Sache, oder es wurde ihnen langweilig und sie waren geistig „abwesend". Der Unterschied ist unübersehbar.

Umgekehrt ist den Hunden auch sehr wichtig, dass ich geistig „anwesend" bin, wenn wir z. B. spielen. So war ich gerade eben mit dem Max spazieren und habe dabei über das nachgedacht, was ich gerade schreibe. Er wollte mit mir spielen, ich habe mitgemacht, aber ohne wirklich geistig da zu sein. Dem Hund ist das sofort aufgefallen, und er hat mich zuerst aufgefordert, doch auch geistig mitzutun, und dann hat er sich anderweitig beschäftigt, anstatt mit mir weiterhin spielen zu wollen. Gerade beim gemeinsamen sozialen Spiel ist gemeinsame Anteilnahme, also Aufmerksamkeit und Interesse an dem, was vorgeht bzw. was der andere macht, sehr wichtig. Sonst ist es kein soziales Spiel.

9.4 Lernen

Die Lernfähigkeit, und auch die Bereitschaft zu lernen, ist beim Max höchst erstaunlich. So hat er in drei Monaten, ohne spezifisches Training durch Konditionierung mit Leckerlis, eine ganze Reihe von Handzeichen und deren Bedeutung gelernt. Ich kann ihm wortlos zeigen, dass er kommen soll, dass er stehen bleiben soll oder in welche Richtung wir weitergehen. Er versteht Nicken oder Kopfschütteln als Ja bzw. Nein. Ebenso hat er gelernt, bei jedem Randstein vor der Straßenüberquerung stehen zu bleiben und dann an meiner Seite in meinem Tempo, quasi bei Fuß, ohne dass ich das sagen würde, die Straße zu überqueren. Oder er hat, ohne dass wir ihm das extra beibringen wollten, einige Begriffe wie „Gemma" (d. h. Aufbruch), „Stocki", „o. K", „baba" (d. h. ich gehe und er kommt nicht mit), die Namen von zwei Personen, „brav" (was für ihn bedeutet, dass er das nicht mehr weiter zu machen braucht, um was ich ihn gebeten hatte) usw. gelernt. Er kann diese Begriffe mitten aus dem Satz heraus identifizieren und entsprechend reagieren, auch wenn der Satz gar nicht ihm gegolten hat.

Am Max-Plank-Institut für evolutionäre Anthropologie in Leipzig haben Juliane Kaminski, Julia Fischer und Josep Call nachgewiesen, dass ein Border-Collie namens Rico bis zu 300 Worte, also Namen von Personen oder Plüschtieren, unterscheiden kann. Zur Prüfung seines Wortschatzes wurde Rico vierzigmal in einen Nebenraum geschickt, um ein bestimmtes Spielzeug zu holen. Siebenunddreißigmal kam der Collie mit dem richtigen Gegenstand zurück. Hält man Rico einen ihm unbekannten Gegenstand hin und sagt: „Das ist eine Schlange", so kann er das Wort ganz augenscheinlich mit dem Gegenstand in Verbindung bringen. Legt man die Schlange danach zwischen bereits bekanntes Spielzeug, schnappt sich Rico zielsicher das Stoffreptil. Wird ein ihm unbekanntes Spielzeug in eine Ansammlung von Spielzeug gelegt und bittet man Rico um die „Giraffe", dann läuft er los und holt die Giraffe – obwohl er das Wort vorher noch nie gehört hat. Der Hund, folgern die ForscherInnen, kann also durch ein hoch abstrahiertes Ausschlussverfahren zu dem Schluss gelangen, dass „Giraffe" der Name für den Gegenstand sein muss, den er bislang noch nicht kannte. Für Teamleiterin Julia Fischer ist das eine „reife, eigenständige Denkleistung", die auf logischen Operationen beruht.

„Bisher hatten Wissenschaftler geglaubt, dass dieses so genannte ‚schnelle Zuordnen' – das Erschließen von Gegenstandsbezeichnungen durch logisches Ableiten – eine rein menschliche Fähigkeit sei. Offensichtlich, so die Forscher, basieren aber bestimmte Teile des Sprachverständnisses auf geistigen Fähigkeiten, die nicht nur beim Menschen vorkommen und die sich unabhängig von der menschlichen Sprache entwickelt haben. Zudem besitzt Rico ein enormes Erinnerungsvermögen: Selbst vier Wochen nach dem Erlernen neuer Begriffe konnte er sich noch korrekt an die Worte erinnern – selbst wenn er in der Zwischenzeit die Gegenstände nicht zu Gesicht bekommen hatte. Diese Erfolgsquote entspricht laut Fischer der von dreijährigen Kindern." (Albrecht 2004)

Das Lernen durch Imitation ist ein Lernen durch Verstehen, nicht durch blinde Konditionierung. Ich habe einige Hinweise, dass meine Hunde zur Imitation fähig sind. Wenn der Max z. B. laut atmet oder gewisse Grunzlaute von sich gibt und man macht sie genau nach, im selben Rhythmus und mit derselben Lautmalerei, dann wird er rasch „angefressen". Zunächst variiert er seine eigene Atmung, um zu schauen, ob man das Imitieren absichtlich macht, und zuletzt reagiert er eindeutig „angefressen" und geht z. B. weg.

Ein anderes Beispiel ist das Kopfverdrehen. Wenn er sehr aufmerksam ist, dann schaut er einen unverwandt an und verdreht den Kopf. Wenn ich dann meinen Kopf in die andere Richtung drehe, macht er das auch. Und wieder zurück, er auch usw. Er macht dann genau nach, was ich mit meinem Kopf mache.

Vor einiger Zeit sind wir zusammen in den Bergen durch den Schnee gestapft. Das ist sehr mühsam für ihn, und wenn der Schnee nicht gut hält, dann geht er genau in meiner Spur. Andererseits variiert der Schnee auch sehr, er kann manchmal an einer Stelle tragfähig sein und 2 m daneben gerade nicht mehr. Wir gehen also nebeneinander auf dem Schnee und der Harschdeckel hält. Plötzlich beginnt der Max einzubrechen. Genauso, wie ich das auch an seiner Stelle machen würde, probiert er noch zwei bis drei Schritte, und dann schaut er zu mir hin. Weil ich noch oben auf dem Schnee gehen kann, kommt er sofort herüber und geht direkt vor mir, also nicht in meiner Spur, aber dort, wo ich gehe, weiter. Er hat gesehen, dass ich nicht einbreche, und ist offensichtlich deswegen auf meine Seite herübergekommen. Er hat sich das also abgeschaut.

Er ist auch in der Lage, selbst die Türschnalle zu drücken und Türen zu öffnen. Er weiß allerdings, dass er das nicht tun soll. Notfalls tut er es trotzdem. Ist es möglich, dass er einfach blind herumprobiert hat und zufällig ist einmal die Tür aufgegangen, oder ist es nicht viel wahrscheinlicher, dass er Menschen beim Türöffnen beobachtet und daraufhin diese Handlung für dasselbe Ziel imitiert hat?

Ein weiteres, interessantes Beispiel von Imitation ist, dass er z. B. genau erkennt, wenn ich etwas beim Bergsteigen finde, pflücke und esse, wie z. B. Heidelbeeren. Als er mich zum ersten Mal Heidelbeeren pflücken gesehen hatte, ist er ganz nahe gekommen, hat genau geschaut, was ich tue, und hat dann selbst Heidelbeeren in den Sträuchern gesucht, um sie zu essen. Sein Mund ist viel zu groß, um die kleinen Heidelbeeren zu pflücken, aber er hat dann ganze Heidelbeersträucher ausgerissen, um an sie heranzukommen. Beim Bergsteigen jedenfalls schmeckt ihm Obst sehr gut, und wenn ich ihm dann Heidelbeeren gebe, isst er sie mit Begeisterung.

9.5 Verstehen

Beim Mathematikstudium stieß ich auf den Begriff der „Hundekurve". Das ist eine Kurve, die dadurch entsteht, dass man den Bleistift immer auf ein Ziel zu bewegt, das aber selbst seinen Ort verändert. Offenbar dachten die ErfinderInnen dabei daran, dass ein Hund keine Abkürzungen kennt oder sonstige Rücksichten nimmt, sondern in blindem Eifer immer einfach direkt aufs Ziel zu rennt. Ich habe sehr oft erlebt, dass das nicht stimmt.

Wenn der Max hinter mir herrennt und ich laufe quer vor ihm, sagen wir von rechts nach links, dann rennt er nicht genau auf mich zu, sondern berechnet, wohin ich mich bewegen werde, und kürzt einfach ab. Obiges Vorurteil ist einfach ein typischer Speziesismus.

Wenn der Max apportieren will und er im tiefen Schnee in eine gewisse Richtung leichter laufen kann, dann läuft er immer solange im guten Schnee, bis der kürzeste Abstand zum Stocki gegeben ist, und dann läuft er erst quer in den tiefen Schnee hinein. Die Strecke selbst geht dann oft ums Eck und ist länger, die Anstrengung und der zeitliche Aufwand sind aber geringer.

Genauso beim steilen Anstieg. Wer glaubt, dass das Gehen in Serpentinen eine Erfindung der Menschen ist, hat weder Hunde noch Gämsen im langen, steilen Aufstieg erlebt.

In den Bergen beim weglosen Gehen ist es immer wieder so, dass ein Fels oder ein sonstiges Hindernis den direkten Weg blockiert. Oft überklettere ich diesen Felsen dann und der Max kann nicht mit. Es ist dann überhaupt kein Problem, ihm vom Felsen aus mit einer Handbewegung zu zeigen, wie er oft in großem Bogen am besten um das Hindernis herumlaufen muss, um wieder auf unseren Weg zu gelangen. Den Weg mental zu verfolgen, auch wenn das ein Umweg ist, und ihn dann sofort zu laufen, ist für den Max kein Problem. Er kann auch bei einem geschlossenen Zaun, wenn er etwas hinter dem Zaun will, sofort zurück und hinter das Haus laufen, dort durch eine offene Gartentüre den Zaun überwinden und dann in großem Bogen den Zaun entlang an die Stelle gelangen, zu der er anfangs wollte. Das macht er sofort und ohne zu zögern. Das ist für ihn kein intellektuelles Problem.

An einer Stelle im steilen Wald versperrt ein Felsrücken den Weiterweg. Ich klettere dort drei Meter senkrecht den Fels hinauf und quere auf einem Band, bis ich auf der anderen Seite wieder auf den Waldboden gelange. Ich war am 5. April 2004 und noch einmal am 4. Dezember 2004 bei Schneelage mit dem Max an dieser Stelle. Beide Male habe ich ihn mit Handzeichen um den Felsrücken dirigiert. Dazu muss er ca. 20 Meter direkt hinunter und ohne Sichtkontakt zu mir um den Felsrücken herum und dann wieder hinauf laufen. Bereits beim dritten Mal an der selben Stelle, am 10. April 2005, lief der Max von selber voraus, um den Felsen herum, und erwartete mich auf der anderen Seite. Ich habe viel Erfahrung mit Menschen beim Wandern und kann sagen, dass es kaum Menschen gibt, die zu dieser Intelligenzleistung fähig sind. Kaum ein Mensch hätte sich den genauen Ort und die Lösung des Problems so rasch gemerkt wie der Max.

Einmal bin ich mit dem Max nach einem langen Spaziergang zum Auto zurückgegangen. Wir waren gerade noch 100 m vom Auto entfernt, das quer über den Parkplatz zu sehen war, als wir beide zwei große Hunde mitten am Parkplatz wahrnehmen. Aus seinem Verhalten schließe ich, dass wir beide dasselbe gedacht haben: „Oje!“ Die beiden haben richtig böse herübergeschaut. Daraufhin hat der Max dasselbe getan, was ich gerade tun wollte. Er ging zwar weiterhin Richtung Auto, aber quer hinter eine Heckenreihe, die den Parkplatz entlang verlief. So konnten wir genauso zum Auto gehen, nur wurden wir von den beiden Hunden nicht mehr gesehen, und tatsächlich verloren die beiden rasch ihr Interesse. Dieses Erlebnis scheint nahezulegen, dass der Max sowohl das Konzept versteht, was es bedeutet, nicht gesehen zu werden, als auch verstehen kann, was man tun muss, um das zu erreichen.

Große Hunde lassen sich sehr ungern aufheben. Mit beiden Hunden musste ich in den Bergen immer wieder Leitern oder Jagdzäune überwinden, manchmal geht's nicht anders. Beide würden sich nie von mir einfach aufheben lassen, sie würden knurren und sich wehren. Aber wenn sie begreifen, dass es notwendig ist, um weiter zu kommen, dann geht’s plötzlich doch, und zwar ohne langes Zögern. Den Hassan, den großen schweren starken Hund, konnte ich ohne ein Wort von ihm aufheben, auf meine Schultern legen und selbst steile, lange Leitern mit ihm hinaufklettern. Er war dabei zwar nervös, aber er blieb dennoch bewegungslos. Einmal kamen beim Leitergehen die Felsen an der Seite so nahe an uns heran, dass es schwierig wurde, mich durchzuquetschen, mit dem Hund quer auf dem Rücken. Beim Anstoßen an den Felsen habe ich kurz eine aufsteigende Panik in seinem Körper gespürt. Fatal, in dieser Situation. Ich habe beruhigend auf ihn eingeredet, und er hat mir vertraut. Wir kamen heil durch. Auch der Max hat sich widerstandslos kürzere Felsstrecken hinaufheben oder über einen Jagdzaun tragen lassen. Ich habe beide diesbezüglich niemals mit irgendwelchen Leckerlis konditioniert. Die Bereitschaft kam einfach aus freien Stücken, nachdem sie verstanden hatten, dass wir nur so weiterkommen konnten.

Ich habe beim Max auch mehrmals getestet, ob er seine Umgebung mental repräsentieren, also verstehen, kann. Ich habe ihn in den Wald geführt, in einer Gegend, die er gut kannte, und habe ihn dann aufgefordert, den kürzesten Weg nach Hause zu gehen. Obwohl der kürzeste Weg kein Weg war, sondern wild durchs Dickicht ging, und obwohl wir genau dort bis zu diesem Zeitpunkt noch nie gegangen waren, konnte er das einwandfrei. Entsprechend weiß er ganz genau, wenn wir irgendeinen Weg einschlagen, ob wir uns von zu Hause entfernen oder nach Hause gehen. Da er oft nach einer Stunde wieder gerne nach Hause gehen würde, zeigt er mir sein Verständnis der Situation manchmal dadurch, dass er nicht die Richtung von zu Hause weg, sondern jene nach Hause hin nehmen will.

Ein deutlicher Beleg für Verstehen statt Konditionierung ist sein Umgang mit seiner Leine. Man möchte meinen, ein Hund ist positiv auf das Anlegen der Leine konditioniert, weil das ja immer geschieht, wenn er endlich aus dem Haus bzw. mit seinen FreundInnen mitgehen darf. Und tatsächlich freut sich auch der Max im Allgemeinen beim Anlegen der Leine. In den Bergen geht er nie an der Leine, außer ich muss ihn anhängen, weil ich eine heikle Kletterstelle versuchen muss oder ihn aus sonst einem Grund nicht in meiner unmittelbaren Nähe haben kann. Wenn ich ihm die Leine dann anlegen will, weigert er sich manchmal oder zeigt einfach Widerwillen. Je nach den Umständen freut es ihn also manchmal, und manchmal ärgert es ihn, die Leine angelegt zu bekommen. Statt Konditionierung auf die Leine versteht er offenbar, dass die Leine gute und schlechte Seiten hat, und je nach dem verhält er sich ihr gegenüber in einer Weise, die sein richtiges Verständnis demonstriert.

Verständnis zeigt sich u. a. darin, bei einem völlig neuen Problem, das einem noch nie begegnet ist, ohne lange Versuche sofort die richtige Lösung zu finden. Das habe ich auch immer wieder beim Max erlebt. Ein gutes Beispiel dafür ist, wie wir zum ersten Mal in seinem Leben in ein riesiges Kar gekommen sind, durch das wir über eine Geröllhalde hinuntergehen mussten. Geröllgehen ist für Menschen mit den richtigen Schuhen angenehm. Hunde mögen es natürlich überhaupt nicht. Umgekehrt kommen Hunde mit sehr steilen Wiesen wesentlich leichter zurecht. Der Max kannte, wie gesagt, Geröllhalden noch nicht. Sie waren ihm völlig neu. Nach einigen unangenehmen Schritten 20 m neben mir im Geröll hat er, durch seine Erfahrungen im

Winter im Schnee motiviert, zunächst einmal versucht, in meiner Spur zu gehen, weil er gesehen hat, wie leicht ich mir tue. Das hat aber auch nichts geholfen. Daraufhin ist er mehrere 100 m seitlich horizontal über der Geröllhalde bis zur sehr steilen, schroffen Seitenwand des Kars gelaufen, ist dort, außer Rufweite und fast schon außer meiner Sichtweite, die steile Wiese hinunter und unter dem Kar wieder zurück gegangen, um am Ende der Geröllhalde auf mich zu warten.

Einmal waren der Max und ich auf einer Sitzung im oberen Stock einer Autobahnraststätte. Nach der Mittagspause wollten wir zum Sitzungssaal zurück. Der Max ging im Wirrwarr der Gänge der Raststätte voraus. An einer Wegkreuzung gab es fünf Möglichkeiten weiterzugehen. Max blieb stehen und verharrte einige Zeit lang schweigend, als ob er nachdenken würde, welchen Weg wir gehen müssten. Plötzlich ging ihm förmlich ein Licht auf, und er drehte auf der Stelle um und lief schnurstracks, ohne seine Nase zu bemühen, ein paar Schritte zurück und dann links – genau den richtigen Weg. Er hatte sich offensichtlich zu erinnern versucht, dann war es ihm plötzlich eingefallen, und er konnte ohne zu zögern den richtigen Weg gehen.

9.6 Soziale Kompetenz

Soziale Kompetenz ist die Fähigkeit, soziale Situationen zu verstehen und sozialadäquat zu handeln. Das setzt auch Verstehen voraus, ist also ebenso ein Hinweis auf Bewusstsein.

Der Frieden in seiner sozialen Gruppe ist dem Max ungeheuer wichtig. Jede Handlung, die nur im Entferntesten Aggression oder Gewalt zwischen Gruppenmitgliedern und irgendjemand anderem oder auch zwischen den Gruppenmitgliedern untereinander zu zeigen scheint oder auch wirklich zeigt, ist ein Grund für ihn einzugreifen. Wir haben verschiedene Tests gemacht, um das zu untersuchen. Ich brauche nur einen Fuß auf meine Partnerin zu setzen oder umgekehrt sie auf mich, oder sie gibt gequälte Laute von sich, oder ich gebe vor, sie zu würgen, und sofort ist der Max auf dem Plan. Er stellt sich direkt davor oder drängt sich aktiv zwischen uns und lässt ein ganz tiefes, böses Brummen hören, oder er bellt mit dem typisch zähneklappernden Gebell, bei dem immer die Lefzen auf und nieder schwingen, sodass seine langen Eckzähne zum Vorschein kommen. Nur das Einstellen der in seinen Augen nicht sozialadäquaten Aggression kann ihn dann beruhigen.

Reagiert er nur reflexartig auf Aggression? Das macht er aber nicht, wenn ich (so tue als ob ich) voller Aggression bin und z. B. auf einen Kasten schlage. Also will er doch wirklich Frieden stiften?

Dass er Konflikte, die mit einem Bewusstseinszustand einhergehen, von denselben Handlungen ohne denselben Bewusstseinszustand trennt, also offenbar andere Bewusstseinszustände als solche erkennt, beweist er in meinen Augen auch dadurch, dass er sehr genau unterscheidet, ob ich ihm absichtlich wehtue oder unabsichtlich. Immer wieder im Zusammenleben passiert es, auch und gerade beim Bergsteigen, dass ich ihm unabsichtlich auf die Pfoten steige oder ihm mit Schiern auf den Kopf schlage usw., und ich entschuldige mich sofort durch ein freundliches Wort oder eine freundliche Geste oder er erkennt durch meinen Gefühlszustand, dass ich ihm nicht wehtun wollte, und es ist ohne Probleme vergeben und vergessen. Es kommt auch vor, dass er mich, nachdem ich ihm unabsichtlich wehgetan habe, erwartungsvoll anschaut und auf ein Zeichen wartet, um zu verstehen, warum ich das getan habe. Wenn ich ihm absichtlich wehtun würde, dann würde er dieselben Schmerzen sicherlich nicht einfach so hinnehmen und wahrscheinlich beißen. Dieses Entschuldigen nach einer versehentlichen Schmerzzufügung geschieht auch umgekehrt. Erst kürzlich habe ich ihm einige kleine Leckerbissen gegeben und er hat mich versehentlich in die Finger gebissen. Sofort hat er mich direkt freundlich angeschaut und mit der Nase gestupst. Es war unmöglich, das nicht als Entschuldigung zu interpretieren.

Interessant bezüglich der Fähigkeit zur Bildung (politischer) Koalitionen ist folgendes Erlebnis: Der gute Max sieht es als seine Aufgabe an, laut zu bellen, wenn jemand der fünf BewohnerInnen unserer Wohnung des Nachts nach Hause kommt. So ein Hundegebell mitten in der Nacht in einem vielstöckigen Haus mit vielen Wohnungen ist leider ein nachbarschaftliches Problem, weshalb wir versuchen, ihn dabei zu bremsen, was aber nicht leicht ist. Einmal kam jemand spät nach Hause, und der Max fing laut zu bellen an. Meine Partnerin hat ihm daraufhin, recht dringlich, gesagt, er möge aufhören, worauf er aufstand und sich direkt zu mir setzte, mich dabei körperlich berührte, sich aber weg von mir zu meiner Partnerin wendete. Einerseits hat er damit körpersprachlich sozusagen meine Unterstützung in diesem Konflikt erbeten, andererseits hat er die Situation so eingefädelt, dass meine Partnerin, sollte sie ihm weiter Vorhaltungen machen, sich mit diesen Vorhaltungen quasi gegen mich, der ja direkt hinter ihm saß, gewendet hätte. Bei Menschenaffen gilt so etwas als ein klassisches Taktieren im sozialen Konflikt. Beim Hund nur Zufall? Jedenfalls setzt er regelmäßig solche Handlungen, mit ganz eindeutiger Absicht.

Beim Wandern in der Gruppe sind die Hunde immer sehr darauf bedacht, dass niemand zu weit zurückbleibt oder zu weit vorne weggeht. Das Zusammenbleiben der Gruppe ist ihnen sehr wichtig. Dafür laufen sie auch immer wieder ganz zurück und fordern die NachzüglerInnen auf, schneller zu gehen, und dann laufen sie wieder ganz nach vorne, um die GipfelstürmerInnen zurückzuhalten. Wenn jetzt jemand aus der Gruppe ausschert, dann weckt das sofort das Interesse des Hundes, und er läuft hin und schaut nach, was diese Person macht. Wenn sie dann z. B. Wasser aus einem Bach trinkt oder uriniert oder defäkiert, dann zeigt sich der Hund im ersten Augenblick, in dem klar wird, warum die Person die Gruppe verlassen hat, beruhigt, und kehrt allein zur Gruppe zurück. Er kümmert sich dann nicht mehr um die AusreißerIn, bis diese selbstständig in die Gruppe zurückgekommen ist. Bleibt sie aber unmotiviert sitzen und dem Hund ist nicht klar warum, dann stellt er sich vor sie hin und beginnt lauthals zu bellen. Das ist eine Aufforderung an sie, ihr Verhalten einzustellen, aber gleichzeitig eine Mitteilung an die Gruppe, dass hier etwas nicht stimmt. Wenn sie aber etwas in seinen Augen Sinnvolles tut, wie trinken, urinieren oder defäkieren, dann bellt er niemals, sondern geht sofort still zur Gruppe zurück.

9.7 Mitgefühl

Das Mitgefühl für nicht blutsverwandte Wesen hat sich auch als ein Kriterium für Bewusstsein herausgestellt. Soziales Zusammenleben kann nur funktionieren, wenn alle auf die emotionale Situation der anderen Rücksicht nehmen. Meine Hunde haben jedenfalls immer sehr deutlich verstanden, wie ich mich fühle, und haben sich entsprechend verhalten.

Beim Schitourengehen im dichten, tief verschneiten Wald hat einmal dem Max und mir eine unter der Schneelast zusammengebrochene Fichte den Weg versperrt. Für den Max kein Problem, unten durchzugehen. Ich musste mich am Bauch durch den Schnee unter dem Baum hindurchwühlen. Der Max auf der anderen Seite sah das, sah mich also, wie ich förmlich unter dem umgestürzten Baum steckte, und hat offenbar daraus geschlossen, dass ich stecken geblieben und in Not bzw. in Gefahr geraten wäre. Also lief er sofort aufgeregt zu mir her und verbiss sich in meiner Jacke im Genick und zog mit Leibeskräften, um mich unter dem Baum hervorzuholen. Er hat ganz offensichtlich geglaubt zu erkennen, dass ich in Not war, und wollte mir helfen. Konditionierung als Erklärung für dieses Verhalten fällt aus, weil ich noch nie vorher unter einem Baum gesteckt bin, wenn ich mit dem Max zusammen war. Und abgesehen davon war ich nicht in Not, ich habe mich daher auch nicht verhalten, als würde ich Hilfe brauchen. Allein aus der Situation, ich unter einem umgestürzten Baum, hat er geschlossen, dass er helfend eingreifen muss. Jedenfalls hat er spontan sofort so reagiert, wie er reagieren müsste, wenn ich tatsächlich in Gefahr gewesen wäre.

Es gibt unzählige Geschichten von Hunden, die andere vor großen Gefahren gerettet haben, auch unter Einsatz ihres Lebens. Umgekehrt würde auch ich keinen Augenblick zögern, den Max unter Einsatz meines Lebens zu retten, wie es bei einer Lawine einmal fast notwendig geworden wäre. Am 20. April 2004 berichtete ABC-News von einem Fall in Houston, USA, in dem ein Hund einen anderen Hund aus dem Mund eines Alligators gerettet hatte. Ein besonders berührendes Erlebnis schildert Roger Fouts.

„Mein engster tierischer Gefährte war unsere Hündin Brownie. Temperamentvoll und von unerschütterlicher Treue, war sie ein fester Bestandteil unseres Haushalts. [...] Brownie tat etwas, das meine Einstellung gegenüber Tieren für immer prägte: sie rettete meinem Bruder das Leben. [...Wir fuhren mit dem Lastwagen von der Feldarbeit nach Hause] Nach einer Weile hörten wir Brownie sehr laut und hartnäckig bellen. [...] Sie schnappte nach dem rechten Vorderreifen, was ein äußerst merkwürdiges Verhalten war: Hunderte Male war Brownie in die Felder mitgekommen, ohne je den Lastwagen anzubellen. Mein Bruder Bob [der Fahrer] wunderte sich zwar, achtete aber nicht weiter auf sie, sondern fuhr dahin, während sie immer rasender bellte. Und auf einmal warf sich Brownie ohne weitere Vorwarnung vor das Vorderrad. Ich höre sie aufjaulen und spürte einen dumpfen Schlag, als der Wagen über ihren Körper hinwegrollte. Bob trat scharf auf die Bremse, alle sprangen heraus. Brownie war tot. Und direkt vor dem Lastwagen, keine 3 m entfernt, war [mein Bruder] mit seinem Fahrrad in der tiefen Fahrrinne stecken geblieben und kam nicht mehr heraus. Noch zwei Sekunden, und wir hätten ihn überfahren. [...] Niemand zweifelte eine Sekunde daran, dass Brownie ihr Leben geopfert hatte, um meinen Bruder zu retten. Sie hatte gesehen, wie eine gefährliche Situation entstand, und tat, was sie tun musste, um den Buben, den sie so viele Jahre lang bewacht hatte, zu schützen.“ (Fouts 1998, S. 18)

Der Max versteht auch sehr genau, wenn ich traurig bin oder weine. Er kommt dann, leckt mir das Gesicht und will mich eindeutig trösten. Dass er meinen Emotionen größte Aufmerksamkeit widmet, ist offensichtlich. Wenn ich z. B. seinen Namen mit verschiedener emotionaler Färbung sage, heißt das jeweils ganz Verschiedenes. Wenn ich nervös bin, vielleicht bei einer heiklen Situation in den Bergen, wird er das auch. Wenn Unruhe entsteht, z. B. durch einen bevorstehenden Aufbruch, ist es auch bei ihm aus mit dem stillen Liegen, und er läuft mir nach, um zu erfahren, was als nächstes passieren wird. Das ist für ihn sehr relevant.

Frans de Waal berichtet davon, dass Rettungshunde mit den Opfern, die sie suchen, förmlich mitleiden: „Wenn Rettungshunde auf zu viele Tote treffen, verlieren sie das Interesse an ihrer Aufgabe, auch wenn sie noch so sehr gelobt werden und noch so viele Leckerlis bekommen. Diese Entdeckung machte Caroline Hebard, die amerikanische Pionierin in der Ausbildung von Such- und Rettungshunden, während des Erdbebens in Mexiko 1985. Hebard schildert, wie ihr deutscher Schäferhund Aly reagierte, als er eine Leiche nach der anderen fand und kaum Überlebende. Wenn er noch Leben in den Trümmern entdeckte, wurde Aly aufgeregt und munter, doch die vielen Toten machten ihn depressiv. [...] Ein ausgebildeter Hund hat keinen Anlass, sich um die Verfassung seiner Opfer zu sorgen. Dennoch wurden alle Hunde des Teams deprimiert. [...] Nach einigen Tagen hatte Aly offensichtlich genug. [...Er] verweigerte die Nahrung. Auch alle übrigen Hunde des Teams hatten den Appetit verloren." (Frans de Waal 2002, S. 307)

9.8 Moralisches Gefühl

Auch ein moralisches Gefühl für soziale Regeln ist ein Zeichen von Bewusstsein. Der Max weiß, ohne jegliche jemals angedrohte Strafe, sehr genau, was er tun darf, was sozialadäquat ist und was nicht. So isst er nichts einfach so vom Tisch, auch von einem Tisch, der viel niedriger ist als er selbst, und er geht nicht in unser Bett usw.

Übrigens kann unser Hund auch protestieren, quasi „zivilen Ungehorsam" leisten. Zu Silvester waren einmal sehr viele Leute in unserer kleinen Berghütte und haben sehr laut musiziert. Und der arme Max, sonst die Ruhe in Person, war durch den Lärm überlastet. Einige Zeit hat er es tapfer ertragen, doch dann war er plötzlich weg. Wo war er? Oben, im Stock, auf unserem Bett. Obwohl er genau wusste, dass er das nicht darf – oder vielleicht gerade deswegen. Aus Protest. Und als wir ihn vom Bett vertreiben wollten, hat er geknurrt. Auch das hatte keine Nachwirkungen. Nachdem im Haus Ruhe eingekehrt war, ist er nie wieder ins Bett gestiegen, außer in einer ähnlichen Protestsituation, z. B. wenn er im Schlafzimmer eingesperrt wurde.

Wenn ich selbst etwas tue, das er nicht für sozialadäquat hält, dann reagiert er verärgert und verweigert z. B. viele Stunden oder sogar Tage lang jeden Kontakt. Einmal hat der Hassan unter dem Tisch, an dem ich gesessen bin, geknurrt, weil ein fremder Hund den Raum betreten hatte. Ich habe daraufhin laut unter dem Tisch geklatscht. Seine Reaktion war aufzustehen, zur Tür zu laufen, sich dort noch einmal nach mir umzudrehen, einige Sekunden zu verharren, als könne er nicht glauben, dass ich ihm so etwas antun würde, und dann in den Garten zu verschwinden. Er hat mich danach 24 Stunden lang keines Blickes gewürdigt und mich vollständig ignoriert. Auch der Max kann auf mich „angefressen" sein, wenn ich ihn z. B. beim Einstieg von einer Kletterei einige Zeit zurücklasse, weil er das letzte Stück auf den Gipfel nicht mitkann. Wenn wir uns einige Zeit nicht gesehen haben und uns dann wiedersehen, freut er sich normalerweise sehr und begrüßt mich schon von weitem. In diesem Fall hat er mir bei meiner Rückkehr die kalte Schulter gezeigt.

Bei einer Bekannten war das noch deutlicher. Sie hatte zunächst lange mit dem Hund ihrer Eltern zusammengelebt und war seine beste Freundin. Dann ist sie ausgezogen. Das hat ihr der Hund nie verziehen. Er wurde ihr gegenüber immer unverträglicher, bis er sie sogar gebissen hat.

Beim Spaziergang mit meiner Partnerin hat sie dem Max einmal ein verfaultes, undefinierbares Ding weggenommen, an dem er aber mit Begeisterung gerochen und das er in den Mund genommen hatte. Er scheint das zunächst – offenbar zähneknirschend – akzeptiert zu haben und ist mit nach Hause gegangen, wo die beiden zehn Minuten später angekommen sind. Dort hat er sich unter den Tisch gelegt. Meine Partnerin wollte ihm die Leine abnehmen, da sprang er wütend auf und knurrte sie böse an. Offensichtlich hatte er ihre Aktion für unangemessen gehalten und diesen Groll mit sich herumgeschleppt, zehn Minuten lang, ohne etwas davon zu zeigen. Als sie ihn dann „belästigte", weil sie ihm die Leine abnehmen wollte, reagierte er mit „Lass mich in Ruh!", wie wir das auch tun würden, sehr unwirsch und aggressiv. Er verhält sich übrigens auch ihr gegenüber überhaupt nicht dominant, normalerweise, und folgt ihr aufs Wort.

Frans de Waal erzählt von dem Hund Bully, der einmal seinen Betreuer Konrad Lorenz versehentlich gebissen hatte und dann, obwohl Lorenz ihn weder beschimpft noch bestraft, sondern, im Gegenteil, beruhigt hat, tagelang förmlich von Schuldgefühlen paralysiert war und erst nach Wochen zu seinem normalen Zustand zurückfand.

Desmond Morris argumentiert, dass Hunde sich schuldig fühlen und eine Handlung bereuen können. „[Ein Hund] kann verstehen, dass er etwas [moralisch] Falsches gemacht hat.“ (Morris 1986, S. 29)

9.9 Intentionalität: Kommunikation und Spiel

Bei meinen Hunden erlebe ich ununterbrochen, dass sie Intentionen haben. Wenn ich zu lange am Computer arbeite, fragen sie mich, wann wir endlich gehen. Wenn sie Hunger haben, erfahre ich das sofort. Der Max kann mir z. B. mitteilen, dass er jetzt nach Hause gehen will, dass wir schneller gehen sollen, dass wir langsamer gehen sollen, dass wir nicht mehr rasten, sondern weitergehen sollen, dass ich aufhören soll, das zu tun, was ich gerade tue, dass ich ihm folgen soll, dass er in diese Richtung gehen will bzw. dass er in diese Richtung nicht gehen will, dass er das oder jenes überhaupt nicht will, dass er jetzt nur Spaß macht und nicht ernst zu nehmen ist, dass er Hunger hat, dass er Durst hat usw.

Er sagt mir, dass ich schneller gehen soll, indem er ganz charakteristisch von vorne auf mich zuläuft, dann so dicht an mir umdreht, dass er mich dabei berührt, und dann wieder an mir vorbei nach vorne läuft. Er sagt mir, dass ich stehen bleiben oder langsamer gehen soll, indem er, umgekehrt, von hinten kommt und dann quer vor mir stehen bleibt, mitten beim Gehen. Er sagt mir, dass ich ihm folgen soll, indem er vorläuft, dann zu mir zurückschaut, Augenkontakt aufnimmt und, wenn ich auf ihn zugehe, sofort weiterläuft bis zur nächsten Biegung, dort das Verhalten wiederholt usw. Diese Aussagen sind absolut nicht misszuverstehen. Es ist eindeutig, dass er kommuniziert und was er mir mitteilen will. Auf diese Weise hat er mich z. B. einmal zu einer Bergpartnerin geführt, zu der ich bei der Tour den Kontakt verloren hatte.

Umgekehrt kann ich ihm natürlich auch Wünsche mitteilen, mit ähnlichem Inhalt wie er mir. Wenn wir zu einer Weggabelung kommen, dreht er sich oft nach mir um und schaut mich an. Wenn ich dann die rechte oder linke Hand hebe und in die Richtung zeige, in die ich gehen möchte, dann läuft er in die angegebene Richtung, rechts oder links, weiter. Er kann auch auf Handzeichen stehen bleiben, herkommen oder warten.

Eine ungarische Forschergruppe fand heraus, dass Hunde intentional kommunizieren können, indem sie jemandes Aufmerksamkeit auf etwas lenken. Die WissenschaftlerInnen schlossen aus ihrer Arbeit, dass Hunde „intentional funktional referentiell kommunizieren" können (Miklosi et al. 2000). Hunde können im Intelligenzniveau von zweieinhalbjährigen Kindern mit Menschen kommunizieren (Wise 2002, S. 129).

Im Interview mit dem *Profil* vom 28. Mai 2004, Seite 114, sagt Adam Miklosi: „Die Intelligenz von Hunden hat einige ähnliche Merkmale wie die des Menschen, besonders in sozialer Hinsicht. Beispielsweise sind Hunde gut darin, Gesten oder Blicke zu deuten. Ebenso können sie ihre Absichten gut ausdrücken, und sie verwenden recht differenzierte Signale der Kommunikation. Wenn ein Problem gelöst werden soll, dann bevorzugen es Hunde, wenn der Mensch es löst. Es ist eine durchaus kluge Verhaltensweise, andere etwas für sich tun zu lassen. Hunde zeigen das, indem sie uns anstarren, berühren oder bellen."

Besonders für das Spiel hat der Max sehr deutliche Zeichen. Sein Spielgesicht ist unübersehbar und bringt einen zum Lachen. Wenn er die Vorderpfoten spreizt und sich charakteristisch nach vorne beugt, mit dem Hinterteil in der Höhe, dann ist das eine ganz intensive Spielaufforderung. Im Spiel selbst kann er z. B. sowohl die Rolle des Gejagten als auch des Jagenden annehmen, und zwar mit anderen Hunden genauso wie mit Menschen. Spiel ist ein ganz wesentliches Verhalten, das täglich gezeigt wird, vor allem das soziale Spiel mit PartnerInnen. Dafür ist aber die emotionale Anteilnahme aller SpielpartnerInnen essentiell. Ohne diese Anteilnahme bricht der Max das Spiel einfach ab.

9.10 Vernünftiges Weltbild

In vieler Hinsicht zeigen meine Hunde, dass sie ein vernünftiges Weltbild haben, d. h., sie glauben nicht an Gespenster. Wenn ein seltsames Geräusch an der Tür ist, dann sind sie sofort aufmerksam. Ein seltsames Geräusch, wie das Knacken im Holz eines Kastens, in einem Raum, von dem sie wissen, dass er leer ist, interessiert sie nicht. Wenn jemand durch das Fenster einsteigt, wie das kürzlich geschehen ist, dann nimmt der Hund das erst ernst, wenn er es wirklich sieht, also wenn er unabhängige Hinweise hat, dass das Geräusch von einem Eindringling stammt. Menschen kommen normalerweise nicht durch ein Fenster, das passt nicht ins vernünftige

Weltbild. An der Tür hätten dieselben Geräusche wesentlich früher zu einer heftigen Reaktion geführt.

Ich habe auch Objektpermanenztests mit dem Max gemacht. Dabei habe ich Objekte vor seinen Augen verschwinden lassen und ihn dann gefragt, wo sie sind. Auf diese Weise konnte ich zeigen, dass der Max Objektpermanenz bis zur Stufe 6 nach Piaget (1980) zeigt, eine Stufe, die Menschenkinder erst ab zwei Jahren erreichen. Das bestätigt die Ergebnisse von Triana und Pasnak (1981). Der Schweizer Kognitionspsychologe Jean Piaget (1896–1980) hat die Entwicklung des geistigen Auffassungsvermögens von Menschenkindern untersucht und zu einer ganzen Reihe von kognitiven Eigenschaften, u. a. der Objektpermanenz, Entwicklungsstufen angegeben, die die meisten Menschenkinder durchlaufen.

Als Versuchsaufbau habe ich den Hund vor mehrere umgestülpte Becher gesetzt und ihn genau beobachten lassen, was ich tat. Ich habe dann das Objekt unter einen Becher gelegt und den umgedrehten Becher, ohne dass das Objekt zu sehen war, bewegt. Danach habe ich den Max gefragt, wo das Objekt ist. Er ist aufgesprungen, zu einem Becher gelaufen und hat diesen mit seiner Schnauze umgeworfen. Solange ich nur den Becher bewegt habe, unter dem das Objekt versteckt war, solange hat der Max den Test jedes Mal bestanden. Das „Shell-Spiel“, bei dem zuerst das Objekt unter einem Becher versteckt wird und dann alle gleich ausschauenden Becher bewegt werden, hat er allerdings nicht mehr bestanden. Er ist dann zu dem Becher gegangen, der an der Stelle war, an der das Objekt verschwunden ist. Offenbar konnte er die Bewegung mehrerer umgestülpter Becher nicht im Kopf behalten. Jedenfalls beweist sein Umstürzen falscher Becher, dass er bei den bestandenen Tests nicht seinen Geruchssinn verwendet haben konnte, um das Objekt zu finden.

9.11 Spezifisches Selbstbewusstsein

Wie bereits festgestellt, ist jedes Bewusstsein auch Selbstbewusstsein. Dennoch gibt es verschiedene Arten von Selbstreferenz und Selbstreflexion, die separat untersucht werden können.

Der bekannte MSR-Test, der Mirror-Self-Recognition- oder Spiegeltest, der das Selbstbewusstsein belegen soll, ist für Hunde schwer durchführbar. Für Hunde ist nämlich der Geruchssinn viel wichtiger, um andere zu erkennen, und abgesehen davon sind ihnen Farbpunkte im Gesicht egal, aber mit Farbpunkten wird üblicherweise die Wiedererkennung getestet. Als meine Partnerin von einer Wespe im Gesicht gestochen wurde und durch die Schwellung völlig entstellt war, kaum wiederzuerkennen, hat der Max sich verhalten, als würde sie ausschauen wie immer. Er hat mit keiner Reaktion erkennen lassen, dass sie anders aussehen würde. Abgesehen davon hat er keine Hände, um sich beim MSR-Test auf etwaige Farbpunkte im Gesicht zu greifen.

In meinem Büro steht unten beim Hauseingang ein riesiger Spiegel. Bei unserer ersten gemeinsamen Begegnung mit dem Spiegel hat der Max zunächst den großen schwarzen Hund im Spiegel entdeckt und sich verschreckt geduckt. Dann ist er vorsichtig auf sein Spiegelbild zugegangen. Plötzlich, etwa 2 m vor dem Spiegel, hat er sich erleichtert aufgerichtet und ist mit mir davongetrottet. Irgendetwas hat ihm plötzlich gesagt, dass das Wesen im Spiegel kein Hund ist, jedenfalls kein Konkurrent oder keine Gefahr. Was war das? Hat er „Spiegel“ statt „Hund“ gerochen? Kaum, weil er in ähnlichen Fällen viel näher herangeht, bevor er ernsthaft schnüffelt. Oder ist es doch möglich, dass er plötzlich gesehen hat, „das bin ja nur ich“, so wie das uns ginge, wenn wir unerwartet auf unser Spiegelbild treffen?

Sapontzis (1987, S. 32) berichtet von einem Hund, der nur vorgetäuscht hat, urinieren zu müssen, um etwas länger Zeit zu haben, auf einen Hund hinter dem Zaun zu starren. Er wusste, dass er sonst an der Leine weggezerrt würde, aber das Urinieren würde ihm einige Momente Zeit verschaffen.

Rollin (1998, S. 153) erzählt, wie sein Hund aufgrund einer Überbelastung der Beingelenke zu humpeln begonnen hatte. Die liebevolle Behandlung hat dazu geführt, dass der Hund offenbar weitergehumpelt ist, ohne Schmerzen zu haben. Das zeigte sich zehn Tage später, nach einem nicht sehr erfreulichen Besuch bei der Tierärztin. Der Hund hörte ohne Behandlung sofort zu humpeln auf. Nur zwei Jahre später, als der Hund etwas angestellt hatte und erwartete, bestraft zu werden, fing er wieder zu humpeln an, offenbar um Mitleid zu heischen.

Beide Fälle weisen jedenfalls darauf hin, dass manche Hunde vorsätzlich täuschen können – ein Beleg für eine Art von erweitertem Selbstbewusstsein.

9.12 Homosexualität

Unser Max ist homosexuell. Ich habe damit zwar noch nicht sehr viele Erfahrungen gemacht, aber meine Partnerin, die oft mit ihm in der Stadt spazieren geht, erzählt immer wieder Geschichten darüber, dass er mit gewissen männlichen Hunden in Sexualkontakt tritt und Oralsex betreibt, während er weibliche Hunde ignoriert.

9.13 Adoption

Es gibt unzählige Geschichten von Hunden, die andere Tiere adoptierten. Frans de Waal (2002, S. 292) berichtet von Hunden, die im Zoo Tigerkinder adoptiert hatten und mit diesen ein Leben lang in elterlicher Verbindung geblieben sind. Eine Katze, die von Hunden adoptiert und aufgezogen worden ist, gewöhnte sich sogar Hundeverhalten an und begann z. B., mit erhobenem Bein zu urinieren (Beaver 1980, S. 34).

9.14 Erweitertes Bewusstsein: autobiographisches Selbst

Mit ihren Persönlichkeiten erlebe ich natürlich die Hunde als autobiographisches Selbst. Auch Damasio (2000b, S. 198) billigt Hunden – er lebt auch mit einem – ein autobiographisches Selbst mit Erweitertem Bewusstsein zu. Durch all die oben angegebenen Fähigkeiten ist wohl offensichtlich geworden, warum.

Allerdings gibt es auch einen unabhängigen Hinweis darauf, dass sich die Hunde Dinge wesentlich länger merken als nur wenige Sekunden. Erst kürzlich hatte ich ein weiteres, besonders interessantes Erlebnis mit dem Max, das beweist, dass er in längeren Zeiträumen lebt. Wenn ich weggehe und ihn zu Hause lassen muss, dann sage ich ihm das gleich beim Fertigmachen zum Weggehen. Er versteht das vollkommen und verhält sich sehr spezifisch. So drängt er nicht zur Tür, sondern bleibt in zwei Metern Abstand und schaut traurig. So auch in diesem Fall. Allerdings fiel mir dann im Auto, bereits beim Fahren, auf, dass ich mein Telefon zu Hause vergessen hatte. So kam ich fünf Minuten nach dem Verlassen des Hauses wieder zurück. Wenn ich nach längerer Abwesenheit wieder nach Hause komme, verhält sich der Max auch ganz spezifisch. Er begrüßt mich, indem er mich umschwänzelt und wir uns quasi küssen. Als ich aber diesmal fünf Minuten später wieder nach Hause kam, nur um mein Telefon zu holen und gleich wieder zu gehen, war nichts dergleichen zu bemerken. Max kam zur Tür, hielt aber den charakteristischen Abstand von zwei Metern mit traurigem Blick ein, und es war ihm offensichtlich vollkommen bewusst, dass ich nur kurz wieder da war und gleich wieder gehen würde, ohne ihn. Es kann kein Zweifel bestehen, dass er das verstanden und erwartet hat.

Ein anderes Beispiel für Vorstellungen von der Vergangenheit bei meinen Hunden ist der Umstand, dass sie Gerüche wahrnehmen können, die oft schon viele Tage zurückliegen. Ich beobachte den Max oft genau, wenn er einen solchen Geruch in sich aufnimmt und quasi in aller Stille darüber meditiert. Manchmal schließt er dabei die Augen oder leckt auch leicht über die Stelle, an der er lange und intensiv gerochen hat. Dem Hund muss bewusst sein, dass der eine Geruch älter und der andere Geruch jünger ist, dass z. B. das, was er da riecht, vor langer Zeit geschehen ist. Er lebt also in wesentlich größeren Zeitfenstern als nur Sekunden.

9.15 Psychisches Leiden

Nach dem oben Gesagten ist eindeutig, dass diese beiden Hunde ein Bewusstsein haben. Natürlich und offensichtlich können sie auch psychisch leiden, wenn sie allein bleiben müssen, wenn für einige Zeit niemand mit ihnen spazieren geht, wenn ihnen wahnsinnig langweilig ist, wenn sie sich nicht geliebt, beachtet und geborgen fühlen usw.

Wenn ein Hund frei in der Wohnung herumlaufen darf, aber sonst nie hinauskommt, wie eine Kuh im Freilaufstall, dann leidet er furchtbar. Er wird zumeist schwer neurotisch. Wenn er zusätzlich zu dem freien Auslauf in der Wohnung noch einen Auslauf ins Freie hat, z. B. einen Hof, dann ändert sich daran fast gar nichts. Er wird genauso neurotisch. Was er braucht, und das lehren wir im Tierschutz-Unterricht bereits in der Volksschule, ist Liebe und Sozialkontakt, und er braucht laufend neue Reize, neue Erlebnisse, Abwechslung. Wenn der Max einmal in der Woche eine zweitägige Bergtour macht und sonst täglich etwa drei Spaziergänge, von denen mindestens einer wenigstens eine Stunde dauert, dann bin ich trotzdem besorgt, dass wir ihm nicht genug Freiheit bieten. Ihm wäre ganz sicher lieber, noch viel mehr Auslauf, Beschäftigung und gemeinsame Aktivitäten zu bekommen. Ein so hochkomplexes Wesen wie der Max hat jedenfalls große Ansprüche an seine Umgebung, um zufrieden zu leben. Es ist sehr schwierig, diesen Ansprüchen zu genügen, wenn man ein eigenes Leben hat, und umso mehr, wenn man in der Stadt wohnt. Nur die Autonomie kann ihm wirklich das bieten, was er braucht.

10 Haben nichtmenschliche Tiere Bewusstsein?

Mit dem Wissen aus den vorigen Kapiteln möchte ich mich jetzt der Frage zuwenden, ob mir Bewusstsein auch bei anderen nichtmenschlichen Tieren begegnet. Dafür verwende ich hauptsächlich Berichte und Forschungsarbeiten aus der Literatur, aber natürlich auch eigene Erlebnisse von meinen ausgedehnten Bergtouren. Die Kriterien für Bewusstsein, die ich dabei anwenden will, entsprechen denen aus Kapitel 6.

Ein möglicher Fehler bei der Beurteilung des Verhaltens anderer Wesen, dessen ich mir bewusst sein sollte, ist der so genannte „Anthropomorphismus". Eigentlich müsste es ja „Egomorphismus" heißen, weil der Vorwurf des Anthropomorphismus beinhaltet, dass ich aus meinen persönlichen Motivationen und Erlebnissen bei gewissen Handlungen darauf schließe, dass andere bei ähnlichen Handlungen ähnlich motiviert sind und ähnlich empfinden. Das kann natürlich auch meine Einschätzung der Handlungen anderer Menschen betreffen. Gerade bei Bergtouren habe ich oft erlebt, dass menschliche BegleiterInnen dieselbe Situation bzw. dieselbe Handlung völlig anders erleben bzw. aus völlig anderen Motiven setzen als ich. Will ich also ihre Handlungen richtig einschätzen, muss ich mich geistig auf ihr Wesen einlassen und das Erleben von ihrem Standpunkt aus, nicht von meinem, betrachten.

Ich liebe es z. B., mitten in der Nacht ohne Licht völlig allein, weitab von jeder menschlichen Zivilisation, durch die Berge oder den Wald zu streifen. Für andere Menschen ist das geradezu eine Horrorvorstellung. Ich liebe es, im totalen Schneesturm bei Eiseskälte über Eis auf einen Gipfel zu klettern oder ohne Zelt mitten im Schnee zu übernachten. Die meisten anderen Menschen erleben so etwas als ein einschneidendes Trauma. Ich bin schon als Kind, wenn ich zu Hause Angst hatte, aus dem Haus in den Wald gelaufen, um dort alleine zu übernachten. Die meisten Menschenkinder machen eher das Gegenteil. Ich bin auch gegen Kälte weitgehend resistent – so habe ich noch nie, auch bei tiefen Minusgraden nicht, beim Übernachten im Gebirge meinen Schlafsack schließen können, weil mir immer zu heiß ist – und in einem Zimmer ohne offenes Fenster, auch bei -25 Grad draußen, kann ich keine Sekunde schlafen, weil ich zu ersticken glaube. Umgekehrt empfinde ich wiederum, im Gegensatz zu offenbar den meisten Menschen, das stundenlange Sitzen in verrauchten, lauten Lokalen als absolut unerträglich. Genauso wenig könnte ich einen einzigen Tag einfach ohne zwingenden Grund in meiner Wohnung verbringen, wie so viele, ohne in den Wald oder die Berge zu gehen. Ich bin also gewohnt, meinen Egomorphismus im Zaum zu halten, wenn ich mit anderen Menschen verkehre.

Ähnlich bei der Mathematik. Auch die Mathematik ist für mich ein völlig positives Erlebnis, während sie für die meisten Menschen ein Schultrauma ist. Auch bei der Mathematik habe ich oft erlebt, dass verschiedene SchülerInnen denselben Problemlösungsweg wie ich eingeschlagen haben, allerdings aus völlig anderen Motiven, z. B. wenn sie auswendig gelernte Regeln anwenden. Logik und Rationalität ist für mich selbst ein wesentliches Element der Entscheidungsfindung in meinem täglichen Leben. Bei den meisten anderen Menschen ist das nicht nur nicht der Fall, sondern oft das Gegenteil. Logische Schlüsse werden als praxisfern abgelehnt, weil die Natur eben voller Widersprüche wäre, und die Rationalität sei kalt und lebensfeindlich. Trotzdem machen dieselben Menschen in manchen Fällen dasselbe wie ich. Auch da muss ich mir meines potentiellen Egomorphismus bewusst bleiben und darf nicht von meinen Erlebnissen und Motiven unmittelbar auf die anderer schließen. Das Problem des Egomorphismus (bzw. des Anthropomorphismus) ist also real.

Ein Beispiel dafür bei nichtmenschlichen Tieren ist die bei vielen Menschen verbreitete Annahme, dass nichtmenschliche Tiere entweder grundsätzlich gut wären und nie böse Hintergedanken hätten, oder, umgekehrt, grundsätzlich instinktgetrieben und böse wären und keinerlei moralische Gefühle hätten. Beide dieser Standpunkte sind mit den empirischen Fakten nicht vereinbar. Natürlich gibt es zuweilen ungeheuerliche Brutalität und bösartige Hintergedanken bei nichtmenschlichen Tieren, genauso wie es umgekehrt Liebe, Altruismus und moralische Gefühle gibt. Da Menschen auch Tiere sind, im vollen Sinn dieses Wortes, verwundert es nur SpeziesistInnen, dass es hier keine grundsätzlichen Unterschiede gibt.

Anthropomorphismus bedeutet ursprünglich, einen Gott mit menschlichen Charakteristiken zu beschreiben. Da sich heutige SpeziesistInnen selbst sozusagen zu irdischen Ebenbildern eines Gottes bzw. zu einzigartigen Wesen hochstilisieren, wurde die ursprüngliche Häresie, durch den Vergleich einen Gott zum Menschen zu machen, zur Häresie, durch den Vergleich den Menschen zu einem Tier zu machen.

Fisher (1999) definiert den Anthropomorphismus als falsche Zuordnung einer mentalen Eigenschaft zu einem nichtmenschlichen Tier, und zwar entweder bei Charakterdarstellungen in Film, Buch oder Malerei usw. (imaginativer Anthropomorphismus) oder bei der Interpretation von Verhalten (interpretativer Anthropomorphismus). Ein Beispiel für ersteres wäre, wenn zwei Bären in einem Film als monogames Pärchen „bis dass der Tod sie scheide" zusammenleben, ein Beispiel für zweiteres, wenn aus dem Verhalten des Klugen Hans auf arithmetisches Können geschlossen wird.

Ob der Anthropomorphismusvorwurf in spezifischen Fällen zutrifft, ist also eine empirische Frage, die für jeden Fall separat gelöst werden muss. Zum Beispiel kann es eine falsche Annahme oder eine falsche Schlussfolgerung gegeben haben. Der Blankovorwurf des Anthropomorphismus ohne spezifische Kritik, welcher Fehler gemacht worden sein soll, ist allerdings inhaltsleer. Wenn die Interpretation des Verhaltens anderer Menschen aus meinem eigenen Erleben zusammen mit meinem Wissen über diese anderen Menschen manchmal funktioniert, dann gibt es keinen Grund, warum das nicht auch bei anderen Tieren möglich sein sollte.

Viel gefährlicher scheint mir hingegen die speziesistisch motivierte „Anthroponegation" (de Waal 2001, S. 70) zu sein. Dabei werden eine ähnliche Motivation und ähnliche mentale Vorgänge bei einer gleichen Handlung zweier Wesen, die unter denselben Bedingungen ausgeführt wird, wobei sich die beiden Wesen in Hirnaufbau und Anatomie nicht wesentlich unterscheiden, nur deswegen geleugnet, weil das eine Wesen ein Mensch und das andere ein „Tier" sei. Dieser Fall scheint mir in der Literatur wesentlich häufiger aufzutreten, wenn z. B. die Sprache fälschlich als Grundvoraussetzung für diese oder jene Handlung gesehen wird (siehe Kapitel 11), wenn Imitation nur dann als solche anerkannt wird, wenn alle bestimmenden Parameter der zu imitierenden Handlung von der ImitatorIn verstanden wurden oder wenn „dumme" Handlungen überbewertet werden. Anthroponegation zeigt sich am deutlichsten, wenn Menschenkindern, die nachweislich in verschiedenen Bereichen eine wesentlich niedrigere Intelligenz zeigen als viele nichtmenschliche Tiere, viel komplexere mentale Repräsentationen bei der Interpretation desselben Verhaltens, ohne dass das einer Kritik unterzogen würde, zugebilligt werden. So schreiben Savage-Rumbaugh und Lewin (1994, S. 165), dass in der Sprachforschung ein völlig verschiedener Standard bei Menschenkindern als bei nichtmenschlichen Menschenaffen angelegt wird.

Ein typisches Beispiel von Anthroponegation wird von Sue Taylor-Parker und Michael McKinney (1999, S. 53) und Richard Byrne (1995, S. 92) begangen. Sie berichten von „trap-tube"-Experimenten, bei denen so genannte

„Tieraffen“, also Primaten, die keine Menschenaffen oder Halbaffen sind, lernen können, mit einem Stab ein Objekt aus einem durchsichtigen Rohr zu stoßen. Im Gegensatz zu den Menschenaffen (inklusive der Menschen) würden sie aber versagen, wenn es eine „Falle“, also eine Einbuchtung nach unten, im Rohr gibt: Sie schieben das Objekt trotz Falle in dieselbe Richtung, weshalb das Objekt in der Falle bleibt und nicht herauskommt, obwohl sie einfach nur von der anderen Seite mit dem Stab stoßen hätten können, um das Objekt sicher herauszubekommen. Selbst wenn verschiedene Individuen bei diesem Test „versagen“, so kann man daraus nicht allen Tieraffen jegliches Kausalverständnis absprechen, wie das die AutorInnen zu tun scheinen.

Ich habe zu dieser Frage einmal ein Experiment gemacht. Im Gymnastikstudio der Universität Cambridge in England stehen, wie immer in solchen Studios, mechanische Maschinen, mit denen man Gewichte heben kann. Die Hebegriffe des Geräts sind mit einem Eisenstab verbunden, der durch Löcher in den Gewichten durch den Stapel der Gewichte von oben nach unten durchstößt. Will man nun ein gewisses Gewicht heben, dann schiebt man einen Eisenstift zwischen die Gewichte in ein Loch im Eisenstab, sodass beim Anheben der Hebegriffe alle Gewichte, die sich über dem Eisenstift befinden, mitgehoben werden. Das ist ein ganz simples mechanisches System, dessen Kausalzusammenhang völlig durchsichtig ist. Mein Experiment hat nun darin bestanden, einen Eisenstift zwischen die Gewichte zu schieben, sodass die Hebegriffe nicht mehr in die Ausgangslage zurückkönnen. Wer zu dem so präparierten Gerät kommt, sieht sofort, dass „etwas nicht stimmt“. Ein Verständnis des kausalen Zusammenhangs sollte aber sofort zur Lösung des Problems führen: die Hebegriffe kurz anheben, um den Eisenstift zu entlasten, dann den Eisenstift entfernen und die Hebegriffe sich in die Ruhelage zurückbewegen lassen. Danach kann der Eisenstift wieder bei den gewünschten Gewichten eingesetzt werden, und alles ist beim Alten.

Dieses simple Problem haben von 50 „Versuchsmenschen“ nur zwei lösen können. Die Frauen haben mehrheitlich die Aufsicht gerufen, um das Problem von einer höheren Autorität beseitigen zu lassen. Die Männer haben mehrheitlich am Eisenstift gezogen, der sich zunächst nicht bewegen lässt, weil soviel Gewicht auf ihm ruht. Wenn man ihn mit aller Gewalt herausreißt, dann krachen die Hebegriffe mit voller Wucht nach unten, und ihre Gewichte schlagen mit großem Lärm auf den Gewichtsstapel auf. Die Versuchsmenschen, die diesen Weg der Problemlösung gewählt hatten, sind regelmäßig in diesem Fall sehr erschrocken zurückgesprungen, als hätten sie einen

Geist gesehen. Offenbar haben sie diese Reaktion auf ihre Handlung nicht erwartet. Mit Taylor-Parker und McKinney bzw. Byrne müsste ich aus diesem Versagen der Menschen bei der Problemlösung schließen, dass sie nicht nur in diesem einen Fall die unglaublich simple kausale Verknüpfung der Objekte nicht verstanden haben, sondern grundsätzlich für solche kausalen Zusammenhänge kein Verständnis haben können. Dass dieselben AutorInnen diesen Schluss aber nicht ziehen, belegt, dass sie nichtmenschliche Tiere anders, nämlich entsprechend ihrer Vorurteile, beurteilen als Menschen. Das ist Anthroponegation und zeigt gleichzeitig, wie gefährlich sie ist.

In der folgenden Untersuchung, ob verschiedene nichtmenschliche Tiere mit ihrem Verhalten den in Kapitel 6 angegebenen Kriterien genügen, verwende ich auch Anekdoten und nicht nur Ergebnisse kontrollierter wissenschaftlicher Experimente. Anekdoten in diesem Sinne sind Berichte von einmaligen Ereignissen, die vielleicht im Rahmen von Experimenten aufgetreten sind, die aber nicht von Parametern bestimmt waren, die in einem Experiment kontrolliert wurden. Da Verstehen ja nicht das Befolgen von Regeln ist, sind die Handlungen, die auf Verstehen basieren, auch vom selben Wesen beim selben Problem nicht immer dieselben. Die Fähigkeit zu verstehen zeigt sich ja eigentlich am deutlichsten bei der ersten Begegnung mit einem neuen Problem. Dasselbe Ereignis, das Verstehen belegt, ist also beim selben Wesen nicht reproduzierbar.

„Sicherlich, manche Handlungen wie Grußverhalten, Futterbettelverhalten und andere wiederholen sich routinemäßig, und Menschenaffen setzen solche Handlungen. Aber die KritikerInnen behaupten, dass routinemäßige Kommunikation nicht interessant ist, weil sie nach einem Schema abläuft, das auch einfach angelernt sein kann und daher keine echte linguistische Fähigkeit zeigt. Die KritikerInnen fordern neue und unübliche Verhaltensweisen, die echte Intelligenz belegen, im Gegensatz zu etwas, das auch nur die Nachahmung einer menschlichen Aussage sein kann. Wenn allerdings solche Beispiele präsentiert werden, dann werden sie als ‚Anekdote' abgelehnt, weil sie singuläre Beispiele sind. Obwohl viele solche Beispiele gebracht werden können, werden sie von den KritikerInnen nicht als wissenschaftlich gesicherte Belege akzeptiert." (Savage-Rumbaugh 1999, S. 164).

Es gibt zum Glück bereits eine unüberschaubare Literatur über tierliches Verhalten. Im Folgenden kann davon nur eine ganz kleine Auswahl präsentiert werden, die notwendigerweise sehr subjektiv ausgewählt ist. Ich habe versucht, den Schwerpunkt nicht auf Menschenaffen zu legen, und werde

Beispiele beisteuern, die aus meinem eigenen Erfahrungsschatz stammen. Manche der im Folgenden beschriebenen Erlebnisse ließen sich verschiedenen Kategorien der Kriterien für Bewusstsein zuordnen. Meine Zuordnung stellt keinen Anspruch darauf, die einzig mögliche zu sein.

Wichtig ist, noch einmal zu betonen, dass die im Kapitel 6 angegebenen Kriterien alle *hinreichende* Kriterien für Bewusstsein sind, d. h. ein Wesen muss nur eines dieser Kriterien erfüllen und sein Bewusstsein ist bereits nachgewiesen. Wir interessieren uns hier nicht für den Grad der Erweiterung oder die Intelligenz des Bewusstseins des betroffenen Wesens. Es gibt, wie gesagt, eine Reihe von Intelligenztests, bei denen Menschen verschiedenen nichtmenschlichen Tieren i. A. unterliegen (Taylor-Parker, Mitchell und Boccia 1994). Beispiele dafür sind die Wiedererkennung von Bäumen, die Zuordnung von individuellen Lautäußerungen zu den auf den Kopf gestellten Fotos der Gesichter jener Wesen, die die Laute geäußert haben, das Merken der Reihenfolge von Zahlen auf einem Bildschirm, die nach zwei Sekunden verschwinden, oder das Merken einer langen Reihenfolge von Farben, Tönen oder Orten, an denen Lichter kurzfristig angehen. Uns interessiert hier keine Hierarchie nach Intelligenzgrad oder Auffassungsgabe verschiedener Lebewesen. Das ließe sich auch nicht bewerkstelligen und ist viel zu sehr problemabhängig und damit variabel, um besonders relevant in unserem Zusammenhang zu sein.

10.1 Hirnregionen und Hirngrößen

In Kapitel 6 wurde festgestellt, dass zumindest alle Wirbeltiere jene Hirnregionen aufweisen, die bei mir mit Bewusstsein identifiziert wurden. Die Säugetiergehirne gleichen sich in Struktur, Funktion, Proportion der Gehirnteile und Reihenfolge der Reifung (Taylor-Parker und McKinney 1999, S. 317).

Unter den Wirbeltieren besitzen Amphibien anatomisch gesehen die einfachsten Gehirne. Trotzdem ähnelt das Amphibiengehirn im Grundaufbau und in vielen Details dem Säugergehirn. Beim Salamander oder Frosch verarbeitet das Gehirn z. B. visuelle Information im Prinzip gleich wie bei einer Katze oder einem Primaten wie dem Menschen. „Säugetiere benutzen, wenn sie etwas sehen, lokalisieren, dessen Bedeutung erfassen und schließlich eine Reaktion durchführen, weitgehend dieselben Prinzipien wie Vögel, Reptilien oder Amphibien. Damit erweisen sich frühere Modelle der Verhaltensforschung als unzutreffend, wonach so genannte ‚niedere' Wirbeltiere wie Amphibien Objekte als ‚Schlüsselreize' anhand grober Merkmale erkennen und mehr oder weniger reflexhaft reagieren." (Roth et al. 2002, S. 42) „Trotz ihres einfacheren Gehirns verfügen Salamander offensichtlich in wesentlichen Bereichen über ähnliche Mechanismen und vergleichbare Instanzen wie die, mit denen ein Primat ‚sieht'. Auch in ihrem Gehirn werden Entscheidungen unter Mitsprache mehrerer Instanzen, bis hin zu solchen des Endhirns, getroffen." (Roth et al. 2002, S. 51) Beim Salamander nimmt das Endhirn über 50 % des Volumens des Gesamthirns ein.

Seit mindestens 400 Millionen Jahren ist die Entwicklung der Organismen durch die Evolution nicht mehr durch Hinzufügen neuer ganzer Gehirn- oder Organsysteme, sondern nur durch die Verlängerung oder Verkürzung der fötalen Entwicklungsphase gewisser Teilbereiche des Organismus, wie z. B. gewisser Hirnregionen, gegeben. So gibt es z. B. kein eigenes „Sprachmodul" im Gehirn sprachfähiger Lebewesen (Taylor-Parker und McKinney 1999, S. 320). Beim Menschengehirn ist im Vergleich zum Schimpansengehirn das späte fötale Hirnwachstum verzögert, sodass eine relativ größere Endhirnrinde entsteht (Taylor-Parker und McKinney 1999, S. 341). Aus diesen evolutionären Gründen allein ist nicht zu erwarten, dass sich Wesen, die in den letzten 400 Millionen Jahren gemeinsame Vorfahren hatten, in grundsätzlichen Eigenschaften qualitativ unterscheiden. Die verschiedenen Hirnregionen dieser Wesen unterscheiden sich quantitativ, aber nicht qualitativ.

Mäuse haben im Verhältnis zum Körpergewicht größere Gehirne als Menschen. Delfine haben das größte Verhältnis an Endhirnrinde zu Resthirnvolumen, und die Oberfläche ihrer Endhirnrinde ist wesentlich strukturierter und stärker gefaltet als die der Menschenhirne. Dadurch ist die Oberfläche des Gehirns wesentlich größer (Wise 2001, S. 134). Elefantengehirne haben in absoluter Größe mehr als das Vierfache des Volumens eines Menschengehirns (Wise 2001, S. 159). Das Gehirn von Blauwalen hat die Größe einer Badewanne. Das absolut größte bisher gemessene Gehirnvolumen eines modernen Gorillas betrug 715 cm^3. Das absolut kleinste Gehirnvolumen eines modernen Menschen war dagegen 1040 cm^3 groß. Die beiden Hirnvolumina unterscheiden sich also nur um etwa 30 % in der absoluten Größe (Taylor-Parker und McKinney 1999, S. 326). Der Homo florensis, eine Menschenart, die offenbar noch bis vor 12.000 Jahren in Indonesien gelebt hat, hatte ein Hirnvolumen von 380 cm^3. Das größte Schimpansenhirn, das jemals gemessen wurde, war 503 cm^3 groß. Dabei ist der Schimpanse körperlich auch nicht viel größer als der Homo florensis (*Nature* 2004, 434, S. 432; *Die Presse* vom 26. 3. 2005).

Bei Versuchen mit Primaten, hauptsächlich Makaken, hat man eine direkte Korrelation zwischen dem stärkeren „Feuern" gewisser Neuronenbereiche in der Endhirnrinde und dem Konzentrieren des Versuchstiers auf einen bestimmten Gegenstand oder Vorgang festgestellt. Bei ähnlichem Verhalten des Menschen sind die gleichen Hirnregionen vermehrt aktiv (Kastner et al. 1998). Bei Experimenten zum Arbeitsgedächtnis, so genannten verzögerten Vergleichsaufgaben, bei denen sich das Versuchstier einige Sekunden lang merken muss, unter welchem Gegenstand eine Belohnung versteckt bzw. nicht versteckt ist, sind, wie beim Menschen, Verzögerungsneurone aktiv (Fuster 1995). Im Makakengehirn feuern weiters gewisse Neuronenregionen dann und nur dann, wenn der Affe eine intentionale Bewegung eines anderen Affen oder einer Versuchsleiterin beobachtet (Gallese und Goldman 1998). Und es wurden Neuronenbereiche gefunden, die dann aktiv sind, wenn das Versuchstier eine Belohnung erwartet; andere wiederum sind aktiv, wenn eine Belohnung erfolgt bzw. wenn die Belohnung mit der Erwartung übereinstimmt (Schultz 1998). Beim Menschen gibt es bei ähnlichen kognitiven Zuständen eine ähnlich enge Beziehung zu Hirnaktivitätszuständen (Roth 2001).

10.2 Schlaf und Träume

Das Schlafen und speziell das Träumen, d. h. eine REM-Schlafphase, ist von vielen verschiedenen nichtmenschlichen Tieren bekannt. Sommer (2000, S. 133) zitiert neurobiologische Untersuchungen von Robert Trivers, nach denen REM-Schlafphasen bei verschiedenen Primaten nachgewiesen worden sind. Sommer meint, dass sich REM-Phasen bei Hunden leicht beobachten lassen.

„Skeptiker fragten, woher wir wissen wollten, dass Tiere im Schlaf visuelle Erlebnisse hätten, die dem ‚Kinoerlebnis' unseres Träumens entsprächen. Ein Experimentator trainierte daraufhin in einem abgedunkelten Raum einen Affen, jedes Mal eine Signalstange zu treten, wenn auf einer Leinwand Bilder gezeigt wurden. Und genau das passierte während der REM-Phasen: Das Versuchstier trat im Schlaf unwillkürlich auf die Signalstange …" (Sommer 2000, S. 133).

Joyce Poole, die fast 20 Jahre lang das Leben wilder ElefantInnen studiert hat, berichtet von Alpträumen bei verwaisten Elefantenkindern, deren Mütter von JägerInnen erschossen worden waren. Die Waisen wachen oft schreiend in der Nacht auf, und es ist sehr schwer, sie zu beruhigen (Poole 1998).

10.3 Lernen ohne Konditionierung

Damit ein Wesen motiviert ist, eine Handlung zu imitieren, muss das zu imitierende Vorbild emotional wichtig sein, die Problemlösung muss dem Wesen ein Bedürfnis sein, und es muss das Problem gerade nicht eigenständig lösen können. Ist dem Wesen das Problem zu leicht oder zu schwer, wird es nicht imitieren. Deshalb kann auch aus dem Ausbleiben einer Imitation in einzelnen Fällen nicht darauf geschlossen werden, dass dieses Wesen zur Imitation nicht fähig ist.

Imitation ist ein sehr deutliches Zeichen von Lernen ohne Konditionierung. Die Familie Hayes zog die weibliche Schimpansin Viki von der Geburt bis zum Alter von drei Jahren wie ein Menschenkind auf. Viki imitierte Haushaltstätigkeiten wie Abstauben, Tellerwaschen und Haarebürsten. Nach der Aufforderung „Do this" und dem Zeigen einer Handlung sollte sie diese Handlung wiederholen. Zuletzt konnte sie auf diese Weise 55 Handlungen imitieren, u. a. Geräusche, Mund- und Handbewegungen, Augenzwinkern und Handlungen mit Spielzeug. Die dreijährige Viki konnte etwa so gut Handlungen imitieren wie dreijährige Menschenkinder (Hayes 1952).

Auf eine ähnliche Weise wurden zwei vierjährige SchimpansInnen, Scot und Katrina, drei Monate lang getestet. Sie zeigten die Fähigkeit, etwa 50 Handlungen zu imitieren (Whiten und Custance 1996). Savage-Rumbaugh berichtet von zwei Schimpansen, Sherman und Austin, dass sie nur durch Zuschauen ein Computerspiel mit Joystick zu spielen gelernt hatten (Savage-Rumbaugh und Lewin 1994, S. 131). Bei Orang-Utans gibt es mindestens 59 Beispiele von Imitation bei elf verschiedenen Individuen (Galdikas 1995).

Delfine imitieren ebenso. Es gibt Berichte von Flaschennasendelfinen, die zum Spaß das ihrem normalen Verhalten fremde Verhalten von Seelöwen nachahmen, oder das Putzen des Bodens ihres Schwimmtanks. Ein Delfinkind sah einen Menschen durch ein Poolfenster Zigarettenrauch in die Luft blasen. Das Delfinkind holte sich daraufhin Milch von seiner Mutter und blies diese, direkt am Fenster, vor den Augen des rauchenden Menschen, in einer Weise ins Wasser, als wäre sie Rauch (Byrne 1995, S. 74).

Eine weibliche, jugendliche Rhesusäffin folgte ihrer Mutter, die ein Neugeborenes trug. Sie hatte eine Kokosnussschale aufgenommen und hielt diese beim Gehen auf die gleiche Weise, wie die Mutter ihr Neugeborenes trug. Wenn die Mutter sich niedersetzte und dabei das Kind ablegte, tat ihre Tochter das gleiche, nur mit der Kokosnussschale (Breuggeman 1973). Frans de Waal berichtet von Experimenten mit Fischen und Oktopussen, die sich bei ihrer Auswahl von Objekten oder SexualpartnerInnen davon leiten lassen, was ihre Gruppenmitglieder in derselben Situation getan haben (de Waal 1996, S. 71).

Bernhard Heinrich (1999, S. 219) beobachtet Raben seit vielen Jahrzehnten. Er fand dabei eine Reihe von Beispielen von Imitation, z. B. von verschiedenen Geräuschen wie einer Toilettenspülung, einer Explosion, eines Motorrads oder von Worten. In unserem Zusammenhang interessiert dabei besonders, dass er nachweisen konnte, dass Rabenkinder durch Beobachtung des Verhaltens ihrer Eltern lernen, wovor sie Angst haben müssen und wovor nicht. Vögel lernen durch Imitation von ihren SozialpartnerInnen und Eltern nicht nur, was sie singen und unter welchen Umständen, sondern auch, welcher Gesang in welchem Zusammenhang gesungen werden soll (Pepperberg 2002, S. 17).

Der Bonobo Kanzi hat die Verwendung von hunderten abstrakten Symbolen, die für verschiedene Begriffe stehen, nur dadurch gelernt, dass er ihre Benutzung durch andere in seiner Kindheit beobachtet hat. Er kann ohne Belohnung oder spezifisches Training mehr als 300 Symbole regelmäßig nutzen, um zu kommunizieren. Er versteht nachweislich ihre Bedeutung und kann sie in sinnvollem Zusammenhang verwenden. Die Menschen in seiner Umgebung sprechen englisch miteinander. Bei entsprechenden Tests wurde belegt, dass Kanzi etwa 3000 englische Begriffe versteht und sie in Sätzen, die er nie vorher gehört hat, deren einzelne Worte er aber kennt, gleich beim ersten Mal richtig interpretieren und so den Satzzusammenhang verstehen kann (Savage-Rumbaugh und Lewin 1994). Da Kanzi für Sprachtests Leckerlis bekommt, egal, ob er richtig oder falsch antwortet, ist der Kluger-Hans-Effekt ausgeschaltet. Zusätzlich kann Kanzi mit diesen Symbolen Informationen mitteilen, die der menschlichen Empfängerin überhaupt nicht bekannt sind, was ebenso den Kluger-Hans-Effekt ausschließt (Savage-Rumbaugh und Brakke 1999, S. 285).

Der Graupapagei Alex lernte etwa 100 Begriffe für Objekte, aber auch Kategorien und Konzepte, durch die „Model/Rival-M/R-Methode“, die auf Imitation basiert. Zuerst wird Alex dabei z. B. mit einem Objekt bekannt gemacht. Wenn er Interesse zeigt, beginnt das M/R-Training. Dabei zeigt eine „Tutorin“ einem Schüler das Objekt und spricht ihm den entsprechenden Begriff vor. Der Schüler irrt sich zuweilen auch absichtlich und wird dann durch ein klares Nein, ein Wegdrehen und durch das Entfernen des Objekts bestraft. Bei richtiger Antwort wird als Belohnung das Objekt übergeben. Umgekehrt zeigt dann der Schüler der Tutorin das Objekt und fragt nach dem Begriff. Zuletzt wird auch Alex nach dem Begriff gefragt und durch obige Strafe bzw. Belohnung trainiert. Tutorin und Schüler müssen dabei selber emotional am Training beteiligt sein, damit es funktioniert (Pepperberg 2002, S. 26). Pepperberg resümiert, dass die M/R-Methode bei Alex sehr erfolgreich war (Pepperberg 2002, S. 249), womit seine Fähigkeit, durch Verstehen zu lernen, belegt ist.

10.4 Verstehen: mentale Repräsentation

Beim Kolibri wurde die Fähigkeit untersucht, seine Umgebung in seinem Gehirn mental zu repräsentieren und Optimierungen durchzuführen. Dabei wurden in der Umgebung, die die Kolibris zuerst gut kennen lernen konnten, Futterquellen aufgestellt, allerdings mit verschiedener Reichhaltigkeit der Quelle, die dem Kolibri durch Zeichen angezeigt werden konnten. Die Kolibris optimierten ihre Futtersucheausflüge nach den Parametern der Reichhaltigkeit der Quelle, der Nähe der Quelle zu anderen Quellen und dem entsprechend kürzesten Weg. Dieses Problem der Optimierung ist in der Mathematik für den allgemeinen Fall noch ungelöst. Die Kolibris erzielten jedenfalls Optimierungen, die nach den menschlichen Einschätzungen ideal waren (Rosenzweig 1999, S. 194).

Wenn SchimpansInnen ein verkleinertes Modell eines Raumes, in dem sie sich befinden, vorgeführt wird und in diesem Modell Verstecke angezeigt werden, dann können die SchimpansInnen dieses Modell benutzen, um im realen Raum die Verstecke zu identifizieren und die versteckten Objekte zu finden. Auch das setzt ein Verstehen des Modells als Repräsentation des realen Raumes voraus, so wie die Fähigkeit, das Modell dann auf den realen Raum zu übertragen (Taylor-Parker und McKinney 1999, S. 70).

Savage-Rumbaugh berichtet von einem Fall, bei dem die Bonobofrau Panbanisha der Menschenfrau Jeannine die Spuren eines Brandes in einem Haus gezeigt hat, von dem Panbanisha nur erzählt worden war, d. h., den sie nicht selbst erlebt hat. Jeannine selbst hatte bis dahin nicht einmal von dem Feuer gehört. Panbanisha hat also einem anderen Wesen, das nichts davon gehört hatte, erfolgreich über dieses Ereignis, von dem ihr selbst nur berichtet worden war, erzählt. (Savage-Rumbaugh 1999, S. 130)

Dieselbe Panbanisha wurde während ihrer Schwangerschaft gefragt, wo ihr Baby wäre, und antwortete, es sei in ihrem Bauch. Eine Befragung hat ergeben, dass niemand Panbanisha diese Antwort beigebracht hatte, sondern dass sie ähnliche Gespräche von schwangeren Menschenfrauen sowie vier Schwangerschaften samt Geburten bei anderen Bonobos miterlebt hatte. Sie war also durch Verstehen der Situation anderer in der Lage, den Ort ihres eigenen ungeborenen Kindes bei sich selbst mental zu repräsentieren und richtig anzugeben (Savage-Rumbaugh 1999, S. 183).

Roger Fouts (1998) erzählt von der Schimpansenfrau Washoe, die sich als Kind vor einem imaginären bösen Hund gefürchtet hatte, der von ihren PflegerInnen nur erfunden worden war. Im San Diego Zoo in den USA sperrte ein Bonobo einen anderen ein, indem er die Kette zum Rausklettern aus einem Graben wegzog. Im Arnheimer Zoo in Holland wurde beobachtet, wie ein Schimpanse seiner Tante half, indem er ihr den Reifen, an dem sie interessiert war, den sie aber nicht aus einem Stapel Reifen ziehen konnte, nach einer eigenständigen Lösung des Problems brachte (de Waal 1996, S. 82). In allen diesen Fällen ist die mentale Repräsentation eines Wesens oder eines räumlichen Problems nachgewiesen. Alle Fälle setzen Verstehen voraus.

Savage-Rumbaugh berichtet von einem Erlebnis bei der Wanderung einer Gruppe von SchimpansInnen, Bonobos und Hunden im Wald. Die Gruppe sah an einer gewissen Stelle einen großen Puma, vor dem sich alle fürchteten. Danach erzählten die Menschenaffen ihren zurückgebliebenen KollegInnen von diesem Erlebnis. Am nächsten Tag zeigten diese Menschenaffen, die den Puma selbst gar nicht gesehen hatten, genau an derjenigen Stelle im Wald, an der das Ereignis geschehen war, Angst. Allein aufgrund der Erzählung konnten sie die Stelle richtig mental repräsentieren (Savage-Rumbaugh und Lewin 1994, S. 261). Orang-Utans finden sich praktisch blind in ihrer Umgebung zurecht und können Fruchtbäume genau zur richtigen Zeit, wenn die Früchte gerade reif sind, ohne zu zögern und auf dem kürzesten Weg finden (Wise 2002, S. 183).

Bei kontrollierten Experimenten wurde nachgewiesen, dass Vögel sich hunderte Verstecke, die sie für gesammelte Nahrung anlegen, merken können. Zusätzlich war ihnen bewusst, welche der von ihnen angelegten Verstecke von ihnen wieder besucht und geleert worden waren. Konnten sie Menschen beim Anlegen von Verstecken beobachten, konnten sie sich auch diese Verstecke merken (Stamp-Dawkins 1993, S. 42).

Bernhard Heinrich testete bei Raben die Fähigkeit, sich Verstecke zu merken. Dabei konnten sie sich innerhalb von zwei Tagen genauestens an alle Verstecke erinnern, nach zwei Wochen nur mehr vage und nach einem Monat gar nicht mehr (Heinrich 1999, S. 262). Raben können auch verstehen, dass Schlitze, die keinen Boden haben, sich nicht als Verstecke eignen. Beim Tragen verschiedener Objekte zeigen sie die Fähigkeit, durch mentale Repräsentation eine Methode zu entwickeln, die ihnen den Transport mehrerer Objekte mit einem Schnabel erlaubt (Heinrich 1999, S. 297).

„[Aus meinen Forschungsergebnissen schließe ich,] dass Raben mentale Bilder manipulieren können, um Probleme zu lösen. Sie sind sich einiger Aspekte ihrer subjektiven Realität bewusst und können sich im Geist zumindest einige der Dinge vorstellen, die sie mit ihren Augen sehen können." (Heinrich 1999, S. 356).

10.5 Verstehen: Problemlösung

Eine Zeit lang habe ich Vögel im Winter gefüttert. Die Futterstelle war dabei einige Meter vor dem Küchenfenster positioniert. Einmal hatte ich vergessen, Futter auszulegen, und es war bereits alles aufgegessen. Während ich vor dem Küchenfenster in meiner Küche beim Frühstück saß, flog eine Blaumeise an das Fenster heran und klopfte mit ihrem Schnabel an die Fensterscheibe. Als ich aufschaute und sie ansah, flog sie auf und flatterte vor dem Fenster herum. Es war unmöglich, nicht sofort zu verstehen, dass mir diese Meise mitteilen wollte, dass ich ihr etwas zu essen auslegen solle. Sie hatte dieses Verhalten nie vorher gezeigt und von niemandem gelernt. Ihr Problem, keine Nahrung in der Futterstelle zu finden, löste sie, indem sie zunächst verstand, dass ich mit dem Auslegen des Futters in Verbindung stehe und dass sie mich auf sich aufmerksam machen müsse. Auf diese Weise konnte sie mir ihr Problem kommunizieren und es dadurch lösen. Dieses Verhalten ließe sich nur schwer mit Konditionierung oder Instinkten erklären.

Der Regenpfeifer kann bei Gefahr für sein Nest vortäuschen, einen gebrochenen Flügel zu haben, und dadurch potentielle Nesträuber von seinem Nest weglocken, weil diese glauben, an ihm eine leichte Beute zu haben. Eine Handlung dieser Art galt lange Zeit als klassisches Beispiel einer Instinkthandlung. Konditionierung fällt jedenfalls als Erklärungsmodell aus, weil die Handlung viel zu selten auftritt. Eine sorgfältige Beobachtung des Verhaltens zeigt aber, dass das Verhalten sehr problemspezifisch und offenbar mit Einsicht eingesetzt wird. So wird durch das Vortäuschen des gebrochenen Flügels der Eindringling immer vom Nest weggeführt, während man bei einer reinen Instinkthandlung ohne Einsicht eine Zufallsverteilung der Richtung erwarten müsste. Weiters beginnt die Handlung immer im Gesichtsfeld des Eindringlings und nicht in seinem Rücken. Und der Vogel fliegt intentional zu dem Ort, an dem er mit seiner Täuschung beginnt, und fängt nicht einfach durch den Auslöser „Eindringling“ mit dem Täuschungsverhalten an. Der Vogel beobachtet auch genau, wie der Eindringling reagiert, und beendet seine Täuschung, wenn sie keinen Erfolg zeigt, führt sie aber weiter, wenn der Eindringling aufmerksam wird. Der Vogel kann auch zwischen gefährlichen und ungefährlichen Eindringlingen unterscheiden lernen. Bei letzteren reagiert er nicht. Wenn der Eindringling eine Kuh ist, die zwar auf das Nest treten und es so zerstören könnte, aber nicht auf die Täuschung reagieren würde, weil sie nicht an der Jagd auf den Vogel interessiert ist, dann täuscht der Regenpfeifer nie einen gebrochenen Flügel vor, sondern fliegt vor der Kuh zwischen ihr und dem Nest laut schreiend auf und ab, um sie zu vertreiben. Carolyn Ristau (1999) schließt aus ihrer Untersuchung, dass Regenpfeifer hier echt intentional aufgrund des Verständnisses der Situation handeln.

Raben zeigen eine schier unendliche Anzahl von Problemlösungsstrategien. Auch sie können einen gebrochenen Flügel vortäuschen, eine Verhaltensweise, die eindeutig nicht angeboren ist (Heinrich 1999, S. 134). Raben verstecken Leckerbissen nur, wenn ihnen niemand dabei zusieht. Sieht ihnen jemand zu, dann verstecken sie den Leckerbissen weiter weg, außer Sichtweite. Sind andere Raben anwesend, dann nutzen sie einen unbemerkten Augenblick, um den Leckerbissen sehr rasch zu verstecken (Heinrich 1999, S. 263). Raben können auch ihre Fluchtreaktion unterdrücken, wenn das in einer Falle dazu führen würde, dass sie gefangen werden (Heinrich 1999, S. 296). Sie verstehen das Konzept eines Rohres und können durch Nachdenken das Problem lösen, wie sie Nahrung aus dem Rohr herausbekommen (Heinrich 1999, S. 309). Ein Rabe hat auf ein großes Stück gefrorenes Fleisch in einer Weise mit seinem Schnabel gehackt, dass er einen großen Teil letztendlich abhacken und wegbringen konnte. Diese Handlung hat er dem Abhacken von kleinen Stücken, die er verschlingen hätte können, vorgezogen. Er hat also die sofortige, kleine Belohnung im Hinblick auf eine spätere, größere Belohnung ignoriert (Heinrich 1999, S. 310).

Aber der vielleicht herausragendste Beweis einer intelligenten Problemlösung durch Verstehen bei Raben gelang durch ein Experiment, bei dem ein Stück Fleisch an einer reißfesten Schnur angebracht wurde, die an einem Ast befestigt war, sodass das Fleisch unter dem Ast baumelte. Die Problemlösung der Raben, wie sie an das Fleisch herankommen können, bestand darin, am Ast sitzend die Schnur heraufzuziehen, indem mit dem Schnabel zunächst ein Stück heraufgezogen wurde, auf das der Rabe dann draufstieg, um es am Zurückfallen zu hindern, um dann mehr Schnur heraufzuziehen und wieder draufzusteigen usw., bis das Fleisch ganz heraufgezogen war. Der Rabenexperte Heinrich interpretiert dieses Verhalten als Beweis für eine Einsicht in das Problem und für dessen Lösung durch Nachdenken. Erstens gibt es keine Instinkthandlungen bei Raben, die selbst jeder Teilhandlung dieser gesamten Handlungsfolge vergleichbar wären. Zweitens geschah die Problemlösung spontan und nicht nach Versuch und Irrtum oder Konditionierung. Es gab auch verschiedene Strategien des Heraufholens, die sich im Detail unterschieden. Einige Rabenindividuen haben das Problem auch gar nicht gelöst. Beim Erschrecktwerden mit dem Fleisch im Schnabel, das noch an der Schnur hing, versuchten die Raben auch nicht wegzufliegen. Raben, die das Problem nicht gelöst hatten, flogen nach dem Erschrecken doch mit dem Fleisch im Schnabel weg und wurden durch die Schnur jäh und unerwartet zurückgerissen (Heinrich 1999, S. 317).

Die asiatische Elefantin Judy in der „Marine World" in den USA hat wiederholt nur vorgetäuscht, nicht bis zu ihrem Heu zu kommen, indem sie die Kette, mit der sie angekettet war, durch Draufsteigen verkürzte. Als ihre PflegerInnen das Heu näher zu ihr hin schieben wollten und dadurch, ohne es zu ahnen, in ihre Reichweite kamen, griff sie diese plötzlich an (Wise 2002, S. 175).

Wenn man Spatzen in einem Garten füttert, dann spielen viele Umweltparameter dafür eine Rolle, auf welche Weise sie sich die Nahrung holen. Ist in dem Garten z. B. öfters eine Katze, dann wird der Spatz, der die Nahrung als erster sieht, dazu tendieren, andere Spatzen zu rufen, bevor sie gemeinsam zur Nahrung fliegen. Die Größe der Gruppe, mit der die Nahrung angeflogen wird, wird dabei ganz bewusst gewählt. Offenbar können die Spatzen in gewissem Maße zählen. Bei der Nahrungsaufnahme beobachten die einzelnen Spatzen die anderen Gruppenmitglieder, und je nachdem, wie die Gruppenmitglieder geometrisch verteilt sitzen (Kreis oder Gerade), sowie abhängig vom Ort, den das Individuum in der Gruppe einnimmt, und abhängig von der Aufmerksamkeit der anderen Gruppenmitglieder wird das Individuum selbst mehr essen oder mehr sichern. Wenn die ausgelegte Nahrungsmenge allerdings sehr gering ist, dann wird der Spatz in jedem Fall keine anderen Spatzen rufen, sondern sich selbst die Nahrung holen. Bei dieser Variabilität des Verhaltens fällt es sehr schwer zu glauben, dass es nicht auf einer Einsicht in das Problem basieren soll (Allen und Bekoff 1999, S. 124).

Natürlich gibt es eine ganze Reihe von Beispielen bei Menschenaffen, in denen die Lösung eines Problems durch Verstehen nachweisbar ist, von den klassischen Experimenten von Köhler, bei denen SchimpansInnen eine hoch aufgehängte Banane dadurch erreichen, dass sie Kisten aufeinander stapeln, bis zum Orang-Utan Chantek, der ein Problem gelöst hat, für das die Abfolge 22 unterschiedlicher Handlungen notwendig war (Wise 2002, S. 185). Aber Rollin (1998, S. 49) berichtet sogar von Ratten, die an Nahrung in einem engen Glas dadurch herankommen, dass sie ihren Schwanz in die Flasche eintauchen und ihn danach ablecken.

Griffin (1994, S. 64) hat beobachtet, wie vier Löwinnen eine Gruppe von Gnus in enger Zusammenarbeit jagten. Zwei Löwinnen begaben sich auf einen gut sichtbaren Hügel, um von der Gnuherde gesehen zu werden. Eine weitere Löwin legte sich in einem Graben auf die Lauer. Plötzlich griff die vierte Löwin von der gegenüberliegenden Seite aus an. Um die Löwinnen auf dem Hügel zu umlaufen, mussten die Gnus den Graben überqueren. Bei der Querung sprang die dort versteckte Löwin einem Gnu an die Gurgel und rang es zu Boden. Alle vier Jägerinnen aßen zuletzt gemeinsam die Beute. Griffin interpretiert diese Situation als Beleg, dass die Löwinnen vorausgeplant und ihre jeweiligen Rollen bei der Jagd genau koordiniert hatten.

10.6 Verstehen: Konzepte

Pepperberg (2002) konnte nachweisen, dass der Graupapagei Alex eine Reihe von Konzepten verstehen kann. Nachdem Alex Farben, Formen (rund, dreieckig, viereckig etc.) und Stoffe (Holz, Metall, Gummi, Kork etc.) begrifflich zu unterscheiden gelernt hatte, bestand er einen Test, bei dem ihm Objekte, die ihm unbekannt waren, vorgeführt wurden. Er konnte sie richtig zuordnen, auch wenn er für dieselben Objekte einmal gebeten wurde, sie nach den Farben, dann wieder nach den Formen und dann nach den Stoffen zu gruppieren, sodass dieselben Objekte immer zu anderen Gruppen gehörten (Pepperberg 2002, S. 58). Er konnte auch die Fragen „Wieviele?“, „Was ist verschieden?“ und „Was ist gleich?“ beantworten (Pepperberg 2002, S. 74). Alex hat auch ein Konzept für das Nichtvorhandensein eines Objekts, er kann z. B. auf die Frage „Was ist verschieden?“ richtig mit „keines“ antworten (Pepperberg 2002, S. 88). Bei diesen Tests wurden alle Fragen, auch nach den Farben, Formen und Stoffen, kunterbunt gemischt. Dabei fielen auch die Antworten bei ganz neuen Objekten auf die erste Frage gleich beim ersten Mal richtig aus. Alex kann auch die Teilmengen einer gegebenen Menge von Objekten beim ersten Mal richtig angeben, z. B. drei Schlüssel und zwei Korken oder vier rote und fünf grüne Objekte. Dabei wurden die Tests so komplex und mit einer so hohen Anzahl von Objekten angelegt, dass seine Anzahlwahrnehmung, falls er nicht explizit geistig zählt, viel besser sein muss als jene bei Menschen (Pepperberg 2002, S. 121). Alex konnte bei einem Test auch alle Fragen nach der Form, wie „Welche Farbe hat Objekt X?“, „Welches Objekt hat Form a?“ oder sogar „Welche Farbe hat das Objekt mit der Form a und dem Stoff b?“, richtig beantworten (Pepperberg 2002, S. 144). Alex versteht und spricht englisch.

Alex kann die Zahlen von zwei bis sechs richtig verwenden (Pepperberg 2002, S. 102). Heinrich berichtet, dass Raben zumindest bis sieben zählen können (Heinrich 1999, S. 146). Bei nichtmenschlichen Menschenaffen wurden logisch-mathematische Fähigkeiten, wie u. a. das Verstehen von Teilen eines Ganzen oder von Zahlen, nachgewiesen, die mit denen von fünf- bis sechsjährigen Menschenkindern vergleichbar sind. Sie können Objekte spontan in multiple Klassifikationen wie Farbe, Größe und Form ordnen. Dabei werden auch Beziehungen von Beziehungen, also Beziehungen zweiter Ordnung, wie „gleich“ und „verschieden“ richtig gebildet (Taylor-Parker und McKinney 1999, S. 80).

Auch manche Ratten können mindestens bis sechs zählen. Bei einer Versuchsreihe wurde Ratten die Aufgabe gestellt, jeweils einen gewissen vorgegebenen Tunnel, z. B. den dritten oder den fünften von sechs Tunneln, zu durchlaufen. Auch wenn die Tunnels ausgetauscht und an verschiedenen Orten aufgestellt wurden, fanden die Ratten den jeweiligen Tunnel, der von ihnen gefordert worden war, also eben den dritten oder fünften, egal welcher das war oder wie weit die Tunnels voneinander entfernt standen. Um den fünften Tunnel von sechs zu finden, gingen die Ratten bis ans Ende der Tunnelreihe und zählten den zweiten Tunnel zurück (Stamp-Dawkins 1993, S. 116).

Für Tauben wurde die Fähigkeit, eine ganze Reihe von Konzepten bilden zu können, nachgewiesen. Sie können den Ort eines konstant bewegten, verdeckten Objektes vorhersagen (Stamp-Dawkins 1993, S. 108), sie können Menschen auf Fotos richtig gruppieren (Rollin 1998, S. 262), sie können Bilder den KünstlerInnen richtig zuordnen (de Waal 2001, S. 156), und sie können die Konzepte „Baum", „Fisch", „Fisch unter Wasser" und viele andere verstehen (Herrenstein et al. 1976).

Allen und Hauser (1999) definieren Konzepte als mentale Repräsentationen von etwas, unabhängig von wahrnehmungserzeugter Information. Mit dieser Definition sehen sie Hinweise dafür, dass das Konzept „Tod" bei nichtmenschlichen Tieren existiert, wenn diese bei Toten auf den gleichen Reiz anders reagieren als bei Lebenden oder wenn diese bei neuer Information eine alte Reaktion korrigieren. Sie berichten von Affen, die auf den Tod eines Gruppenmitglieds zunächst mit Unverständnis reagieren, aber dann ihr Sozialverhalten entsprechend adaptieren.

Auch für Elefanten spielt der Tod offenbar eine besondere Rolle (Wise 2002, 170). So werden tote Elefanten von den anderen Herdenmitgliedern mit Zweigen bedeckt, und es wird lange und ausdauernd an den Knochen bekannter Toter gerochen (Masson und McCarthy 1994, S. 123). Cynthia Moss vermutet, nach langer Erfahrung mit wildlebenden Elefanten, dass diese ein Konzept vom Tod haben (Moss 1988).

Francine Patterson hat sich mit der Gorillafrau Koko 1972 angefreundet und sie seitdem in der Zeichensprache für Taubstumme unterrichtet.

„Koko spricht über ihre Gefühle und verwendet dabei Worte wie glücklich, traurig, verärgert und – verhältnismäßig oft auch – Liebe. Sie trauert über jene, die sie verloren hat. Sie kann darüber sprechen, was geschieht, wenn man stirbt, aber sie wird unruhig und fühlt sich unbehaglich, wenn von ihr verlangt wird, ihren eigenen Tod oder den ihrer Gefährten zu diskutieren." (Patterson und Gordon 1993, S. 59)

Die Fähigkeit von Orang-Utans, die Erhaltung von Flüssigkeitsvolumina zu begreifen, entspricht der von sechs- bis achtjährigen Menschenkindern. Bei Tests dieser Art wird vor dem Testsubjekt die Flüssigkeit aus einer Flasche in mehrere kleine Behälter verschiedener Form geschüttet und dann gefragt, welche Menge größer ist. Bei genauer Beobachtung des Geschehens sollte aus dem Zusammenhang erkennbar sein, dass eine Flüssigkeitsmenge mehr oder weniger oder gleichgroß wie eine andere ist, auch wenn die Behälterstruktur ein anderes Ergebnis nahelegt (Call und Rochat 1996).

Bowman und Sutherland (1970) konditionierten Goldfische darauf, beim Anblick verschiedener geometrischer Formen verschiedenes Verhalten zu zeigen. Sie konnten so beweisen, dass auch Goldfische zwischen regelmäßigen Formen und Formen mit Irregularitäten wie einem Viereck mit einer Einbuchtung unterscheiden können. DeGrazia (1996, S. 158) meint zu diesen Experimenten, dass es sehr schwer wäre, daraus nicht zu folgern, dass diese Goldfische aufgrund von Konzepten agierten.

10.7 Intentionalität: Spiel

In den Bergen kann man immer wieder Gämsen beim Spiel beobachten. Die jungen Gämsen laufen entlang eines Schneefeldes hinauf, springen dann in den Schnee und rutschen das Schneefeld hinunter, auf dem Hinterteil mit aufgestellten Vorderbeinen. Andere Gämsen hüpfen wie besessen in hohen Luftsprüngen durch die Gegend oder machen richtige Drehungen um 360 Grad beim Sprung. Ich konnte so ein „Gämsenschifahren" lange Zeit beobachten: Die Tiere werden es scheinbar nicht müde, immer wieder dasselbe Schneefeld runterzurutschen. Und die Mütter schauen dem Spiel ihrer Kinder zu. Rosenberg (1999, S. 227) berichtet davon, dass Steinbockmütter ihre Kinder zum Spielen auffordern, ihnen dann zeigen, wie man spielt, und danach zurücktreten und das Spiel beobachten.

Spiele werden offensichtlich mit anderen Intentionen durchgeführt als „der Ernst des Lebens". Deswegen nimmt die Spielfrequenz in Zeiten knapper Ressourcen rapide ab, ebenso wie im Alter. Jeder Teil des Spielverhaltens hat im Ernst adaptiven Wert, im Spiel aber nicht. Training und Muskelbewegung können aber nicht als adaptive Erklärung für das Spielen herhalten, weil dafür einfache Leerläufe ausreichen würden (Rosenberg 1999, S. 225).

Die Intention der Spielaufforderung ist es, den Aufgeforderten dazu zu bringen, sich an die Spielregeln zu halten. Und diese Spielregeln können bei Kängurus z. B. bedeuten, dass sich die dominanten Tiere den untergeordneten im Spielverhalten anpassen (Allen und Bekoff 1999, S. 108).

Die Raben zeigen natürlich eine ungeheuerliche Variation auch in ihrem Spielverhalten, sowohl beim solitären Spiel als auch beim sozialen Spiel mit anderen. Ich habe Raben beobachtet, die sich in der Luft laufend drehten oder die Zweige nahmen, im Flug fallen ließen und dann wieder einfingen, bevor die Zweige am Boden aufschlugen. Ich habe auch Rabenpärchen gesehen, die sich im Flug ineinander verkrallten und dann im Kreis drehten, um sich danach wieder loszulassen.

Aber Raben rodeln zuweilen auch am Rücken einen Schneehang hinunter (Heinrich 1999, S. 115). Sie können ebenso das Dach eines Hauses hinunterrutschen und dann wieder hinauflaufen, um das Spiel zu wiederholen (Heinrich 1999, S. 248). Das Rodeln und Rutschen im Schnee kann aber auch ein soziales Spiel sein. Besonders begeistert es sie, ein Wasserbad zu nehmen. Heinrich bezeichnet das als einen offensichtlich „sinnlosen“ Spaß, weil er mit allerlei Experimenten festzustellen versucht hat, ob das Bad irgendeinen „Sinn“ hat, wie z. B. die Reinigung oder die Gefiederpflege. Zuletzt musste er zugeben: Es hat keinen „Sinn“ (Heinrich 1999, S. 288).

Jaak Panksepp (2003) berichtet vom Spiel bei Ratten. Nach über 20-jähriger Arbeit mit Ratten beschreibt er deren Begeisterung im sozialen Spiel, z. B. beim Raufen oder beim Kitzeln im Genick. Dabei geben sie charakteristische, hochfrequente 50-kHz-Rufe von sich, die für das menschliche Ohr nicht hörbar sind, die aber die Freude der Ratten beim Spiel oder bei positiver sozialer Interaktion begleiten. Die „Beschwerden“ bei emotional negativen Erlebnissen werden durch niederfrequente 20-kHz-Rufe angezeigt.

Masson und McCarthy (1994, S. 148) berichten von sozialem Spiel beim Elefanten, der Hyäne, dem Bären, dem Tiger und dem Leoparden. Aber selbst ein Komodowaran im Zoo wurde beobachtet, wie er mit einer Schaufel spielte, indem er sie durch sein Gehege warf und dabei sehr viel Lärm produzierte. Ein Alligator in einem anderen Zoo verbrachte 45 Minuten damit, mit den regelmäßigen Tropfen einer Wasserleitung zu spielen, indem er sich anpirschte, die Tropfen auf seine Nase fallen ließ oder sie aus der Luft schnappte.

Solitäre Fantasiespiele beim Schimpansen, beim Gorilla und beim Bonobo sind aus der Literatur bekannt (Taylor-Parker und McKinney 1999, S. 129). In Kibale in Uganda wurde der achtjährige Schimpanse Kakama beobachtet, wie er vier Stunden lang mit einem Holz spielte wie mit einer Puppe. Er hat es, wie eine Mutter ihr Kind, mit sich herumgetragen und ihm sogar ein eigenes kleines Schlafnest, neben dem eigenen Nest, gebaut (Wrangham 1995). Die ebenso achtjährige Schimpansin namens Ja folgte ihrer Mutter und deren Neugeborenem mit einem Stück Holz als Puppe und führte alle möglichen

Handlungen mit ihrem Spielzeugkind aus (Matsazawa 1997). Frans de Waal (2001, S. 352) hat SchimpansInnen in Gefangenschaft beobachtet, wie sie mit einem Besen oder einem Tuch als Kind spielten. Byrne (1995) zitiert einen Bericht über eine junge Berggorillafrau, die ein Stück Moos als Kindersatz mit sich herumtrug und es sogar an die Brust legte und „stillte".

10.8 Intentionalität: Kommunikation

Mit einer Reihe von Menschenaffen gab es Sprachstudien, in deren Rahmen ihnen eine Zeichensprache oder verschiedene Symbolsprachen beigebracht wurden. Die Gorillafrau Koko lernte über 1000 Zeichen mit zum Teil sehr abstraktem Inhalt; später stieß der Gorillamann Michael zu diesem Projekt dazu (Patterson und Gordon 1993). Die Erfolge der Sprachforschung an SchimpansInnen, zumindest während der ersten zwei Jahrzehnte seit ihrem Beginn um 1970, wurden von Roger Fouts zusammengefasst (Fouts 1998). Einige SchimpansInnen und mehrere Bonobos haben eine abstrakte Symbolsprache auf einem Computermonitor gelernt, mit der sie über 300 Begriffe produzieren können (Savage-Rumbaugh und Lewin 1994). Im Jahr 1978 begann das erste und bisher einzige Projekt einer Sprachstudie, bei dem ein frei lebender nichtmenschlicher Menschenaffe, die Orang-Utan-Frau Rinnie, in einer Zeichensprache unterrichtet wurde (Shapiro und Galdikas 1995). Innerhalb von 22 Monaten lernte Rinnie 33 Begriffe und erfand selbst drei zusätzliche Begriffe, nämlich für „streicheln", „kratzen" und „gib". Dem Orang-Utan-Mann Chantek wurden innerhalb von zehn Jahren 150 Begriffe der Taubstummensprache zusammen mit rudimentärer Grammatik beigebracht (Miles und Harper 1994).

Savage-Rumbaugh berichtet über ihre Erlebnisse mit ihren Bonobos Kanzi, Tamuli und Matata: „Ein anderes Beispiel [von Kommunikation] passierte eines Abends, als ich mit Matata und ihrer Tochter Tamuli spielte, die keine Sprache versteht. Tamuli bat mich um den Schlüssel zur Tür, indem sie darauf zeigte und mich fragend anschaute. Sie spielte dann mit dem Schlüssel für etwa 30 Minuten, bevor sie ihn irgendwo ablegte und sich mit etwas anderem beschäftigte. Da verlangte Kanzi aus dem Nebenraum, der durch eine abgesperrte Tür von dem Raum, in dem wir uns befanden, getrennt war, auch herein zu dürfen, um Matata und Tamuli zu besuchen. Als ich die Tür öffnen wollte, fiel mir auf, dass ich den Schlüssel nicht mehr hatte. Ich wandte mich an Tamuli und bat sie auf Englisch, mir zu helfen, die Schlüssel zu suchen, ohne daran zu denken, dass sie mich wirklich verstehen und mir helfen würde. Zu meinem Erstaunen begann Tamuli aber den Schlüssel überall zwischen dem Spielzeug und den Decken zu suchen. Sie fand ihn auch tatsächlich und zeigte ihn mir – nur, sie weigerte sich, ihn mir zurückzugeben. Ganze 15 Minuten lang versuchte ich sie zu bitten, ihn mir zu geben oder ihn gegen anderes Spielzeug zu tauschen. Sie gab mir den Schlüssel einfach nicht mehr. Zuletzt wandte ich mich an Kanzi und erklärte ihm, dass ich die Tür nicht aufsperren konnte, weil Tamuli mir den Schlüssel nicht geben wollte. Plötzlich fiel mir ein, dass ich ihn ja um Hilfe bitten könnte. Also sagte ich zu ihm auf Englisch durch die Tür, er möge doch Tamuli sagen, dass sie mir den Schlüssel geben soll. Kanzi kletterte daraufhin an die Decke seines Raumes, wo ein kleines, vergittertes Fenster seinen von unserem Raum trennte. Dann schaute er Tamuli an und machte ein kurzes, unauffälliges Geräusch. Tamuli ging auf ihn zu und blickte direkt zu ihm auf. Kanzi machte daraufhin einige vielsilbige Laute. Tamuli hörte aufmerksam zu, wandte sich um und kam ruhig zu mir herüber und reichte mir den Schlüssel. Hat Kanzi ihr gesagt, dass sie mir den Schlüssel geben soll? Es sah auf jeden Fall so aus." (Savage-Rumbaugh und Lewin 1994, S. 263)

In der freien Wildbahn, so berichten FreilandforscherInnen, kommunizieren Bonobos durch Gesten, z. B. zeigen sie sich gegenseitig vor dem Sexualverkehr, welche Stellung sie einzunehmen wünschen (Savage-Rumbaugh und Lewin 1994, S. 113). Boesch (1991) beschreibt männliche Schimpansen im Tai-Wald, die durch Trommeln auf Baumstämme Informationen über die Rast ihrer Gruppe kommunizieren. Vor jeder Rast wurde getrommelt, wobei die Länge des Trommelns die Länge der Rast ankündigte. Derselbe Mann trommelte an zwei benachbarte Baumstämme, um die Richtung der Marschroute anzugeben. Ingmanson (1996) berichtet vom Zweigschleifen bei Bonobos, das Nachkommenden die Marschroute der Gruppe angeben soll. Bei Wegkreuzungen werden Äste liegen gelassen, um den NachfolgerInnen weitere Hinweise über den Verbleib der Gruppe zu bieten (Savage-Rumbaugh 1999, S. 158). Savage-Rumbaugh stellt nach eigenen Beobachtungen an frei lebenden Bonobos fest, dass deren Zusammenleben so koordiniert ist und sie so reiche Kommunikationsmöglichkeiten haben, dass sie sich sicher wäre, dass die Bonobos eine Sprache haben (Savage-Rumbaugh 1999, S. 187).

Auch zwei Flaschennasendelfinen, Phoenix und Ake, wurde eine Zeichensprache mit Handzeichen bzw. Computerlauten beigebracht. Durch die Kombination dieser Zeichen wurden insgesamt mehr als 2000 Sätze mit bis zu fünf Worten an den Delfinen getestet, die sie verstanden, auch wenn ihnen nur die Worte, aber nicht die genauen Sätze bekannt waren. Ja-Nein-Antworten auf Fragen konnten sie durch Drücken eines Hebels bewerkstelligen. Bei unsinnigen Sätzen ohne semantischen Gehalt reagieren die Delfine nicht. Sie zeigen aber auch syntaktisches Verständnis, indem sie die Wortreihenfolge für den Sinn des Gesamtsatzes beachten (Herman und Morrel-Samuels 1999). Bei Delfinen in der freien Wildbahn wurden Erkennungspfiffe nachgewiesen, d. h. für jeden individuellen Delfin einer Gruppe gibt es einen spezifischen Pfiff, den alle Gruppenmitglieder nur dann von sich geben, wenn sie diesen Delfin rufen wollen. Die Delfine geben sich also gegenseitig Namen (Caldwell, Caldwell und Tyack 1990).

Bei Elefanten gibt es mindestens 75 verschiedene Rufe, die symbolische Funktionen wie Worte haben sollen (Wise 2001, S. 174). Nachweislich können sich Elefantengruppen jedenfalls mit Infraschall Informationen über JägerInnen über weite Strecken hin mitteilen (Masson und McCarthy 1994, S. 64).

Bei Papageien in der Wildnis gibt es WächterInnen, die bei Gefahr spezifische Rufe ausstoßen. Manche WächterInnen gelten in der Gruppe als mehr und manche als weniger vertrauenswürdig. Je nachdem werden ihre Rufe mehr oder weniger ernst genommen (Pepperberg 2002, S. 323).

Nachdem eine Untersuchung im Jahr 1988 zunächst mindestens 35 verschiedene Rufe mit verschiedenen Bedeutungen bei Raben ausgemacht hatte, wurde das später auf über 80 erweitert. Damit ist das Rufrepertoire der Raben aber keinesfalls abgedeckt. Es gibt viele verschiedene Rufe für Gefahr, die auch zum Teil für jeden Raben bzw. seinen Freundeskreis spezifisch sind. Jedes Pärchen hat auch seine eigenen Rufe. Raben vokalisieren oft für sich alleine, ohne ZuhörerInnen. Bernhard Heinrich empfindet dieses solitäre Singen als besonders schön (Heinrich 1999, S. 201).

10.9 Kultur

Die Entwicklung und die traditionelle Weitergabe gruppenspezifischer Verhaltensweisen, die nicht angeboren sind, von Generation zu Generation, nennt man Kultur. Beim Schimpansen hat man in der Freilandforschung über 25 verschiedene Arten von Werkzeuggebrauch gefunden. Ein Beispiel dafür sind Blätter als Schwamm, wobei die Blätter dafür zuerst ausgewählt, dann durchgekaut und zuletzt getrocknet werden. Mittels solcher Schwämme lässt sich dann Wasser aus Astgabelungen aufsaugen, das sonst nicht erreichbar wäre. Ein anderes Beispiel wären Nussknacker, die sorgfältig ausgewählt werden: ein flacher Stein als Amboss, ein anderer als Hammer. Es bedarf langer Übung, diese Nussknacker so zu verwenden, dass die Schale geknackt, aber die Nuss nicht zerquetscht wird. Im Übrigen sind sich die BesitzerInnen effizienter Nussknacker des Werts ihrer Werkzeuge in dem Ausmaß bewusst, dass sie sie mit sich herumtragen. Ein anderes Beispiel eines Werkzeugs sind Termitenangeln, die sorgfältig aus gewissen Zweigen gefertigt werden, indem die Blätter und die Rinde entfernt werden. Danach wird die Angel in den Termitenbau eingeführt und damit vibriert, bis sich einige Termiten daran festgebissen haben, die sich dann herausziehen lassen. Es wurden mehr als zehn Rohstoffe für solche Werkzeuge bekannt, wie z. B. Moos, Blätter, Zweige, Stöcke, Steine etc., und über 15 Arten von Werkzeugnutzungen, wie z. B. Schwamm, Hammer, Angel, Behälter etc. Es gibt sogar Werkzeuge zur Werkzeugherstellung, wenn z. B. durch das Unterlegen von Steinen ein entsprechend flacher Amboss für den Nussknacker ermöglicht wird (Wrangham et al. 1994).

Die Werkzeugnutzung ist eine gruppenspezifische Kultur, weil verschiedene Stämme, die genetisch ident sind, in derselben Umwelt verschiedene Traditionen von Werkzeugnutzung und -herstellung zeigen. Im Übrigen ist die Werkzeugnutzung nachweislich angelernt, sie wird Jungtieren beigebracht, die dann diese Tradition weitertragen. Es gibt sehr große kulturelle Unterschiede zwischen Schimpansengruppen, die über die genetischen Unterschiede weit hinausgehen (Young 2004, S. 35).

Ein anderes Beispiel von Kultur beim Schimpansen ist die Medizin. In der Freilandforschung wurden insgesamt 35 verschiedene Stoffe nachgewiesen, die als Medizin benutzt werden. Verwendetes Material dafür sind z. B. Blatt, Stängel, Beeren, Rinde, die ganze Pflanze, Erde von Termitenhügeln usw. Auch in der Art der Einnahme dieser Medizin wird sehr sorgfältig vorgegangen. Manche Medizin wird nur gekaut und ausgespuckt, andere geschluckt, wieder andere nur fünf Sekunden im Mund gerieben und dann entfernt usw. Manchmal wird die Medizin ausschließlich bei Morgengrauen eingenommen, und zwar so, dass das Blatt nie mit den Fingern berührt wird, indem es direkt mit dem Mund von der Pflanze gepflückt wird. Man hat herausgefunden, dass die medizinisch wirksame Substanz durch den Morgentau aus der Blattoberfläche austritt und bei Berührung mit den Fingern abgewischt werden würde. Situationen, in denen die Medizin angewendet wird, sind z. B. Appetitlosigkeit, Verstopfung, Darmparasiten, Darminfektionen, Kopfweh, Magenbeschwerden, Ringwürmer, Menstruationskrämpfe, Wehen einleiten, Nierenschmerzen, Durchfall, Fieber, Zahnschmerzen usw. Bei manchen der Mittel ist die Wirkung unbekannt, bei manchen gab es eine pharmakologische Bestätigung der medizinischen Wirkung, und manche dieser medizinischen Mittel sind auch bei einheimischen Menschen derselben Gegenden bekannt. Jedenfalls ist auch diese medizinische Behandlung ein Kulturgut, weil wiederum verschiedene Stämme, die genetisch ident sind, in derselben Umwelt verschiedene Traditionen von Medizinanwendungen zeigen und die Medizinanwendungen selbst in der Kindheit von den Erwachsenen gelernt werden (Wrangham et al. 1994).

Orang-Utans halten sich riesige Blätter als Regenschutz über den Kopf. SchimpansInnen haben Stöcke benutzt, um anderen SchimpansInnen einen verfaulten Zahn zu entfernen. Kürzlich wurde auch beobachtet, dass eine Schimpansengruppe Stöcke als Stelzen und zum Schutz des Hinterteils gegen Stacheln verwendeten, während sie in Kapok-Bäumen Nahrung aufnahmen (Tayler-Parker und McKinney 1999, S. 208). Es sind mindestens 39 verschiedene Schimpansenkulturen bekannt, die in insgesamt 151 Freilandforschungsjahren identifiziert wurden (Whiten et al. 2003). Werkzeuggebrauch gibt es auch bei Altwelt- und Neuweltaffengruppen (Taylor-Parker und McKinney 1999, S. 281).

Elefanten benutzen Stöcke, um sich von Parasiten zu befreien. Sie können auch schwere Objekte auf Bäume werfen, um die Äste mit den nahrhaften Blättern in ihre Reichweite zu biegen. Sie können auch mittels großer Steine elektrische Zäune zerstören. Eine asiatische Elefantin benutzte Holz in ihrer Reichweite, um es unter sich zu legen, sodass sie aus einem Schlammloch herauskonnte, in dem sie eingesunken war (Wise 2002, S. 171). Australische Delfine tragen Schwämme mit sich, um ihre empfindlichen Nasen beim Absuchen des dort scharfkantigen Meeresbodens zu schützen (Wise 2002, S. 154).

Ich selbst habe Gämsen beim Steinewerfen beobachtet. Ich bin eine Felswand hinaufgeklettert, und unmittelbar über mir, wo die Wand flacher wurde, bevor sie am Gipfel endete, war eine Gämse. Als sie mich sah, pfiff sie in charakteristischer Weise und begann, Steine auf mich herunterzuwerfen, indem sie im loseren Geröll zwei heftige Schritte auf mich zu machte und dann abrupt abbremste. Sie wiederholte das mehrere Male, und die Steine, die auf uns Kletterer herunterprasselten, waren tatsächlich sehr gefährlich.

Griffin und Speck (2004) fassen Arbeiten über die Werkzeugnutzung bei Krähen zusammen. Diese Vögel suchen Insekten in Baumrinden und kleinen Felsrillen und benützen dafür Werkzeuge. Sie nehmen einen Zweig, entfernen Rinde und Blätter und fabrizieren einen Haken an einem Ende, mit dem sie dann in die Ritzen bohren. Manchmal werden diese Werkzeuge auch zu anderen Plätzen für die Nahrungssuche dort mitgenommen. Bei Experimenten wurden den Krähen Stöcke zur Auswahl angeboten, um Nahrung aus engen Röhren zu holen. Die Krähen wählten jeweils die Stöcke in der richtigen Länge. Bei einem am Ende gekrümmten Rohr bogen die Krähen in 90 % der Fälle das Ende eines Drahtes zu einem Haken, um an die Nahrung heranzukommen.

Lokale Dialekte sind auch Beispiele von Kulturen bei Tieren. Bekannt sind die Gesänge der Buckelwale, die tradiert werden und sich von Jahr zu Jahr leicht verändern (Masson und McCarthy 1994, S. 208). De Waal (2002, S. 254) führt auch das Jagd- und das Verteidigungsverhalten von Walen als Beispiele für Kulturen an.

Raben zeigen ebenso lokale Dialekte, die z. B. in den USA von Osten nach Westen kontinuierlich variieren. RabenforscherInnen, die einen Dialekt kennen, verstehen oft die Nachbardialekte nur noch bis zu einer gewissen Entfernung. In der Arktis und in Europa gibt es wieder ganz andere Dialekte (Heinrich 1999, S. 229). An den Regionsgrenzen gibt es auch zweisprachige Raben, die mit den jeweiligen Gruppen in deren Dialekten kommunizieren können (Heinrich 1999, S. 196).

Aber z. B. auch bei wildlebenden Papageiengruppen (Pepperberg 2002, S. 323) und bei Schimpansengruppen (de Waal 2001, S. 238) sind Dialekte nachgewiesen worden.

Rabenkulturen unterscheiden sich auch in der Art des Nestbaues. In manchen Regionen werden alle Nester an Klippen gebaut, in anderen wieder nur auf bestimmten Bäumen (Heinrich 1999, S. 347).

Im September 1953 wurde die Entstehung einer Kultur erstmals tatsächlich beobachtet und genau dokumentiert, und zwar bei japanischen Makaken auf Koshima. Die Makakenfrau Imo, damals 18 Monate alt, wusch erstmals einen Erdapfel in einem Süßwasserbach. 1956 hatte dieselbe Makakenfrau die Idee, den im Sand liegenden Weizen ins Wasser zu werfen und so von den schwereren Sandkörnern zu trennen. Innerhalb von fünf Jahren übernahm die gesamte Gruppe mit Ausnahme der älteren Männer diese Tradition. Die Weitergabe verlief hauptsächlich entlang von Verwandtschaftslinien. Die

Jüngeren nahmen die Innovation viel schneller an als die offenbar konservativeren Älteren. Das Erdäpfelwaschen entstand später auch in anderen Makakengruppen spontan. Gegen die Kritik von Bennett Galef (1999, S. 99), dass das keine Tradition sei, sondern nur ein durch Versuch und Irrtum bei allen individuellen Makaken separat entstandenes Verhalten, wendet Frans de Waal (2001, S. 198) ein, dass sich die Verhaltensweise hauptsächlich über Verwandtschaftslinien und durch jüngere Gruppenmitglieder verbreitet hatte und daher nach den Aufzeichnungen der japanischen ForscherInnen kein Zweifel besteht, dass es sich um eine sozial gelernte Kultur handelt.

Ein weiteres bekanntes Beispiel einer Makakenkultur ist das seit 20 Jahren beobachtete Steinereiben der Makakengruppe auf dem Berg Arashiyama hoch über Kyoto in Japan. Täglich sieht man die Affen Steine sammeln und an einen ruhigen Platz tragen, wo sie sie aneinander reiben. Es gibt keine adaptive Erklärung, keinen „Sinn" für dieses Verhalten, das offenbar als Tradition von einer Generation zur nächsten weitergegeben wird und deshalb eine Kultur ist (Huffman 1996).

Der Gesang der meisten Vogelgruppen ist eine Kultur (de Waal 2001, S. 148). Was essbar ist und was nicht, wird bei Rattensozietäten kulturell weitergegeben (Stamp-Dawkins 1993, S. 51). Bei verschiedenen Kolobusaffengruppen wird Asche gegen Gifte in gewissen Blättern gegessen. Im Jahr 1960 wurden japanische Makaken das erste Mal beim Baden in heißen Quellen, während rundherum Schnee lag, beobachtet. Auch das ist eine Kultur. Das Jagdverhalten bei gewissen Löwengruppen und das Fleischessen bei gewissen Paviangruppen sind auch Beispiele für Kulturen (Masson und McCarthy 1994, S. 201). Das Wissen wilder Bären in manchen Regionen über den Zugang zur Nahrung der Menschen wird auch sozial vermittelt (de Waal 2001, S. 251).

Ian Redmond (1991 und persönliche Mitteilung) verbrachte sechs Monate mit einer Urwaldelefantenherde, die die Hälfte ihrer Zeit in einer Höhle lebte. In die Höhle gehen die ElefantInnen, indem sie eine Kette bilden und sich mit den Rüsseln an den Schwänzen halten. Am Ende der Höhle schaben die männlichen Tiere mit ihren Stoßzähnen an der Höhlenwand, um Salzsteine abzubauen, die sie dann vor die Höhle tragen. Die restliche Gruppe spielt währenddessen im Stockdunkeln. Vor der Höhle profitieren auch andere Tiere von den Salzsteinen. Ian Redmond schätzt, dass die Höhle von den Vorfahren dieser Elefantengruppe in den letzten 10.000 Jahren selbst gegraben worden ist. Das ist also ein Beispiel für eine Salzbergbaukultur einer Elefantengruppe. Keine andere Elefantengruppe kannte diese Höhle. Frans de Waal (2001, S. 251) berichtet auch von zumindest viele hundert Jahre altem kulturellem Wissen bei Elefantenherden in der Savanne, wo sich Wasserlöcher befinden, die sie in der Not aufsuchen können.

Erstaunlicherweise sind sogar die sozialen Hierarchien und das Sexualverhalten bei verschiedenen Affengruppen sozial gelernt. Frans de Waal (2001, S. 267) konnte nachweisen, dass die über Generationen stabile matrilineare Hierarchie bei Makakengruppen kulturell bedingt ist. Wenn eine Tochter einer in der Hierarchie niedrigen Familie von einer Mutter in einer höheren Familie adoptiert wird, nimmt auch sie das dominante Verhalten an. Bei Mantelpavianen herrscht eine strenge Haremsordnung, mehrere Frauen werden von einem Mann dominiert. Bei Steppenpavianen gibt es diese Hierarchie nicht. Hans Kummer (1995, S. 12) tauschte einige Frauen der beiden Gruppen aus und fand, dass sie sich nach einiger Zeit in das neue Gruppenverhalten eingliederten. Offenbar ist also auch das sexuelle Haremsverhalten der Paviane kulturell bedingt.

Frans de Waal (2001, S. 270) hat in einem Versuch aggressive Rhesusaffen mit friedlicheren Bärenmakaken fünf Monate zusammengebracht. Die Rhesusaffen entwickelten in der Bärenmakakengruppe friedensstiftende Fähigkeiten, die denen der Bärenmakaken in nichts nachstanden. Selbst nach einer dauerhaften Trennung zeigten die Rhesusaffen viermal so viele freundliche Handlungen, wie Versöhnung und soziale Fellpflege, als vorher.

10.10 Vernünftiges Weltbild

Das vernünftige Weltbild zeigt sich durch die Erwartung ausschließlich kausal-physikalisch möglicher Ereignisse in der Umgebung. Eine dieser vernünftigen Annahmen ist die der Weiterexistenz von Objekten, wenn sie aus dem Sichtfeld geraten sind bzw. durch kein Sinnesorgan mehr wahrgenommen werden können. Diese Objektpermanenz zeigen Gämsen meiner Beobachtung nach, wenn man in ihre Richtung geht, aber an einer Stelle des Weges von Latschen verdeckt wird. In Experimenten habe ich unbemerkt beobachtet, wie die Gämsen auf mein Verschwinden reagieren. Sie haben meine Existenz nach meinem visuellen Verschwinden nicht nur nicht vergessen, sondern sie waren wesentlich nervöser und unruhiger nach meinem Verschwinden als davor, als sie mich noch sehen und meine Bewegungen unter Beobachtung halten konnten. Vor allem dann, wenn das Latschenfeld so beschaffen war, dass ich unbemerkt durchs Gestrüpp ganz nahe an die Gämsen herankommen hätte können, flohen sie kurz nach meinem visuellen Verschwinden in Panik, man möchte sagen „zur Sicherheit", um nicht überrascht zu werden. Wenn ich parallel zu ihnen in einem Latschenfeld verschwand und nicht nach der Zeit, die bei gleichförmiger Bewegung zu erwarten gewesen wäre, auf der anderen Seite des Latschenfeldes erschien, machte sich ebenso Unruhe in der Gämsengruppe breit. Den Gämsen wurde bewusst, dass hier etwas nicht so ablief, wie sie es erwartet hatten, dass also etwas „nicht stimmte".

Irene Pepperberg (2002, S. 180) untersuchte die Objektpermanenz beim Graupapagei Alex. Dabei wurden Objekte versteckt und die Verstecke samt unsichtbarem Objekt verschoben. Getestet wurde, ob Alex das Objekt jetzt an der verschobenen Stelle suchen würde, ob er also die unsichtbare Verschiebung des Objekts nachvollziehen konnte. Menschenkinder können das erst ab dem Alter von zwei Jahren. Alex bestand alle Tests von Objektpermanenz, sogar das „Shell-Spiel", bei dem das Objekt unter einem von vielen umgedrehten Hütchen versteckt wird, die alle nach dem Verstecken verschoben werden. Trotz dieser Verschiebungen fand Alex das Objekt unter dem richtigen Hut auf Anhieb. Primaten bestehen diese Tests auch. Pepperberg war in ihren Versuchsanordnungen sehr darauf bedacht, Lernen und den Kluger-Hans-Effekt auszuscheiden, um Alex' Verständnis zu testen. Dazu wurde sichergestellt, dass die Testerin selber nicht wusste, wo das Objekt war. Weiters wurde Alex nie gezeigt, wie das Problem richtig gelöst werden konnte, und es wurde keine Belohnung in Aussicht gestellt (Pepperberg 2002, S. 193).

Bernhard Heinrich fand durch Beobachtung heraus, dass Raben Angst vor unerwarteten Geschehnissen haben. Er untersuchte das in speziellen Versuchen. Wenn die Raben im starken Wind auf einem Ast saßen, der durchgerüttelt wurde, dann waren sie deswegen nicht nervös. Der Wind war für sie eine vernünftige Erklärung für das Rütteln des Astes. Als Heinrich aber nach Abflauen des Windes denselben Ast durch eine unsichtbare Schnur auf die gleiche Weise rüttelte, flogen alle Raben in Panik davon. Ein heftig rüttelnder Ast bei Windstille ist ein unerklärbares Phänomen, das daher offenbar Angst und Panik erzeugt. Die Raben haben also ein vernünftiges Weltbild (Heinrich 1999, S. 225).

WächterInnen bei wildlebenden Papageien melden nicht nur Gefahren, sondern auch wenn sie etwas Ungewöhnliches bemerken. Wenn etwas Ungewöhnliches als solches erkannt und kategorisiert werden kann, dann muss dieses Wesen auch die Kategorie „gewöhnlich" kennen. Es muss also ein vernünftiges Weltbild haben (Pepperberg 2002, S. 324).

10.11 Lehren

Das aktive Lehren von Fertigkeiten durch nichtmenschliche Tiere an andere wird selten beobachtet. Fouts (1998) berichtet von SchimpansInnen, die eine Zeichensprache gelernt hatten, dass sie diese bei einem kontrollierten Versuch an andere SchimpansInnen, u. a. auch durch aktives Formen der Hände ihrer SchülerInnen, weitergaben.

Christophe Boesch (1993, S. 177) beobachtete im Freiland, wie die Schimpansenmutter Ricci ihrer Tochter Nina zuerst acht Minuten lang zuschaute, als diese vergeblich versuchte, mit ihrem Werkzeug, „Hammer und Amboss", eine Nuss zu öffnen. Dann nahm Ricci den Hammer und führte ihn absichtlich langsam vor den Augen ihrer Tochter in die richtige Position und knackte einige Nüsse, die sie mit ihrer Tochter teilte. Danach übergab sie den Hammer wieder an Nina. Diese nahm den Hammer, hielt ihn genau wie ihre Mutter und brachte damit das Knacken von vier Nüssen innerhalb von 15 Minuten zustande. Auch wurden Mütter dabei beobachtet, wie sie erfolglose Versuche ihrer Kinder korrigierten, indem sie die Nuss vom Amboss entfernten, diesen säuberten und anschließend die Nuss wieder darauflegten oder indem sie den Hammer in der Hand ihrer Kinder umdrehten. Boesch hat viele ähnliche Fälle von aktivem Unterricht beim Nussknacken unter frei lebenden SchimpansInnen beschrieben. Das Knacken dieser Nüsse mit den vorhandenen Werkzeugen ist für erwachsene Menschen auch nach monatelanger Übung nur sehr schwer halbwegs zu erlernen.

Christophe Guinet hat Schwertwale dabei beobachtet, wie sie ihren Kindern das absichtliche Stranden als Jagdtechnik auf Robben beibringen. Diese Schwertwale können sich in schäumenden, an den Strand rollenden Wellen verbergen, sich dabei vom Wasser auf den Strand tragen lassen und auf diese Weise unerwartet Robben angreifen, die am Strand liegen. Diese Jagdtechnik ist aber gefährlich, weil ein vollständig gestrandeter Schwertwal hilflos ist. Deswegen gehen argentinische Schwertwaleltern zuweilen mit ihren Kindern an Strände, an denen keine Robben sind, um das Stranden zu üben. Falls es die Kinder nicht mehr alleine ins Wasser schaffen, helfen ihnen die Eltern dabei. Bei den ersten Jagdversuchen unterweisen die Eltern weiterhin aktiv ihre Kinder, indem sie sie in die Welle und zum Strand drängen und ihnen bei ausbleibendem Jagderfolg die Jagdtechnik nochmals vorführen und die Beute mit ihnen teilen (de Waal 2001, S. 248).

Eltern sind nicht nur ihren Kindern gegenüber toleranter als gegenüber Erwachsenen bei gleichem Verhalten, sie nehmen auch bei ihrer sozialen Kommunikation auf die schwächere Auffassungsgabe der Kinder Rücksicht. So wurde beobachtet, dass Pavianeltern die Zeichen ihrer Kommunikation für die Kinder besonders langsam und deutlich ausführen, wie z. B. die Drohgebärde (de Waal 1996, S. 112). Die Matriarchin einer Rhesusaffengruppe gab allen Kindern der Gruppe nacheinander einmal einen vorsätzlichen Biss in die Hand, um ihnen ihre Macht zu demonstrieren. Nicht nur, dass der Biss Schmerzen verursachte und damit ihre Macht über die Kinder für diese fassbar machte, den Kindern wurde auch vor Augen geführt, dass ihnen niemand trotz ihrer Schreie zu Hilfe kam, wenn die Matriarchin den Biss ausgeführt hatte. Das war also eine aktive Lektion darüber, wer in der Gruppe das Sagen hat (de Waal 1996, S. 113).

Selbst bei Adlern wurde beobachtet, dass die Eltern ihre Jungtiere aktiv im Anfliegen zum Beuteschlagen durch mehrmaliges Vorzeigen unterrichten. Dabei wurde anfänglich nicht tatsächlich gejagt, sondern nur das Verhalten vorgeführt (Tomkies 1987, S. 136).

10.12 Soziale Kompetenz

Barbara Smuts (2003) verbrachte lange Zeit in einer Gruppe von 140 Pavianen. Nach vielen Monaten wurde sie von den Pavianen als eine der ihren betrachtet. Sie lernte auf diese Weise die vielen subtilen und auch offensichtlichen sozialen Regeln kennen, aber auch, wie sie als afrikanischer Primat in der Wildnis überleben kann. „Ich habe viel durch Beobachtung gelernt, aber die wichtigsten Erfahrungen konnte ich nur machen, weil ich das Pavian-Sein teilen durfte und mich die Paviane wie ihresgleichen behandelt haben." (Smuts 2003, S. 76) Alle Paviane hatten ihre eigene Persönlichkeit, und zu jedem einzelnen hatte Smuts eine andere, einzigartige Beziehung. Freundschaften setzen Gegenseitigkeit voraus, und obwohl sie aus wissenschaftlichen Gründen jedenfalls anfangs ihre eigene Person in der Paviangruppe zurücknehmen und nur beobachten wollte, konnte sie sich daran zuletzt nicht halten. Die Paviane verlangten von ihr eine Einbeziehung in ihre Gemeinschaft. Nach einer Unterbrechung von fünf Jahren besuchte Smuts dieselbe Gruppe von Pavianen noch einmal, und obwohl alle der bis zu fünf Jahre alten Tiere sie noch nie vorher gesehen haben konnten, wurde sie so wohlwollend in die Gruppe aufgenommen, als wäre sie nie fortgewesen.

Zwei Jahre meiner Studienzeit habe ich eine Wohnung nicht nur mit meinen Brüdern, sondern auch mit zwei Ratten geteilt, die keinen Käfig hatten, sondern sich selbst irgendwo in der Wohnung ihr Nest bauten und jederzeit in allen Zimmern umherlaufen konnten. Ich habe mit den Ratten ohne jeden Zweifel eine Beziehung aufgebaut, die auf Gegenseitigkeit beruhte. So sind sie z. B., wenn sie ein Gast erschreckt hat, zu mir in den Ärmel geflohen, statt sich in einen dunklen Winkel zurückzuziehen. Sie hatten offenbar Vertrauen zu mir. Sie haben sich oft einfach auf meinen Kopf gesetzt und von meinem Teller mitgegessen. Das konfliktfreie Zusammenleben von uns Menschen und Ratten wäre nicht möglich gewesen, wenn wir nicht unsere persönlichen Bedürfnisse in gewissem Rahmen gegenseitig erkannt und darauf Rücksicht genommen hätten. Frans de Waal (1996, S. 211) schreibt, dass Tiergemeinschaften nur funktionieren, weil die einzelnen Mitglieder die gesellschaftlichen Regeln verstehen und befolgen, weil sie die Fähigkeit haben, die Gefühle in den anderen richtig zu deuten und zu verstehen, und weil ihnen der Frieden in der Gemeinschaft wichtig ist.

Das aktive Friedenstiften ist bei sehr vielen Primatenarten beobachtet worden (de Waal 1989; de Waal 1996, S. 177). Dabei ist meistens ein Individuum altruistisch aktiv, indem es jüngere und schwächere Mitglieder der Gemeinschaft schützt. Der Friedensstifter ist ein nicht in den Streit involviertes Wesen, das oft mit den streitenden Parteien verwandt ist. Die Verwandtschaftsverhältnisse der Tiere untereinander sind also nicht nur den anderen in der Gruppe bewusst, sie spielen auch eine besondere Rolle (de Waal 1996, S. 204). Obendrein müssen alle diejenigen, die sich in einen Streit als Friedensstifter einmischen, die sozialen Beziehungen der anderen Tiere in der Gruppe untereinander kennen und einschätzen können. Das ist jedenfalls in Primatengemeinschaften der Fall (de Waal 1996, S. 100).

Dominanzhierarchien galten lange Zeit als das bestimmendste Element bei Tiergemeinschaften, weil das den eigenen Speziesismus der ForscherInnen zu bestätigen schien. So konnten die „Tiere“ als instinktgetriebene Biomaschinen dargestellt werden, bei denen sich nur das stärkste Wesen brutal durchsetzen würde – im Gegensatz zur menschlichen Kultur, bei der andere Qualitäten viel relevanter wären. Die Ethologie hat uns allerdings mit vielen Gegenbeispielen längst eines Besseren belehrt. Einerseits sind Dominanzhierarchien und interne Konflikte nicht das bestimmende Element in sozialen Gruppen. Und andererseits werden die Hierarchien nicht einfach durch rohe Kraft entschieden. So kam es bei den japanischen Makaken auf Koshima in 50-jähriger Beobachtung noch nie zu einem Stürzen des Anführers, vielmehr sind alle Anführer eines natürlichen Todes gestorben und wurden dann erst ersetzt (de Waal 2001, S. 192). Bei Rhesusaffen blieb ein Tier trotz körperlicher Schwäche an der Spitze (de Waal 2001, S. 279). In einer Rabengruppe, die in Gefangenschaft durch ein Missverständnis des Tierpflegers am Verhungern war, starb nur der dominanteste Mann an Hunger: Offenbar gab er allen anderen die letzten Essensreserven, bevor er sich selbst sättigen wollte (Heinrich 1999, S. 212).

Wie ich selbst im Internat feststellen musste, scheinen jüngere Primaten wesentlich mehr auf Dominanzhierarchien fixiert zu sein als ältere Tiere. Letztere bilden Koalitionen und Allianzen und leben viel friedlicher und kooperativer – wie bei Pavianen beobachtet wurde (de Waal 1996, S. 192). Barbara Smuts (1981, S. 448) konnte nachweisen, dass die dominantesten und aggressivsten Tiere oft von anderen gemieden werden. Daher haben sie weder viele FreundInnen oder SexualpartnerInnen, noch werden besondere Leckerbissen mit ihnen geteilt. Auch bei den manchmal als aggressiv angesehenen SchimpansInnen sind die Hierarchien nicht sehr strikt. Die dominanteren Tiere helfen den weniger dominanten und lassen ihnen viel Freiraum (de Waal 1996, S. 126).

Bei eher hierarchisch organisierten Gemeinschaften kommen einzelne oft auch erst durch politische Strategien und Gruppenallianzen an die Macht. Bei SchimpansInnen ist dieser Vorgang vielfach beschrieben (Goodall 1990) worden. Bei Bonobos gibt es vor allem Allianzen unter den Frauen. Generell ist die Bonobogemeinschaft aber wenig hierarchisch (de Waal und Lanting 1997). Auch bei Paviangemeinschaften gibt es politische Gruppierungen, die die Machtverhältnisse in der Gruppe bestimmen (de Waal 1996, S. 137).

Es gibt noch eine Reihe sozialer Verhaltensweisen, die aus Platzmangel nur stichwortartig angeführt werden. Bonobos und SchimpansInnen können sich auch entschuldigen (Savage-Rumbaugh 1999, S. 151; Temerlin 1975, S. 122), genauso wie die Gorillafrau Koko (DeGrazia 1996, S. 208) oder der Graupapagei Alex (Pepperberg 2002). Bernhard Rollin (1998, S. 223) zitiert einen Bericht von Köhler, in dem dieser davon erzählt, dass eine Gruppe gefangener SchimpansInnen bei Regen einmal versehentlich im Freien gelassen worden war. Als er sie in ihren trockenen Schlafraum ließ, bedankten sie sich durch eine Umarmung, bevor sie sich im Stroh trockneten. Frans de Waal (1996, S. 158) berichtet von einem Makaken, der 24 Stunden lang nach einem Vorfall noch „angefressen“ war. Bernhard Heinrich (1999, S. 120) belegt, dass sich die an und für sich monogamen Rabenpaare oft gegenseitig heimlich mit anderen SexualpartnerInnen betrügen, einen Hausfreund aufnehmen oder sogar mit mehreren Pärchen zusammenleben. Es gibt natürlich auch viele Beispiele von Humor bei nichtmenschlichen Tieren (Sommer 2000, S. 151). Auch Bekoff, Marc (2001, S. 72) meint, dass viele nichtmenschliche Tiere „in Ansätzen sogar Humor“ haben. Joyce Poole (1998, S. 100) berichtet von Humor bei Elefanten.

10.13 Mitgefühl

Mitgefühl als eines der hinreichenden Kriterien für Bewusstsein möchte ich, obwohl es zur sozialen Kompetenz gehört, separat behandeln.

Von einem der klassischen Beispiele von Mitgefühl berichtet Jane Goodall (1990) bei einer Polioepidemie in der Schimpansengruppe. Der Schimpansenmann Humphrey half dem Schimpansenmann McGregor, dessen Beine durch eine Polioinfektion gelähmt waren, bei der Nahrungsaufnahme und durch seinen Schutz und seine Nähe. Noch sechs Monate nach dem Tod McGregors kam Humphrey mit offensichtlich bewegenden Erinnerungen an den Ort von dessen Tod zurück.

Frans de Waal (1996, S. 233) hat beobachtet, wie der Schimpanse Björn im Yerkes Primate Center in den USA das Wiedereinfangen eines entlaufenen Rhesusaffen mit sichtlicher Anteilnahme verfolgte. Genau als der Rhesusaffe von einem Betäubungspfeil getroffen wurde und vom Baum in ein Netz fiel, äußerte Björn verzweifelte Rufe und Seufzer und ließ sich von seinen FreundInnen beruhigen, obwohl er selbst nie eine derartige Flucht erlebt hatte.

Aber auch bei vielen anderen Tierarten finden wir Anzeichen von Mitgefühl. Auf Galapagos helfen Finkenmänner Frauen in der Nachbarschaft, die durch ihre Kinder überlastet sind, beim Füttern am Nest, obwohl die Kinder nicht von ihnen stammen (Koenig und Mumme 1999, S. 159). Nach einem Schlaganfall der Ratte Trouble half ihr ihr Partner Max zunächst durch physischen Kontakt und Zärtlichkeit und später durch das Führen der an den Beinen gelähmten Rattenfrau (MacDonald 1993). Bei einem erschütternden Tierversuch an 16 Rhesusaffen wurden diese zunächst darauf konditioniert, durch Ziehen an einer Kette Nahrung zu erhalten. Später wurde das Ziehen an derselben Kette mit einem Elektroschock für den Affen im Nachbarkäfig verbunden. Zwei Drittel der Affen versuchten lieber auf andere Weise Nahrung zu bekommen, als dadurch ihren NachbarInnen Elektroschocks zu verabreichen (Masson und McCarthy 1994, S. 161).

Die japanische Makakenfrau Mozu überlebte mehr als 18 Jahre in ihrer Gruppe, obwohl sie durch einen Geburtsfehler weder Hände noch Füße hatte (de Waal 1996, S. 6). Ein schwer geistig geschädigter Rhesusaffe wurde von seiner Gruppe, speziell von seiner Schwester, beschützt und erhielt öfter als alle anderen Körperpflege (de Waal 1996, S. 49). Auf einen geistig erkrankten, wildlebenden Makaken reagierte seine Gemeinschaft mit erhöhter Toleranz gegenüber seinem sozialen Fehlverhalten, da sie offenbar erkannt hatte, dass es nicht „seine Schuld" war (de Waal 1996, S. 50). Blinden Rhesusaffen und Stumpfschwanzaffen wurde von ihrer sozialen Gemeinschaft geholfen (de Waal 1996, S. 51). Einen schwer kranken Mungo ließen die dominanten Gruppenmitglieder, entgegen üblicher Gepflogenheiten, mit ihnen mitessen. Die gesamte Gruppe schlief mit dem kranken Tier am Boden (de Waal 1996, S. 80). Ein verletzter Rhesusaffe wurde von seiner Schwester mitfühlend umsorgt und gepflegt (de Waal 1996, S. 46).

Es gibt viele Beispiele einer besonders intensiven Beziehung, einer Liebe, zwischen Individuen. Die Husky-Hündin Maria hatte eine so enge Beziehung zu ihrem Hundepartner Mischa, dass sie nach dessen Entfernung wochenlang auf ihn wartete und sich von ihrer Trauer nie vollständig erholte (Masson und McCarthy 1994, S. 121). Ryden (1975, S. 60) beschreibt die innige Liebe zwischen zwei Kojoten. Douglas Chadwick (1993) ist nach langjährigen Beobachtungen von Elefantengruppen vor allem von ihrer Wärme, Zuneigung und dem gelebten Mitgefühl beeindruckt. Ein Nashornkind blieb im Schlamm stecken und konnte nicht heraussteigen. Seine Mutter konnte ihm nicht helfen. Eine Elefantenherde kam vorbei, und einer der Elefanten versuchte, seine Stoßzähne unter das Nashornkind zu schieben, um es herauszuheben. Die Nashornmutter griff daraufhin an, um ihr Kind zu schützen. In den nächsten Stunden wiederholte sich diese Szene mehrmals. Der Elefant versuchte offenbar, dem Nashornkind aus Mitgefühl zu helfen, obwohl er dadurch selbst in Gefahr geriet. Zuletzt konnte sich das Kind am nächsten Tag selbst aus dem inzwischen getrockneten Schlamm befreien (Masson und McCarthy 1994, S. 154).

10.14 Moralisches Gefühl

Ein moralisches Gefühl kann sich einfach dadurch zeigen, dass man sich selbst nicht gerecht behandelt fühlt. Ein Schimpanse greift z. B. einen anderen deswegen an, weil ihm dieser bei einem vorhergegangenen Konflikt nicht geholfen hat, obwohl sie eine Koalition eingegangen waren (Taylor-Parker und McKinney 1999, S. 211). Ebenso gibt es Fälle, in denen sich ein Schimpansenmann an einer Frau rächt, die sich ihm sexuell verweigert hatte, aber danach vor den Augen des abgelehnten Mannes mit einem anderen Mann sexuellen Verkehr hatte (de Waal 1996, S. 91). Im Arnheimer Zoo bestrafte die gesamte Schimpansengruppe zwei Individuen, weil deren Zuspätkommen am Vortag die Fütterung um zwei Stunden verzögert hatte (de Waal 1996, S. 89).

Es wird aber auch davon berichtet, dass nichtmenschliche Tiere aus einem verletzten moralischen Gefühl heraus handeln, wenn sie selbst gar nicht betroffen sind. Der Bonobo Kanzi kann die schlechte Behandlung eines Schimpansen als nicht richtig empfinden und sich deswegen sofort oder später beschweren (Savage-Rumbaugh 1999, S. 130). Roger Fouts (1998) erzählt von der Schimpansenfrau Washoe das gleiche. Kanzi kann sich aber auch selbst schuldig fühlen und hat dafür ein ganz charakteristisches Gesicht, das es ebenso bei SchimpansInnen gibt (Savage-Rumbaugh und Lewin 1994, S. 77).

Aber auch bei Nichtmenschenaffen gibt es offenbar moralische Gefühle. Bernhard Heinrich berichtet von Raben und Krähen, dass sie sich an Individuen erinnern, die ein Nest gestört oder die von einem Artgenossen versteckte Nahrung gegessen haben. Die gesamte Gruppe kann dann diese Individuen bestrafen, obwohl manche Gruppenmitglieder durch die Handlungen des Individuums gar nicht selbst betroffen waren. In einem Fall führte die akkumulierte Schuld sogar zur Tötung dieses Individuums durch die Gruppe (Heinrich 1999, S. 272).

Rhesusaffen rufen die Gruppenmitglieder zu Nahrungsquellen, um diese mit ihnen zu teilen. Wenn ein Gruppenmitglied eine Nahrungsquelle findet und das nicht weitersagt, sondern die Nahrung für sich allein beansprucht und dabei von den anderen entdeckt wird, dann wird es von der Gruppe bestraft (Allen und Bekoff 1999, S. 67). Savage-Rumbaugh (1999, S. 179) erzählt von einer Geschichte in einer Tageszeitung in Uganda, in der über 30 Paviane an einem Menschen Rache geübt haben, der einen der ihren getötet hatte. Ähnliches wird von einer Bonobogruppe erzählt, wobei diese beiden

Racheakte in einer koordinierten Aktion am nächsten Tag stattgefunden haben sollen.

10.15 Altruismus

Es gibt sehr viele dokumentierte Fälle von Altruismus unter Nichtblutsverwandten, der auch nicht unbedingt reziprok sein muss. Kapuzineraffen verteilen ihr Essen an hungrige FreundInnen, auch wenn diese in einem Nachbarkäfig sitzen und damit weder eine Gefahr darstellen noch wirklich in derselben sozialen Gruppe leben. Frans de Waal spekuliert, dass das Austeilen von Nahrung grundsätzlich die soziale Anerkennung und den Status des Verteilers hebt (de Waal 1996, S. 143).

Eine Löwengruppe wurde beim Füttern alternder LöwInnen beobachtet. Füchse haben für verletzte Gruppenmitglieder Nahrung zurückgelassen. Körperlich behinderten ElefantInnen und Gorillas wurde von ihren jeweiligen sozialen Gruppen geholfen. Die Gorillafrau Koko bietet einer kranken Menschenfrau Orangensaft als Medizin an. Ein verletzter Mungo wurde von seiner Gruppe gepflegt. Wale helfen ihren FreundInnen gegen WalfängerInnen oder versuchen, gestrandete Individuen zu retten bzw. Netze, die andere Wale gefangen halten, zu zerreißen. Hunde, aber auch Delfine, haben in vielen Notfällen Menschen gerettet (Masson und McCarthy 1994, S. 157). Es gibt Berichte über SchimpansInnen und Makaken, die die Wunden verletzter Gruppenmitglieder versorgen (de Waal 1996, S. 58).

10.16 „Theory of Mind“

Eine „Theory of Mind“ zu haben bedeutet, die Bewusstseinszustände anderer zu verstehen. Aber wie wir schon beim Erweiterten Bewusstsein generell gesehen haben, verstehen kann man etwas auf völlig verschiedenen Niveaus. Da traditionell die „Theory of Mind“ als jenes Kriterium gelten sollte, das nun „endgültig“ die nichtmenschlichen Tiere nicht erfüllen können, also Menschen von anderen Tieren trennt, wird üblicherweise ein sehr hohes Niveau an das Vorhandensein einer „Theory of Mind“ gestellt. Colin Allen (2003) spricht z. B. in der Philosophie-Enzyklopädie davon, dass PsychologInnen übereinstimmend der Meinung wären, dass Menschenkinder erst dann eine „Theory of Mind“ haben, wenn sie älter als vier Jahre sind.

Wenn mein Hund in einer völlig neuen Situation erkennt, dass ich in Gefahr bin und mir sofort auf eine Weise hilft, die in der Situation angebracht ist, hat er dann nicht meinen Bewusstseinszustand verstanden? Wenn mein Hund beim Spiel erkennt, dass ich nicht geistig anwesend, sondern gedanklich woanders bin, obwohl ich den Spielregeln folge, und er deshalb zu spielen aufhört, hat er nicht „meine Gedanken gelesen“? Wenn mein Hund von meiner Partnerin gemaßregelt wird und sich daraufhin zu mir begibt und durch sein Verhalten meine Unterstützung für ihn gegen meine Partnerin fordert, hat er nicht meinen Bewusstseinszustand manipuliert und dadurch verstanden? Oder, simpler, wenn mein Hund versteht, dass ich Hunger habe, weitergehen will, schlafen gehen will, urinieren gehen will usw., erkennt er dann nicht meinen Bewusstseinszustand und merkt er dann nicht, dass dieser von seinem verschieden ist? Mein Hund kommt zu mir und weint, wenn er sich verletzt hat, damit ich ihn tröste. Umgekehrt, wenn ich weine, kommt mein Hund zu mir und leckt mir das Gesicht, um mich zu trösten. Ist es nicht offensichtlich, dass er meine Gefühle und damit Bewusstseinszustände erkennen kann? Angesichts dieser Fakten frage ich, wieso soll mein Hund keine „Theory of Mind“ haben?

Ich denke, es ist eindeutig, dass mein Hund auf einem gewissen Niveau meine Bewusstseinszustände verstehen kann, keine Frage. Aber man kann das Bewusstsein erweitern, man kann tiefere Zusammenhänge verstehen, man kann eine „erweiterte“ „Theory of Mind“ haben. Allerdings sind diese Erweiterungen nur mehr graduelle Unterschiede und daher für uns, wenn wir Bewusstsein prinzipiell nachweisen wollen, nicht so interessant.

Umgekehrt setzt das Erkennen, dass mein Hund eine „Theory of Mind“ hat, selbst eine „Theory of Mind“ voraus. Haben dann diejenigen, die ihm seine absprechen wollen, selbst überhaupt eine?

An über 100 in Gefangenschaft gehaltenen SchimpansInnen und Bonobos wurde ein Wisser-Rater-Test durchgeführt. SchimpansInnen und Bonobos bestehen diesen Test regelmäßig ab dem Alter von etwa sechs Jahren, während Menschen bereits ab dem Alter von ca. vier Jahren eine signifikant hohe Erfolgsrate zeigen, allerdings nicht davor (Taylor-Parker, Mitchell und Boccia 1994).

Im „Yerkes Primate Center“ in Atlanta, USA, wurde eine Serie von Experimenten durchgeführt, um die „Theory of Mind“ bei SchimpansInnen zu testen. In einem Gehege mit sechs SchimpansInnen wurden verschiedene Leckerbissen versteckt. Allerdings wurde immer nur einem Individuum, Belle, gezeigt, wo die genauen Orte der Verstecke lagen. Bei den ersten Versuchsreihen wurde ihr der Leckerbissen immer von einem Mann, Rock, weggenommen. Zwischen Belle und Rock entwickelte sich in den nächsten Monaten eine immer komplexer werdende Rüstungsspirale zwischen Täuschung und Gegentäuschung. Zunächst nahm Belle die Leckerbissen nicht mehr auf, sondern setzte sich auf das Versteck. Rock verstand das nach einiger Zeit und schob sie weg und suchte dort. Belle begann daraufhin immer weiter weg vom Versteck der Leckerbissen zu sitzen, woraufhin Rock dort suchte, wohin Belle besonders oft geschaut hat. Wenn Belle begann, den Leckerbissen nur dann zu nehmen, wenn Rock nicht anwesend war, verließ er ihre Umgebung, um aber rasch plötzlich wieder zu erscheinen. Die ForscherInnen schließen aus diesen Resultaten, dass SchimpansInnen offensichtlich eine „Theory of Mind“ haben (Sommer 2000, S. 131).

Sue Savage-Rumbaugh berichtet von einem Vorfall, der eine „Theory of Mind“ auch bei Bonobos belegt. Matata, Kanzis Mutter, schickte Savage-Rumbaugh hinaus, um etwas zu essen zu holen, schrie aber dann laut um Hilfe. In der Zwischenzeit hatte Matata einem menschlichen Besucher, den sie nicht mochte, ihre Schüssel gegeben, und bei Savage-Rumbaughs Rückkehr täuschte sie vor, dass der Besucher ihr die Schüssel weggenommen hätte, und forderte Savage-Rumbaugh auf, ihr gegen den Besucher beizustehen (Savage-Rumbaugh und Lewin 1994, S. 274).

Es gibt insgesamt 66 verschiedene Arten von absichtlichen Täuschungen bei nichtmenschlichen Menschenaffen, die bisher beschrieben wurden, davon 54 beim Schimpansen, 41 beim Gorilla, 35 beim Bonobo und 34 beim Orang-Utan. Es gibt viele Arten von Täuschungen erster Ordnung, d. h. durch Einnehmen des visuellen Standpunktes der anderen, bei Affen. Affen verhalten sich anders, wenn sie von anderen Affen gesehen werden können (Taylor-Parker und McKinney 1999, S. 145). Beispiele von Täuschungen bei Affen sind das Alarmschauen, ohne dass Gefahr droht, um durch den dadurch ausgelösten Alarm einen Konflikt zu beenden, das Weinen, ohne verletzt worden zu sein, um die Hilfe anderer zu gewinnen, und das Unbeteiligt-Schauen beim Sex, um anderen, die sie nur partiell sehen, vorzutäuschen, gar keinen Sex zu haben (Stamp-Dawkins 1993, S. 133).

Das Vortäuschen einer Verletzung, die gar nicht existiert, um das Mitgefühl anderer zu wecken, wurde beim Gorilla, beim Schimpansen, beim Hund und beim Makaken in der Literatur beschrieben (de Waal 1996, S. 44). Bernhard Heinrich (1999, S. 267) hat auch beim Raben deutliche Belege für eine

„Theory of Mind" gefunden. Wenn Raben Nahrungsverstecke anlegen, dann achten sie darauf, dass sie niemand dabei sieht, und fliegen zur Not weit weg oder verstecken doch nichts. Wenn sie den Augen von ZuschauerInnen nicht entkommen können, dann täuschen sie manchmal nur ein Verstecken vor, nehmen aber in Wirklichkeit heimlich das Nahrungsstück wieder mit, oder sie verstecken es blitzschnell, wenn gerade niemand herschaut.

Die Interpretation von Bewusstseinszuständen anderer hat sich besonders in der „Rüstungsspirale" zwischen JägerInnen und Jagdopfern zu einem hohen Niveau entwickelt. Die Jagdopfer können die JägerInnen wie ein Buch lesen, verstehen, ob sie gerade auf der Jagd sind und was sie als nächstes planen (Stamp-Dawkins 1993, S. 71). Umgekehrt achten die JägerInnen sehr auf das Verhalten der potentiellen Opfer und können aus den feinsten Details im Verhalten Rückschlüsse auf den psychisch-physischen Zustand der Tiere ziehen. Sowohl JägerInnen als auch Opfer sind sich dessen bewusst, von ihrem Gegenüber beobachtet zu werden, und täuschen daher andere Absichten oder besondere Fitness etc. vor (Allen und Bekoff 1999, S. 120).

10.17 Selbstbewusstsein

Jedes Bewusstsein ist auch Selbstbewusstsein. Die verschiedenen Tests für Selbstbewusstsein können daher wieder nur, wie bei der „Theory of Mind", bestenfalls ein höheres Niveau von Selbstbewusstsein, also ein Erweiterteres Bewusstsein, zeigen. Das unterscheidet sich aber nur graduell und nicht qualitativ vom minimalen Kernbewusstsein. Genauso, wie manche Menschen viel mehr reflektieren und sich vielleicht der Motivationen vieler ihrer Handlungen unvergleichlich stärker bewusst sind als andere Menschen und dennoch kein grundsätzlicher, qualitativer Unterschied im Bewusstsein dieser Menschen zu anderen festgemacht werden kann.

Nach Paola Cavalieri (2001, S. 118) gibt es drei verschiedene Bedeutungen von Selbstbewusstsein, die alle mehr oder weniger erweitert bzw. komplex sein können. Alle drei finden sich auch bei nichtmenschlichen Tieren in der einen oder anderen Form.

a) *Grundsätzliches Selbstbewusstsein*: d. i. die Fähigkeit, sich seiner selbst im Unterschied zu anderen bewusst zu sein, d. h. den Unterschied zwischen sich selbst und anderen ziehen zu können. In der einfachsten Form bedeutet das, einfach zu verstehen, dass ich selbst ein Gefühl habe, das andere nicht haben. Jedes Kernbewusstsein ist also in diesem

Sinn auch ein Selbstbewusstsein. Eine sehr spezielle, visuell erweiterte Form dieses Selbstbewusstseins zeigt sich z. B. durch den MSR-Test, den viele nichtmenschliche Tiere bestehen (siehe unten).

b) *Perspektivisches Selbstbewusstsein*: d. i. die Fähigkeit, von sich selbst und anderen in Situationen, die an einem anderen Ort und zu einer anderen Zeit stattfinden als die Gegenwart, zu sprechen bzw. zu denken. Diese Art des Selbstbewusstseins zeigt sich z. B. durch eine Symbolsprache oder durch die Fähigkeit zu planen und Kooperationen oder Allianzen einzugehen (siehe Kommunikation oben).

c) *Reflektives Selbstbewusstsein*: d. i. die Fähigkeit, mentale Zustände in anderen erkennen zu können (erster Grad), oder weiter noch, erkennen zu können, dass andere die eigenen mentalen Zustände erkennen (zweiter Grad). Diese Art des Selbstbewusstseins ist z. B. in jenen Fällen nachweisbar, in denen Individuen reflexive Gefühle zeigen (siehe unten) oder andere vorsätzlich täuschen, indem sie ihnen eine Situation vorgaukeln und beim Gegenüber dadurch einen gewünschten mentalen Zustand erzeugen, der bei Einsicht in die tatsächlichen Gegebenheiten ein anderer wäre. Der zweite Grad zeigt sich dann in Fällen, in denen die Täuschung vom Individuum, das getäuscht werden hätte sollen, durchschaut wird und dieses nur vorspielt, darauf hereinzufallen, um so denjenigen, der zu täuschen versucht hat, selbst zu täuschen. Auch dafür gibt es viele Beispiele bei nichtmenschlichen Tieren (siehe oben, „Theory of Mind").

Der MSR-Test wurde an hunderten SchimpansInnen und Bonobos durchgeführt, und es ergab sich relativ konsistent, dass Tiere, die jünger als sechs Jahre alt waren, sich nur zu 10 % selbst erkannten, während Tiere, die älter als sechs Jahre alt waren, sich zu 90 % selbst erkannten (Taylor-Parker, Mitchell und Boccia 1994). Während die Gorillafrau Koko den MSR-Test bestand, haben sowohl der Gorilla Michael als auch Menschenkinder, die alle eindeutig zur Selbsterkennung fähig sind, formal den Test nicht bestanden. Offenbar war ihnen ein Farbtupfer im Gesicht egal, sodass man nicht auf ihre Fähigkeiten schließen kann. Nur positive Testresultate sind also aussagekräftig (Taylor-Parker und McKinney 1999, S. 155). Verschiedene Orang-Utans haben den MSR-Test auch bestanden (Wise 2002, S. 188), sowie Elefanten (Wise 2002, S. 169), Delfine (Wise 2002, S. 152), Tamarine (Wise 2002, S. 65) und Menschenkinder, frühestens im Alter von 18 Monaten. Bernhard Heinrich (1999, S. 178) berichtet von MSR-Tests an Raben. Obwohl andere Vögel ihre Spiegelbilder unentwegt angreifen, erschrecken Raben zuerst vor ihrem Spiegelbild, ignorieren es aber dann für alle Zukunft, auch in anderen Spiegeln, genauso wie Hunde.

Es gibt eine Reihe von Berichten über reflexive Gefühle bei nichtmenschlichen Tieren. Craig Packer (1979, S. 37) hat herausgefunden, dass männliche Paviane mit abgenutzten oder abgebrochenen Zähnen nicht so oft gähnen. Beim Gähnen zeigen diese Tiere nämlich ihre Zähne, um andere zu beeindrucken. Abgenutzte oder abgebrochene Zähne beeindrucken natürlich nicht sehr. Die geringere Gähnfrequenz scheint also zu belegen, dass den Paviannmännern ihre nicht mehr intakten Zähne peinlich sind oder sie sich dafür schämen.

Die Gorillafrau Koko findet es peinlich, beim solitären Puppenspiel beobachtet zu werden (Patterson und Gordon 1993). Der Graupapagei Alex schämt sich, wenn ihm gewisse Menschen bei der sexuellen Aufforderung an potentielle Partnerinnen zuschauen (Pepperberg 2002). Delfine, Hunde und SchimpansInnen wurden dabei beobachtet, dass ihnen, nachdem sie versehentlich FreundInnen gebissen bzw. bedroht hatten, ihr Verhalten nachher so unangenehm war, dass sie sich dafür genierten (Masson und McCarthy 1994, S. 181).

Marc Bekoff (2001, S. 72) betont, dass neben ElefantInnen und SchimpansInnen auch Gänse und viele andere nichtmenschliche Tiere Scham und Verlegenheit empfinden können.

In einem Experiment aus dem Jahr 1974 wurden Ratten darauf konditioniert, auf ein Signal hin von vier möglichen Verhaltensweisen durch das Drücken von Hebeln diejenige Verhaltensweise zu bezeichnen, die sie in den letzten Sekunden selbst ausgeführt hatten. Die Ratten konnten diesen Test anstandslos meistern. Sie haben damit bewiesen, dass sie sich ihrer eigenen Handlungen, die sie gerade verrichtet hatten, bewusst sind. Auch ein nur Sekunden langes Kurzzeitbewusstsein ist schon Selbstbewusstsein. Ratten leben sicher in wesentlich längeren Zeitintervallen, aber dieser Versuch bewies in jedem Fall, dass Ratten ein Bewusstsein und sogar ein Selbstbewusstsein haben (Weiskrantz 1999, S. 89).

10.18 Homosexualität

Die Verhaltensforschung hat bei Freilandbeobachtungen bei bereits über 450 Tierarten Sex zwischen gleichgeschlechtlichen PartnerInnen nachgewiesen. Delfinfrauen schieben ihre Flosse in den Genitalschlitz der Partnerin, Bonobomänner lutschen am Penis anderer Männer, männliche Seekühe bearbeiten die Männlichkeit ihres Partners mangels Händen mit den Flossen, Flussdelfine stecken ihren Penis ins Blasloch des Kumpanen, Koalafrauen besteigen andere Koalafrauen und reiben ihre Vaginas aneinander, und männliche Elefanten sowie männliche Giraffen wurden beim Analverkehr beobachtet. Vom gelegentlichen homosexuellen Seitensprung bis zur lebenslangen Bindung haben die ForscherInnen alle Zwischenstufen beobachtet. Bei über 60 Tierarten wurden Individuen gesehen, die ausschließlich homosexuell sind, d. h. überhaupt keine heterosexuellen Kontakte oder Beziehungen eingehen, und bei Silbermöwen, Pinguinen und Schwänen z. B. sind sich manche dieser Individuen in ihren homosexuellen Beziehungen ein Leben lang treu geblieben (Schweizer 1999).

75 % der Sexualkontakte bei Bonobos verlaufen entweder zwischen gleichgeschlechtlichen PartnerInnen oder zur unfruchtbaren Zeit oder auf eine Art von Sexualverkehr, sodass jegliche Fortpflanzung von vornherein ausgeschlossen ist (de Waal 2001, S. 127). „Die Paarung von Angesicht zu Angesicht galt früher als Beweis für die Würde und Sensibilität, die den zivilisierten Menschen vom unzivilisierten Wilden trennt. Die frontale Kopulationsposition wurde zu einer bedeutenden kulturellen Neuerung erklärt, einer Errungenschaft, die die Beziehung zwischen Mann und Frau grundsätzlich veränderte. Zur Kolonialzeit war man der Überzeugung, ‚primitiven' Völkern diese ‚kultivierte' Art des Geschlechtsverkehrs erst beibringen zu müssen, daher der Ausdruck Missionarsstellung. [...Die Bonobos verkehren natürlich auch von Angesicht zu Angesicht.] Es gibt kaum eine mögliche Paarungsstellung, die [bei den Bonobos] nicht eingenommen wird." (de Waal und Lanting 1997, S. 101)

Bei 2000 Beobachtungsstunden von Berggorillas wurde zehnmal homosexueller Sexualkontakt bei insgesamt 20 Tieren beobachtet. In 3233 Beobachtungsstunden sah man 524 lesbische Kontakte unter 15 Langurenfrauen. Bei Bärenmakaken wurde häufiger lesbischer Sexualverkehr bis zum Orgasmus beobachtet. Der homosexuelle Verkehr unter männlichen Bärenmakaken und Rhesusaffen umfasste manuelle Stimulation, Oralverkehr und Analverkehr.

„In der Tat lässt sich mittlerweile eindeutig belegen, dass sämtliche unter Menschen praktizierten Varianten homosexuellen Verhaltens auch anderswo im Tierreich vorkommen. Dass dies so wenig bekannt ist, hat mehrere Gründe. Zum einen gibt es sicherlich Wissenschaftler, die aus Prüderie – oder weil nicht sein kann, was nicht sein darf – ihre Beobachtungen einfach aus den Daten heraushalten. Zum anderen sind gleichgeschlechtliche Kontakte tatsächlich seltener als heterosexuelle.“ (Sommer 2000, S. 89).

10.19 Adoption

Die Adoption nichtblutsverwandter Kinder ist weit verbreitet unter nichtmenschlichen Tieren, so z. B. bei Raben, die entweder einem fremden brütenden Paar helfen oder tatsächlich fremde Kinder vollständig adoptieren (Heinrich 1999, S. 275). ForscherInnen setzten verwaiste Paviane in der Nähe von größeren Paviangruppen aus und fanden, dass diese Kinder ohne Ausnahme jedes Mal adoptiert wurden. Bei Versuchen zeigte sich, dass Rattenmütter nicht nur beliebig viele Rattenkinder auf einmal adoptieren, sondern sogar Mäuse- und Kaninchenkinder. Es gibt sehr viele weitere Beispiele von Adoptionen von Kindern anderer Arten (Masson und McCarthy 1994, S. 117). Auch eine Schwarzbärenmutter wurde beschrieben, die sofort und ohne zu zögern ein fremdes Schwarzbärenkind adoptiert hat (Masson und McCarthy 1994, S. 212).

10.20 Unbewusste Wahrnehmung

Aus dem Nachweis einer unbewussten neben einer bewussten Wahrnehmung kann man natürlich sofort auf Bewusstsein schließen. Roger Crisp (1999, S. 318) berichtet von der Affenfrau Helen, der die visuelle Endhirnrinde entfernt worden war. Sie konnte nichts bewusst sehen. Nach sechs Monaten lernte sie aber durch unbewusstes Raten, die unbewusste visuelle Wahrnehmung so weit zu aktivieren, dass sie sich wieder orientieren konnte. Dieses Phänomen ist von menschlichen PatientInnen bekannt, die durch Tumore oder andere Krankheiten ebenso die visuelle Endhirnrinde verloren hatten. Auch diese PatientInnen konnten sich nach Monaten durch unbewusstes Raten zurechtfinden.

Helen und diese PatientInnen hatten das, was Lawrence Weiskrantz „blind sight“ nennt. Dabei sehen die Betroffenen nur mehr unbewusst. Im Jahr 1995 wurde ein Experiment durchgeführt, in dem Affen die visuelle Endhirnrinde so beschädigt wurde, dass sie in der einen Hälfte des Gesichtsfeld nichts mehr bewusst sehen konnten, in der anderen Hälfte aber schon. Durch Versuche konnte belegt werden, dass das auch tatsächlich so war. Den Affen wurde der Kopf fixiert, und dann wurden ihnen an vier verschiedenen Stellen Lichter gezeigt, rechts unten, rechts oben, links unten und links oben. Bei einer Versuchsreihe konnten sie auf vier Schalter drücken, wenn sie ein Licht gesehen haben, und zwar auf den rechten unteren Schalter für ein Licht rechts unten usw. Wenn sie kein Licht gesehen haben, konnten sie einen fünften Schalter betätigen. Dabei zeigte sich, dass die Affen bei Licht in der Gesichtshälfte, in der sie nur unbewusst wahrnahmen, den Schalter „kein Licht“ drückten, und in der Gesichtshälfte mit der bewussten Wahrnehmung jeweils den richtigen Schalter. Wurde in einer zweiten Versuchsreihe den Affen aber nicht mehr ermöglicht, auf „kein Licht“ zu drücken, sondern eben nach bester Möglichkeit zu raten, dann gaben sie auch in der „blinden“ Gesichtshälfte, in der sie nur unbewusst sehen konnten, die richtige Position des Lichtes an. Genauso wie menschliche „blind sight“-PatientInnen waren sie sich also nicht bewusst zu sehen, konnten aber, wenn sie raten mussten, immer die richtige Position angeben und damit zeigen, dass sie eigentlich schon, eben unbewusst, gesehen haben (Weiskrantz 1999, S. 87).

Bei Versuchen wurde nachgewiesen, dass beim Makaken wie beim Menschen die Gestaltwahrnehmung in einem Bild Strukturen zu einer sinnvollen „Gestalt“ zusammenfügt, die einem dann bewusst wird. Bei doppeldeutigen Bildern kann diese Gestalt einmal die eine und einmal die andere Form annehmen, und das Bewusstsein der jeweiligen Form springt hin und her. Die Makaken zeigten das durch Ziehen eines Hebels an, jeweils, wenn ihnen eine gewisse Gestalt bewusst wird. Ebenso, wenn sie mit einem Auge eine Struktur und mit dem anderen eine andere sehen. Dann sieht das Bewusstsein – wie beim Menschen – alternierend einmal die eine und einmal die andere Struktur. Dabei wird jene Struktur häufiger bewusst, die schärfer abgebildet ist, mehr Kontrast und viele Konturen hat und eine abwechslungsreichere Umgebung bietet (Logothetis 2002).

10.21 Nutztiere

Zuletzt noch ein Wort zu den so genannten Nutztieren, also zu jenen Tieren, die in unserer Gesellschaft am meisten ausgebeutet und für die Produktion von Nahrungsmitteln genutzt werden. Für das Bewusstsein bei Schweinen, die sowohl kognitiv als auch im Sozialverhalten sowie im Umstand, dass die Nase ihr wichtigstes Sinnesorgan ist, den Hunden vergleichbar sind, kann also mit Kapitel 9 für ein Bewusstsein argumentiert werden. Ich habe einige Schweine, die wie Hunde als Haustiere gehalten wurden, kennen gelernt und dabei gesehen, wie ähnlich sie Hunden sind. Auch Schweine knüpfen enge Freundschaften, können sehr eifersüchtig werden, aber auch großes Vertrauen fassen usw.

Michael Hansell (2000) hat nachgewiesen, dass Schweine jene Parameter, die bei ihrer computergesteuerten Fütterung die Nahrungsmenge bestimmen, durchschauen und durch deren Manipulation den Computer dazu bringen können, ihnen mehr Nahrung zu geben. Und Hühner konnten einen Hindernisparcours durch Erinnern bewältigen und mittels eines Schalters für eine Wärmelampe sich selbst die Temperatur regeln.

Die so genannten Nutztiere können einander erkennen, das Verhalten der anderen richtig interpretieren, ihre Bedürfnisse verstehen und miteinander kommunizieren, um sich ihr Zusammenleben in einer sozialen Gruppe zu organisieren. Diese Tiere zeigen, dass sie auch individuelle Menschen erkennen und unterscheiden können (Keeling und Gonyou 2001).

Bei Rindern ist die visuelle Kommunikation sehr wichtig. Dabei spielen die Körperhaltung, die Kopfhaltung und die Schwanzhaltung eine Rolle. Sie können z. B. eine Spielaufforderung oder Aggression anzeigen. Rufe werden verwendet, um Aufregung, Interesse und Freude anzuzeigen. Kühe rufen noch tagelang nach ihren Kälbern, wenn sie ihnen mehr als drei bis fünf Tage nach der Geburt weggenommen worden sind. Rinder haben auch viele Duftdrüsen, die soziale und sexuelle Informationen aussenden. Berührungen spielen für die soziale Rangordnung, das sexuelle und das elterliche Verhalten eine Rolle (Bouissou et al. 2001). Eine REM-Schlafphase wurde auch bei Kälbern nachgewiesen (Hänninen et al. 2003).

Schweine haben eine große Zahl von Kommunikationslauten. Schweine können es anderen mitteilen, wenn sie Kontakt suchen, wenn sie Milch saugen wollen, wenn sie die Mutter bzw. ihre Kinder suchen und wenn ihnen kalt ist. Die Schweine erkennen alle anderen in ihrer erweiterten sozialen Gruppe persönlich und bauen verschieden feste Freundschaften auf. Sie können an den Rufen anderer erkennen, ob diese hungrig oder satt sind (Gonyou 2001).

Schweine sind im Problemlösen mit Hunden vergleichbar und können sich verschiedene Verstecke mit Nahrung merken. Sie können die Bedürfnisse in anderen Schweinen erkennen und entsprechend handeln. Sie können verstehen, wenn ein Schwein weiß, wo Futter ist, und dann diesem folgen. Das Schwein, dem gefolgt wird, kann das bemerken und entsprechend nicht zu dem Versteck gehen und die anderen Schweine täuschen. Schweine haben also eine „Theory of Mind“ (Held et al. 2002).

Hühner haben 30 verschiedene Rufe mit spezifischer Bedeutung. Durch Versuche mittels Tonbandwiedergaben von Hühnerrufen konnte nachgewiesen werden, dass diese Rufe semantischen Inhalt haben, den die Hühner, die ihn hören, entziffern können. Manche der Rufe geben z. B. spezifische Informationen über Gefahr durch JägerInnen an, ob diese am Boden oder aus der Luft kommen (Evans et al. 1993). Der Hahn äußert solche Alarmrufe nur, wenn Hühner in der Nähe sind, die ihn hören können (Evans und Marler 1995). Es gibt auch viele körpersprachliche Zeichen unter den Hühnern, so z. B. die Position des Kammes (Mensch und Keeling 2001).

Hühner können, wie Rinder, Schafe und Schweine, Menschen individuell auseinanderhalten. Bei einem Versuch konnte festgestellt werden, dass Hühner eher auf jenen Menschen, der ihnen immer wieder Futter gegeben hat, zugehen (Davis und Taylor 2001). Hühner können Erwartungen haben. Wenn sie aus Erfahrung an einer bestimmten Stelle oder nach einer bestimmten Handlung Nahrung erwarten und nicht bekommen, geben sie Frustrationsrufe von sich. Mütter zeigen ihren Küken durch gewisse Verhaltensweisen, welche Nahrung gut für sie ist und welche nicht. Sie zeigen sich besorgt, wenn ihre Küken etwas essen, von dem sie der Meinung sind, dass das nicht gut für die Küken sein wird (Nicol und Pope 1996). Die Hennen können nur durch Zuschauen, wie Artgenossinnen ein Problem lösen, lernen, das Problem selbst zu lösen (Nicol und Pope 1999). Hennen schauen sich von anderen Hennen ab, wo sie ihre Eier legen sollen. Zwei Wochen alte Küken können die mentale Repräsentation ihrer Umgebung verwenden, um versteckte Nahrung zu finden (Zimmerman et al. 2003).

Anja Wasilewski zeigte in ihrer Dissertation aus dem Jahr 2004 an der Philipps-Universität in Marburg, Deutschland, dass Bindungen, die man beim Menschen und bei anderen Primaten als „Freundschaft“ bezeichnet, auch bei Nichtprimaten (Huftieren) bestehen. In einer quantitativen Analyse gelang ihr erstmals – unter Einsatz neu entwickelter statistischer Verfahren – der generelle Nachweis von „persönlichen Freundschaften“ bei Rindern,

Schafen, Eseln und Pferden. Das Ergebnis macht nach ihrer Sicht eine Ausweitung des Freundschaftskonzepts über die Primaten hinaus notwendig.

Nicol, Broom und Webster von der Universität Bristol, England, bewiesen anhand der Messung von Gehirnwellen, dass Kühe durch geistige Herausforderungen stimuliert werden. Sobald sie ein Problem lösen, zeigen sie Erregung, eine höhere Herzfrequenz, einige sprangen sogar vor Freude in die Luft. „Wir nennen das den Hurra-Moment", so Broom. Auch das Sozialleben der Rinder ist viel komplexer als bisher angenommen: Innerhalb der Herde gibt es Freundschaften zwischen zwei bis vier Kühen, die viel Zeit miteinander verbringen, sich gegenseitig belecken und Fellpflege betreiben. Umgekehrt kann eine Abneigung zwischen zwei Kühen Monate oder sogar Jahre anhalten. Neid und Trauer, sogar Zukunftsängste gehören ebenfalls zum Gefühlsrepertoire der Unpaarhufer. Ebenso wurde nachgewiesen, dass manche Kühe lesbisch sind. Doch nicht nur Kühe werden unterschätzt: auch Hühner, Ziegen und Schweine bedürften der individuellen Würdigung ihrer Persönlichkeit, Bedürfnisse und Probleme, so die ForscherInnen (ARD, Nachrichten vom 6. März 2005).

10.22 Schlussfolgerung

Zumindest für Wirbeltiere und Kopffüßer (Cephalopoda) ist durch ihre Hirnstruktur und durch ihr Verhalten eindeutig bewiesen, dass sie ein Bewusstsein haben. Damit sind sie auch leidensfähig, haben Interessen und einen eigenen Willen, d. h. der Begriff der Autonomie hat für sie Bedeutung. Der Grad der Erweiterung ihres Bewusstseins, also ihre Intelligenz, der sich unter anderem in verschieden erweitertem Selbstbewusstsein und in einer verschieden erweiterten „Theory of Mind" zeigt, variiert zwar zwischen den Individuen, ändert aber nichts Prinzipielles. Diese Unterschiede sind nur graduell oder quantitativ, aber nicht qualitativ.

Das Bedürfnis nach Autonomie konnte auch in verschiedenen Experimenten nachgewiesen werden. So wurde in einer Versuchsreihe Mäusen die Möglichkeit gegeben, die Lichtverhältnisse im Käfig und das Verhalten ihres Übungsrades selbst zu gestalten. Wurden sie diesbezüglich von dem Experimentator beeinflusst, dann reagierten sie, indem sie Licht oder Übungsrad jeweils ins andere Extrem schalteten. Die Schlussfolgerung aus den Experimenten war, dass die Mäuse, wenn sie die Möglichkeit dazu haben, um jeden

Preis dafür kämpfen, selbst ihre Umgebung kontrollieren zu können (Kavanau 1967).

Rhesusaffen haben in einem anderen Experiment gezeigt, dass sie viel lieber selbst entscheiden wollen, welchen Tests sie ausgesetzt werden, als dass sie für vorgegebene Tests Belohnungen bekommen. Wenn sich die Rhesusaffen die Tests selbst ausgesucht und sie dann freiwillig gemacht haben, dann haben sie die ihnen gestellten Probleme viel rascher und besser gelöst als eine Testgruppe ohne diese Wahl (Rumbaugh 1999, S. 309).

11 Die Rolle der Sprache

Die Sprache hat uns bisher nicht besonders beschäftigt. Wir haben Bewusstsein an seiner entscheidenden Funktion, der Fähigkeit zu verstehen, festgemacht, und dafür schien Sprache nicht notwendig. Die Sprache ist aber wahrscheinlich das auffälligste Kriterium, das zunächst Menschen von anderen Tieren zu unterscheiden scheint, auch wenn viele Menschen nicht sprechen können (Kleinkinder, demente alte Menschen, entsprechend geistig Behinderte usw.) und, umgekehrt, viele nichtmenschliche Tiere offenbar schon (siehe Kapitel 10). Doch man muss einfach nur die Definitionskriterien von Sprache immer mehr der menschlichen Sprache anpassen, und schon wird das Kriterium für einige Menschen reserviert bleiben.

11.1 Kein Bewusstsein ohne Sprache?

René Descartes hat, wie im Kapitel 7 beschrieben, zumindest in seiner Begründung dafür, nichtmenschlichen Tieren Vernunft und Seele abzusprechen, die Sprache als Ausschließungskriterium bemüht. Aber modernere AutorInnen stehen Descartes hier um nichts nach.

Raymond Frey (1989) beobachtet, dass ein Motor Öl braucht, um zu funktionieren. Aber der Traktor hat nicht den Willen, Öl zu bekommen, d. h. zwischen Öl zu brauchen und Öl zu wollen ist ein Unterschied. Ähnlich könne man nicht aus dem Umstand, dass ein nichtmenschliches Tier Nahrung braucht, schließen, dass dieses nichtmenschliche Tier auch Nahrung will. Um etwas zu wollen, argumentiert Frey, muss ich glauben können, dass ich etwas brauche. Und etwas zu glauben sei nach Frey identisch damit, einen Satz für wahr oder falsch zu halten. Damit nichtmenschliche Tiere etwas wollen können, müssten sie nach Frey also einen Satz für wahr oder falsch halten können. Letzteres sei gleichbedeutend damit, dass sie erstens einen Satz mit seinem Inhalt in Zusammenhang bringen können und zweitens das Konzept von wahren und falschen Sätzen besitzen müssen. Und das wäre gleichbedeutend damit, dass nichtmenschliche Tiere eine Sprache hätten. Jetzt brauchen wir nur noch eine Sprachdefinition einzuführen, die alle nichtmenschlichen Tiere ausschließt, und schon scheint bewiesen, dass sie nichts wollen können, also keine Bedürfnisse und keine Interessen haben.

Donald Davidson (1982) stößt in dasselbe Horn. Er beschreibt die Situation, in der ein Hund eine Katze auf einen Baum jagt und dann unter dem Baum, ohne die Katze zu sehen oder zu riechen, bellt. „[Kann] der Hund von einem Objekt glauben, dass es ein Baum sei? Das scheint unmöglich, solange wir nicht annehmen, dass der Hund viele allgemeine Prinzipien Bäumen zuordnen kann: dass sie wachsende Dinge sind, dass sie Nadeln oder Blätter haben, dass sie brennen können. Es gibt keine fixe Liste von Dingen, die ein Wesen glauben muss, das das Konzept eines Baumes hat, aber ohne ein solches Konzept zusammen mit seinen vielen allgemeinen Charakteristiken gibt es keinen Grund dem Hund die Fähigkeit zuzusprechen, dass er glauben könne, vor einem Baum zu stehen". In dem sprachlichen Begriff „Baum" würden jetzt alle diese Charakteristika vereint, und deshalb könne nur ein Wesen, das eine Sprache hat, etwas glauben.

Euan MacPhail (1982) meint wie Frey und Davidson, dass nichtmenschliche Tiere nichts glauben könnten, weil sie keine Sprache hätten. Ohne etwas glauben zu können, können sie aber auch nicht glauben, dass sie leiden. Also können sie auch nicht leiden. Nach MacPhail ist die Voraussetzung, einen Schmerz auch zu fühlen, ihn in Worte fassen zu können, weil das In-Worte-Fassen identisch damit ist, dass ein kognitives Selbst den Schmerz hat bzw. fühlt. Ohne kognitives Selbst, das offenbar grundsätzlich eine menschliche Sprache haben muss, gäbe es kein Leiden und daher auch kein Bewusstsein.

Alle diese Ansätze machen den mir völlig unverständlichen Fehler, Gedanken mit verbalen Sätzen zu identifizieren. Ich selbst habe ununterbrochen nichtverbale Gedanken, vor allem, wenn ich in den Bergen unterwegs bin, und natürlich kann ich auf Basis dieser Gedanken etwas für richtig oder falsch halten, ohne es in einen Satz zu gießen bzw. diese Annahme als Satz zu formulieren, und sicher auch, ohne sie manchmal überhaupt als Satz formulieren zu können! Es ist zwar richtig, dass, wie MacPhail das beschreibt, eine Repräsentation zweiter Ordnung von Schmerz notwendig ist, um diesen auch bewusst fühlen zu können (siehe Kapitel 5), aber diese Repräsentation zweiter Ordnung ist nicht sprachlich. Davidson verwechselt zusätzlich noch den Grad der Erweiterung des Bewusstseins mit seiner bloßen Existenz. Wenn alle diese Charakteristika von Bäumen notwendig sind, um glauben zu können, dass man vor einem Baum steht, warum dann nicht auch Details über die chemischen Prozesse im Baum und alle möglichen physiologischen Zustände, von denen weder Davidson noch ich eine Ahnung haben? Heißt das, auch Davidson und ich können grundsätzlich nicht glauben, vor einem Baum zu stehen? Warum die Grenze notwendiger Voraussetzungen bei einem Niveau von Wissen über Bäume ziehen, das Davidson selber hat? Offensichtlich haben wir es hier mit einem Fall von Anthroponegation zu tun: Davidson schließt von seinem Wissen über Bäume und aus seinem Eindruck, dass er glauben kann, vor einem Baum zu stehen, darauf, dass nur diejenigen, die mindestens dasselbe Wissen über Bäume haben, auch glauben können, vor einem Baum zu stehen. Und so negiert er, dass viele andere Wesen glauben können, vor einem Baum zu stehen, weil sie ihm in einer ganz spezifischen Weise nicht gleichen. Und dieses seltsam egozentrische Kriterium, in einem spezifischen Bereich soviel wissen zu müssen wie er, bevor man überhaupt etwas glauben könne, das er völlig unkritisch angibt, sieht er in der Tradition der Aufklärung a priori von allen Menschen erfüllt, obwohl auch diese Ansicht keiner Kritik standhielte.

Allerdings bedeutet der Standpunkt, dass Wesen ohne Sprache kein Bewusstsein hätten, auch, dass Menschenkinder vor dem Spracherwerb kein Bewusstsein haben können. Wäre das wahr, könnten diese Kinder also grundsätzlich auch nicht leiden, egal, was man mit ihnen anstellt. Gerade bei vorsprachlichen Menschenkindern hat man aber längst nachgewiesen, dass auch sie Konzepte haben, bevor sie die Sprache entwickeln. Und es wurde sogar gezeigt, dass die Fähigkeit zu gewissen Kategorisierungen durch ein Sprachverständnis bei Kindern nicht einmal erleichtert wird (Mandler 1990).

Abgesehen davon stellt sich die Frage, wie unbewusste, nichtsprachliche Wesen eine Sprache lernen können. Dafür müssten sie ja zuerst einen Inhalt verstehen und denken können, den sprachlichen Ausdruck hören und dann die beiden miteinander in Beziehung setzen. Das könnte ja grundsätzlich nicht funktionieren, wenn vorsprachliche Kinder kein Bewusstsein hätten und nichts denken könnten. Die AnhängerInnen des Sprachdogmas, dass Sprache Voraussetzung von Bewusstsein sei, müssen also erst einmal erklären, wie ein ihrer Auffassung nach bewusstloses Wesen wie ein Kleinkind etwas lernen und dadurch ein Bewusstsein bekommen kann.

Noam Chomsky sieht daher, um diesem Problem zu entgehen, die Sprache als eine allein dem Menschen angeborene Fähigkeit, die sich eben ab einem gewissen Alter von selbst spontan entwickelt. Sie wird also nicht gelernt (Chomsky 1986). Alle Menschensprachen hätten eine Universelle Grammatik, die dann nur noch durch die verschiedenen Ausformungen, d. h. durch die aktuell existierende Begrifflichkeit und Grammatik der verschiedenen Sprachen, im Kind als faktische Sprache realisiert werden. Die Universelle

Grammatik ist davor schon als angeborene Disposition in den Genen vorhanden (Chomsky 1966).

Dieser Schritt von Chomsky ist eine weitere Draufgabe auf das Menschenbild der Aufklärung. Dieses Menschenbild fordert ja die grundsätzliche und prinzipielle Gleichheit aller Menschen, unabhängig von empirischen Fakten und möglichen Ungleichheiten, auf einer daher metaphysischen Ebene (Kapitel 7). Chomsky ebnet nun auch die Ungleichheiten in der Sprache ein, indem er eine grundsätzliche Universelle Grammatik, und damit eigentlich eine Universelle Sprache, aller Menschen postuliert, die in den Genen verankert sein soll. Entsprechend der Aufklärungsdoktrin, die ja immer die Gleichheit aller Menschen im Gegensatz zum „Tier" definiert, behauptet auch Chomsky, dass keine echte Kommunikation zwischen Menschen und anderen Tieren möglich sein kann (Chomsky 1966). Während also alle Menschen grundsätzlich die gleiche Sprache gleich gut, nämlich vollkommen, beherrschen, außer die irdischen Schlacken ihres fehlerhaften Körpers würden diese Fähigkeit behindern (durch geistige Behinderung etc.), verfügen alle nichtmenschlichen Tiere über gar keine Sprache. Die totale Diskontinuität, im völligen Widerspruch zur Evolution, wird so wieder zum Leben erweckt.

Chomsky argumentiert für seine Theorie damit, dass die grammatikalischen Regeln so kompliziert wären, dass nicht davon auszugehen sei, dass kleine Menschenkinder sie erwerben könnten. Aber nur wenn sie diese Regeln verstehen, können sie auch eine Sprache sprechen. Die Grammatik ist eben das wesentliche Element einer Sprache, weil sie ihr erst diese unendliche Variabilität verleihe, die eine echte Sprache auszeichne. Die Menschenkinder müssten daher die Sprache bereits in sich haben und bräuchten sie nicht wirklich erst zu lernen.

Für diese besondere Rolle der Sprache postulierte Chomsky ein Sprachorgan im Gehirn. Allerdings wurde dieses nie gefunden. Im Gegenteil, sprachliche Fähigkeiten werden von verschiedenen Hirnregionen mit übernommen. So wird im linken parietalen Assoziationskortex der Endhirnrinde symbolisch-analytische Sprachinformation verarbeitet, während sich das Wernicksche Sprachzentrum, das für Sprachverständnis zuständig ist, im temporalen Assoziationskortex befindet (Roth 2001, S. 184). Jedenfalls gibt es kein eigenes Sprachmodul im menschlichen Gehirn, und auch die Gehirne anderer Menschenaffen haben eine Asymmetrie hinsichtlich des planum temporale im Wernickschen Sprachzentrum: Das der linken Hirnhemisphäre ist größer als das der rechten ausgebildet (Taylor-Parker und McKinney 1999, S. 329).

Aber das zweite, unmittelbare empirische Problem mit Chomskys Sprachtheorie ist die praktische Unmöglichkeit, seine Universelle Grammatik zu finden. Diese Universelle Grammatik sollte ja alle heute bekannten menschlichen Sprachen umfassen und die logische Struktur aller nur möglichen Sätze beinhalten. Allerdings musste sie in der Praxis bei dem Versuch, sie aus den vorhandenen Sprachen zu deduzieren, jedes Mal, wenn eine weitere Sprache in die Universelle Grammatik eingegliedert werden sollte, revidiert und erweitert werden, um eine ganze Reihe neuer Prinzipien berücksichtigen zu können. Die Grundregeln gingen bald in die Hunderttausende (Lieberman 1984).

11.2 Können nichtmenschliche Tiere eine menschliche Sprache lernen?

Studien zur Fähigkeit nichtmenschlicher Tiere, eine menschliche Sprache zu sprechen, begannen in den 1960er Jahren mit der Schimpansenfrau Washoe (Gardner und Gardner 1969). Dabei wurde Washoe als Kind von den Gardners in der Familie aufgezogen und im familiären Umfeld in der amerikanischen Zeichensprache für Taubstumme unterrichtet. Der Unterricht war aber nicht im Sinne üblicher Konditionierungstechniken, wie bei der Zirkusdressur, sondern sollte auf Verständnis basieren. Selbstständig gemachte Zeichen wurden gefördert, die Verwendung der Zeichen im richtigen Kontext im Rahmen des Trainings belohnt. Die Taubstummensprache wurde deshalb gewählt, weil der Kehlkopf bei allen nichtmenschlichen Menschenaffen so strukturiert ist, dass sie nicht vergleichbar mit den Menschen Laute modulieren und Konsonanten aussprechen können (Savage-Rumbaugh, S. 175). Die Taubstummensprache, eine echte menschliche Sprache mit aller Variabilität und Plastizität, erschien daher als die richtige Wahl.

Die anfänglichen Erfolge dieses Sprachprojekts veranlasste andere Forschungsgruppen, dasselbe zu versuchen. Chomsky und den VertreterInnen der Einzigartigkeit des Menschen im Gegensatz zu allen anderen Tieren waren diese Studien natürlich ein Dorn im Auge. Und so wurde ein Versuch unternommen, sie nachhaltig zu diskreditieren.

Herbert Terrace, Professor für Psychologie an der Columbia Universität in den USA, beschloss, selbst eine Sprachstudie mit einem Schimpansen zu unternehmen, um die bei anderen Studien erhaltenen Ergebnisse zu überprüfen. Terrace war bereits im Jahr 1968 durch seine seltsame Einstellung zu SchimpansInnen aufgefallen. Er hatte sich damals den Schimpansen Bruno, der gerade neu geboren worden war, aus Oklahoma nach New York geholt, um zu schauen, ob ein Schimpansenkind den Winter in New York überleben kann (Fouts 1998, S. 166). Im Jahr 1973 nahm Terrace dann Brunos Halbbruder Nim im Alter von neun Monaten an sich und begann an der Columbia Universität seine vierjährige Sprachstudie. Er gab Nim den vollen Namen Nim Chimsky, in Anlehnung an Noam Chomsky, offenbar um seine zukünftige Rolle als Studienobjekt, das die Möglichkeit des Erlernens einer menschlichen Sprache bei nichtmenschlichen Menschenaffen endgültig widerlegen sollte, zu unterstreichen.

Terrace versuchte Nim die Taubstummensprache beizubringen, indem er ihn an jedem Werktag zwei bis drei Stunden lang in eine fensterlose, 6 m^2 große Zelle steckte und dressierte. In diesem Raum sollte Nim keine Ablenkungen erfahren können. Terrace wunderte sich später selbst, wie er und die anderen SprachlehrerInnen es in diesem deprimierenden Raum überhaupt so lange ausgehalten hatten. Allen PflegerInnen von Nim wurde explizit verboten, Nim wie ein Menschenkind zu behandeln. Das Training verlief nach den Methoden der klassischen Konditionierung nach Skinner. Nim wurde also darauf konditioniert, die Handzeichen seiner LehrerInnen zu imitieren, um eine Belohnung zu bekommen. Insgesamt waren 60 verschiedene LehrerInnen in das Projekt involviert (Terrace 1979). Erst Nims 54. Trainer konnte fließend die Gebärdensprache der Taubstummen sprechen, alle anderen konnten sie selber nicht (Masson und McCarthy 1994, S. 206).

Nach vierjähriger Konditionierung war Nim in der Lage, auf einen Reiz hin 100 Gebärden nachzumachen. Terrace zeichnete das in einem Videofilm auf und ging dann mit der Behauptung an die Öffentlichkeit, alle Gebärden nichtmenschlicher Menschenaffen wären nur ein Nachahmen der gerade davor gemachten Gebärde der LehrerInnen. In Zeitlupe war zu erkennen, dass Nim der Aufforderung seiner LehrerInnen gehorchte und nur wiederholte, was man ihm vorgeführt hatte. Entsprechend, so schloss Terrace, würden andere SchimpansInnen auch nicht spontan und von selber Gebärden zeigen, sondern nur imitieren, ohne die Gebärden und ihren Sinn zu verstehen (Terrace 1979).

Roger Fouts kommentiert das so:

„Beweisen konnte Terrace nur eines: dass ein Schimpanse, der keine Zuwendung erfährt und in einer gefängnisähnlichen Umgebung gehalten wird, die Gebärdensprache nicht lernt. [...] Dem Projekt Nim fehlten sämtliche Vorsichtsmaßnahmen gegen den Kluger-Hans-Effekt. [...] Herb Terrace war der einzige, der bei der Untersuchung der Sprachfähigkeit der Menschenaffen nicht die geringsten Sicherheitsvorkehrungen [gegen den Kluger-Hans-Effekt] traf. [...] Ich bin sicher, dass Terrace' Behauptungen schnell widerlegt worden wären, wenn er sie, wie es üblich ist, im wissenschaftlichen Kreis zur Diskussion gestellt hätte. Aber es lief anders. Terrace wandte sich an die Medien und posaunte seine Erkenntnisse hinaus, womit er Wasser auf die Mühlen der Chomsky-Anhänger goss. Den Linguisten, die von der Einzigartigkeit des Menschen überzeugt waren, hatte Herb Terrace einen langjährigen Traum erfüllt: Ein Schimpansensprachforscher gab zu, von seinem eigenen Forschungsobjekt enttäuscht worden zu sein." (Fouts 1998, S. 330)

In der Folge reagierte die speziesistische Gesellschaft entsprechend erleichtert und veranstaltete gleich im Jahr 1980 eine Konferenz, die den Sprachforschungen an nichtmenschlichen Tieren ein endgültiges Ende bescheren sollte. Gleichzeitig wurden keine öffentlichen Gelder für weitere Sprachforschungen mehr bewilligt, ja, man versuchte sogar ein Verbot der Sprachforschungen durchzusetzen (Savage-Rumbaugh und Lewin 1994, S. 51). Jean Umiker-Sebeok verlautete bei der Pressekonferenz am Beginn dieser Tagung wörtlich: „Meiner Meinung nach lassen sich die Sprachstudien an Menschenaffen in drei Kategorien unterteilen: eins – vorsätzliche Täuschung der Öffentlichkeit; zwei – Selbst-Täuschung; drei – die Arbeit von [Herbert] Terrace." (Savage-Rumbaugh und Lewin 1994, S. 51) Die Inquisition des 20. Jahrhunderts war voll im Gange, häretische ForscherInnen, deren Forschungsergebnisse den Unterschied zwischen Menschen und anderen Tieren zu verkleinern drohten, wurden zum Schweigen gebracht.

Wie wir gesehen haben, sind Konditionierung und Verstehen grundsätzlich zu trennen. Da aber Kommunikation sowohl Intention als auch Verstehen voraussetzt, ist die Konditionierung für Kommunikation oder für das Erlernen von Sprache sogar hinderlich. Man stelle sich Menschenkinder vor, zu denen niemand spricht und die mittels Konditionierung zwei bis drei Stunden pro Tag in dieser winzigen Gefängniszelle auf „Sprache" dressiert werden. Pepperberg (2002, S. 14), die sich mit dem Erlernen von Sprache durch Graupapageien auseinandersetzt, bestätigt, dass Konditionierung Sprachtraining verhindert. Bei früheren Versuchen mit klassischer Konditionierung waren die Papageien trotz Hungerstrafen nicht zum Sprechen zu bringen. Im sozialen Umfeld haben dieselben Vögel aber sofort zu vokalisieren gelernt, aber eben nicht unter Laborbedingungen.

Nim selbst hat diese Erkenntnis bestätigt. Nach seiner Rückkehr nach Oklahoma im Jahr 1977 und der Eingliederung in ein soziales Umfeld, in dem mit Gebärdensprache gesprochen wurde, mit sozialen Kontakten und ohne Zwang, stieg die Anzahl seiner spontanen Gebärden sprunghaft an. Nims Unfähigkeit zu sprechen hatte nichts mit seiner Intelligenz zu tun oder damit, dass nichtmenschliche Menschenaffen dergleichen grundsätzlich nicht könnten, sondern ausschließlich mit den Trainingsmethoden von Terrace (O'Sullivan und Yeager 1989).

Der Linguist William Stokoe meint, dass es heute kaum zu bezweifeln sei, dass SchimpansInnen über gut entwickelte Fähigkeiten verfügen, mit Hilfe von Gebärden zu kommunizieren. Der Grund, warum sich Washoe und die anderen SchimpansInnen sprachlich wie menschliche Kinder entwickeln konnten, während Nim das nicht konnte, liegt seiner Ansicht nach darin, dass sie eben nicht konditioniert oder abgerichtet, ja nicht einmal direkt unterrichtet wurden, sondern durch spontane Interaktion mit Erwachsenen lernten (Stokoe 1989).

11.3 Sprache bei SchimpansInnen und Bonobos

Sprache ist nur ein Mittel zur Kommunikation. Das zeigt sich u. a. darin, dass sich ohne Kommunikation auch eine bereits gelernte Sprache zurückbildet, wie beispielsweise bei „Wilden Kindern" (Kapitel 8), die in Gruppen nichtmenschlicher Tiere aufgewachsen sind, bei Alexander Selkirk, der vier Jahre und vier Monate auf einer einsamen Insel gelebt hat (Blumenthal 2003, S. 95–97), und bei mir, wenn ich lange alleine in den Bergen unterwegs bin. Die bisherigen Definitionen von Sprache, die untermauern sollten, dass nichtmenschliche Tiere keine Sprache hätten, sind also vollkommen irrelevant. Wesentlich ist zunächst die Intention zur Kommunikation. Es muss eine soziale Motivation geben, sich mit SozialpartnerInnen auszutauschen. Und zweitens ist das Verstehen der Bedeutung der kommunikativen Einheiten oder Worte bzw. Gebärden oder abstrakten Symbole wichtig. Die Zuordnung einer Bedeutung zu einem Symbol ist ein interindividueller Prozess, der nur in der Interaktion entwickelt und verstanden werden kann.

Bei der Konditionierung ist Verstehen nicht involviert. Sie kann daher niemals zur Kommunikation, also zur Sprache, führen. Beim Sprachtraining an sich fehlen allerdings sowohl die kommunikative Intention als auch die Möglichkeit, die Bedeutung der Symbole im vollen, interaktiven Kontext zu begreifen. Das Lernen von Sprache muss also ohne Training ablaufen. Es basiert zunächst einmal ganz wesentlich auf dem Verstehen einer sprachlichen Botschaft. Das eigene Produzieren von Sprache ist zweitrangig.

Sue Savage-Rumbaugh hat sich deshalb in ihren Sprachstudien weniger für Syntax als für die Bedeutung von Symbolen interessiert. Ihre SchimpansInnen und Bonobos sind in einer freundlichen, sozialen Umgebung aufgewachsen und werden wie Menschenkinder einfach einem Sprachumfeld ausgesetzt. Die Menschen sprechen englisch zueinander und zu den SchimpansInnen und Bonobos, letztere können mit Hilfe eines transportablen, faltbaren Monitors, auf dem etwa 300 abstrakte Symbole durch Berührung aktiviert werden können, antworten. Es gab nie ein eigenes Sprachtraining. Die Menschen sprechen zu den SchimpansInnen und Bonobos und zeigen dabei auf die Symbole. Es gibt keine Belohnung, die SchimpansInnen und Bonobos werden nicht aufgefordert zu reagieren. Die Kommunikation soll durch ein eigenes Bedürfnis gelernt werden. Die kommunikative Intention muss von den SchimpansInnen und Bonobos selber kommen. Die Beziehung zwischen dem englischen Wort und dem abstrakten Symbol auf dem Monitor können die SchimpansInnen und Bonobos zunächst durch das Verstehen des englischen Wortes und dann durch assoziatives Verknüpfen dieses Wortes mit dem Symbol nachvollziehen. Mit Symbolkombinationen zu Zwei- oder Mehr-Wort-Symbolsätzen ist ein größerer Inhalt kommunizierbar. Sie treten daher automatisch auf. Dabei steht die kommunikative Notwendigkeit und ihr Gehalt gegenüber der Syntax im Vordergrund. Eine genau geführte Analyse aller Zwei- und Mehr-Symbol-Sätze über fünf Monate hinweg hat ergeben, dass diese Sätze der SchimpansInnen und Bonobos nur zu 2 % Imitationen gerade von Menschen gesprochener Sätze waren. Die SchimpansInnen und Bonobos kommunizieren auf diese Weise wirklich, d. h. sie geben für die EmpfängerInnen neue Informationen weiter und nicht „richtige Antworten“ (Savage-Rumbaugh und Brakke 1999).

Beim Lernen einer Sprache im sozialen Sprachumfeld zeigt sich, dass auch SchimpansInnen und Bonobos in sehr jungen Jahren viel besser lernen, als wenn sie bereits älter sind. Der Bonobo Kanzi konnte im Alter von 18 Monaten seine ersten Symbole produzieren. Seine Mutter, die als Erwachsene zur

Sprachstudie gekommen war, hat nie auch nur annähernd seine Sprachkompetenz erreicht. Bei einem Vergleichstest zwischen Kanzi im Alter von siebeneinhalb Jahren und einem Menschenkind im Alter von zwei Jahren wurde das Verständnis der beiden von gesprochenem Englisch untersucht. Dabei wurden beiden englische Sätze vorgesagt, deren einzelne Worte sie kannten. Die ganzen Sätze hatten beide aber noch nie gehört. Kanzi verstand 74 % der Sätze richtig, das Menschenkind 65 %. Bei einem Vergleichstest mit Sätzen, die auch Nebensätze enthielten („Hol' den Ball, der am Ort x ist!"), konnte Kanzi sogar 77 % richtig verstehen, im Gegensatz zu 52 % beim Menschenkind (Savage-Rumbaugh und Lewin 1994, S. 171).

Kanzis Mehrwortsätze genügen fünf Kriterien, die allgemein als Definition von Sprache gelten. Erstens haben die einzelnen Komponenten der Sätze, die Symbole oder Worte, auch eine unabhängige Bedeutung für sich allein. Zweitens ist die Beziehung zwischen den einzelnen Symbolen semantischer Natur, d. h. ihre Zusammensetzung ergibt einen neuen Sinn. Drittens gibt es eigene Regeln, die die Kategorien von Symbolen als Teile des Satzes in Beziehung setzen, d. h., alle Subjekte oder alle Objekte oder alle Handlungsworte in einem Satz werden nach diesen Regeln jeweils gleich behandelt. Bei Kanzi sind das z. B. die Regeln, dass ein Subjekt vor seinem Handlungswort steht („Austin geh"), oder dass ein Objekt immer nach seinem Handlungswort steht („fang Austin"). Kanzi beweist damit, dass er Subjekte, Objekte und Handlungsworte als verschiedene Kategorien sieht. Viertens beweist er durch die konsequente Anwendung dieser Regeln auch, dass er diese symbolischen Kategorien nicht nur versteht, sondern sie auch in eine syntaktische Beziehung zueinander setzen kann. Und fünftens sind diese Regeln produktiv, d. h. Kanzi kann sie auch auf Anhieb auf neue Situationen und neue Sätze anwenden. Damit genügt Kanzis Symbol-Kommunikation den Kriterien von Grammatik (Greenfield und Savage-Rumbaugh 1994, S. 541).

Sue Savage-Rumbaugh schließt aus ihren Forschungen, dass ihre SchimpansInnen und Bonobos ohne spezifisches Training englisch verstehen gelernt haben, und zwar auch in Sätzen, die neue Kombinationen bekannter Worte darstellen. Weiters produzieren sie selbst Symbole, auch in Mehr-Wort-Sätzen. Sie können neue Symbole spontan benutzen und in neuen Kombinationen sinnvoll verwenden. Und sie können Satzzusammenhänge richtig verstehen. Daher ist der Unterschied in der Sprachfähigkeit zwischen Menschen auf der einen Seite und SchimpansInnen und Bonobos auf der anderen vor allem in der Kapazität, Informationen zu verarbeiten, zu sehen, mithin graduell, und nicht in einem Unterschied in angeborenen linguistischen Dispositionen (Savage-Rumbaugh und Brakke 1999, S. 286; Savage-Rumbaugh 2003).

11.4 Sprache ist für Bewusstsein völlig irrelevant

Im alltäglichen Umgang mit der Sprache lassen sich oft die einfachsten Dinge des täglichen Lebens nicht wirklich in Worte fassen. Gefühle auszudrücken, Bedürfnisse zu vermitteln oder auch nur Eindrücke wiederzugeben, ist in Worten nicht adäquat möglich. Die Körpersprache ist zumindest in diesen Dingen oft sowohl ehrlicher als auch aussagekräftiger. Nach Ansicht von SprachwissenschaftlerInnen, die sich mit sprachlichen Interaktionen befassen, werden bei einem Gespräch von Angesicht zu Angesicht 75 % der Bedeutung mittels Körpersprache und Tonfall vermittelt – also nicht durch Syntax (Birdwhistell 1970).

Ich halte zuweilen Kurse im Bergsteigen ab oder versuche Interessierten meine Bergerfahrungen verbal zu vermitteln. Dabei mache ich regelmäßig die Erfahrung, dass auch das in befriedigender Weise praktisch nicht möglich ist. Die direkte Bergerfahrung selbst zu machen, ist niemals durch verbale Beschreibungen oder durch Bücher zu ersetzen. Nach Jahrzehnten intensiver Bergerlebnisse und Erfahrungen in der freien Natur kann ich mit Bestimmtheit sagen, dass ich dadurch sehr viel Wissen angehäuft habe, dass dieses Wissen aber nicht verbal zu vermitteln ist. Also ist dieses Wissen ein nichtsprachliches Wissen. Offenbar gibt es solches Wissen doch.

In der Mathematik habe ich ähnliche Erfahrungen gemacht. Mein mathematisches Denken ist eindeutig nichtverbal, ich habe die größten Schwierigkeiten, meine mathematischen Gedanken in Worte zu fassen. Ich denke viel mehr in geometrischen Bildern. Ein mathematischer Vortrag nur in Worten, ohne mathematische Formeln, ist praktisch undenkbar. Die Sprache spielt in meinem mathematischen Denken keine Rolle. Und mit dieser Meinung stehe ich nicht alleine.

Albert Einstein schrieb dazu: „Die Worte oder die Sprache, wie sie geschrieben oder gesprochen wird, scheint in meinen Denkmechanismen überhaupt keine Rolle zu spielen. Die psychischen Größen, die bei mir als Denkelemente dienen, sind gewisse Zeichen und mehr oder weniger klare Bilder, die willentlich reproduziert und kombiniert werden können. [...] Die oben erwähnten Elemente sind, in meinem Fall, von visueller und muskulärer Natur. Konventionelle Worte oder andere Zeichen müssen von mir erst in mühsamer Arbeit in einem zweiten Durchgang zusammengesucht werden, wenn die erwähnten Elemente genügend geordnet sind und von mir willentlich reproduziert werden können.“ (Penrose 1990, S. 548)

Der Genetiker Francis Galton: „Es ist für mich ein besonderer Nachteil, wenn ich schreibe, und umso mehr, wenn ich jemandem meine Gedanken erklären will, dass ich nicht so leicht in Worten wie ohne Worte denke. Oftmals, wenn ich konzentriert arbeite und Resultate erzielt habe, die mir vollkommen klar und für mich zufriedenstellend sind, dann finde ich mich nicht zurecht, wenn ich sie in einer Sprache ausdrücken muss. Ich muss dann meine Gedanken in eine Sprache übersetzen, in der sie nicht ausdrückbar sind. Ich verschwende daher einen großen Teil meiner Zeit damit, nach Worten und Phrasen zu suchen.“ (Penrose 1990, S. 548)

Der Mathematiker Roger Penrose schreibt dazu selbst: „Praktisch mein gesamtes mathematisches Denken geschieht visuell und in nichtverbalen Konzepten. [...] Oft gibt es einfach nicht die Worte für die Konzepte, die ich vermitteln will. [...] Mir ist auch aufgefallen, ab und zu, wenn ich mich intensiv auf ein mathematisches Problem konzentriert habe und jemand spricht mich plötzlich an, dass es mir für einige Sekunden lang unmöglich ist, ein Wort herauszubringen. [...] Ich finde Worte praktisch vollkommen sinnlos für mathematisches Denken.“ (Penrose 1990, S. 549)

Meine Erfahrungen bei Schulvorträgen über Tierschutz und Tierrechte bestätigen dieses Bild ebenso. Es ist einfach unmöglich, das Leiden von Tieren in dieser oder jener Haltungsform oder bei der Schlachtung oder bei sonstigen Tötungen wie in der Stierkampfarena verbal adäquat zu kommunizieren. Ich habe es versucht. Eine Diskussion über die Rechte von Tieren driftet leicht in abstraktes Geplauder ab. Wenn aber ein Film die Realität der Brutalität nur wenige Minuten lang zeigt, dann schlägt die Stimmung vollständig um. Angesichts solcher Bilder ist es fast niemandem mehr möglich, belanglos oder abgehoben zu theoretisieren. Ein Bild sagt eben wesentlich mehr als tausend Worte. Es beeindruckt viel tiefer.

Ähnlich ist es bei meinen Träumen, Fantasien oder Tagträumen, die alle nichtsprachlich in Bilderfolgen ablaufen. Es ist oft schwierig, sie nachher in Worte zu fassen. Wenn ich tage- oder wochenlang in den Bergen ohne jeglichen Kontakt zu Menschen unterwegs bin, dann höre ich vollständig auf, sprachlich zu denken. Ich kann aus meiner Erfahrung die Geschichte von Alexander Selkirk 100%ig bestätigen, der nach vier Jahren ohne Kontakt zu

Menschen auf einer Insel drauf und dran war, seine Sprache völlig zu verlieren (siehe Blumenthal 2003, S. 95–97).

Diese Erfahrungen entsprechen genau jenen Erkenntnissen aus der Neurobiologie, die ich im Kapitel 5 angeführt habe. Für Bewusstsein ist eine nichtsprachliche Repräsentation zweiter Ordnung von der Wechselwirkung zwischen Protoselbst und dem mentalen Bild eines Objektes notwendig. Und diese Repräsentation zweiter Ordnung ist grundsätzlich nichtsprachlich.

Der Neurobiologe Antonio Damasio: „Ich möchte es ganz klar sagen, was ich mit dem Kommentar [also mit der Repräsentation zweiter Ordnung] meine. Dieses Wort ist so mit der Sprache verbunden, dass ich Sie noch einmal bitten muss, dabei nicht an einen Kommentar in Worten zu denken. Ich meine Kommentar nicht im Sinne von einer Aneinanderreihung von Worten oder Zeichen in Phrasen und Sätzen. Ich meine Kommentar im Sinne einer nichtsprachlichen Abbildung logisch in Beziehung stehender Ereignisse. Es ist besser an einen Film [...] oder an Pantomime zu denken. [...] Vielleicht ist das das wichtigste Ergebnis der Forschung an Menschen mit getrennten Gehirnhälften: die linke Hirnhälfte beim Menschen tendiert dazu, sprachliche Erzählungen zu fabrizieren, die nicht der Wahrheit entsprechen. [...] Wenn Bewusstsein von der sprachlichen Übersetzung [der Repräsentation zweiter Ordnung] abhinge, dann hätten wir verschiedene Arten von Bewusstsein, manche wahrheitsgemäß, manche nicht; und wir hätten verschiedene Niveaus und Intensitäten des Bewusstseins, manche effektiv, manche nicht; und, das schlimmste, wir hätten Bewusstseinsausfälle. Das entspricht aber nicht den [neurobiologischen] Fakten bei gesunden Menschen.“ (Damasio 2000b, S. 184)

Und der Neuropsychologe Lawrence Weiskrantz: „Wenn auch Sprache sicher für Gedanken hilfreich sein kann, so ist es sicherlich nicht so, dass Gedanken Sprache voraussetzen. Gedanken ohne Sprache finden wir in aphasischen Patienten, die nach einem Gehirnschaden die Fähigkeit verloren haben, Sprache sowohl zu verstehen als auch zu produzieren. [...] Die Versuchung ist groß, Denken mit dem Besitz einer Sprache gleichzusetzen, aber das funktioniert nicht, selbst wenn man sich über eine Definition, was Sprache ist, einigen könnte.“ (Weiskrantz 1999, S. 80)

Die Sprache ist eine Repräsentation dritter Ordnung der Repräsentation zweiter Ordnung der Wechselwirkung zwischen Protoselbst und mentalem Objekt. Die Sprache ist ein Versuch, Gedanken vermittelbar zu machen, zu kommunizieren. Die Gedanken waren schon vorher in nichtsprachlicher

Form da, und sie werden durch die Sprache verfälscht und niemals völlig richtig wiedergegeben. In diesem Sinn ist das folgende Zitat von Sue Savage-Rumbaugh zu verstehen:

„Sprache ist eigentlich nur eine Ansammlung von Worten zusammen mit Regeln, wie sie zu benutzen sind – wir glauben nur, dass uns diese Dinge, die Worte genannt werden, beim Denken helfen – aber das tun sie nicht, das tun sie überhaupt nicht. Es ist genau genommen sogar erstaunlich, dass wir manchmal so gut denken können, obwohl wir im Korsett von Worten stecken. Worte sind nicht zum Denken, sie sind dafür da, jemandem anderen etwas mitzuteilen. Und wenn wir in Worten denken, dann denken wir eigentlich nur darüber nach, wie wir sie dafür benützen können, jemandem anderen etwas mitzuteilen. Wir denken das ‚etwas' dabei gar nicht mehr." (Savage-Rumbaugh 1999, S. 145)

Ein bewusstes Wesen wie ich kann, wie der Traktor in Freys Beispiel am Anfang des Kapitels, zunächst einmal Nahrung benötigen, ohne dass mir das bewusst ist. Das bewusste Bedürfnis, also Nahrung zu wollen, ist ein bewusst gemachtes Gefühl von Hunger. Dafür musste die Wechselwirkung dieses Gefühls mit dem Protoselbst in zweiter Ordnung dargestellt werden. Das Wollen hat also zunächst überhaupt nichts mit Sprache zu tun. Es entspricht nicht einem Satz über meinen Zustand, der wahr oder falsch sein kann, sondern es entspricht einer Emotion, die auf der homöostatischen Kontrollreaktion meines Körpers aufgrund von Nahrungsmangel basiert. Die Information, durch die die homöostatische Kontrollreaktion ausgelöst wurde, kann wahr oder falsch sein. Sie ist mir aber in keinem Fall bewusst. Die Kontrollreaktion induziert in meinem Gehirn eine Emotion von Hunger. Diese Emotion, in erster Ordnung dargestellt, ist das unbewusste Hungergefühl. Dieses Gefühl in einem nichtsprachlichen Gedanken in zweiter Ordnung zu kommentieren, macht es bewusst. Jetzt dieses bewusste Hungergefühl in einen Satz „Ich habe Hunger" zu fassen, bedeutet, es in dritter Ordnung darzustellen. Der sprachliche Ausdruck eines Wunsches ist also nicht für den Wunsch selbst notwendig. Er ist vielmehr nur eine symbolische Repräsentation dieses Wunsches, nicht mehr.

Nicht nur Sätze können wahr oder falsch sein, auch z. B. nichtsprachliche Annahmen. Ich sehe z. B. ein Brot. Die Informationen meiner Sehnerven produzieren im Gehirn in erster Ordnung ein mentales Bild dieses Brotes. Wenn die Wechselwirkung dieses Bildes mit meinem Protoselbst in zweiter Ordnung nichtsprachlich repräsentiert oder kommentiert wird, dann entsteht meine nichtsprachliche Annahme, vor mir dieses Brot zu sehen. Diese Annahme kann wahr oder falsch sein, je nachdem, ob der angenommene Zustand – ein Brot liegt in der Realität vor mir – der Fall ist oder nicht. Sie ist aber kein Satz. Erst die verbale Repräsentation meiner Annahme ist ein Satz.

Das Problem im Verständnis dieser Zusammenhänge scheint darin zu liegen, dass ich meine Annahme, ein Brot zu sehen, hier in Worten niederschreibe. Die LeserInnen sehen also den sprachlichen Begriff „Brot" hier stehen, obwohl ich eigentlich von etwas ganz anderem rede, nämlich von meinem mentalen Bild dieses Brotes. Der hier niedergeschriebene Begriff „Brot" ist also nur eine Repräsentation meines mentalen Bildes von diesem Brot, und die LeserInnen müssten erst aus dieser Repräsentation nach bestem Wissen mein mentales Bild vom Brot rekonstruieren. Das kann offensichtlich niemals vollständig gelingen, aber doch, so hoffe ich, vollständig genug, um bei den LeserInnen ein mentales Bild von „Brot" zu erzeugen, das meinem mentalen Bild in den wesentlichen Aspekten gleicht. Die Sprache ist eben nur ein Kommunikationsmittel, um die hier gedachten Zusammenhänge darzustellen. Sie ist ein Hilfsmittel, eine Krücke. Und als solche sollte sie auch gesehen werden.

Annahmen und Wünsche haben also überhaupt nichts mit Sprache zu tun. Sie können allerdings sprachlich repräsentiert werden, nur sind das eben dann bloß Darstellungen dieser Annahmen und Wünsche, die nicht den realen Annahmen und Wünschen selber entsprechen. So erklärt sich auch, warum es oft schwer ist, die eigenen Annahmen und Wünsche, oder auch Gedanken übers Bergsteigen, über Mathematik oder über das Leiden anderer, in Worte zu fassen. Die Sprache spielt also bei Fragen des Bewusstseins überhaupt keine Rolle, sie hilft nur, Gedanken, Annahmen und Wünsche, die bereits bewusst vorhanden sind, zu kommunizieren.

12 Tierrechte

Im bisher Gesagten habe ich zuerst die Frage behandelt, was Bewusstsein ist, und dann, in welchen Wesen es mir auf dieser Welt begegnet. Im Kapitel 5 wurden dabei die wesentlichen Eigenschaften jeder Form von Bewusstsein deduziert. Bewusstsein macht ein Wesen erst zum Individuum und zum Subjekt. Jedes Wesen mit Bewusstsein hat eine eigene Sicht der Dinge, einen eigenen Standpunkt in der Welt. Weiters sind genau die Wesen mit Bewusstsein jene, die leidensfähig sind und Interessen haben und, ganz zentral, einen eigenen Willen haben. In den Kapiteln 10 und 11 wurde festgestellt, dass – salopp gesprochen (siehe Kapitel 15) – alle Tiere inklusive der Menschen so ein Bewusstsein haben.

Am Anfang dieser Überlegungen stand die Frage: „Was soll ich tun?", also die Grundfrage der Ethik, wie ich mit den Entitäten, die mir auf dieser Welt begegnen, umgehen soll. Ich möchte jetzt die Konsequenzen des bisher Gesagten für diese Frage herausarbeiten. Die Welt besteht also, grob gesprochen, aus Entitäten, die kein Bewusstsein haben, den Objekten oder Dingen, die weder individuell noch leidensfähig sind noch Interessen oder einen eigenen Willen haben. Und dann gibt es Entitäten, die Bewusstsein haben und deshalb Subjekte und Individuen sind, leidensfähig, mit Interessen und einem eigenen Willen. Wie soll ich mich diesen Entitäten gegenüber verhalten?

12.1 Eine rationale, objektive Ethik

In der Ethik geht es insofern um eine der wesentlichsten praktischen Fragen, als es dabei unter anderem um die Definition und Abgrenzung der gemeinhin als allerschwerstes Kapitalverbrechen eingestuften Handlung geht: den Mord. Ein Mord an mir würde mein Leben und mein Bewusstsein beenden, und damit alles, was mich ausmacht. Mord, darin ist man sich gesellschaftlich einig, kann nicht toleriert werden. Mord muss in jedem Fall durch entsprechende gesellschaftliche Regelungen und Konsequenzen geahndet bzw. hintangehalten sein. Was, aber, hat als Mord zu gelten?

In der Praxis haben solche ethischen Fragen das größte denkbare Konfliktpotential: Je nach ethischer Vorstellung kann ein und dieselbe Handlung als Mord – das schlimmste bekannte Verbrechen – oder als ethisch irrelevant angesehen werden. Was als Mord zu gelten hat, hat sich historisch in der Gesellschaft laufend neu definiert. Es ist offensichtlich, dass in einer Gesellschaft, in der verschiedene Teile der Bevölkerung verschiedene ethische Auffassungen vertreten, große Konflikte auftreten müssen. Die meisten verschiedenen ethischen Positionen können sich gegenseitig grundsätzlich nicht tolerieren.

Eine naheliegene Lösung ethischer Konflikte ist nackte Gewalt. Ethische Konflikte suggerieren oft tiefer liegende Konflikte auf spiritueller Ebene, die aufgrund verschiedener dogmatischer Überzeugungen zustande kommen, die man entweder teilt oder nicht. Es scheint dafür keine Möglichkeit des friedlichen Konsenses zu geben.

Ethik ist aber nicht Sache der Einzelnen, Sache ihres persönlichen Gewissens. Spätestens seit den Nürnberger Prozessen gegen die Verantwortlichen der Verbrechen des Dritten Reichs hat die Ethik auch in der Praxis einen globalen Anspruch. Die Prozesse wurden nicht auf Basis irgendwelcher Gesetze geführt, sondern auf Basis der Überzeugung, dass eine gewisse Ethik universell gilt und zur Not auch mit Gewalt durchgesetzt werden kann. Wer die Berichte über diese Prozesse aufmerksam studiert, kann sich des Eindrucks nicht erwehren, dass man ernsthaft versucht hatte, trotz aller Unzulänglichkeiten, einer Auffassung von allgemeiner Gerechtigkeit zu folgen und sich nicht einfach nur an den VerliererInnen eines Krieges zu rächen (Ueberschär 1999, Davidson 1997). Nicht von ungefähr kam es in der Folge am 10. Dezember 1948 zur Allgemeinen Erklärung der Menschenrechte vor der Generalversammlung der Vereinten Nationen. Es gab trotz des beginnenden Kalten Krieges nicht eine einzige Gegenstimme gegen die Verabschiedung dieser Menschenrechtsdeklaration (Heidelmeyer 1997, S. 32). Später folgten weitere allgemeine Menschenrechtserklärungen wie 1964 in Helsinki, in der medizinische Versuche an Menschen, die nicht im Interesse der Betroffenen sind, als menschenrechtswidrig erklärt wurden. Bis zu den weltweit Aufsehen erregenden Menschenversuchen während des zweiten Weltkriegs durch Deutschland und Japan, aufgrund derer diese Helsinki-Erklärung zustande kam, waren medizinische Versuche an machtlosen Menschengruppen, wie Gefangenen oder geistig Behinderten, die Norm (Ebbinghaus und Dörner 2002).

In der europäischen Kulturgeschichte haben wir also diesbezüglich viel dazugelernt. Erschien früher noch die Inquisition das geeignete Mittel für die Stärkeren, die eigenen ethischen bzw. spirituellen Überzeugungen gegenüber Nichtgläubigen durchzusetzen, so versuchen heute alle demokratischen Staaten die Trennung von Staat und Kirche zu vollziehen. Für die Religionsausübung muss zwar Toleranz herrschen, allerdings darf diese Toleranz nur so weit gehen, dass die Grundrechte von Subjekten dadurch nicht eingeschränkt werden.

Das ethisch-legistische Grundgerüst der Gesellschaft soll jetzt aber idealerweise unabhängig von metaphysischer oder religiöser Überzeugung konstruiert werden, um einen möglichst allgemeinen Konsens zu schaffen, den alle Wesen, die zur Einsicht in ethische Überlegungen fähig sind, teilen müssten, und der in diesem Sinn der „Wahrheit" oder „Gerechtigkeit" am nächsten kommt. Die Suche nach der geeigneten Ethik muss also ohne Bezug auf Metaphysik und Religion auskommen.

Wir dürfen uns aber ebenso wenig bei unseren ethischen Thesen in unkritischer Weise auf unsere ethische Intuition verlassen. Einerseits sind wir von unserer Sozialisation nicht unabhängig, daher werden die gesellschaftlichen Vorurteile auch unsere ethische Intuition massiv beeinflussen. Andererseits haben wir aber auch ein egoistisches Eigeninteresse, das sich vielleicht unbewusst in die ethische Intuition drängt und so zu mangelnder Objektivität führt, die dann dem Ziel der allgemeinen Gerechtigkeit offensichtlich entgegensteht. Nicht von ungefähr gilt es als der Rechtssprechung und der Gerechtigkeit nicht zuträglich, wenn eine beklagte Person ihre eigene RichterIn wäre. Um also auch ethische Urteile zu ermöglichen, nach denen wir selber schuldig sein können, muss jede ethische Regel, die uns im Gegensatz zu anderen Individuen gewisse Handlungen erlaubt bzw. uns im Gegensatz zu anderen Individuen vor gewissen Handlungen schützt, besonders rational-kritisch hinterfragt werden.

Doch eine ethische Konsensfindung scheint möglich zu sein. So gelang es z. B. in den 1960er Jahren der Bürgerrechtsbewegung unter Martin Luther King, eine fundamentale Änderung hinsichtlich des Rassismus in der Gesellschaft der USA zu erreichen (Carson 1998), nachdem bereits 200 Jahre vorher die Verfassung der USA allgemeine Bürgerrechte festgeschrieben und dann 100 Jahre später der Sezessionskrieg letztendlich das Ende der Sklaverei durchgesetzt hatte. Ebenso wurde in Österreich durch das Leibeigenschaftsaufhebungspatent vom 1. September 1781 durch Kaiser Josef II. und dann endgültig durch das ABGB 1811 die Leibeigenschaft beendet. Und die Arbeiterbewegung hat im 20. Jahrhundert faktisch eine gewisse soziale Gerechtigkeit geschaffen. Auch die Frauenemanzipation hat erreicht, dass die Situation zwischen den Geschlechtern heute wesentlich gleichberechtigter ist als noch vor 50 Jahren. Hinter all diesen und anderen Befreiungsbewegungen steckt eine Idee der globalen, objektiven Ethik, die sich nicht auf spirituelle Werte bezieht, die nur AnhängerInnen bestimmter religiöser Konfessionen unterschreiben könnten. Die Praxis zeigt also, dass eine ethische Konsensfindung auf rationaler Basis, wie z. B. die allgemeine Anerkennung von Menschenrechten, sowohl notwendig als auch möglich ist.

Eine grundsätzliche rationale Diskussion zur Ethik ist also unerlässlich, und zwar mit dem Ziel, einen Konsens und nicht etwa einen Kompromiss zu finden. Wenn aber ethische Intuition und spirituelle, subjektive Werte keine Basis der Ethik liefern dürfen, was bleibt dann noch übrig?

Zunächst einmal stellen wir an alle rationalen Gedankenfolgen die Forderung, den Kriterien formaler Logik zu genügen. Die Gedanken dürfen sich nicht logisch widersprechen. Wir können nicht behaupten, es gilt die Behauptung A, und es gilt, dass wenn die Behauptung A gilt, auch die Behauptung B gilt, und dann sagen, die Behauptung B gelte nicht. Das wäre ein Widerspruch, und Widersprüche dieser Art machen jede weitere rationale Diskussion unmöglich. Mit nur einem einzigen Widerspruch lassen sich alle Widersprüche begründen (siehe Kapitel 4). Wir fordern also *logische Konsistenz.*

Unsere Ethik darf aber nicht subjektiv und subjektspezifisch sein, d. h. also, ethische Regeln enthalten, die nicht allgemein für alle gelten, sondern sich auf spezifische Individuen beziehen. Eine ethische Regel der Art „Das konkrete Individuum Hans darf Handlung x nicht setzen" ist z. B. nicht allgemein, sondern bezieht sich auf ein Individuum. Eine ethische Regel muss also vielmehr von der Art sein: „Entitäten mit der Eigenschaft E dürfen Handlung x nicht setzen." Die ethischen Regeln müssen also in Form allgemeiner Sätze formuliert sein. Wir fordern also *Universalität.* Das entspricht in etwa dem kategorischen Imperativ von Immanuel Kant: die Maxime einer objektiv-rationalen Ethik müssen allgemeine, universelle Gesetze sein.

Die Schlussfolgerungen in der Naturwissenschaft, die nicht streng logisch und damit im Prinzip tautologisch, also inhaltsleer, sind, müssen natürlich einen inhaltlichen Zusammenhang haben. Ich kann nicht von etwas auf etwas anderes schließen, das mit ersterem in keinerlei Beziehung steht. Das muss natürlich auch für das rationale Schließen in der Ethik gelten. Sagen wir, eine Ärztin stellt Individuum A als Assistenten an und gibt Individuum B einen Gipsverband. Wenn sie nach der Rechtfertigung für ihre Handlung gefragt wird, sagt sie, Individuum A hätte einen gebrochenen Arm und Individuum B besondere Qualifikationen. Diese Begründung ist offensichtlich ohne inhaltlichen Zusammenhang, und wir könnten sie nur als rationale Begründung akzeptieren, wenn die Ärztin uns den Zusammenhang, den sie sieht, erläutert. Umgekehrt wäre, wenn sie sagt, Individuum A hat besondere Qualifikationen und Individuum B einen gebrochenen Arm, ihre Begründung rational. Für die Frage, ob jemand als Assistent angestellt werden soll oder nicht, ist die Kategorie „Qualifikation" jedenfalls relevant, genauso wie für die Frage, ob jemand einen Gips bekommen soll oder nicht, die Kategorie „Knochenbruch" relevant ist. Erst die Eigenschaften der Individuen in diesen Kategorien, qualifiziert oder nicht, Knochen gebrochen oder nicht, kann als Begründung herhalten (Rachels 1991, S. 176; Rachels 1998). Wir fordern also *kontextuelle Relevanz der Begründungen.*

Eine kontextuelle Beziehung zwischen dem empirischen Sein und dem normativen Sollen ist also sogar notwendig für jede rationale Ethik, d. h., die Umstände, von denen das Sollen handelt, müssen mit den Umständen des Seienden, die dafür als Begründung hergenommen werden, in Beziehung stehen. Der Kontext von beiden muss der gleiche sein, wie im obigen Beispiel. Moore, George (1903) hat aber deutlich gemacht, dass wir nicht aus dem Sosein einer Sache an sich oder einer Aktivität auf deren ethische Richtigkeit schließen können. Klassische Beispiele dieser Art sind „Der Starke tötet den Schwächeren" oder „Der Mensch ist ein Fleischfresser bzw. ein Omnivor" oder „In der Natur überlebt der Stärkere auf Kosten der Schwächeren oder der Intelligentere auf Kosten der weniger Intelligenten". Ganz abgesehen von der Fragwürdigkeit der faktischen Richtigkeit dieser Sätze über die Welt bzw. die Natur ist es nicht möglich, aus ihnen zu schließen, dass es ethisch richtig und gut ist, dass der Stärkere oder Intelligentere den Schwächeren oder weniger Intelligenten tötet oder auf dessen Kosten überlebt oder dass der Mensch Fleisch isst. Was natürlich ist, ist deswegen nicht ethisch richtig oder gut. Eine solche Begründung ist eine Kategorienverwechslung, weil die Kategorie des Faktischen und die Kategorie des Normativen zwei verschiedene Kategorien sind. Der *naturalistische Fehlschluss* liefert also keine Begründung für die Ethik.

12.2 Herleitung von Grundrechten

Alle Wesen, die einen Willen haben, wollen etwas. Um dieses Etwas bekommen zu können, müssen i. A. viele Voraussetzungen erfüllt sein. Sagen wir, ich will Schach spielen. Um diesen Wunsch erfüllt zu bekommen, muss es ein Schachspiel geben, es muss die Zeit zum Spielen da sein, es muss eine potentielle MitspielerIn da sein usw. Aber ich muss auch am Leben sein, um Schachspielen zu können. Und ich muss die Freiheit haben, Schach spielen zu können. Und ich muss körperlich und geistig unversehrt sein, um Schach spielen zu können. Wenn wir also von jedem spezifischen Umstand des Wollens zu der allgemeinen Situation abstrahieren, dass ein Wesen einfach etwas will, dann finden wir, dass die Grundvoraussetzungen, die immer mindestens erfüllt sein müssen, damit das Wesen dieses Etwas, das es will, auch bekommen kann, genau diese drei Voraussetzungen sind: Leben, Freiheit und Unversehrtheit. Nicht von ungefähr führt der Artikel 3 der UNO-Menschenrechtsdeklaration von 1948 genau die Rechte auf Leben, Freiheit und Unversehrtheit als zentrale, erste Grundrechte an.

Bisher haben wir den Begriff des Wollens, den Willen, immer mit einem bewussten Willen gleichgesetzt. Um das begrifflich von dem zu trennen, was auch alles implizit erfüllt sein muss, damit dieser bewusste Wille umgesetzt werden kann, nennen wir diese impliziten Aspekte des Willens jene Aspekte, die im Interesse des Wesens sind. Das Wesen kann also bewusst daran interessiert sein, Schach zu spielen, also Schach spielen wollen, und deshalb ist es z. B. im unbewussten Interesse des Wesens, dass sein Herz weiter schlägt oder dass unbewusste physiologische Prozesse ablaufen, die das Weiterleben ermöglichen. Dass etwas im Interesse eines Wesens ist, setzt also voraus, dass es einen bewussten Willen hat, dessen implizite Forderungen jenes ist, was in seinem Interesse ist.

Wenn also ein Wesen etwas will, dann muss es zumindest implizit und unbewusst im Interesse dieses Wesens sein, dass es lebt, frei ist und unversehrt ist, um die Möglichkeit zu haben, seine Ziele verfolgen zu können. Es ist also zumindest implizit im Interesse des Wesens, dass seine Freiheit, sein Leben und seine Unversehrtheit von anderen respektiert werden oder, mit anderen Worten, dass es respektierte Grundrechte auf Freiheit, Leben und Unversehrtheit hat. Gewirth (1978) betont, dass solche Grundrechte an dieser Stelle noch keine ethischen Rechte sind. Er nennt sie daher „generische Rechte".

Was wir gezeigt haben, ist, dass jedes willentlich handelnde Wesen durch die einfache Tatsache, dass es sich auf eine willentliche Handlung einlässt, logisch dazu gezwungen ist, sein eigenes Leben, seine Freiheit und seine Unversehrtheit positiv zu bewerten, und ebenso, dass Rechte auf sein Leben, seine Freiheit und seine Unversehrtheit in seinem Interesse sind.

Das Wesen, das zu dieser ethischen Reflexion fähig ist, schließt nun aus dem Umstand, dass Grundrechte für es selbst in seinem Interesse sind, dass es diese Grundrechte will. Und weiters erkennt es, dass der Grund, der seinen Anspruch auf seine Grundrechte rechtfertigt, nur in seiner Eigenschaft, ein willentlich handelndes Wesen zu sein, liegt. Allein die Fähigkeit, handeln zu können bzw. einen Willen zu haben, und nicht die Fähigkeit zu reflektieren bedingt seinen Anspruch. Die Anwendung des Universalitätsprinzips führt dann logisch zur Verallgemeinerung, dass die Rechte, die aufgrund einer Eigenschaft für sich selbst gefordert werden, auch für alle anderen gefordert werden müssen, die die gleiche Eigenschaft haben. Damit wird der Übergang von generischen zu ethischen Rechten vollzogen. Die empirische Gemeinsamkeit von Wesen, einen Willen zu haben, führt also zur normativen Gemeinsamkeit dieser Wesen, Grundrechte zu bekommen. Gewirth (1978) folgert daraus sein Prinzip der generischen Konsistenz: „Handle so, dass die generischen Grundrechte aller respektiert werden.“ Wir haben damit abgeleitet, dass alle Wesen, die etwas wollen können bzw. einen Willen haben, auch ethische Grundrechte haben sollen. Mit unserer Erkenntnis, dass genau jene Wesen, die ein Bewusstsein haben, jene Wesen sind, die etwas wollen können, und weiter mit der Erkenntnis, dass, salopp gesprochen, alle Tiere ein Bewusstsein haben, folgern wir also, dass alle Tiere Grundrechte auf Leben, Freiheit und Unversehrtheit haben sollen. Das sind die Tierrechte.

Wiederholen wir diese Schlussfolgerung in syllogistischer Form, um sie besser kritisierbar zu machen:

Prämisse 1: *Wenn ein Wesen etwas will, dann ist die Erfüllung aller Voraussetzungen dafür, um dieses Etwas auch bekommen zu können, im Interesse dieses Wesens.*

Prämisse 2: *Die unumgänglichen Grundvoraussetzungen, etwas bekommen zu können, sind, dass man lebt und frei und unversehrt ist.*

Konklusion 1: *Es liegt im Interesse aller Wesen, die überhaupt irgendetwas wollen können, dass sie leben und frei und unversehrt sind, weil sie etwas wollen können.*

Prämisse 3: *Wenn es im Interesse eines Wesens ist, zu leben und frei und unversehrt zu sein, dann ist es auch im Interesse dieses Wesens, dass alle anderen sein Leben, seine Freiheit und seine Unversehrtheit respektieren sollen.*

Konklusion 2: *Es liegt im Interesse aller Wesen, die überhaupt irgendetwas wollen können, dass alle anderen ihr Leben, ihre Freiheit und ihre Unversehrtheit respektieren sollen, weil sie etwas wollen können.*

Prämisse 4: *Wenn alle etwas von einem Wesen respektieren sollen, dann heißt das, dieses Wesen hat ein Recht auf dieses Etwas.*

Konklusion 3: *Es liegt im Interesse aller Wesen, die überhaupt irgendetwas wollen können, dass sie Rechte auf Leben, Freiheit und Unversehrtheit haben, weil sie etwas wollen können.*

Nennen wir die Rechte auf Leben, Freiheit und Unversehrtheit einfach die Grundrechte. Dann bedeutet die Konklusion 3, dass es zumindest implizit und unbewusst, wenn schon nicht explizit und bewusst, im Interesse aller Wesen, die einen Willen haben, ist, für sich Grundrechte zu haben, weil sie einen Willen haben bzw. willensfähig sind. Ein zu dieser ethischen Reflexion fähiges Wesen erkennt, dass Grundrechte für es selbst in seinem Interesse sind, und will sie daher auch. Überlegungen im Abschnitt „Was sind Rechte?" weiter unten zeigen, dass Grundrechte am besten als Forderungen an die Institutionen einer Gesellschaft zu interpretieren sind. In diesem Sinne bedeutet „Grundrechte zu wollen" gleichzeitig „Grundrechte zu fordern". Darauf wenden wir jetzt das Prinzip der Universalität an:

Konklusion 3a: *Ein Wesen fordert Grundrechte für sich mit der Begründung, dass es Bewusstsein hat.*

Prämisse 6: *Prinzip der Universalität: Wenn die Forderung nach Grundrechten für gewisse Wesen mit einer gewissen Begründung gerechtfertigt wird, dann impliziert diese Forderung gleichzeitig die Forderung nach Grundrechten auch für alle jene Wesen, für die diese Begründung genauso zutrifft*

Konklusion 4: *Dieses Wesen fordert (explizit oder implizit) Grundrechte für alle Wesen mit Bewusstsein.*

Mit anderen Worten, wenn jemand Grundrechte für sich fordert, dann fordert er gleichzeitig Grundrechte für alle Wesen mit Bewusstsein. Ist er sich dieses Umstands bewusst, dann fordert er diese Grundrechte für alle Wesen mit Bewusstsein explizit, ansonsten implizit, aber deswegen nicht minder bedeutsam. Wenn jemand Grundrechte nur für sich oder nur für eine Untergruppe von Wesen mit Bewusstsein fordert, z. B. auf der Basis religiöser Dogmen oder persönlicher Präferenzen, dann handelt er irrational.

Betrachten wir diesen Syllogismus in einem Beispiel: Person X fordert Brot für sich, weil sie Hunger hat. Man könnte jetzt meinen, das Prinzip der Universalität verpflichtet Person X dazu, für alle hungrigen Wesen Brot zu fordern. Aber vielleicht wollen andere Wesen, die Hunger haben, überhaupt kein Brot, weil sie zwar Hunger haben, aber Brot ihnen überhaupt nicht schmeckt! Das wäre also ein Widerspruch. Der Fehler liegt in der falschen Anwendung des Prinzips der Universalität.

Im Fall der Forderung nach Brot ist die Begründung nämlich eigentlich: „weil ich Hunger habe und gerne Brot essen würde“. Nur auf diesen Zusatz träfe das Prinzip der Universalität zu. Das Individuelle des Hungers der Person X, nämlich speziell Lust auf Brot zu haben, spezifiziert die Begründung und lässt die allgemeine Anwendung des Prinzips der Universalität nicht zu. „Hunger haben“ ist aber identisch mit „Nahrung benötigen“, aus Hunger folgt kategorisch das Bedürfnis nach Nahrung (und nicht speziell nach Brot). Entsprechend wäre die korrekte Anwendung des Prinzips der Universalität dann gegeben, wenn Person X für sich Nahrung fordert, weil sie Hunger hat. Dann fordert sie jedenfalls implizit automatisch ebenso für alle jene Nahrung, die auch Hunger haben. Wenn sie rational und logisch konsistent sein will, dann muss sie das auch explizit tun.

Man könnte diese Anwendung der Universalität auch in einem anderen Beispiel deutlich machen. Wenn Person X für sich eine Gehaltserhöhung mit der Begründung fordert, dass sie einen Doktortitel hat, dann muss sie explizit oder implizit gleichzeitig für alle jene auch eine Gehaltserhöhung fordern, die genauso einen Doktortitel haben. Der Doktortitel an sich, ohne individuelle Unterschiede, dient zur Begründung der Forderung, und damit ist das Prinzip der Universalität anwendbar. Und genauso ist es im Fall des Bewusstseins. Aus dem Verständnis dessen, dass Bewusstsein immer kategorisch mit einem Willen einhergeht, der wiederum kategorisch die Grundbedürfnisse als Interessen voraussetzt, folgt, dass hier nur der kategorische, allgemeine, objektive und nicht der individuelle, spezifische, subjektive Teil von Bewusstsein für die Begründung der Forderung nach Grundrechten einfließt.

Man könnte auch sagen, dass das Prinzip der Universalität hier dem kategorischen Imperativ von Immanuel Kant entspricht: Die Maximen der ethischen Forderung müssen als allgemeines Gesetz auch für alle jene Fälle gelten, in denen die Begründungsbedingungen ebenso erfüllt sind. Wenn ich fordere, dass meine Grundbedürfnisse respektiert werden, weil ich Bewusstsein habe, dann stelle ich eigentlich das allgemeine Gesetz auf, dass die Grundbedürfnisse aller respektiert werden müssen, die Bewusstsein haben. Implizit in jedem Fall, explizit nur, wenn ich bereit bin, rational zu handeln.

Mit anderen Worten: Alle zur ethischen Reflexion in diesem Grad fähigen Wesen müssen für sich und alle anderen willensfähigen Wesen Grundrechte fordern. Wir haben gezeigt, dass alle Wesen, die für sich Grundrechte fordern, rational zwingend diese Grundrechte auch für alle Wesen mit Bewusstsein fordern müssen. Dabei sprechen wir nirgends von Menschen oder anderen oberflächlichen Kategorien. Die wesentlichen Gruppierungen sind jene Wesen, die in der Lage sind, für sich Rechte zu fordern, und jene Wesen, die Bewusstsein haben. Und unsere Ableitung zeigt, dass erstere für zweitere Grundrechte fordern müssen. Die Gemeinschaft der willensfähigen Wesen, der Tiere, bekommt also auf diese Weise von allen Wesen, die zur ethischen Reflexion in diesem Grad fähig sind, Kraft deren Willens Grundrechte auf Leben, Freiheit und Unversehrtheit, also die Tierrechte. Der naturalistische Fehlschluss wurde dabei nicht begangen, weil die Rechte auf dem Willen von Wesen beruhen, die Rechte fordern können. Es wird nirgends von dem Sosein von etwas auf dessen ethische Richtigkeit geschlossen.

Freiheit, Leben und Unversehrtheit treten in dieser Ableitung nur in ihrem instrumentellen Wert als Voraussetzung fürs Handeln auf. Da diese Komponenten auf formaler Ebene kategoriell als Voraussetzungen dafür eingeführt werden, dass die einzelnen Handelnden ihre Ziele verfolgen können, werden diese instrumentellen Werte für jedes einzelne Individuum zwischen verschiedenen Individuen nicht abwägbar, sondern sind grundsätzlich gleich. Leben, Freiheit und Unversehrtheit haben nur im Rahmen des Lebens des betroffenen Wesens ihren instrumentellen Wert. Dieser Wert ist mit dem instrumentellen Wert des Lebens, der Freiheit und der Unversehrtheit eines anderen Wesens im Rahmen von dessen Leben grundsätzlich nicht vergleichbar. Folglich haben nach dieser Ableitung alle Wesen, die intentional handeln können, grundsätzlich gleiche Rechte auf Freiheit, Leben und Unversehrtheit, völlig unabhängig von ihrer kognitiven Komplexität, vom Grad der Erweiterung ihres Bewusstseins und dem Grad und der Art ihres Selbstbewusstseins.

Bisher haben wir die Trägerin des Bewusstseins, das bewusste Subjekt oder das Selbst, durch ihre empirischen Eigenschaften beschrieben. So hat jedes Wesen mit Bewusstsein neben seinen allgemeinen Eigenschaften von Intentionalität und Leidensfähigkeit usw. auch spezifische empirische Eigenschaften, wie biologische, soziale und kognitive Fähigkeiten, und autobiographische Aspekte, die von Wesen zu Wesen verschieden sind. Diesen Aspekt des Selbst wollen wir als das *deskriptive Selbst* bezeichnen.

Handelnde verfolgen ein Handlungsziel. Dafür muss das handelnde Selbst seine Handlungsziele als gut befinden, also eine Bewertung vornehmen. Das Selbst hat also auch einen bewertenden Aspekt: Es bewertet die Befriedigung der eigenen Interessen und die Verfolgung der eigenen Präferenzen als positiv. Und im Rahmen dieser Bewertung muss das Selbst, wenn es die eigenen Ziele als positiv bewertet, auch sich selbst als positiv bewerten. Diesen Aspekt des handelnden Selbst nennen wir das *präskriptive Selbst* (Cavalieri und Miller 1998), also das bewertende Selbst.

Neben dem deskriptiven Selbst, das die empirischen Eigenschaften des Selbst umfasst, gibt es also auch das präskriptive Selbst. Beides sind natürlich Aspekte ein und desselben Selbst. Durch obige Ableitung wurde nun gezeigt, dass ein Selbst durch Reflexion darüber, was es heißt, ein „Selbst" zu sein, erkennt, dass derselbe präskriptive Aspekt des eigenen Selbst auch bei anderen Selbst in gleicher Weise vorhanden ist. Die verschiedenen Selbst unterscheiden sich also in ihrem deskriptiven Aspekt, gleichen sich aber in ihrem präskriptiven Aspekt. Für jedes Wesen ist das eigene Leben gleich wichtig, weil das eigene Leben alles ist, das es hat. Es ist aber der präskriptive Aspekt des Selbst, der zu den Grundrechten Anlass gibt. Für die Grundrechte ist es daher vollkommen egal, welche empirischen Eigenschaften die verschiedenen Wesen haben, der entscheidende Faktor ist das präskriptive Selbst, das bei allen gleich ist. Alle Tiere haben also grundsätzlich gleiche Grundrechte.

12.3 Was sind Rechte?

Grundsätzlich gibt es sehr viele verschiedene Rechtsbegriffe. Ethische Rechte werden als naturgegeben gesehen, die jedem Wesen, das sie hat, grundsätzlich anhaften, ganz unabhängig von der Gesellschaft, in der es lebt. Ethische Rechte hätte ein Wesen auch dann, wenn es niemanden gibt, der versteht, was ein Recht ist, und sich daran halten kann. Davon unterschieden sind juridische Rechte, die in einem Gesetz festgeschrieben sind und auf eine spezifische Gesellschaft Anwendung finden. Juridische Rechte werden von der gesetzgebenden Körperschaft der Gesellschaft verliehen. Sie haben außerhalb der Gesellschaft keine Bedeutung.

Herkömmlich werden die Menschenrechte als ethische Rechte gesehen. In den Menschenrechtsdeklarationen ist von einem naturgegebenen Recht die Rede. Die Nürnberger Prozesse haben ja entgegen dem juridischen Recht, das zur Zeit der Nazi-Verbrechen gegolten hat, die Verantwortlichen des Dritten Reiches nach einem ethischen Recht angeklagt, auch wenn sie sich nicht auf ein explizit formuliertes Menschenrecht bezogen haben. Deswegen wurde ja dann von den Vereinten Nationen eine Menschenrechtsdeklaration erlassen.

In unserer obigen Ableitung haben wir Rechte eines Wesens auf etwas als gleichbedeutend mit der Forderung definiert, dass alle anderen Wesen dieses Etwas des Wesens respektieren sollen. Also z. B. ist das Recht eines Wesens auf Leben in dieser Diktion die Forderung, dass alle anderen das Leben dieses Wesens respektieren sollen. Das klingt jedenfalls so kategorisch, unabhängig von jeder Gesellschaft, dass es ein ethisches Recht zu sein scheint. Und zusätzlich ist es eine negative Definition von Recht, d. h. es schreibt anderen vor, etwas zu unterlassen, nämlich z. B. das Leben des Wesens, das ein Recht auf Leben hat, zu beeinträchtigen. Ein positives Recht wäre die Forderung an andere, etwas zu tun, also z. B. das Recht auf Arbeit wäre das positive Recht darauf, dass mir jemand Arbeit gibt. Auf der anderen Seite waren nur jene Wesen, die zu einer ethischen Reflexion im notwendigen Ausmaß, um diese Argumentationskette zu verstehen, fähig sind, diejenigen Wesen, die für sich und andere Grundrechte fordern müssen. Es scheint also von der Existenz dieser Wesen abzuhängen, dass es Grundrechte gibt. Und es ist nur die Forderung von Grundrechten gegenüber einer Gesellschaft herleitbar. Rechte haben deshalb immer auch eine sehr praktische Bedeutung. Eine Forderung nach Rechten ist mehr ein politisches Konzept als ein philosophisches.

Der Rechtsbegriff in den Menschenrechten umfasst nicht die gesamte Ethik, sondern die Ethik im engeren Sinn. Der Gegenstand dieser Ethik im engeren Sinn ist das Richtige und nicht das Gute. Aufgrund der plausiblen Annahme, dass die einzig gültigen Begründungen, mit denen die autonome Führung des eigenen Lebens eines Wesens eingeschränkt werden darf, die Bedürfnisse, Interessen und Präferenzen anderer Wesen sind, ist es plausibel, die Ethik im engeren Sinn durch negative Rechte, also die Rechte, nicht auf eine bestimmte Art behandelt zu werden, zu charakterisieren. In diesem Licht betrachtet beinhaltet der Rechtsbegriff bei den Menschenrechten, indem er den grundsätzlichen Schutz der Individuen betrifft, den wichtigsten und konsensfähigsten Teil der Ethik, der am wenigsten vom zeitlichen und räumlichen Kontext abhängig ist. Im Kernpunkt der Menschenrechtstheorie überwiegen von den beiden Hauptarten von Rechten, den negativen und den positiven Rechten, immer die negativen Rechte, und zwar insbesondere die so genannten bürgerlichen Freiheiten, die durch das verallgemeinerte Verbot, jemandem das Leben zu nehmen, jemandem die Freiheit zu rauben und jemandes Unversehrtheit zu verletzen, charakterisiert sind (Artikel 3 der Allgemeinen Erklärung der Menschenrechte von 1948, Heidelmeyer 1997,

S. 210). Allerdings haben negative Rechte auch positiv-rechtliche Aspekte. Prinzipien, die die Abwehr fundamentaler Schäden fordern, implizieren nicht die grundsätzliche Pflicht, keinen Schaden zuzufügen, sondern die grundsätzliche Pflicht, die fraglichen Schäden zu vermeiden, d. h. die Pflicht, den Schaden nicht zu einem konstitutiven Prinzip des eigenen Lebens und der gesellschaftlichen Institutionen zu machen. Grundlegende negative Rechte zu akzeptieren, bedeutet damit in erster Linie, den Aufbau einer gesellschaftlichen Ordnung zu fördern, die diese Rechte umsetzt und schützt. In diesem Sinn sind negative Rechte nicht nur als ethisch, sondern immer gleichzeitig auch als juridisch zu sehen. Die Verantwortung für ihre Umsetzung ist Sache der Institutionen, und die wichtigste Voraussetzung dafür ist natürlich, dass die Rechtsverletzungen von der Rechtsordnung der Gesellschaft sanktioniert werden (Cavalieri 2001).

Nach Pogge (1995) wird, sobald das Recht des Individuums P auf X als Recht postuliert wird, damit behauptet, „dass die Gesellschaft, zu der P gehört, so (um-)organisiert werden müsse, dass P garantierten Zugang zu X habe und insbesondere, dass P sicher davor sei, dass ihm X von offizieller Seite vorenthalten wird“. Die Umsetzung der Rechte hängt dann dementsprechend in erster Linie von den Institutionen einer Gesellschaft ab, von ihrer Verfassung und von ihren Gesetzen.

Silverstein (1996) sieht die Funktion des Rechtsbegriffs zweischneidig. Einerseits werden Rechte von den Mächtigen erlassen und mit (Polizei-)Gewalt gegen opponierende Meinungen durchgesetzt. Andererseits sind Rechte ein vielleicht auch beschränktes Mittel der Schwachen, ihre Interessen gegen die Mächtigen zu wahren. Rechte und Gesetze sind aber nie 100%ig genau definierbar, sondern hängen von der gängigen Interpretation und Gerichtspraxis ab. Dieser Freiraum im Rahmen von Recht und Gesetz ist ebenfalls zweischneidig. Einerseits öffnet er Tür und Tor für die Willkür der Mächtigen, die die Gesetze nach ihrem Vorteil beugen können. Andererseits aber liefert dieser Freiraum eine Chance für soziale Bewegungen, im Rahmen der gegebenen Rechtslage eine Uminterpretation der Gesetze zu erreichen, die letztendlich eine rechtliche Sicherstellung ihrer Ziele liefern könnte.

Die Interpretationen von Gesetzen und die reale gerichtliche Praxis sind nämlich von einer Vielzahl von Faktoren abhängig. Gesetze sind kein System von Regeln, sondern eine „dynamische Aktivität“, etwas, „das Leute sowohl selbst mit ihrem Verstand als auch miteinander tun, wenn sie mit GesetzesvertreterInnen und Ereignissen in der wirklichen Welt interagieren“ (Silverstein 1996). Die Gesellschaft bestimmt also die Interpretation von Gesetzen. Und damit sind Aktivitäten wie politische Kampagnen, Lobbying von PolitikerInnen, politische Gerichtsverfahren, Demonstrationen, öffentliche Aufklärung, Widerstand und das vorsätzliche Ignorieren und Brechen bestehender, geschriebener Gesetze ebenso wichtig und bestimmend für die gerichtliche Praxis wie das Erlassen von Gesetzen durch die GesetzgeberInnen.

Die herkömmliche Interpretation von Rechten stammt vom traditionellen Liberalismus, der dafür kritisiert wurde, den Wert des Individualismus viel zu stark zu überhöhen und damit Trennung und Konflikt statt Gemeinschaft und Beziehung zu fördern. Gerade beim Rechtsbegriff der Tierrechte liegt aber der Schwerpunkt in der Verantwortlichkeit für andere. Das folgt unmittelbar daraus, dass nichtmenschliche Tiere innerhalb der menschlichen Gesellschaft nicht selbst ihre Rechte fordern und vertreten können. Dadurch werden die Tierrechte automatisch zur Verantwortung gewisser sie vertretender Menschen.

Für die Verwendung des Begriffs von Rechten spricht, dass Rechte allgemein verstanden und Menschenrechte generell akzeptiert werden. Der Rechtsbegriff ist schon allein durch seine Geschichte und seine Bedeutung in der Gesellschaft sehr wichtig. Der Rechtsbegriff der Tierrechte ist also genauso zu sehen wie heute der Rechtsbegriff der Menschenrechte gesehen wird. Er hat weder eine andere Bedeutung noch eine andere Funktion, und zwar genauso in fundamentalphilosophischer wie in politisch-praktischer Hinsicht.

12.4 Der Wert des Lebens

Die Etablierung von Grundrechten für gewisse Wesen spannt aber noch lange keine ganze Ethik auf. Ein wesentlicher zusätzlicher Aspekt ist die so genannte Wertetheorie. Innerhalb der Rechte kann es nämlich zu echten Konflikten kommen, für die, so wird i. A. angenommen, eine Wertetheorie notwendig ist. Eine Wertetheorie ordnet den durch die Rechte geschützten Größen, also Leben, Freiheit und Unversehrtheit, für jedes Lebewesen spezifische Werte zu. Ohne diese Werte wäre eine Ethik, so heißt es, nicht umsetzbar.

Tom Regan (1988) diskutiert als Beispiel ein Rettungsboot, in dem einige Menschen und ein Hund sitzen. Das Boot ist am Untergehen, und alle Insassen können nur dann gerettet werden, wenn einer der Insassen über Bord geworfen wird und stirbt. Ein ähnliches Beispiel ist jenes von Bergarbeitern, die in einem Stollen eingeschlossen sind. Es gibt zwei eingeschlossene Gruppen, die eine besteht aus Menschen, die andere aus Hunden. Nur eine der beiden Gruppen kann innerhalb der Zeit, in der noch genügend Sauerstoff vorhanden ist, durch eine Rettungsaktion erreicht werden. Welche Gruppe soll gerettet werden?

Die Idee dieser Beispiele ist, dass zunächst die gleichen Grundrechte aller, sowohl der Menschen als auch der Hunde, an und für sich geschützt sind. Allerdings gelten Grundrechte immer nur prima facie, d. h., solange durch ihre Einhaltung nicht die Grundrechte anderer gebrochen werden. Spezifische Umstände, wie Notwehr, werden allgemein als Gründe akzeptiert, deretwegen Grundrechte übertreten werden können. In Konfliktfällen, wie bei obigen Beispielen, können jetzt solche Gründe gegeben sein. Dann ist also nur aufgrund dessen, dass alle Betroffenen den grundsätzlich gleichen Anspruch auf Grundrechte haben, keine Entscheidung möglich. Was wir brauchen, so wird angenommen, ist eine Wertetheorie, die dem Leben der Hunde und Menschen einen (verschiedenen) Wert zuordnet. Nach Abwägen der Werte sei es dann möglich, eine Entscheidung zu fällen und die Konflikte zu lösen. Für Regan (1988) hat z. B. ein Wesen mit höherer mentaler Komplexität einen höheren Lebenswert. Jetzt hätten, so die These, die Menschen eine höhere mentale Komplexität als die Hunde, und daher würden die Hunde im Rettungsboot-Beispiel zu töten sein bzw. im Fall des Bergbauunglücks nicht gerettet werden.

In Regans Rettungsboot-Beispiel geht es also nicht um das Recht auf Leben. Regan billigt ja allen Subjekten eines Lebens das gleiche Prima-facie-Recht auf Leben zu. Allerdings nur prima facie. In echten Konfliktfällen, so meint Regan, müsste der Wert des Lebens verschiedener Individuen abgewogen und das weniger wertvolle für das wertvollere Leben geopfert werden. Ein echter Konflikt sei dann gegeben, wenn z. B. das Leben eines Wesens nur auf Kosten des Lebens eines anderen erhalten werden kann. Kein echter Konflikt wäre, wenn ein Wesen das Leben eines anderen nehmen will, ohne dass sein eigenes Leben in Gefahr wäre. Regan, wie gesagt, findet im Rettungsboot-Beispiel, dass das Leben eines Hundes weniger wert sei als das eines Menschen. Aus dem Rettungsboot müsse der Hund entfernt werden, auch wenn er dadurch ertrinkt.

Bewertungen nimmt das präskriptive Selbst vor. Werte sind immer relativ zu etwas, nämlich zum Präferenzensystem des bewertenden Selbst. Bewertungen sind also immer subjektiv und nicht objektiv, weil sie von einem Präferenzensystem abhängig sind. Um aber den Wert zweier Leben vergleichen zu können, ist zwischen zwei grundsätzlich unterschiedlichen Aspekten des Lebens zu unterscheiden (Cavalieri 2001, S. 107):

a) *konforme* (intra-individuelle) Aspekte des Lebens
b) *strukturelle* (inter-individuelle) Aspekte des Lebens

Konforme Aspekte des Lebens sind jene, die im Rahmen eines Lebens eines Individuums den Verlauf dieses Lebens in die eine oder andere Richtung lenken, also Lebensentscheidungen oder Lebensmöglichkeiten, die sich für ein Lebewesen in seinem Leben einstellen. Das können ganz oberflächliche Dinge sein, wie z. B. einen Apfel oder eine Birne zu essen, aber auch einschneidendere Dinge, wie z. B. einen Unfall zu haben und dauerhafte körperliche Schäden davonzutragen oder in der Lotterie zu gewinnen, sodass sich dadurch große Entfaltungsmöglichkeiten ergeben. Die konformen Aspekte des Lebens sind jene, die mit den grundsätzlichen Eigenschaften des Individuums konform gehen und es nicht grundsätzlich ändern, sodass es ein verändertes Präferenzensystem bekommt. Die konformen Aspekte des Lebens lassen sich insofern vergleichen, als dass sich das Leben ein und desselben Individuums mit oder ohne den jeweiligen Vorfall oder die jeweilige Entscheidungsmöglichkeit in seinem Wert für das betroffene Individuum vergleichen lässt. Das Individuum hat für beide Entscheidungen dasselbe Präferenzensystem und kann daher eine vergleichbare subjektive Bewertung relativ zu diesem persönlichen Präferenzensystem vornehmen.

Strukturelle Aspekte betreffen dagegen jene Fähigkeiten der Individuen, die das System der Präferenzen, und damit die Basis jeder subjektiven Bewertung, erst festlegen, wie z. B. die Art der Sozialisation, das genetische Potential und die genetische Disposition. Weil die strukturellen Aspekte des Lebens das Präferenzensystem verändern und jede vergleichbare Bewertung immer nur relativ zu einem fixen Präferenzensystem getroffen werden kann, ist kein bewertender Vergleich der strukturellen Aspekte des Lebens möglich. Die strukturellen Aspekte des Lebens des Individuums legen praktisch das Individuum fest. Eine Änderung der strukturellen Aspekte, wie z. B. der genetischen Disposition, würde ja praktisch das Individuum verändern. Wir könnten nicht mehr vom selben Individuum sprechen. Aber das Leben eines Individuums mit einer spezifischen genetischen Disposition und das eines anderen mit einer anderen genetischen Disposition lassen sich nicht vergleichen, weil die Basis des bewertenden Vergleichs – die Erfahrung ein- und desselben Wesens unter den verschiedenen Bedingungen, die das Präferenzensystem festlegt – nicht gegeben ist. Entweder das eine Lebewesen mit seinen persönlichen Präferenzen vergleicht und bewertet oder das andere. Eine übergeordnete, objektive Bewertung ist nicht möglich.

Um jetzt zu behaupten, das Leben eines leidensfähigen Lebewesens wäre von höherem Wert als das eines anderen, müssten die strukturellen Unterschiede des Lebens bewertet werden. Aber wer könnte so eine Bewertung vornehmen?

In Regans Rettungsboot-Beispiel soll der Hund ertränkt werden, weil sein Leben weniger wert wäre als das der anderen (menschlichen) Wesen in dem Boot. Begründet wird das mit der größeren Vielfalt, der größeren Komplexität, dem größeren Potential und der größeren Autonomie des menschlichen Lebens. Diese Unterschiede sind aber struktureller Natur. Eine Vergleichbarkeit ist nicht gegeben. Die Bewertung muss zwangsläufig subjektiv sein. Vom Standpunkt des Menschen wirkt vielleicht das menschliche Leben wertvoller. Vom Standpunkt des Hundes könnte durchaus das hündliche Leben wertvoller sein – ein menschliches Leben ohne jegliche Gerüche wirkt vielleicht vom Hundestandpunkt aus vollkommen farblos und leer. Abgesehen davon ist von jedem Standpunkt aus das eigene Leben zentral. Mit was für Argumenten könnte gefolgert werden, dass ein Individuum sein eigenes Leben als weniger wertvoll betrachtet als ein anderes dessen eigenes Leben? Wie könnte ein übergeordneter, objektiver Standpunkt ausschauen?

Peter Singer (1991) schlägt vor, sich vorzustellen, wie man als Hund das Hundeleben genießen würde, und dann, wie man als Mensch das Menschenleben genießt, und behauptet, daraus objektiv folgern zu können, dass das Menschenleben wertvoller als das Hundeleben sei, weil wir im objektiven Vergleich das Menschenleben für besser hielten. Ähnlich argumentiert er auch zwischen behinderten und nichtbehinderten Menschen für eine objektiv höhere Bewertung des Lebens des nichtbehinderten Menschen. Eine Bewertung muss aber auf der Basis eines fixen Systems von Präferenzen getroffen werden. Und diese Präferenzen sind immer die des hier bewertenden Menschen, also nicht objektiv. Eine überindividuelle oder interindividuelle Bewertung ist nicht möglich. Präferenzen sind immer die Präferenzen eines Individuums und daher notwendig subjektiv. Daher können die Aspekte eines Lebens subjektiv nur im Rahmen eines fixen Präferenzensystems ein- und desselben Subjekts, dessen Lebensaspekte sie sind, bewertet werden. Dafür stehen aber nur die konformen Aspekte des Lebens eines spezifischen Individuums zur Verfügung. Im Rettungsboot-Beispiel verwechselt Regan also konforme mit strukturellen Aspekten des Lebens. Seine Schlussfolgerung, dass der Hund für die Menschen zu opfern wäre, hält der rationalen Analyse nicht stand.

Dass einem Vergleich struktureller Aspekte verschiedener Leben eine subjektive Bewertung zugrunde liegt und keine objektive Bewertung möglich ist, zeigt sich zum Beispiel in der Frage, ob jetzt ein weniger mental komplexes, aber subjektiv glücklicheres Lebewesen einen höher zu bewertenden Lebenswert hätte als ein mental komplexeres, aber subjektiv unglücklicheres, oder nicht. Diese Frage lässt sich nur nach subjektiven Präferenzen irgendwelcher BewerterInnen bewerten, wäre aber essentieller Bestandteil einer Bewertung verschiedener Leben. Eine solche Bewertung muss also notwendigerweise subjektiv bleiben.

Vom Gesichtspunkt der hier dargestellten Überlegungen aus betrachtet stellt der Tod etwas Kategorisches dar, für jedes Lebewesen bedeutet das eigene Leben alles. In diesem Sinne ist es unmöglich, Vergleiche zwischen dem Wert des Lebens an sich bei einem oder dem anderen Lebewesen anzustellen. Werte sind immer subjektiv, die Konfliktfälle verlangen aber scheinbar objektive Werte. Das ist aber die Quadratur des Kreises: Es geht einfach nicht.

Wir müssen also schließen, dass weder der Wert des Leidens noch der Wert der Glücksgefühle noch, grundsätzlich, der Wert des Lebens eines spezifischen Lebewesens mit den entsprechenden Werten eines anderen Lebewesens verglichen werden kann. Sinnvolle Vergleiche können nur zwischen verschiedenen konformen Aspekten des Lebens im Leben ein und desselben Lebewesens getroffen werden. Nur dafür gibt es eine – subjektive – Wertetheorie. Deshalb lässt sich weder ein Utilitarismus, in dem Leiden und Freuden verschiedener Wesen, mit einem jeweils verschiedenen Leben, verglichen und aufgerechnet werden, rational halten noch eine Wertetheorie im Reganschen Sinn innerhalb einer deontologischen Rechtstheorie. In der Praxis bedeutet das, es kann einfach ethikfreie Entscheidungen geben. Rettungsboot und Bergwerksunfall sind eben solche. Wenn allgemeingültige Werte für Leben und Leiden von Lebewesen dennoch einfach postuliert werden, dann sind diese nicht rational begründbar und nicht objektiv. Vielmehr entspringen sie einer subjektiven Intuition oder einer spirituell-religiösen Weltanschauung und sind daher nicht allgemein konsensfähig.

12.5 Zusammenfassung

Wir haben also aus grundsätzlichen Überlegungen auf Basis einer rationalen Ethik mit den Erkenntnissen aus den vorigen Kapiteln hergeleitet, dass alle Tiere prinzipiell gleiche Grundrechte auf Leben, Freiheit und Unversehrtheit haben. Weiters lassen sich auch keine objektiven Unterschiede im Wert des Lebens, im Wert der Freiheit und im Wert der Unversehrtheit verschiedener Tiere rational begründen. Werte sind immer subjektiv. Das Leben ist alles, was ein jedes Tier hat, und wird daher subjektiv unendlich wertvoll bewertet in dem Sinn, dass nichts anderes den Lebenswert aufwiegen kann.

Wir unterscheiden die Entitäten der Welt in Objekte und Subjekte. Erstere werden bewertet, letztere, die Tiere, bewerten. Objekte bekommen also von Subjekten subjektive, instrumentelle Werte. Der Lebenswert der Subjekte, der Tiere, selbst, den sie sich geben, ist unendlich viel höher als der Wert jedes Objekts in dem Sinne, dass auch noch so viele Objekte den Wert des Lebens eines Tieres für dieses Tier nicht aufwiegen können.

Wir haben also gleiche Grundrechte aller Tiere und im obigen Sinn einen gleichen Lebenswert aller Tiere hergeleitet. Unter „Tier" verstehen wir hier natürlich auch den Menschen. Menschenrechte sind ein Spezialfall der Tierrechte. Weder sind die Grundrechte eines Menschen wichtiger, noch ist der Wert seines Lebens oder seiner Freiheit oder seiner Unversehrtheit in irgendeinem Sinn höher als die entsprechenden Grundrechte oder Werte der anderen Tiere bzw. auch anderer Menschen. Das ergibt sich aus dem Umstand, dass in keiner der für die Herleitung dieser Ethik bestimmenden Überlegungen irgendein Faktor auftritt, der für einen spezifischen Menschen, oder für Menschen generell, anders zu sehen wäre als für die anderen Tiere. Es gibt also keine wie auch immer geartete Begründung, Menschen anders als andere Tiere zu behandeln.

Tierrechte sind das prima facie gleiche Grundrecht aller Tiere auf Leben, Freiheit und Unversehrtheit. Diese Rechte sind negative Rechte, d. h. sie bestimmen nicht, was wir für andere tun sollen, sondern nur, was wir anderen nicht antun dürfen. Die Grundrechte geben den Tieren einen Spielraum für ihre Handlungsfreiheit, also Autonomie. Tierrechte fordern Autonomie für Tiere. Das ist der Unterschied zum klassischen Tierschutz. Der klassische Tierschutz orientiert sich am Leiden der Tiere und fordert, es möglichst zu minimieren. Das entspricht einerseits dem negativen Recht, beim Umgang mit anderen Tieren deren Leiden zu minimieren, aber es entspricht auch andererseits einem positiven Recht, nämlich einer Verpflichtung zur Hilfe. Bei Tierrechten geht es also darum, ethisch richtig zu handeln, während es beim klassischen Tierschutz auch darum geht, ethisch gut zu handeln. Tierrechte fordern kategorisch das ethisch richtige Handeln ein, sie sollen in Gesetze gegossen werden. Der klassische Tierschutz schränkt gesetzlich den Umgang mit anderen Tieren ein, legt aber darüber hinaus auch nahe, ethisch gut zu handeln, was den einzelnen überlassen bleiben und nicht gesetzlich geregelt werden soll.

In vieler Hinsicht wird die Forderung nach dem Minimieren von Leiden, der klassische Tierschutz, und die Forderung nach Autonomie, die Tierrechte, ähnliche Maßnahmen bedingen. Aber die beiden Forderungen sind bei weitem nicht identisch. Autonomie ist nicht dasselbe wie so wenig wie möglich zu leiden. Autonomie und Selbstorganisation bedeutet manchmal auch mehr Leiden.

Der Naturschutz und der Artenschutz haben zu Tierrechten dieselbe Beziehung wie zu einem ihrer Spezialfälle, den Menschenrechten. Sie sind eine ganz andere Kategorie. Intakte Ökosysteme sind für individuelle Tiere von sehr großem instrumentellem Wert und deshalb ethisch auch sehr gewichtig. Aber die zentralen ethischen Bestimmungen sind die individuellen Grundrechte der einzelnen Tiere. Im Fall eines Konfliktes zwischen Naturschutz bzw. Artenschutz und den Tierrechten, wie er manchmal auftritt, kommen die individuellen Tierrechte zuerst. Natur- und Artenschutz sind ja nur Hilfen dafür, dass die einzelnen Tiere autonom leben können. Nehme ich dem einzelnen Tier sein Leben, seine Freiheit oder seine Unversehrtheit, dann kann ihm auch ein intaktes Ökosystem dieses freie, unversehrte Leben und damit seine Autonomie nicht zurückgeben.

Das sind allerdings bisher nur grundsätzliche Überlegungen zur Ethik gewesen. Ich habe das ethische Idealbild hergeleitet, an dem wir uns orientieren sollen. Wie sich das in die Praxis umlegen lässt, ist eine andere Frage, die später behandelt wird (Kapitel 16).

13 Stimmen für Tierrechte

Wie wir gesehen haben (Kapitel 7), war bis zum Zeitalter der Aufklärung die Existenz einer strikten Hierarchie unter allen Lebewesen nicht nur die dominierende philosophische Ansicht, sondern auch die gängige politische Praxis. Und diese Hierarchie galt auch innerhalb der menschlichen Gesellschaft für die Menschen untereinander. Ja, der Unterschied zwischen den am höchsten bewerteten Menschen und den am niedrigsten bewerteten Menschen wurde wesentlich größer gesehen als der Unterschied zwischen den am niedrigsten bewerteten Menschen und den nichtmenschlichen Tieren. Die letzteren beiden Gruppen waren im Wesentlichen identisch.

Die Rechtfertigung für diese Hierarchie war, dass das Ausmaß an Vernunft, das jedes Lebewesen zeigt, den Ort in der Hierarchie bestimmt, an dem es sich befindet, weil sich bei Wesen mit mangelnder Vernunft naturgegeben oder gottgegeben die Arbeit mit dem Körper anbietet, die dann eben für die anderen, die Vernünftigen, geleistet werden muss, damit diese quasi genügend Muße haben, ihrer eigentlichen Bestimmung, dem vernünftigen Denken, nachkommen zu können. Im Zeitalter der Aufklärung begann man diese Hierarchie aber grundsätzlich in Frage zu stellen. Und zwar einerseits durch den Einwand, dass die üblicherweise angenommenen Unterschiede im Grad der Vernunft jedenfalls zwischen den Menschen gar nicht so ausgeprägt wären wie geglaubt, und andererseits, dass auch Verschiedenheiten zwischen Wesen, und seien sie im Grad ihrer Vernunftfähigkeit, nicht direkt in einen verschiedenen Wert von deren Leben umgesetzt werden kann.

Letztendlich hat sich in diesem Konflikt, wie wir gesehen haben, die Ansicht durchgesetzt, dass empirische Verschiedenheiten bei Menschen keine ethische Relevanz hätten, weil nur die metaphysische Vernunft, die bei allen Menschen grundsätzlich gleich wäre, für ihren Wert zuständig ist. Im Gegensatz dazu hätten aber nichtmenschliche Tiere, und seien sie empirisch so vernünftig, wie sie wollen, keine solche metaphysische Vernunft. Der „Kompromiss“ ist also quasi, den Unterschied zwischen den Menschen auf der metaphysischen Ebene aufzulösen, zu dem Preis, die nichtmenschlichen Tiere vollkommen aus der Ethik zu verbannen. Sie wären eben nur Objekte und damit Mittel zum Zweck. Ihre ethische Bedeutung könne bestenfalls indirekt konstruiert werden, indem das, was ihnen angetan wird, eine negative Auswirkung auf die einzig ethisch relevanten Wesen, die Menschen, haben würde. Nur dieses Kriterium dürfe den Umgang der Menschen mit nichtmenschlichen Tieren einschränken.

Dennoch hat es seit der Aufklärung einige Wortmeldungen zu Tierrechten gegeben, die wir im Weiteren beleuchten wollen. Natürlich muss zwangsläufig so eine Rekonstruktion der Geschichte der Tierrechtsbewegung in der hier notwendigen Kürze subjektiv selektiert und unvollständig bleiben.

13.1 Die Tierrechtsbewegung im 18. Jahrhundert

Von *Humphrey Primatt* wissen wir nur wenig. Nachweisbar ist, dass er in London geboren wurde und im Jahr 1752 im Clare College in Cambridge in England zu studieren begann. Zwischen der Veröffentlichung seines einzigen Buches, „The Duty of Mercy and the Sin of Cruelty to Brute Animals“, im Jahr 1776, und dem 24. Juli 1780, an dem sich seine Witwe wieder verheiratete, muss er gestorben sein. So starb er wahrscheinlich in seinen 40ern.

Als Kind seiner Zeit, der Aufklärung, teilt er sein Buch in zwei Teile. Zunächst argumentiert er auf Basis liberalen, fast säkularen Denkens und fügt dann, „um auf das Wissen jener Rücksicht zu nehmen, die keine liberale Bildung genossen haben“ (Primatt 1776, S. 16), eine viel längere Abhandlung auf Basis der Interpretation von Bibelzitaten an. In diesem Zusammenhang interessiert uns also nur der erste Teil seines Buches.

Primatt kritisiert darin den aristotelischen Perfektionismus zumindest insoweit nicht, als er den Menschen (engl. „man“, also eigentlich den Mann, vielleicht sogar den zivilisierten, christlichen, europäischen, erwachsenen, nichtbehinderten Menschenmann) sowohl körperlich wie geistig über die anderen Tiere stellt. Der Mensch – in Gottes Ebenbild – sei körperlich und geistig perfekter als die anderen Tiere. Die physischen Vorteile wie Stärke, Intelligenz oder Schönheit haben aber alle irdischen Wesen ohne ihr Zutun erhalten. „Deshalb lässt sich mit dem Perfektionsgrad weder Stolz bei den perfekteren Wesen, noch Verachtung für die weniger perfekten Wesen rechtfertigen.“ (Primatt 1776, S. 20) Aus der eigenen Perfektion lässt sich also kein Recht auf Misshandlung von „Minderwertigen“ ableiten.

„Gott [...] hat manche Männer weiß geschaffen und manche schwarz; aber da weder Verdienst noch Verschulden in der Hautfarbe liegt, hat der weiße Mann, trotz der barbarischen gängigen Meinung, die auf Tradition und Vorurteil basiert, kein Recht, nur wegen seiner Hautfarbe, den schwarzen Mann zu tyrannisieren und zu versklaven; noch hat ein blonder Mann irgendein Recht einen dunkelhaarigen Mann zu verachten, zu misshandeln oder zu beleidigen. Ich glaube auch nicht, dass ein großer Mann, nur wegen seiner Größe, ein Recht hat, auf einem kleinen Mann herumzutrampeln. Ob ein Mann weise ist oder dumm, weiß oder schwarz, blond oder dunkel, groß oder klein, und, nicht zu vergessen, reich oder arm; es ist genauso wenig die freie Wahl eines Mannes arm zu sein, wie dumm, schwarz, dunkel oder klein, sondern durch göttlichen Zufall bestimmt; abstrakt gesprochen, keine dieser Eigenschaften ist Grund für Stolz oder Verachtung. Aber, wenn unter Menschen die Unterschiede in geistiger Kraft, Hautfarbe, Größe und anderen durch glückliches Schicksal erhaltenen Eigenschaften keinem das Recht geben, aufgrund dieser Unterschiede einen anderen zu misshandeln oder zu beleidigen, so folgt aus demselben Grund, dass ein Mensch kein natürliches Recht hat, ein Tier zu misshandeln und zu quälen, nur weil ein Tier dem Menschen geistig unterlegen ist." (Primatt 1776, S. 22)

In einem sind sich aber alle leidensfähigen Wesen gleich: „Schmerz ist Schmerz, ob er Menschen oder Tieren zugefügt wird; und das Wesen, das Schmerzen erleidet, ob Mensch oder Tier, erleidet Böses, solange es diesen Schmerzen gegenüber empfindlich ist; und das Erleiden von Bösem, unverschuldet, unprovoziert, nicht durch eine eigene Tat verursacht, und ohne dass dadurch Gutes geschieht, sondern nur um Macht herauszustreichen und die Lust auf Bosheit zu befriedigen, ist Grausamkeit und Ungerechtigkeit." (Primatt 1776, S. 21) Primatt spricht also explizit davon, dass es nichtmenschlichen Tieren gegenüber eine Ungerechtigkeit gibt.

Und dann wendet er die Goldene Regel der Moral auch auf nichtmenschliche Tiere an: „Wenn wir, schreckliche Fügung, dieselbe Fähigkeit zu Verstand und Reflexion hätten, wie die Tiere sie haben; und andere Wesen, in Menschengestalt, würden uns barbarisch misshandeln und unterwerfen, weil wir nicht dieselben Fähigkeiten hätten wie sie; die Ungerechtigkeit und Grausamkeit in ihrem Verhalten wäre uns offensichtlich, und wir würden natürlich daraus schließen – ob wir auf zwei oder vier Füßen gehen, ob unsere Köpfe nach oben oder unten weisen, ob wir nackt oder behaart sind, ob wir Schwänze haben oder nicht, Hörner oder keine, kurze oder lange Ohren haben; ob wir wiehern wie ein Esel, sprechen wie ein Mensch, singen wie ein Vogel oder stumm sind wie ein Fisch – dass diese Unterschiede von Natur aus nicht als Rechtfertigung für das Recht auf Tyrannei und Unterdrückung vorgesehen sind. Aber vielleicht wendet jemand ein, dass diese Annahme absurd wäre, ein Mensch müsse sich vorstellen, ein Tier zu sein, und ein Tier wäre als Mensch vorzustellen. [...] Argumente sollen auf Fakten und nicht auf Annahmen basieren. [...] Dem antworte ich allgemein in wenigen Worten: alle Argumente, die auf dem wichtigen Konzept *behandle andere, wie Du behandelt werden willst* aufbauen, setzen notwendig eine derartige Annahme voraus. [...] Ein reicher Mann ist z. B. kein armer Mann; die moralische Pflicht, die aus diesem Konzept folgt ist aber die: der Mann, der jetzt *reich* ist, soll sich dem Mann, der jetzt *arm* ist, gegenüber so verhalten, wie der Reiche wollen würde, *wäre er arm,* dass sich der Arme, *wäre er reich,* ihm gegenüber verhält.“ (Primatt 1776, S. 24)

Viele Menschen sind über den Vergleich mit nichtmenschlichen Tieren hellauf empört. Gut, sagt Primatt, sagen wir, der Mensch ist das perfekteste aller irdischen Wesen. Was besagt das? Jedes Wesen muss an seinen Fähigkeiten gemessen werden. Wenn der Mensch so perfekt ist und so rational und vernünftig handeln kann, dann soll dem sein Verhalten entsprechen: ein moralisch perfektes Verhalten nach den Regeln der Vernunft. Und die Vernunft gebietet, andere so zu behandeln, wie man selbst behandelt werden will. „Du behauptest Tiere sind Wesen ohne Vernunft [während Du Vernunft hättest]; die Vernunft sagt aber, dass einem Wesen unverschuldet und unnötig Schmerzen zuzufügen ungerecht und unvernünftig ist: deswegen ist ein Mensch, der zu Tieren grausam ist, ein Tier in Menschengestalt.“ (Primatt 1776, S. 34)

Gegen Tierschutz wird nach Primatt häufig angeführt, dass Menschen das Recht haben, nichtmenschliche Tiere zu essen, und dafür müssten sie diese Tiere töten, und das gehe nicht ohne Leiden. Primatt akzeptiert das: „Da es bereits allgemeine Praxis ist, gehen wir einmal davon aus, dass es akzeptiert sei, dass Menschen das Recht haben das Fleisch einiger nichtmenschlicher Tiere zu essen, und sie daher für die Ernährung oder andere Notwendigkeiten zu töten.“ (Primatt 1776, S. 35) Wenn das Töten in diesem Sinn notwendig ist, dann soll es mit geringstem Schmerz und geringstem Leid geschehen. Primatts Auffassung nach fürchten nichtmenschliche Tiere nur den Schmerz und nicht den Tod, weil sie vom Tod kein Konzept hätten. Primatt schließt also aus seinen Überlegungen nicht, dass er oder andere Menschen verpflichtet wären, aus ethischen Gründen vegetarisch oder vegan zu leben.

Als Beispiel für Autoren aus dem deutschsprachigen Raum zu dieser Zeit möchte ich den Philosophieprofessor *Wilhelm Dietler* aus Mainz vorstellen, weil sein Buch „Gerechtigkeit gegen Thiere“ aus dem Jahr 1787 neu aufgelegt wurde und somit erhältlich ist. In diesem Buch kommt der deutsche Terminus „Thierrechte" vermutlich zum allerersten Mal vor. Wiederum interessieren uns nur seine säkularen Argumente für die Ethik.

Dietler meint, weil wir auch wollen, dass mächtigere Wesen uns schonen, sollten wir diejenigen, gegenüber denen wir mächtiger sind, ebenso schonen. „Es ist daher Pflicht, jedes seiner Mitgeschoepfe (es sei auch von der niedrigsten Art – in der Natur giebts kein Ungeziefer) zu lieben, zu schonen, und seine Glückseligkeit so viel wie moeglich zu erhoehen, wie wir wünschen, dass hoehere Wesen, und Gott selbst uns schonen und beglücken moegen. [...] Du willst ja doch selbst glücklich leben, willst, dass dich andere – etwa Staerkere und Klügere – daran nicht hindern. Fülst dich gekraenkt, wenn sie es doch thun." (Dietler 1787, S. 28 und 30)

Wer für sich Rechte proklamiert, aus welchen Gründen auch immer, wird sehen, dass andere Menschen und Tiere diese Gründe auch anführen könnten. Daher müssen allen jenen Wesen, für die dieselben Gründe auch gelten, ebenso Rechte zugestanden werden. „Sollte aber jemand so unglücklich sein, keine Uiberzeugung zu fülen von dem Dasein Gottes, so würde es ihm doch nicht an Gründen fehlen, gerecht zu sein gegen Thiere. [...] Wenn du aber Anspruch auf Glückseligkeit, wenn du Rechte hast; warum sollen sie die Thiere nicht auch haben? Eben den Rechtsgrund, welchen du für dich anführen magst – es sei welcher es wolle – koennten ja sie auch angeben. Und so niedertraechtig wirst du doch nicht sein, dass du dir selbst alle Rechte absprichst, zugiebst, es sei alles recht, was andere dir thun. So lang du nicht so tief gesunken bist, mußt du auch eingestehen, dass andere Menschen, dass Thiere Rechte, du Pflichten gegen sie habest: denn aus welchem Grund wolltest du anderen absprechen was du dir nicht willst absprechen lassen?" (Dietler 1787, S. 30/31)

Interessant und sehr modern muten Dietlers Antworten auf Argumente gegen Tierrechte an. Vernunft kann nicht das Kriterium für Grundrechte sein, sonst würden Menschenkinder, die ja zumindest bis zu einem gewissen Alter ohne Vernunft sind, keine Rechte haben. Und Rechte müssen nicht auf Gegenseitigkeit beruhen, weil sonst würden wir auch Menschenkindern keine Rechte zugestehen, weil diese unsere Rechte ja auch nicht respektieren können. „Man muss sich etwas sehr sonderbares unter Thierrechten denken oder eine sehr hoelzerne Philosophie haben, wenn man aus Wortstreitsucht den Thieren keine Rechte zugestehen will aus dem wunderlichen Grunde, weil sie keine Vernunft haben. Freilich, wenn man niemand Rechte lassen will, als wer im Stande ist uns belangen zu koennen, so hat man Grund sie den Thieren abzusprechen, denn sie werden wohl schwerlich je mit uns wegen zugefügter Beleidigungen vor Gericht erscheinen. Aber dieses kann ja auch das unmündige Kind nicht, und doch laeugnet man nicht, es sei widerrechtlich, ungerecht, das Kind zu toeden, zu verletzen oder dergleichen, das Kind habe also gewisse Rechte. Folglich koennen ja die Thiere eben so wohl gewisse Rechte haben, das heißt, manche Handlungen gegen dieselben koennen ungerecht, unerlaubt sein. Und weiter will man ja nichts behaupten, wenn man sagt: die Thiere haben Rechte, als dass der Mensch Pflichten gegen dieselben habe." (Dietler 1787, S. 23)

Da Dietler den Menschen für das größte aller Raubtiere auf Erden hält und das durchaus positiv belegt, sei es für den Menschen natürlich und daher nicht unethisch, andere Tiere für die Ernährung zu töten. Diese Tötungen müssten nur so rasch und schmerzlos wie möglich geschehen. Würde der Mensch keine Tiere töten, um sie zu essen, dann müsste er viel mehr Pflanzen essen. Diese müsste er dann anderen pflanzenessenden Tieren wegnehmen und diese dafür töten bzw. sie abwehren und verhungern lassen. Unter dem Strich würden so viel mehr Tiere leiden und sterben, als wenn die Menschen gleich Tiere zur Ernährung töten würden. Deshalb sei das Töten von Tieren zur Ernährung für den Menschen der ethisch richtige Weg. Der Mensch habe für seine Ernährung Tiere domestiziert. Dietler sieht darin einen guten Handel für beide Seiten. Den betroffenen Tieren wird Schutz und Nahrung geboten, dafür müssten sie arbeiten oder werden rasch und schmerzlos, und vor allem unerwartet, getötet. Solange also Haltung und Tötung ohne irgendwelche Qualen verlaufen, sei diese Art der Mensch-Tier-Beziehung richtig und gottgewollt.

Manuela Linnemann kommentiert diese Ansicht Dietlers im Nachwort der neuen Auflage 1997 mit folgenden Worten: „Man ist versucht zu fragen, ob es tatsächlich im Sinne des Schöpfers ist, wenn der Mensch als der ‚brüderliche Vormund' der Tiere seine ‚unweiseren Brüder' zu Leberwurst verarbeitet. Eine solche Tendenz zur Doppelmoral lässt sich auch später noch bei den entschiedensten Verfechtern einer die Tiere miteinschließenden Mitleidsethik ausmachen, die offensichtlich kein Problem damit hatten, den Gegenstand ihres Mitleidens zu verspeisen. [...] Oft genug sind die Begründungen für den Fleischverzehr jedoch leicht zu durchschauen; sie kommen gewissermaßen ‚aus dem Bauch heraus', denn, wie schon der Arzt Johann Unzer 1769 geradeheraus zugab, nicht selten wird die Frage, ob die Menschen das Recht haben, Tiere zu essen, von den Gelehrten ‚bey einem Rinderbraten entschieden‘ – Zitat aus J. Unzer 1769: ‚Neun und zwanzigstes Stück’, in: Der Arzt 396– 409.“

Dabei betont Dietler schon, dass Tiere nicht nur Barmherzigkeit und Mitleid verdienen, sondern Gerechtigkeit. „Die besten von uns reden hoechstens von Mitleiden, Barmherzigkeit und Schonen der Thiere. Sie rechnen es sich schon als etwas sehr edles an, wenn sie keine Grausamkeiten gegen dieselben begehen, und ihnen gelinder begegnen als Andere. Pflicht gegen Thiere ist ein beleidigender Ausdruck für unser zaertlich verwoehntes Ohr. Wir wollen nichts davon hoeren, koennen es uns nicht denken. Warum? – Weil wir noch nie daran gedacht haben. Es ist zu neu für unser eingerostetes Gedanken- und Handelnssystem; unsere traege Gemaechlichkeit verloer zu viel dabei, welcher es weit mehr behagt, fein bequem den ausgetretnen Pfad fortzutaumeln; es beleidigt zu sehr unsern kurzsichtigen Eigendünkel, welcher uns verleitet, auf uns, als einzigen Mittelpunkt, alles zu beziehen, uns als einzig gebietende Herren über alles hinaus zu setzen.“ (Dietler 1787, S. 4/5)

Und seine Zukunftsvision am Ende des Buches trägt wieder Züge der Aufklärung. „Und wir wollten nicht streben, uns nach diesem Gipfel der Vollkommenheit zu erheben? – Laß den Traum von Herrschaft fahren! Nur lenken sollt ihr andere, dass sie glücklich werden mit euch und durch euch, sofern sie noch Leitung bedaerfen nebst ihren Trieben. [...] Denkt, dass alles Lebende, so gut als ihr, bestimmt sei zum Vergnügen! Alle sind eure Brüder! Liebet sie alle, und behandelt sie – Menschen und Thiere – nach den Gesetzen der Gerechtigkeit!“ (Dietler 1787, S. 58)

Für *Jeremy Bentham* (1748–1832), einen utilitaristischen Philosophen, war es selbstverständlich, dass gleiche Leiden und gleiche Freuden aller Wesen, die Leiden und Freuden empfinden können, genau gleichviel zählen sollten. In seinem Buch über die Einführung in die Prinzipien der Moral und Gesetzgebung aus dem Jahr 1789 kritisiert er die aristotelische Hierarchie sowohl dahingehend, dass es nichtmenschliche Tiere gibt, die vernünftiger sind als manche Menschen, als auch deswegen, dass aus einem verschiedenen Grad von Vernunftfähigkeit keine verschiedene Wertigkeit abgeleitet werden kann. Als Utilitaristen sind für ihn Intelligenz und Vernunft ethisch irrelevant. Nur die Leidensfähigkeit zählt, und die ist genau gleich für jedes Lebewesen, das sie besitzt: „Der Tag wird kommen, an dem die Tiere ebenfalls [wie die unterdrückten Menschen] diese Rechte bekommen werden, die ihnen nur durch tyrannische Unterdrückung vorenthalten werden konnten.

Die Franzosen [geschrieben 1789, im Jahr der französischen Revolution] haben bereits erkannt, dass die Schwärze der Haut kein Grund ist, einen Menschen schutzlos den Launen eines Peinigers auszuliefern. Eines Tages wird man erkennen, dass die Zahl der Beine, die Behaarung der Haut und das Ende des os sacrum sämtlich unzureichende Gründe sind, ein empfindendes Lebewesen dem gleichen Schicksal zu überlassen. Aber welches andere Merkmal könnte die unüberwindliche Grenzlinie sein? Ein erwachsenes Pferd oder ein Hund sind unvergleichlich viel rationaler und kommunikativer als ein menschliches Kleinkind im Alter von einem Tag, einer Woche oder sogar einem Monat. Aber was besagt das schon? Es kommt nicht darauf an ob ein Lebewesen denken oder sprechen kann, sondern ob es leiden kann! Wie kann das Gesetz den Schutz leidensfähiger Lebewesen verweigern?" (Bentham 1789, ch. 18 sec. 1)

Praktisch zur selben Zeit wurden zahllose Schriften mit ähnlichem Inhalt publiziert (siehe Linnemann 2000), wie z. B. von Francis Hutcheson 1755 („Tiere haben ein Recht darauf, keine unnötigen Schmerzen erleiden zu müssen"), Johann Heinisch Winkler 1770 („Tieren sollte nur so viel Schmerz, wie absolut notwendig, zugefügt werden"), Lauritz Smith 1790 („das Schicksal der Tiere muß erleichtert werden"), Herman Daggett 1791 („was würden wir von uns überlegenen Lebewesen halten, deren Arbeit und Unterhaltung darin bestünde, Menschen zu fangen, zu ängstigen, zu nutzen und zu töten?") und Thomas Young sowie John Lawrence, jeweils 1798, die beide den Begriff „Tierrechte" („rights of animals" bei Young und „rights of beasts" bei Lawrence) verwendeten (siehe Ryder 1998). Laut Richard Ryder (1998, S. 16) war es aber der englische Dichter Thomas Tryon, der im Jahr 1683 erstmals von Rechten im Zusammenhang mit nichtmenschlichen Tieren sprach, wenn er in einem Gedicht Vögel sich darüber beschweren lässt, dass Menschen die „natürlichen Rechte" der Vögel übertreten, indem sie die Vögel verletzen. Tryon hat sich auch in einer Abhandlung mit dem Titel „Der Weg zu Gesundheit, langem Leben und Glück" aus demselben Jahr mit Vehemenz gegen das Fleischessen ausgesprochen („Welch' einen häßlichen und widerwärtigen Anblick bieten Leichname dar und Stücke blutigen, rohen Fleisches!") und vergleicht das Töten von Menschen auf dem Schlachtfeld mit der Schlachtung von nichtmenschlichen Tieren (Linnemann 2000, S. 81).

13.2 Die Tierrechtsbewegung im 19. Jahrhundert

Im 19. Jahrhundert beginnt die Tierrechtsbewegung langsam, aber sicher zu einer sozialen Bewegung zu werden (Kean 1998). Der welterste Tierschutzverein, die (heute: Royal) Society for the Prevention of Cruelty to Animals (SPCA) wurde am 16. Juni 1824 in England gegründet, um den Tierschutz politisch vorwärts zu bringen. Einer der Mitbegründer war *Lewis Gompertz* (1779–1861), der als der erste moderne Denker der westlichen Welt gilt, der wirklich eine konsequente Haltung zur Gleichbehandlung aller Tiere inklusive der Menschen einnahm und diese Position in einer logisch-philosophischen Weise artikulierte. Er strukturiert seine Philosophie dabei in Anlehnung an mathematisches Denken mit Axiomen, Theoremen und Korollaren. In dem Teil des Buches hingegen, der von den praktischen ethischen Fragen im Umgang mit nichtmenschlichen Tieren handelt, führt Gompertz seine Gedanken in Form eines Zwiegespräches zwischen einem „ethisch gesinnten Normalbürger" und ihm selbst aus.

Gompertz wurde 1826, nach Erscheinen seines Buches „Moral Inquiries", Generalsekretär der SPCA. Sechs Jahre später kam er allerdings durch seine säkulare moralische Argumentation und durch den Umstand, dass er Jude war, in den Augen des Vorstandes in Konflikt mit den als christlich gesehenen Grundwerten des Vereins und musste zurücktreten. Er gründete einen eigenen Tierschutzverein, die „Animals' Friend Society", und das erste Tierschutzmagazin der Weltgeschichte, „The Animals' Friend or the Progress of Humanity". 1852, neun Jahre vor seinem Tod, schrieb er noch ein zweites Buch über die Situation nichtmenschlicher Tiere, „Fragments in Defence of Animals".

Gompertz engagierte sich auch für die Interessen unterdrückter Menschen. In „Moral Inquiries" (Gompertz 1824) führt er z. B. lange aus, wie die Reichen in unmoralischer und ungerechter Weise auf Kosten der Armen leben und wie die Männer die Frauen unterdrücken. Gompertz widmet ein ganzes Kapitel des Buches der Kritik an einem Gesetz gegen Vagabundieren, Faulheit und Unordentlichkeit und spricht sich gegen Körperstrafen und gegen Arbeitsstrafen aus. Aber der Großteil des Buches handelt von der Situation nichtmenschlicher Tiere in der Gesellschaft. Einer der Hauptkritikpunkte an der Gesellschaft, die Gompertz aufwirft, ist die Misshandlung von Zugpferden. Das Buch ist unmittelbar nachdem das weltweit erste parlamentarische Tierschutzgesetz, „Martins Gesetz" gegen die Misshandlung von

Zugtieren, am 22. Juli 1822 das englische Parlament passiert hatte, geschrieben worden. Diesem Gesetz gingen elf Jahre heißer parlamentarischer Diskussionen und politischer Überzeugungsarbeit voraus, die sich natürlich im Buch niedergeschlagen haben.

So verweigert Gompertz, mit Pferden zu reisen, obwohl das zu seiner Zeit die einzige Reisemöglichkeit war. Stephenson entwickelte die Dampflokomotive erst 1825. Gompertz verweist stattdessen auf fahrradähnliche Fahrzeuge, an denen er als Erfinder auch arbeitete und die, mit menschlicher Muskelkraft getrieben, das Pferd ersetzen könnten. Er schlägt sogar vor und meldet sich selbst gleich freiwillig, dass Menschen, unbesehen ihrer Stellung in der Gesellschaft, sich abwechselnd und nicht als bezahlte Arbeit, vor den Pflug spannen lassen sollten und auch anderweitig die Arbeit der Pferde übernehmen.

Gompertz meint, ähnlich wie Descartes, es gäbe ein „identisches Selbst“, das vom Körper unabhängig und unsterblich ist und durch dessen Verbindung mit einem Körper dann Bewusstsein und Leidensfähigkeit entsteht. Allerdings inkludiert er alle Tiere in die Gruppe jener Wesen, die dieses identische Selbst haben. Interessanterweise schreibt Gompertz des Öfteren „Menschen und andere Tiere“, obwohl die Darwinsche Evolutionstheorie erst Jahrzehnte später formuliert werden sollte.

Auf diesen Ideen des identischen Selbst aufbauend, formuliert Gompertz ein utilitaristisches Moralkonzept für alle Tiere inklusive der Menschen, das aber durch einige wesentliche Axiome eingeschränkt ist. So ist zwar die Maximierung von Glück und die Minimierung von Leiden das moralische Ziel. Aber das erste Moralaxiom relativiert das insofern, als dass es moralisch besser sei, Leiden und Glück über alle Tiere gleich zu verteilen, als wenn eines mehr und eines weniger davon erhält. Und das fünfte Moralaxiom besagt z. B., dass kein Tier ein anderes Tier nach seinem Willen nutzen darf, außer es wäre auch im Sinne des zweiteren oder die Gerechtigkeit würde es erfordern. Und Axiom 9 lautet: Handlungen sind moralisch umso besser, je mehr sie das Glück eines Tieres vergrößern und sein Leiden verkleinern, außer die Handlung brächte Leiden über andere Tiere.

Auf der praktischen Seite spricht sich Gompertz eindeutig für den Veganismus als ethische Grundforderung aus. So lehnt er den Verzehr von Fleisch, Milch und Eiern explizit ab, genauso wie die Verwendung von Seide, Wolle, Leder und anderen Tierprodukten. Zu Fleisch äußert er sich so: „Ich gebe zu, dass die menschliche Gesundheit den Verzehr von Fleisch erfordert, und es ist nicht zu erwarten, dass die Stärke und Fähigkeit weder von Körper noch von Geist auch nur annähernd so groß sein kann, wenn auf die Hilfe von Fleisch verzichtet wird; aber das ist den Tieren egal; ein Räuber wäre nicht so reich, würde er nicht stehlen; aber deswegen ist es noch lange nicht richtig zu stehlen." (Gompertz 1824)

In Österreich erließ die Hofkanzlei am 8. Jänner 1846 das erste Gesetz gegen Tierquälerei als Dekret Nr. 42996: „Jede in der Öffentlichkeit begangene, Ärgernis erregende Tierquälerei ist als Polizeivergehen anzusehen und entsprechend zu bestrafen." Erst 1893 fielen die Tatbestandsmerkmale der Öffentlichkeit und des Ärgernisses weg (Farkas 1992). Den ersten Tierschutzgesetzen folgten die ersten Tierschutzvereine auf den Fuß. Nach der Gründung des ersten Tierschutzvereins weltweit 1824 in London, zwei Jahre nach Verabschiedung des ersten Tierschutzgesetzes, folgten die nächsten Tierschutzvereine in Dresden 1839, Berlin 1841, München 1843, Paris 1845 und Wien, mit dem Wiener Tierschutzverein, am 10. März 1846. In den USA gründete Henry Bergh, ein bekannter Menschenrechtsaktivist, einen entsprechenden Verein im Jahr 1866 in New York. Seit Jänner 1895 gibt es die erste Tierrettung in Österreich und seit Jänner 1896 das erste Tierheim. Im Jahr 1878 wurde in Wien als erste vegetarische Vereinigung in Österreich ein so genannter „Vegetarianer-Club" gegründet. 1877 schon ist das erste vegetarische Restaurant Österreichs an der Ecke Fahnengasse/Wallnerstraße in Wien von Karl Ramharter für „tierschutzbegeisterte Vegetarianer" eröffnet worden (Farkas 1998). Der erste österreichische Vegetariertag wurde 1902 abgehalten. Die Vegetarian Federal Union, der Zusammenschluss der Vegetarischen Vereine der Länder der Welt, wurde im Jahr 1889 gegründet und ist heute noch als International Vegetarian Union (1908 als Nachfolgeorganisation unter Beteiligung von Österreich, Holland, England und Deutschland gegründet) aktiv. Der erste World Vegetarian Congress fand in Chicago in den USA im Jahr 1893 statt (siehe IVU News, August 1999).

Die Gründerväter des ersten Tierschutzvereins der Welt, des SPCA in London, waren durchwegs auch als Menschenrechtler aktiv und für ihre Ablehnung von Sklaverei bekannt: Thomas Buxton und William Wilberforce waren führend in der Anti-Sklavereibewegung tätig, und James Mackintosh und Richard Martin waren in Kampagnen gegen die Todesstrafe aktiv. Richard Martin hat sich auch politisch für einen Finanzhilfefond für sozial Schwache bei Gerichtsverfahren eingesetzt und durch sein Engagement für die hungerleidenden Armen in Irland den Spitznamen

„Humanity Dick“ bekommen. Um 1880 gründete der damalige Generalsekretär des SPCA, John Colam, die Gesellschaft zum Schutz von Kindern in England, die National Society for the Prevention of Cruelty to Children. Diese Idee war aus den USA importiert, wo die Gründer der American Humane Society (1877), eines Vereins, bei dem der Schutz von „Kindern und Tieren“ als Vereinsziel in seine Statuten geschrieben war, zwei Jahre früher einen ähnlichen Kinderschutzverein ins Leben gerufen hatten. Mit anderen Worten, alle namhaften ersten Tierschutzaktivisten waren gleichzeitig auch politisch für Menschenschutz (Kinder, sozial Schwache) und Menschenrechte (Todesstrafe, Sklaverei) aktiv (Kean 1998).

Henry Salt (1851–1939) beendete 1885 im Alter von 34 Jahren seine akademische Karriere, um sich ausschließlich politisch für Sozialreformen und Tierrechte einzusetzen. Im Jahr 1891 gründete er mit der „Humanitarian League“ die weltweit erste echte Tierrechtsorganisation, die bis 1919 aktiv war. Salt und seine MitstreiterInnen setzten sich aber nicht nur gegen die Übertretung fundamentaler Tierrechte ein, sondern organisierten auch Kampagnen gegen den Krieg, das ungerechte gerichtliche Strafsystem, die Ausbeutung der ArbeiterInnen, den Kolonialismus und die strenge Disziplin in den Schulen und beim Militär sowie für allgemein zugängliche Spitäler. Salts Tierrechtsgruppe traf sich wöchentlich in einem der neuen vegetarischen Restaurants in London, von denen das erste in Faringdon 1876 gegründet worden war und von denen es im Jahr 1886 schon zwölf gab (Kean 1998). Diese Gruppe unternahm auch ernsthafte politische Tierrechtskampagnen, wie z. B. die Kampagne gegen die Royal Buckhounds, eine Jagdgruppe mit Hunden zu Pferd, die Rehböcke zu Tode hetzte. Diese Kampagne wurde 1901 nach zehn Jahren mit der politisch erzwungenen Auflösung dieser Jagdgruppe gewonnen.

In seinem Buch „Animals’ Rights“ aus dem Jahr 1892 versucht Salt, die Prinzipien der Tierrechtsphilosophie auf eine rationale Basis zu stellen: „Tiere haben, genauso wie Menschen, obwohl natürlich in wesentlich geringerem Ausmaß, eine Individualität und müssen daher nach dem Prinzip der Gerechtigkeit ebenso gewisse Freiheiten zugestanden bekommen.“ (Salt 1892). Den nichtmenschlichen Tieren Rechte zuzugestehen, die aber denen der Menschen untergeordnet sind und damit menschlichen Bedürfnissen hintanstehen, reicht aber nicht aus. Genauso wenig wird es Gerechtigkeit geben, solange nichtmenschliche Tiere als etwas grundsätzlich anderes als Menschen angesehen werden.

Ein utilitaristischer Ansatz, dass nichtmenschliche Tiere – im Gegensatz zum Menschen – keine Zwecke an sich wären, sondern nur die Summe ihrer Glücksgefühle, stünde unseren besten ethischen Intuitionen und unserem wissenschaftlichen Wissen entgegen. Wir müssten die veraltete Ansicht einer großen Barriere zwischen Menschen und anderen Tieren ablegen.

Es gäbe zwei Dogmen, die einen absoluten Unterschied zwischen Menschen und anderen Tieren postulieren. Das eine sei das religiöse Dogma, dass nur Menschen eine unsterbliche Seele hätten. Das zweite sei das Cartesianische Dogma, dass nichtmenschliche Tiere kein Bewusstsein und keine Gefühle hätten. Daraus wurde gefolgert, dass Menschen Zwecke an sich seien, während nichtmenschliche Tiere nur Mittel zum Zweck für Menschen wären. Aber das eigene Leben zu leben, das eigene Selbst zu realisieren, ist ein Zweck an sich des Lebens von allen Tieren inklusive der Menschen. Dass nichtmenschliche Tiere Individualität in diesem Sinn besitzen, könne nicht angezweifelt werden. Zur Untermauerung zitiert Salt hier Darwin: „Wir haben gesehen, dass Sinneswahrnehmungen und Intuitionen, verschiedene Fähigkeiten und Emotionen wie Liebe, Erinnerung, Aufmerksamkeit, Neugier, Nachahmung und Vernunft etc., [...] oft in hohem Grad in Tieren präsent sind." (Salt 1892)

Nichtmenschliche Tiere haben also Individualität, Charakter und Vernunft. Und diese Eigenschaften zu haben, bringe das Recht mit sich, sie auch benutzen zu dürfen, insofern die Umstände es erlauben. Menschen haben nicht das Recht, andere Tiere als Maschinen zu betrachten und sie als Arbeitstiere zu nutzen, zu quälen oder zu essen. Nichtmenschliche Tiere haben nach Salt vielmehr das Recht, sanft und rücksichtsvoll behandelt zu werden.

Salt identifiziert dabei auch Speziesismen in der Sprache, die die tierliche Unterdrückung begleiten: dass nur Menschen „Personen", andere Tiere aber Sachen sind, dass Worte wie „Vieh" oder „Nutztier" verwendet werden, dass nur Menschen in der Anrede ein Geschlecht zugestanden wird usw. Salt kritisiert sogar den Begriff „Tier", wenn er den Menschen nicht einschließt. „Mangels eines besseren Wortes", wie er sagt, benutzt er dennoch „Tier" für nichtmenschliche Tiere in seinem Buch.

Salt meint, dass die „natürliche Abscheu", die wir empfinden, wenn wir Menschen leiden sehen, im Wesentlichen derselben Abscheu beim Anblick leidender nichtmenschlicher Tiere gleicht. Daher wird letztendlich derselbe humanitäre Denkansatz, der zur Gleichberechtigung der SklavInnen geführt hat, auch den nichtmenschlichen Tieren zugute kommen. Zunächst wurde nur am Schicksal der eigenen Familie Anteil genommen. Bald erweiterte sich diese Anteilnahme aber auf die ganze soziale Klasse, die Nation, eine Vereinigung von Nationen und dann die gesamte Menschheit. Und zuletzt werden auch die nichtmenschlichen Tiere Rechte bekommen. Das ist, so Salt, eine logische Fortsetzung der großen Befreiungsbewegungen.

Unterdrückung und Grausamkeit basieren immer auf einem Mangel an Einfühlungsvermögen. Der Tyrann empfindet keine Ähnlichkeit oder Verwandtschaft mit seinen Opfern. Wenn aber ein Gefühl für das Gemeinsame zwischen TäterIn und Opfer geweckt wird, dann ist das Ende der Unterdrückung und die Anerkennung der Rechte nur noch eine Frage der Zeit. „Die domestizierten Tiere werden heute so behandelt wie noch vor 100 Jahren die schwarzen SklavInnen", schreibt Salt. „Dasselbe Ausgrenzen vom Mensch-Sein, dieselbe widersprüchlich-falsche Rechtfertigung dieser Ausgrenzung, und in Folge dieselbe starrsinnige Weigerung, ihre Rechte anzuerkennen." (Aristoteles hielt SklavInnen für keine Menschen und meinte, man könne mit ihnen genauso wenig eine Freundschaft eingehen wie mit Pferden oder Rindern.)

Die Umsetzung der Tierrechte schien Salt in seiner Zeit praktisch unmöglich. Aber genauso habe es bei allen anderen Befreiungsbewegungen anfänglich ausgesehen. Die Ausarbeitung der Details der praktischen Umsetzung der Tierrechte überlässt Salt daher späteren Generationen. Tierrechte stehen jedenfalls keinen „natürlichen Gesetzen" der Evolution oder dergleichen entgegen. Bei der Verteidigung des Status quo der Sklaverei haben die UnterdrückerInnen auch mit der „natürlichen Auslese" und „der Stärkere setzt sich durch" argumentiert. Heute ist hinsichtlich Menschenrechten davon nichts mehr zu hören. Der Wettkampf ist eben, so Salt, kein Naturgesetz.

Die Ansicht, Tierrechtsaktivität sei menschenfeindlich, sei ein gravierender Irrtum. Salt warnt vor dem speziesistischen Fehlschluss („specious fallacy"), es sei notwendig, zuerst die zahlreichen Verletzungen der Menschenrechte zu bekämpfen und die Tierrechtsfrage bis zur Erreichung dieses Ziels hintan zu stellen. Vielmehr ist ein tiefgehendes, objektives Studium beider Komplexe notwendig, um eine Lösung für beide Probleme zu finden.

Salt gesteht den Menschen das Recht zu, sich gegenüber anderen Tierarten zu behaupten, indem sie z. B. die Vermehrung auch frei lebender Tierarten einschränken. Aber darüber hinaus haben Menschen keine moralisch legitimierbaren Privilegien gegenüber anderen Tieren und kein Recht, ihnen auch nur das Mindeste an unnötigem Schmerz oder Unterwerfung zuzumuten. Vom Leiden der Tiere aus kulinarischem, sportlichem, wissenschaftlichem oder modischem Interesse zu profitieren, ist für Salt mit den Tierrechten unvereinbar. Da er aber die konkreten Umstände der jeweiligen Situation in die moralische Beurteilung mit einbezieht, findet Salt das Tragen von Pelzkleidung für Inuit – im Gegensatz zum Tragen von Pelzkleidung für EngländerInnen – legitimierbar. Eine Reflexion zeige klar, dass zumindest in der englischen Gesellschaft alle Produkte tierlicher Provenienz ersetzbar seien, sobald sich eine ausreichende Nachfrage nach den entsprechenden Alternativgütern gebildet hat, und dementsprechend sind alle tierlichen Produkte in England unmoralisch. Die Wurzel allen Tiermissbrauchs liege – wie Salt immer wieder betont – in der verabscheuungswürdigen Annahme (und sie sei gleich verabscheuungswürdig, ob sie jetzt auf pseudoreligiösen oder pseudowissenschaftlichen Argumenten basiert), dass eine Kluft, eine unüberbrückbare Barriere, zwischen Menschen und anderen Tieren bestünde (Salt 1892). Zu Henry Salts Philosophie schrieb auch Flury (1999).

13.3 Die Tierrechtsbewegung am Anfang des 20. Jahrhunderts

Als einer der herausragendsten Träger der Tierrechtsidee am Anfang des 20. Jahrhunderts ist der deutsche Philosoph und Sozialist *Leonard Nelson* (1882–1927) zu erwähnen, der eine wissenschaftliche Ethik nach den Grundsätzen des liberalen Sozialismus anstrebte und mit seinem posthum 1932 erschienen Aufsatz „Pflichten gegenüber Tieren“ einen systematischen Beitrag zur Begründung von Tierrechten in Ethik und positivem Recht leistete. Die Erkenntnis, dass die Welt sich nie nach dem richten wird, was in Büchern geschrieben steht, sondern nach der „Macht der für oder gegen eine Sache sich einsetzenden Interessen“, trieb ihn in den organisierten Widerstand gegen kapitalistische Ausbeutung und Unterdrückung – auch der nichtmenschlichen Tiere. Zu Nelson siehe auch Brockhaus (1975, S. 136 ff.).

„Die Art der Behandlung, die dieses Problem [der unmittelbaren Pflichten gegenüber nichtmenschlichen Tieren] in der Ethik erfahren hat, würde ein vernichtendes Zeugnis für die Kräfte des menschlichen Verstandes abgeben, wenn nicht von vornherein klar wäre, dass hier weniger der Irrtum als ein Interesse im Spiele ist.“ (Nelson 1932b) Nicht die Schwierigkeiten der wissenschaftlichen Begründung und Eingliederung der Tierrechte in das System der Ethik allein haben die PhilosophInnen die nichtmenschlichen Tiere „vergessen“ lassen, sondern auch die Furcht vor den Konsequenzen im persönlichen und gesellschaftlichen Leben.

Kant hatte den Bereich der Pflichten auf Menschen beschränkt. Nach Kant gibt es gegenüber nichtmenschlichen Tieren nur indirekte Pflichten. Tierquälerei sei verwerflich, weil sie die Gefühle abstumpfe und so die Erfüllung der Pflichten gegen Mitmenschen gefährde.

Nelson nennt diese Begründung „künstlich“. Denn das Verbot der Tierquälerei würde nicht bestehen, wenn diese an und für sich zufälligen Folgen nicht eintreten würden. „Für den, der nur zugibt, dass Tierquälerei überhaupt möglich ist, folgt das Verbot der Tierquälerei unmittelbar aus dem Sittengesetz. Wer nämlich das Quälen eines Tieres für möglich hält, setzt voraus, dass die Tiere Interessen haben. Er braucht sich daher nach dem Sittengesetz nur die Frage vorzulegen, wie er selbst in einer der Lage des Tieres analogen Situation behandelt zu werden wünschen würde. Offenbar wird er nicht einwilligen, von einem anderen Wesen, dessen Willkür er wehrlos ausgesetzt ist, gequält zu werden. Daraus folgt, dass es unrecht ist, wenn er in umgekehrter Lage von seiner Überlegenheit Gebrauch macht und die Tiere wie bloße Sachen als Mittel zu seinen Zwecken behandelt.“ (Nelson 1932a)

Nach dem Inhalt des Sittengesetzes haben alle jene Wesen Rechte, die Interessen haben. Pflichten haben alle jene Wesen, „die darüber hinaus der Einsicht in die Anforderungen der Pflicht fähig sind“. Diese Einsicht ist nur für vernünftige Wesen möglich. Nelson unterscheidet Pflichtsubjekt und Rechtssubjekt sowie Objekte von Rechten und Objekte von Pflichten. Objekte von Pflichten sind Entitäten, denen gegenüber jemand Pflichten hat. Manche Wesen haben Pflichten (Pflichtsubjekte), andere Wesen sind Objekte dieser Pflichten, haben also Rechte gegen die Pflichtsubjekte, sind also Objekte von Rechten. Bei den nichtmenschlichen Tieren konstatiert Nelson, dass sie keine Pflichten haben, aber doch TrägerInnen von Rechten sind. Nichtmenschliche Tiere seien Lebewesen, die „ihrer Natur nach nicht zur vernünftigen Selbstbestimmung gelangen“ können, also keine Pflichten haben, dennoch aber Objekte von Rechten sein können. Nelson behauptet „hiermit, dass es Pflichten gegen Tiere gibt, und dass diese Pflichten *unmittelbare* [nicht indirekte] Pflichten sind, dass sie sich also nicht etwa ableiten aus Pflichten gegen Menschen, d. h. gegenüber vernünftigen Wesen.“ (Nelson 1932b)

Nelson fordert eine wichtige Korrektur bei der bei den GesetzgeberInnen noch heute vorherrschenden Auffassung, dass nichtmenschliche Tiere rechtlich Sachen und keine Rechtswesen oder Rechtspersonen sind. Solange nichtmenschliche Tiere als bloße Sachen angesehen werden, kann von einem eigentlichen Recht der nichtmenschlichen Tiere keine Rede sein. Das müsse sich ändern. „Halten wir uns an das Kriterium der Pflicht, so brauchen wir uns zur Entscheidung darüber, ob es ein Recht der Tiere gibt, nur die einfache Frage vorzulegen, ob, bei Abstraktion vom numerischen Unterschied, wir in die fraglichen Handlungen einwilligen können, mit anderen Worten: ob wir einwilligen würden, als bloßes Mittel für die Zwecke eines anderen gebraucht zu werden, der uns an Kraft und Intelligenz weit überlegen ist. Diese Frage beantwortet sich selber. Es ist rein zufällig, dass der Mensch in der Lage ist, die seiner Willkür ausgesetzten Wesen als Mittel zu seinen Zwecken benutzen zu können." (Nelson 1932b)

In Nelsons rechtsphilosophischem System gehört das Recht der nichtmenschlichen Tiere zum Vormundschaftsrecht, das solche Personen betrifft, die ihre rechtlichen Verhältnisse nicht selber ordnen können, also unmündig sind. „Unmündig ist ein Wesen, das entweder keiner vernünftigen Einsicht fähig [ist ...] oder sich doch nicht durch sie zum Handeln bestimmen lassen kann." Auch solche Wesen können aber Interessen haben, sind dann nicht Sachen und haben Anspruch auf Achtung dieser Interessen (wie z. B. Menschenkinder, geistig Kranke, nichtmenschliche Tiere).

Nelson formuliert einen neuen kategorischen Imperativ (er nennt ihn „Gebot der gerechten Abwägung"): „Handle nie so, dass Du nicht auch in Deine Handlungsweise einwilligen könntest, wenn die Interessen der von Deiner Handlung Betroffenen auch Deine eigenen wären." Er bemerkt dazu: „Das Kriterium der gerechten Abwägung liegt also in der Vereinigung der Interessen in ein und derselben Person." Wir brauchen also nur unsere Interessen und die kollidierenden Interessen unserer PartnerInnen in uns vereinigt denken und sie gegeneinander abzuwägen, um so zum konkreten moralischen Gebot zu gelangen, welche Interessen vorzuziehen sind, was also zu tun ist (Nelson 1932b).

Nelson spricht nicht vom Mitleid gegenüber nichtmenschlichen Tieren. „Es handelt sich allein um das Gebot der Gerechtigkeit." Im Falle der Kollision von Interessen muss in gerechter Abwägung entschieden werden, welche Interessen vorzuziehen sind. Es „gibt [...] kein allgemeines, philosophisch begründbares Gebot, unser Interesse unter allen Umständen dem der Tiere hintanzusetzen. [...] So kann es sehr wohl erlaubt sein, das Interesse eines Tieres zu verletzen, wenn sonst ein überwiegendes Interesse unsererseits verletzt würde. Interessensverletzung kann überhaupt nur ethisch erörtert werden, wenn wirklich Kollision vorliegt. Dann muß das nach Stärke und Wert überwiegende Interesse festgestellt werden. [...] Keinesfalls ist es zulässig, das Interesse eines Tieres ohne weiteres als minderwertig anzusehen und es daraufhin zu verletzen. Das gilt folgerichtig auch für den Fall, dass es nicht möglich ist, das Interesse am eigenen Leben oder an der Erhaltung der eigenen geistigen und körperlichen Kräfte anders zu wahren, als durch die Vernichtung eines Tierlebens."

Könnte menschliches Interesse dadurch gewichtiger sein, dass Menschen nach Nelson mehr Vernunft als andere Tiere haben? Nelson beantwortet das wie folgt: „Wenn ein Mensch sich aber seiner Pflicht entzieht [die Interessen nichtmenschlicher Tiere gleich zu achten], steht er gewiss nicht höher als das Tier, das ja der Begehung eines Unrechts gar nicht fähig ist. Wer dies ehrlich in Erwägung zieht, wird Bedenken haben, die Verletzung der Interessen eines Tieres allein durch die Berufung auf die Vernünftigkeit des eigenen Lebens zu rechtfertigen."

Die persönlichen Konsequenzen aus seinem Denken waren für Nelson, dass er Vegetarier und Sozialist wurde. Er hat SchülerInnen in einer 1925 gegründeten Organisation, dem Internationalen Sozialistischen Komitee ISK, um sich gesammelt, die die Verwirklichung des Sozialismus zum Ziel hatte (Harringer 2002, S. 101). „Denn die Welt wird sich nie nach dem richten, was in den Büchern steht, und wenn es tausendmal wissenschaftlich begründet ist. Nicht die Theorie bestimmt die Praxis, sondern die Macht der für oder gegen eine Sache sich einsetzenden Interessen."

In diesem Sinne forderte er von seinen GenossInnen, soweit wie möglich „als Sozialisten zu leben." „Wer gegen die Ausbeutung mit Erfolg kämpfen will, der darf nicht seine eigenen Ausbeuter unterstützen. [...] Ein Arbeiter [...] kann das auch, indem er seine Frau und seine Kinder prügelt. Ja, er kann das in einer noch viel schlimmeren Weise. Er kann das, indem er dasselbe, was der Kapitalist mit ihm macht, mit denen tut, die sich gegen ihn noch viel weniger wehren können als er gegen die Kapitalisten – die die Allerwehrlosesten sind, die sich nie durch eine Koalition zusammentun können, um allmählich ihre Rechte in einem Klassenkampf zu erobern. Ein Arbeiter, der nicht nur ein ‚verhinderter Kapitalist' sein will, und dem es also Ernst ist mit dem Kampf gegen jede Ausbeutung, der beugt sich nicht der verächtlichen

Gewohnheit, harmlose Tiere auszubeuten, der beteiligt sich nicht an dem täglichen millionenfachen Mord, der an Grausamkeit, Rohheit und Feigheit alle Schrecknisse des Weltkriegs in den Schatten stellt, - das sind Angelegenheiten, Genossen, die entziehen sich der Abstimmung. [...] Entweder man will gegen die Ausbeutung kämpfen, oder man läßt es bleiben. Aber wer als Sozialist über diese Forderungen lacht, der weiß nicht, was er tut. Der beweist, dass er nie im Ernst bedacht hat, was das Wort ‚Sozialismus' bedeutet." (Nelson 1932b)

Die politische Arbeit im Widerstand während des Dritten Reichs wurde von den Nelson-SchülerInnen mit außerordentlicher Tatkraft geführt. Dabei spielten von diesem Kreis gegründete vegetarische Gaststätten in Berlin, Hamburg, Köln, Frankfurt am Main, Paris, Amsterdam und London eine nicht geringe Rolle, als Quellen zur Finanzierung des Kampfes und als getarnte Zentren der illegalen Arbeit (Brockhaus 1972, S. 10).

„Es ist der untrüglichste Maßstab für die Rechtlichkeit des Geistes einer Gesellschaft, wie weit sie die Rechte der Tiere anerkennt. Denn während die Menschen sich nötigenfalls, wo sie als Einzelne zu schwach sind, um ihre Rechte wahrzunehmen, durch Koalition, vermittelst der Sprache, zu allmählicher Erzwingung ihrer Rechte zusammenschließen können, ist die Möglichkeit solcher Selbsthilfe den Tieren versagt, und es bleibt daher allein der Gerechtigkeit des Menschen überlassen, wie weit diese von sich aus die Rechte der Tiere achten wollen." (Nelson 1932a)

Neben SozialistInnen und MenschenrechtlerInnen waren auch frühe Feministinnen im Tierrechtsbereich, und da vor allem gegen Tierversuche, aktiv (Harringer 2002). Frances Cobbe, z. B., war führend politisch für die Rechte von Frauen und Kindern tätig und organisierte gleichzeitig Petitionen gegen Tierversuche sowie gegen andere Formen der Tierausbeutung. Nach ihrem Tod 1904 übernahm die Schwedin Louise Lind-af-Hageby die Führung der Anti-Tierversuchsbewegung und organisierte zwischen 1906 und 1912 Massendemonstrationen in London und anderswo. Charlotte Despard, Vegetarierin und Tierversuchsgegnerin, war Generalsekretärin der Women's Social and Political Union und ging sogar für ihren Einsatz für das Wahlrecht für Frauen ins Gefängnis. Und Bertha von Suttner (1898), Pazifistin und österreichische Friedensnobelpreisträgerin, wandte sich ebenfalls gegen Tierversuche und das Fleischessen („Meiner Überzeugung nach wird auch einst die Zeit kommen, wo niemand sich wird mit Leichen ernähren wollen, wo niemand mehr sich zum Schlächterhandwerk bereit finden wird").

Nachdem die Schwedin Louise Lind-of-Hageby und ihre Partnerin zwei Jahre als Studentin im Kings College und im University College in London studiert hatten, um Fakten über Tierversuche zusammenzutragen, veröffentlichten sie ihre Erfahrungen in dem Buch „The Shambles of Science" im Jahr 1903. Besonders das Schicksal eines alten Terrierhundes, des „old brown dog", an dem 1902–1903 insgesamt vier Tierversuche im University College durchgeführt worden waren, bevor er im Februar 1903 starb, erregte Betroffenheit. Am 15. September 1906 enthüllte Louise Lind-of-Hageby in einem Gemeindebau in Battersea in Südlondon eine Statue, die an diesen Hund erinnerte. Nach einer Serie von Anschlägen und Schändungen der Statue versuchten am 10. Dezember 1907 etwa 100 TierversuchsbefürworterInnen, StudentInnen und TierexperimentatorInnen, die Statue gewaltsam zu entfernen. Eine entschlossene Menge von GewerkschafterInnen, FeministInnen und TierversuchsgegnerInnen trat ihnen aber entgegen, was zu einer Straßenschlacht von 17 bis 24 Uhr führte, die als „Old Brown Dog Riots" in die Geschichte eingegangen ist. Erst massiver Einsatz berittener Polizei konnte den Aufruhr beenden. Nachdem viel Druck auf die Bezirksverwaltung ausgeübt worden war, entfernten am 10. März 1910 vier Bezirksräte unter dem Schutz von 120 Polizisten um 2 Uhr früh die Statue. Nach Bekanntwerden dieser Tat demonstrierten über 3000 Personen mehrmals für die Rückgabe der Statue, allerdings vergeblich. Erst die moderne Tierrechtsbewegung konnte die Wiedererrichtung der Statue im Jahr 1985 durchsetzen. In ihrer historischen Analyse der „Old Brown Dog Riots" findet Coral Lansbury (1985), dass sowohl die Frauen als auch die ArbeiterInnen in den Tierversuchen Symbole ihrer eigenen Unterdrückung sahen.

Durch verschiedene Veröffentlichungen zu Tierrechten ist auch der deutsche Schriftsteller Magnus Schwantje, der 1959 gestorben ist, in Erscheinung getreten. Er war auch ein Vorkämpfer für den Vegetarismus, allerdings auf der Basis einer religiös motivierten Ehrfurcht vor dem Leben: „[Die Ehrfurcht vor allem Lebendigen ist] die heilige Scheu vor der Vernichtung irgendeines Lebewesens. [...Sie ist] ein der religiösen Andacht verwandtes Gefühl" (Schwantje 1949). Albert Schweitzer war ähnlich religiös motiviert (Schweitzer 1959).

Aber auch die Frankfurter Schule hat sich zu Tierrechten positiv geäußert: „Dass die Werke der Vertreter der Frankfurter Schule, namentlich die Horkheimers, Adornos und auch Marcuses, eine Vielzahl prägnanter Aussagen enthalten, in denen die Mensch-Tier-Beziehung unter macht- und herrschaftstheoretischen Gesichtspunkten problematisiert wird, bleibt in der umfangreichen Sekundärliteratur zur Kritischen Theorie erstaunlicherweise meist unerwähnt. Aus diesem Befund ergibt sich, dass die höchst bedeutsamen Überlegungen Horkheimers und Adornos zur Genese und Funktion der Mensch-Tier-Beziehung als fundamentalem Macht- und Ausbeutungsverhältnis [...] nach dem Tod der Autoren der Vergessenheit anheimfielen. [...] Bei genauerem Hinsehen scheint sogar die Vermutung gerechtfertigt, dass das bei Horkheimer nachweisbare biografie- und werkgeschichtlich frühe thematische Motiv des Tieres als Opfer der durch bürgerlich-kapitalistische Produktionsverhältnisse bestimmten Denk- und Handlungsorientierungen eine Kontinuitätslinie sichtbar macht zum sogenannten kulturkritischen ‚Wendepunkt' der Frankfurter Schule und der Neubewertung des Zusammenhangs von Fortschritt und Produktivkraftentwicklung sowie Selbst- und Naturbeherrschung, aus der das spätere konstruktive Plädoyer für eine Emanzipation der Gesamtnatur erwächst." (Mütherich 2000, S. 139 f.)

Der Zweite Weltkrieg bringt einen fast vollständigen Entwicklungsstopp der Tierrechtsidee. In Österreich wird noch am 21. Juli 1925 das nichtmenschliche Tier zum ersten Mal Rechtssubjekt, indem das Gesetz auch die Tierquälerei des Besitzers oder der Besitzerin am „persönlichen Eigentum Tier" strafbar macht. Im Februar 1927 wird der Sozialdemokratische Tierschutzverein gegründet, aber schon im Jahr 1934 vom Austrofaschismus aufgelöst. Im Oktober 1927 wird die erste österreichische Tierschutzwoche organisiert und die erste Webpelzmodeschau abgehalten. In den Folgejahren gibt es sogar Massendemonstrationen in Wien für ein neues österreichisches Bundestierschutzgesetz, aber diese Aktivität kommt bald zum Erliegen.

Im Jahr 1944 gründet Donald Watson in England die erste Vegane Gesellschaft der Welt, die Vegan Society UK, und erfindet das Wort „vegan" für „völlig ohne tierliche Produkte", das sich aus den ersten drei und letzten zwei Buchstaben von „vegetarian" zusammensetzt. Die Gesellschaft ist bis heute aktiv und hat in den meisten europäischen und nordamerikanischen Ländern sowie in Australien und Neuseeland Nachahmerinnen gefunden. In Österreich gibt es seit 1999 eine Vegane Gesellschaft.

Darwin hatte zwar 1859 seine Evolutionstheorie publiziert, die auch bald generell akzeptiert wurde und nach der die Menschen von den nichtmenschlichen Tieren abstammen. Aber alles in allem änderte das nichts an dem speziesistisch-perfektionistischen Weltbild. Menschen waren fortan eben statt der Krone der Schöpfung die Krone der Evolution. War es bisher gottgewollt, dass das höhere das niedrigere Lebewesen nutzt, so wurde es nun als Gesetz der Evolution gesehen: Der Stärkere, Lebensfähigere nutzt den Schwächeren nach Belieben zum eigenen Vorteil aus. Diese Handlungsweise deshalb als ethisch richtig zu erklären, im Sinne von „was natürlich ist, ist auch richtig“, setzte sich trotz ihres offensichtlichen naturalistischen Fehlschlusses in Form des Sozialdarwinismus durch. Wenn sozialdarwinistische Ideen vorherrschen, dann spielen Tierrechte keine politische Rolle. In der menschlichen Gesellschaft sind ihre nichtmenschlichen Mitglieder immer die Schwächsten.

In den USA hatte sich der Behaviourismus seit den 1920er Jahren durchgesetzt. Er interpretiert jedes tierliche Verhalten nur in Form von Reiz und Reflex, ohne mentale Bewusstseinszustände anzunehmen. Durch die politische Dominanz der USA nach dem Zweiten Weltkrieg breitete sich der Behaviourismus auch nach Europa aus. Er nahm den Menschen jede Möglichkeit, nichtmenschliche Tiere als leidende Lebewesen zu thematisieren. Das Vorhandensein von Bewusstsein wird vom Behaviourismus zumindest methodologisch negiert und Verhalten so interpretiert, als ob es kein Bewusstsein gäbe. Und wenn nichtmenschliche Tiere als bewusstlose Instinktmaschinen gesehen werden, dann haben sie keine ethische Relevanz. Entsprechend ist es kein ethisches Problem, sie nach Belieben zu nutzen.

Behaviourismus und Sozialdarwinismus töteten jegliche politische Tierrechtsaktivität bis in die 1960er Jahre.

13.4 Die moderne Tierrechtsbewegung und ihre Ideen

Das Jahr 1964 kann als das Gründungsjahr der modernen Tierrechtsbewegung angesehen werden. In diesem Jahr wurde die erste Jagdsabotage in England abgehalten. Bei einer Jagdsabotage versuchen TierrechtsaktivistInnen, durch aktives Eingreifen die JägerInnen daran zu hindern, ihre Opfer zu töten. Damit begannen auch in der Tierrechtsbewegung die für alle neuen sozialen Bewegungen so charakteristischen „direkten Aktionen“ gleich im Gründungsjahr. Gleichzeitig erschien aber auch das Buch „Animal Machines“ von Ruth Harrison (1964), in dem zum ersten Mal die Massentierhaltung auf ethischer Basis angeprangert wurde. Am 10. Oktober 1965 erschien der Artikel „The Rights of Animals“ in der *Sunday Times* in England, die erste Abhandlung dieses Themas seit Salts Buch aus dem Jahr 1892. Im Jahr 1969 publizierte Richard Ryder drei Artikel über Tierrechte im *Daily Telegraph* und entwickelte im Jahr 1970 den Begriff „Speziesismus“ für „die willkürliche Benachteiligung anderer aufgrund ihrer Zugehörigkeit zu einer bestimmten Tierart“ (Ryder 2000), der das erste Mal in einem Flugblatt auftauchte.

Richard Ryder fundiert seine Philosophie des „Painism“ (von „pain“: engl. für Schmerz) darauf, dass der Schmerz das wesentliche Kriterium ist, nach dem eine Handlung als ethisch gut oder schlecht beurteilt wird. Eine Handlung, die Schmerzen reduziert, ist ethisch besser als eine Handlung, die Schmerzen produziert. Schmerzen werden dabei sehr weitgehend im Sinne aller von einem Individuum als negativ aufgefassten Empfindungen gesehen. Die Basis für diese Ethik sieht Ryder im Mitleid.

Wir können diese Ethik von Ryder mit Hilfe der Goldenen Regel der Ethik rekonstruieren:

Was du nicht willst, dass man dir tut, das füg auch keinem anderen zu!

Das ist der kleinste gemeinsame Nenner, die Minimalethik, ein ethischer Standpunkt, dem jedeR zustimmen wird und der in praktisch allen Religionen in der einen oder anderen Weise zu finden ist. Was ich nicht will, sind die negativen Empfindungen, die Ryder „Schmerzen“ nennt. Aber wer sind diese „anderen“, auf die ich Acht geben soll, wie ich verlange, dass auf mich Acht gegeben wird? Wer gehört in den Kreis jener, die ethische Beachtung verdienen, deren Schmerzen ich berücksichtigen muss?

Zunächst – sowohl geschichtlich als auch in der kindlichen Entwicklung – werden diese „anderen“ der Kreis all jener aus meiner unmittelbaren Umgebung sein: meine Familie, mein Stamm. Doch die immer weitere Vernetzung unserer Gesellschaft stellt auch das bald in Frage, und die „anderen” werden zum ganzen Kulturkreis, zur ganzen Religionsgemeinschaft oder eben zur Nation oder zur „Rasse“ bzw. Gruppe mit ähnlichen äußeren Merkmalen, oder zum gesamten Geschlecht, dem ich angehöre. Man nennt die Auffassung, dass nur Mitglieder meiner Nation ethisch relevant sind, Nationalismus, und die Auffassung, dass nur Mitglieder meiner „Rasse“ ethisch relevant sind, Rassismus, und die Auffassung, dass nur Mitglieder meines Geschlechts („sex“ ist englisch für „Geschlecht“) ethisch relevant sind, Sexismus. Doch das wurde so kritisiert, dass Mitglieder des anderen Geschlechts oder anderer „Rassen“ oder anderer Nationen sich in manchen Dingen vielleicht von mir unterscheiden, aber in den wesentlichen Dingen mir gleichen: Sie haben im Wesentlichen die gleichen Bedürfnisse und Interessen. Vielmehr müsste man, so wurde argumentiert, die gesamte Art einbeziehen, also alle Menschen. Dieser Standpunkt führt zur Idee der Menschenrechte.

Doch reicht die Ausweitung auf alle Menschen? Natürlich sind andere Tiere in vielen Dingen anders als die Menschen, aber haben sie nicht in den wesentlichen Dingen die gleichen Bedürfnisse und Interessen? Das Bedürfnis nach Sicherheit und Schmerzfreiheit, das Interesse an Freiheit und Leben? Entsprechend bezeichnet Ryder die Einschränkung des Kreises aller ethisch relevanten Lebewesen auf nur die Menschen als „Speziesismus" („species" ist englisch für „Art" oder „Tierart"). Wie die Einschränkung der „anderen" in der Goldenen Regel auf die eigene Nation den Nationalismus produziert und die Einschränkung auf die eigene „Rasse" den Rassismus und die Einschränkung auf das eigene Geschlecht den Sexismus, so produziert in Analogie die Einschränkung der „anderen" in der Goldenen Regel auf die eigene Art den Speziesismus.

Aber welche Lebewesen sind nun wirklich ethisch relevant? Die Antwort findet sich ganz einfach, wenn die Goldene Regel der Ethik vervollständigt wird:

Was du nicht willst, dass man dir tut, das füg auch keinem anderen zu, der auch darunter leiden würde!

Das wäre jedenfalls die weitestmögliche Ausdehnung des Kreises der ethisch Relevanten in der Goldenen Regel der Ethik, weil Lebewesen, die gar nicht leiden können, auch nicht bezüglich der Zufügung von Leiden berücksichtigt werden könnten. Die Folge ist der Painismus, der fordert, keinem leidensfähigen Lebewesen Leiden zuzufügen. Dem Speziesismus wird so eine Absage erteilt, weil er eine willkürliche Grenze in der grundlegenden Berücksichtigung aller, die ethisch zu berücksichtigen sind, wie das die Goldene Regel vorgibt, an einer Stelle zieht, für die es keine Begründung gibt. Das entscheidende Kriterium, das einzige, das hier eine kontextuelle Begründung zulässt (siehe Kapitel 12), ist die Leidensfähigkeit. Willkürlich leidensfähige Lebewesen aus der Goldenen Regel auszuschließen, widerspricht auch der Universalitätsforderung, die an jede Ethik gestellt werden muss (Kapitel 12).

Peter Singer veröffentlichte 1975 sein Buch „Animal Liberation" (Singer 1991). Er verfolgt darin allerdings ein utilitaristisches Konzept, das zu den für den Utilitarismus typischen, z. T. gelinde gesagt seltsamen Folgerungen führt, wie dass ein Wesen, das keine Person wäre, weil es kein Selbstbewusstsein hätte, nur als Gefäß für negative und positive Gefühle zu sehen sei und damit grundsätzlich austauschbar wäre. Singer meint, dass es ethisch vertretbar wäre, so ein Wesen, und das können neugeborene Menschenkinder oder geistig entsprechend behinderte Menschen oder auch viele nichtmenschliche Tiere sein, jederzeit schmerzlos zu töten, solange es durch ein ähnliches Wesen ersetzt wird, das weniger leidet. Auf diese Weise plädiert Singer dafür, neugeborene behinderte Menschenkinder, wenn Ärzte, Eltern und alle anderen Betroffenen zustimmen, unmittelbar nach der Geburt schmerzlos zu töten, wenn sichergestellt wäre, dass sich dafür ein nichtbehindertes Kind zeugen ließe, das dessen Stelle übernehmen könnte. Er will damit allerdings nicht eine „gesunde" Menschheit mit nur nichtbehinderten Individuen schaffen, sondern argumentiert, dass insgesamt weltweit weniger Leid existieren würde, könnte man behinderte Kinder in einem entsprechend frühen Entwicklungsstadium durch nichtbehinderte Kinder ersetzen (Singer 1994). Abstruse Schlussfolgerungen dieser Art sind eine direkte Konsequenz des „total view" des Utilitarismus. Ich habe im Kapitel 12 argumentiert, warum der Utilitarismus rational nicht haltbar ist, und distanziere mich daher deutlich von derlei Ansichten.

Allerdings hat Peter Singer eine große Bedeutung in der Tierrechtsbewegung erlangt, weil er den Gleichheitsgrundsatz in aller Deutlichkeit in die Diskussion eingebracht hat. Der Gleichheitsgrundsatz oder auch das Prinzip der Gerechtigkeit genannt, besagt, kurz gesagt, dass gleiches gleich und verschiedenes verschieden ethisch berücksichtigt werden muss. Wenn also eine Handlung z. B. einem Lebewesen einen Schmerz gewisser Größe verursacht, dann ist es für die ethische Bewertung dieser Handlung egal, ob dieser Schmerz von einem Mann oder einer Frau empfunden wird. Wichtig ist nur die Größe des Schmerzes. Genauso ist es aber auch egal, ob dieser Schmerz von einem Menschen oder einem Schwein empfunden wird, der gleiche Schmerz ist der gleiche Schmerz. Gerechtigkeit kann nur bedeuten, dass wir den gleichen Schmerz bei jedem Lebewesen gleich ernst nehmen. Damit wird dem aristotelischen Gerechtigkeitsbegriff eine Absage erteilt. War es bis dahin noch als gerecht angesehen worden, einem „niederen" Lebewesen (wie einem Schwein) Schmerzen zuzufügen, um einem „höheren" (wie einem Menschen) zu nützen, z. B. in der Schweinemast, so ist das nach Singer ungerecht. Gerechtigkeit bedeutet, gleiche Schmerzen gleich zu werten, egal ob Menschen oder Schweine sie empfinden.

Dabei ist aber zu bedenken, dass die gleiche Schmerzempfindung, aber nicht die gleiche Handlung ethisch gleich zu bewerten ist. Einen leichten Schlag mit der Hand wird ein Pferd nicht als unangenehm empfinden. Derselbe Schlag könnte aber einem menschlichen Säugling heftige Schmerzen bereiten. Ethisch gleich zu bewerten sind also verschiedene Schläge, die bei Pferd und Säugling in etwa die gleichen Schmerzempfindungen auslösen.

Es ist also aufgrund des Gleichheitsprinzips geboten, Männern und Frauen die gleichen Chancen auf universitäre Ausbildung zu bieten, weil beide ein gleich großes Interesse daran haben bzw. beide gleich viel geschädigt würden, wenn man es ihnen verwehrte. Ein Schwein aber, das sich für eine universitäre Ausbildung nicht interessiert, wird dadurch nicht ungerecht behandelt, dass es keine Möglichkeit zur universitären Ausbildung bekommt. Was aber Schmerzen betrifft oder das Bedürfnis, frei zu sein, da können Menschen und Schweine sehr wohl vergleichbar empfinden und sollten daher diesbezüglich auch ethisch gleich behandelt werden.

Helmut Kaplan (1999) analysiert Singers Gleichheitsprinzip und Singers Utilitarismus und kommt zu dem Schluss: „Meines Erachtens [...] schließen sich Gleichheitsprinzip und Utilitarismus in vielen Fällen aus!“ Beim Gleichheitsprinzip werden die Interessen der einzelnen Betroffenen ermittelt und jeweils gleich berücksichtigt. Beim Utilitarismus werden die Interessen aller betrachtet und dann jene Handlung gewählt, die insgesamt die meisten Interessen erfüllt. Im Falle eines schwer geistig Behinderten würde ersteres zur aufopfernden Pflege des Betroffenen führen und zweiteres zu seiner Ermordung. Auch Kaplan distanziert sich von Singers Utilitarismus.

Wilhelm Brockhaus (1975) meldet sich im selben Jahr, in dem Singers „Animal Liberation“ erschien (1975), mit einem dicken Sammelband über Tierrechte zu Wort, an dem 20 – wie betont wird – vegetarische KoautorInnen beteiligt waren. Die Essenz ist für Brockhaus, dass ein „Recht der Tiere“ bedeutet, dass die Menschen keine Tiere für den eigenen Vorteil töten und essen dürfen. Das Fleischessen erkennt er als die Wurzel aller Tierausbeutung. Der neue ethische Imperativ für das Verhalten gegenüber nichtmenschlichen Tieren wird nach Brockhaus dann: „Die geistig hochstehenden Tiere sollten im positiven Recht so geschützt werden, als ob sie Personen wären.“ Und auf die Frage, ob wir allen Tieren in gleichem Maß verpflichtet sind, antwortet Brockhaus: „*Kein* Tier, auch nicht das niederste, dürfen wir *ohne Not* schädigen oder töten.“ Aber bei einer notwendigen ethischen Abwägung im Konfliktfall zwischen verschiedenen Tieren folgt er Patric Corbett und schlägt folgende vier Kriterien zur Entscheidungshilfe als Wertetheorie vor: Organisationshöhe des Lebewesens, Höhe der Lebenserwartung, Ausmaß der Qual und Bedrohtheit der Art.

Tom Regan (1988) führt in seinem 1983 erstmals erschienenen Buch „The Case for Animal Rights" im Brockhausschen Sinne und explizit gegen Singers Utilitarismus ein rationales Konzept für Tierrechte auf einer deontologischen Basis ein. Regan möchte ethische Intuitionen mit rationalen Schlüssen verbinden, um so auf eine konsensfähige Ethik zu stoßen. Sein Ausgangspunkt sind die allgemeinen Menschenrechte, die von allen Menschen anerkannt werden.

Laut Menschenrechtsdeklaration basieren die Menschenrechte auf der Menschenwürde, einem inneren oder inhärenten Wert, den alle Menschen genau in gleichem Ausmaß besitzen. Regan fragt, wodurch diese Würde gegeben sei. Dafür kann weder Intelligenz noch kulturelles Schaffen oder dergleichen verantwortlich sein, weil sich die Menschen in diesen Fähigkeiten sehr stark unterscheiden, obwohl alle Menschen die gleiche Menschenwürde haben sollen. Der grundsätzlich gleiche inhärente Wert ist also offenbar nicht eine direkte Funktion empirischer Eigenschaften. Intuitiv hätten Menschen ihren inhärenten Wert, weil sie ein reiches emotionales Leben haben. Es scheint also dieses Kriterium zu sein und nicht die biologische Menschdefinition, die die Menschenwürde bzw. den inhärenten Wert begründet. Also müssen alle Lebewesen, die ein reiches emotionales Leben haben, das nach Regan durch die Fähigkeit zu Wahrnehmungen, einem Gedächtnis, zu Wünschen, Vorstellungen, einem Bewusstsein, Intentionen, zu einer Vorstellung von der Zukunft, zu Gefühlen und zu Empfindungen gekennzeichnet ist, denselben inhärenten Wert zugesprochen bekommen. Die meisten Menschen betrachten diese Qualitäten – zumindest bei Menschen – als notwendige und hinreichende Kriterien, um jemanden als Person anzuerkennen. Regan nennt Lebewesen mit dieser Eigenschaft „Subjekte eines Lebens" und stellt fest, dass auch sehr viele, aber nicht alle, nichtmenschlichen Tiere solche Subjekte eines Lebens sind.

Das wesentliche Grundrecht aller Subjekte eines Lebens sei das Recht darauf, respektvoll behandelt zu werden. Regan formuliert dieses Recht in seinem „Respektprinzip". Dieses Prinzip besagt, dass jedes Subjekt eines Lebens nicht nur als Mittel zum Zweck für andere dienen darf. Stattdessen muss ein Subjekt eines Lebens in einer Weise behandelt werden, in der sein inhärenter Wert, der für alle Subjekte eines Lebens gleich ist, respektiert wird. Mit anderen Worten, ein Subjekt eines Lebens muss immer als Zweck an und für sich selbst betrachtet werden und niemals als Mittel für die Zwecke anderer.

Regan interpretiert seine Konzepte von inhärentem Wert und Respekt durch sein „Schadensprinzip“, das besagt, dass alle jene Lebewesen, die moralisch handeln können, prima facie die Pflicht haben, kein Subjekt eines Lebens zu schädigen. Regan anerkennt dabei, dass diese Pflicht nur prima facie und nicht absolut ist, dass sie also in Ausnahmefällen (wie bei Notwehr) übertreten werden kann. Aber jede solche Übertretung muss aus einem direkten Konflikt zwischen Rechten bzw. Pflichten entstehen und muss gut ethisch begründet werden. Letzteres bedeutet, dass diese Begründung sich nicht auf den Nutzen aus den Konsequenzen berufen darf, die diese Übertretung auslösen würde. Der Utilitarismus wird auf diese Weise ausgeschlossen. Ja, Regan sieht die besondere Rolle von Rechten gerade darin, vor einem Utilitarismus zu schützen.

Der Respekt vor dem inhärenten Wert anderer Lebewesen gebietet aber auch zusätzlich, dass wir ihnen beistehen müssen, wenn ihr inhärenter Wert von anderen Lebewesen missachtet wird. Wenn also ein Subjekt eines Lebens von jemandem als Mittel zum Zweck benutzt wird, sind wir ethisch verpflichtet, einzuschreiten und den Missbrauch dieses Lebewesens zu verhindern. Regans Tierrechte sind also auch positive Rechte.

Regan folgert aus seinen Überlegungen, dass praktisch alle Formen der Nutzung von nichtmenschlichen Tieren in unserer heutigen Gesellschaft ethisch nicht vertretbar sind und dass die gesamte Tiernutzung abgeschafft und nicht nur besser reguliert werden muss. Das Konzept „Tierrechte“ von Regan bedeutet aber nicht, dass nichtmenschliche Tiere dieselben Rechte hätten wie Menschen, wie z. B. ein Wahlrecht, oder dass sie vor dem Gesetz den Menschen gleich wären. Regan behauptet auch nicht, dass nichtmenschliche Tiere ein absolutes ethisches Recht zur Selbstentfaltung ohne menschlichen Einfluss hätten. Tierrechte sind nach Regan nur Prima-facie-Barrieren dagegen, Individuen mit der Begründung zu schaden, dass diese Schädigung von allgemeinem Nutzen wäre. Tierrechte sind genauso wenig absolut wie Menschenrechte. Obwohl alle Subjekte eines Lebens den gleichen inhärenten Wert haben, heißt das nicht, dass alle Subjekte eines Lebens die gleichen Rechte haben.

Nach Regan haben aber Menschen- und Tierrechte jedenfalls das eine gemeinsam, dass die RechtsträgerInnen als Subjekte, als Zwecke an sich selber, gesehen werden müssen, und nicht als Objekte, als Mittel zum Zweck, als Nutzen für andere. Solange nichtmenschliche Tiere aber Eigentum von Menschen sein können, solange es ein Nutzungsrecht über sie gibt, werden sie immer als Mittel für menschliche Zwecke gebraucht und ihr Wert in ihrem Nutzen für Menschen bemessen werden. Das ist aber prinzipiell mit ihrem inneren Wert bzw. ihrer Würde, also mit den Tierrechten nach Regan, nicht vereinbar. Daher ist die unmittelbare Konsequenz von Regans Überlegungen die Abschaffung des Eigentumsrechts und des Nutzungsrechts über nichtmenschliche Tiere und damit ein ethischer Veganismus.

Evelyn Pluhar ist eine Tierrechtsphilosophin der zweiten Generation, wie sie selber sagt, viel radikaler als Tom Regan und fundamental gegen die utilitaristische Sicht von Singer eingestellt. Sie verfolgt auch konsequent die Bezeichnung „Tiere“ für alle Tiere inklusive der Menschen und den Begriff „nichtmenschliche“ Tiere für alle Tiere ohne die Menschen.

Pluhar (1995) bringt das Dilemma der SpeziesistInnen auf den Punkt: Da es *keine* ethisch relevanten Eigenschaften gibt, die genau *alle* Menschen und *keine* anderen Tiere haben, lässt sich eine ethische Höherstellung der Menschen mit keiner ihrer Eigenschaften rechtfertigen. Wenn jetzt jemand doch Eigenschaften von Individuen für die Zuteilung von Rechten angeben will, dann folgt zwingend, dass entweder nicht alle Menschen RechtsträgerInnen werden oder auch nichtmenschliche Tiere zu den RechtsträgerInnen dazugehören. Nimmt man zum Beispiel die Fähigkeit zu abstrakter Mathematik als ethisch relevante Eigenschaft, so haben diese Eigenschaft vielleicht keine nichtmenschlichen Tiere, aber eben auch nicht alle Menschen. Nimmt man aber andererseits die Leidensfähigkeit als ethisch relevante Eigenschaft, so haben diese zwar alle Menschen, aber auch viele nichtmenschlichen Tiere. Es gibt keine ethisch relevante Eigenschaft, die genau an der Speziesgrenze zwischen Menschen und anderen Tieren verläuft. Da aber die allgemeinen Menschenrechte sich als Grundkonsens der Gesellschaft auf alle Menschen beziehen, können zumindest einige nichtmenschliche Tiere von den Grundrechten nicht ausgeschlossen werden.

In unserer Gesellschaft geschieht das aber dennoch, und zwar dogmatisch. Ohne Rechtfertigung oder rationale Basis werden einfach die Grundrechte auf Leben, Freiheit und Unversehrtheit auf die menschliche Art willkürlich eingeschränkt. Dieser unqualifizierte Speziesismus hat aber keinerlei rationale Basis, sondern kann nur dogmatisch postuliert werden. Menschen sind einfach, qua ihres Menschseins, wichtiger als andere Tiere und Punkt. Keine Widerrede.

David DeGrazia (1996) möchte für die Ethik alle plausiblen ethischen Urteile auf allen Ebenen, von Prinzipien bis Individualurteilen, ohne Rücksicht auf eine spezifische Richtung der Ethik, also z. B. Utilitarismus oder deontologische Ethik, zulassen. Aus allen diesen Urteilen ergibt sich eine Ethik, die dann auf rationale und logische Konsistenz geprüft werden muss. Im Fall eines Widerspruchs muss jenes Urteil geändert werden, das die Kohärenz der gesamten Ethik erhöht. Auf diese Weise soll zuletzt ein reflexives Gleichgewicht zwischen den Urteilen im Rahmen ihrer intuitiven Plausibilität und ihrer Konsistenz entstehen. Kohärenz der Ethik bedeutet sowohl rationale und logische Konsistenz als auch argumentative Begründungen für fast alle Urteile, ein globales Begründungssystem, das einheitlich wirkt, argumentative Einfachheit und Klarheit, intuitive Plausibilität der Urteile und Kompatibilität mit den Naturwissenschaften. Weil die Ethik ein soziales Phänomen ist, sei aber auch Universalität, also Nichteinseitigkeit, ein wichtiges Prinzip.

Zunächst sei es plausibel, dass die Interessen interessensfähiger Wesen eine wichtige ethische Rolle spielen. Die gängige Ethik zeige aber jetzt eine hochgradige Inkohärenz bezüglich der Rolle der Interessen von Menschen und der von nichtmenschlichen Tieren: Sie werden vollkommen verschieden bewertet und berücksichtigt. Aufgrund der Einsicht nach Pluhar, dass es keine ethisch relevante Eigenschaft gibt, die genau an der Speziesgrenze verläuft, ergibt sich eine Inkohärenz, wenn genau alle Menschen Grundrechte haben und sonst niemand. Eine Möglichkeit, die Kohärenz herzustellen, wäre, nichtmenschlichen Tieren jegliche Interessensfähigkeit abzusprechen. Das ist aber mit der Naturwissenschaft inkompatibel. Eine andere Möglichkeit könnte sein, nichtmenschlichen Tieren grundsätzlich keine ethische Rolle zu geben. Eine weniger plausible Vorstellung kann sich DeGrazia kaum vorstellen (DeGrazia 1996, S. 41). Bleibt nur, hier einen Ausgleich in der Berücksichtung der Interessen, eine Gleichberechtigung zwischen Menschen und anderen Tieren zu schaffen, die das routinemäßige Übergehen von tierlichen Interessen für den menschlichen Vorteil unterbindet. DeGrazia folgert daraus, dass Fleischessen ethisch nicht vertretbar ist und die Autonomie nichtmenschlicher Tiere respektiert werden muss.

Mark Rowlands (1998) bietet einen neuen Zugang zu Tierrechten, nämlich einen kontraktionalistischen. Will man einen Kuchen gerecht aufteilen, so darf diejenige Person, die die Teilung vornimmt, nicht wissen, welches Stück Kuchen sie selbst nachher bekommen wird. Dann wird sie den Kuchen so gerecht wie möglich teilen, um nicht selbst benachteiligt zu sein. Genauso sollte jetzt in ethischen Fragen generell vorgegangen werden: Eine Ethik muss unter der gedanklichen Voraussetzung aufgestellt werden, dass nicht vorher bekannt ist, welche Rolle die die Ethik formulierende Person selber letztendlich auf der Welt spielen wird.

Rowlands nennt das in Anlehnung an John Rawls (1971) den Schleier der Unwissenheit, hinter dem bei der Formulierung einer Ethik gestanden werden sollte. Speziesismus und Rassismus werden sofort absurd, wenn der Ethiker eben vorher nicht weiß, ob er jetzt z. B. Hund oder Mensch sein oder welche Hautfarbe als Mensch er haben wird. Ebenso ist es absurd zu fordern, dass nur diejenigen, die fähig sind, ethisch zu handeln, auch ethische Rechte haben sollen. Gesetzt, man kommt als ein Wesen auf die Welt, das eben nicht fähig ist, ethisch zu handeln, man könnte aber dennoch leiden. Dann wäre es uns sicher lieber, wenn die Ethik bzw. der ethische Vertrag nicht auf einer rassistischen oder speziesistischen Basis beruhen würde. Und so folgen von diesem Ansatz her unmittelbar Tierrechte.

Auf diese Weise wird auch der dogmatische Speziesismus ad absurdum geführt. In einem Gedankenexperiment zum Schleier der Ungewissheit nehmen wir an, dass vor 500 Jahren Außerirdische auf der Erde gelandet seien, die genauso ausschauen sollen wie Menschen, aber genetisch natürlich völlig verschieden sind (so wie z. B. in typischen Science-Fiction-Filmen alle Außerirdischen wie Menschen aussehen). Dieser Umstand, so nehmen wir weiter an, sei vergessen worden bis in die heutige Zeit, und niemand weiß jetzt, dass einige vermeintliche Menschen in Wirklichkeit von Außerirdischen abstammen und gar keine Menschen sind. Bei einer Genomuntersuchung wüsste man das sofort, aber so etwas wurde bisher noch nicht gemacht.

Eine SpeziesistIn müsste jetzt der Meinung sein, alle diese Außerirdischen hätten ein weniger wertvolles Leben als die Menschen, hätten keine vergleichbaren Grundrechte und könnten gegessen und für medizinische Versuche verwendet werden usw., weil sie nicht zur menschlichen Art gehören, also keine Menschen sind. Nun könnte dieses Szenario ja Wirklichkeit sein und die SpeziesistIn, ohne es zu wissen, selbst eine Außerirdische. Mit diesem Gedankenexperiment konfrontiert, dürfte keine rationale SpeziesistIn weiterhin ihren Speziesismus aufrechterhalten können, auch wenn sie dogmatische SpeziesistIn ist, weil sie sich ja selbst damit alle Rechte absprechen könnte.

Nehmen wir an, eine technisch und intellektuell weit überlegene außerirdische Zivilisation würde auf der Erde landen und die Menschen ähnlich zu behandeln beginnen, wie die Menschen die nichtmenschlichen Tiere behandeln. Würden die Menschen das als gerecht empfinden? Wenn nein, wieso nicht? Könnte man diese Begründung nicht genauso dafür verwenden zu zeigen, dass die Behandlung der nichtmenschlichen Tiere heute ungerecht ist? Wie würden die Menschen dafür argumentieren, dass diese Außerirdischen sie verschonen und mit Respekt behandeln sollen? Könnte man nicht ebenso dieselben Argumente dafür verwenden, von den Menschen heute den gleichen Respekt für nichtmenschliche Tiere zu verlangen? Wenn wir vor dem Schleier der Unwissenheit stehen und gar nicht wissen, als welches Wesen wir auf der Erde leben würden, dann würden wir sicher keinen Speziesismus akzeptieren, sondern selbst lieber Tierrechte wollen. Rationale Wesen können also keinen ethischen Vertrag ohne Tierrechte unterschreiben.

Paola Cavalieri (2001) geht von der Menschenrechtsdoktrin aus und erkennt, dass nichtmenschliche Tiere in unserer Gesellschaft zwar grundsätzlich als Objekte ethischen Handelns gesehen werden, aber nur als Objekte zweiter Klasse, prinzipiell hinter den trivialsten Interessen des Menschen gereiht. Eine rationale Kritik ergibt allerdings, wie wir gesehen haben, dass hinter dieser Inkonsistenz der dogmatische, unqualifizierte Speziesismus steht. Wer Menschenrechte für alle akzeptiert, ist damit logisch gezwungen, zumindest die Grundrechte auf andere Tiere auszudehnen. Cavalieri nennt diese erweiterte Menschenrechtsdoktrin, die Tierrechtsdoktrin, die notwendige dialektische Folgerung aus den Menschenrechten (Cavalieri 2001, S. 142). Diese Tierrechtsdoktrin fordert eine Änderung der Gesellschaft dahingehend, dass die Ausbeutung nichtmenschlicher Tiere in jeder Hinsicht unterbunden wird. Weit davon entfernt, das gesamte Rechtssystem in Frage zu stellen, würde die Umsetzung der Tierrechtsdoktrin die Abschaffung des Eigentumsstatus nichtmenschlicher Tiere erfordern. Und die nichtmenschlichen Tiere in unserer Gesellschaft würden, wie bereits die Menschen, auch vom juridischen Status des Objekts bzw. der Sache zum juridischen Status des Subjekts bzw. der Person, also zum Status der RechtsträgerInnen, wechseln. Wie auch bei Menschen, die ihre eigenen Interessen vor Gericht nicht vertreten können, müsste im juridischen Streitfall KuratorInnen bestellt werden, die im Namen des betroffenen Tieres nach bestem Wissen und Gewissen juridisch agieren.

Da sich auf diese Weise nur Eingriffe in Leben, Freiheit und Unversehrtheit von Tieren durchsetzen ließen, die auch im Sinne der betroffenen Tiere wären, würde so jegliche Tiernutzung ein Ende finden. Sowohl wissenschaftliche Experimente an Tieren als auch die Herstellung von tierlichen Produkten zur Nahrung oder Kleidung sowie die Nutzung von Tieren zur Unterhaltung wären in dieser Gesellschaft nicht mehr möglich. Die Folge der Tierrechtsdoktrin ist also eine vegane Gesellschaft.

Cavalieri schloss ihren Vortrag am Tierrechtskongress 2002 in Wien mit den Worten: „Das ist die zwingende Schlussfolgerung für alle, die ernsthaft über unseren gegenwärtigen Umgang mit nichtmenschlichen Tieren reflektieren. Weit davon entfernt, an der Basis einer ethisch-praktischen Pyramide zu sein, an deren Spitze wir Menschen stehen, konfrontieren uns (die meisten) nichtmenschlichen Tiere mit dem Keulenschlag einer gerechtfertigten ethischen Forderung. Und das ist deswegen so, weil genau dieselbe Logik, die versucht hat, die schlimmsten Ungerechtigkeiten im intra-humanen Zusammenleben zu beseitigen, uns dazu zwingt, die Grenze der Gruppe jener Wesen, die TrägerInnen von Grundrechten sind, über die Artgrenze der menschlichen Spezies hinaus zu erweitern. Nur so erhalten wir eine plausible Lösung für die Probleme, mit denen wir im Zusammenleben mit nichtmenschlichen Lebewesen konfrontiert sind."

14 Stimmen gegen Tierrechte

Bis vor 25 Jahren waren praktisch keine Stimmen gegen Tierrechte zu hören. Das hängt aber nicht damit zusammen, dass alle potentiellen AutorInnen der einen oder anderen Tierrechtsphilosophie zugestimmt hätten, sondern, im Gegenteil, dass man diese Position weder ernst nahm noch ernst nehmen wollte. Zusätzlich war die Tierrechtsbewegung nicht mächtig genug, von der Gesellschaft eine Rechtfertigung des speziesistischen Status quo zu erzwingen. Das ändert sich jetzt rapide.

Ein Tierrechtsargument kann sehr einfach syllogistisch zusammengefasst werden:

Prämisse 1: *Es gelten Grundrechte für alle Menschen.*

Prämisse 2: *Es gibt keine ethisch relevante Eigenschaft, die genau alle Menschen von allen anderen Tieren trennt.*

Prämisse 3: *Grundrechte stehen Wesen auf der Basis ethisch relevanter Eigenschaften zu.*

Konklusion: *Zumindest manche nichtmenschlichen Tiere müssen auch Grundrechte wie Menschen bekommen.*

Prämisse 1 ist genereller Konsens in unserer Gesellschaft, Prämisse 2 ein empirisches Faktum und Prämisse 3 Grundvoraussetzung dafür, dass wir eine rationale Ethik haben und keine religiös-spirituell dogmatische. Damit müsste die Konklusion eigentlich für Wesen, die sich rational nennen, eine zwingende Konsequenz sein. Aber Menschen sind eben nicht rational.

Dieses Argument ist so simpel, dass es einfach überzeugen müsste, würde es nicht der speziesistischen Tradition widersprechen. Und so versucht man, Argumente zu konstruieren, um diesen Schluss zu verhindern. Manche gehen, um weiter ihr Schnitzel essen zu können, sogar so weit, Prämisse 1 anzuzweifeln, wie z. B. Raymond Frey. Oder Prämisse 2 wird verworfen, wie von manchen DenkerInnen in der Tradition von Immanuel Kant, indem sie allerdings auf nichtempirische metaphysische Größen zurückgreifen müssen. Oder der Speziesismus wird beim Namen genannt und dogmatisch behauptet. Diese Position ist aber nicht mehr rational, und daher endet mit ihr jede Diskussion. Sie ist eine Kriegserklärung, weil auf ihrer Basis mit der Macht der Stärkeren unermesslich viel Gewalt ausgeübt wird und gleichzeitig, wie in einer faschistischen Diktatur, keine Kritik möglich ist. Menschen mit diesem dogmatischen Speziesismus haben kein Recht, sich darüber zu beschweren, wenn sie auch mit Gewalt den dogmatischen Auffassungen anderer unterworfen werden. Wer einen Krieg beginnt, kann sich nicht wundern, wenn er selbst verletzt wird.

In diesem Kapitel möchte ich anhand einiger ausgewählter AutorInnen die verschiedenen Versuche, das Tierrechtsargument rational zu kritisieren, beleuchten. Dabei ist sowohl die Auswahl der Argumente subjektiv als auch für die spezifischen AutorInnen nicht unbedingt repräsentativ. Aber, so weit ich das beurteilen kann, werden alle bisher geäußerten Argumente gegen Tierrechte erwähnt, außer eben den religiös-spirituell dogmatischen.

Eine andere mögliche, simple Form des Tierrechtsarguments könnte folgende sein:

Prämisse 4: *Die Goldene Regel der Ethik ist auf alle Menschen anwendbar.*

Prämisse 2: *Es gibt keine ethisch relevante Eigenschaft, die genau alle Menschen von allen anderen Tieren trennt.*

Prämisse 3a: *Die Goldene Regel der Ethik unterscheidet zwischen Wesen nur auf der Basis ethisch relevanter Eigenschaften.*

Konklusion: *Die Goldene Regel der Ethik muss zumindest auch auf manche nichtmenschliche Tiere in gleicher Form anwendbar sein.*

Wiederum ein bestechend einfacher Schluss, und weitreichend in seinen Folgerungen. Und er kommt ganz ohne akademisch-ethische Argumente aus. Warum behandeln wir Schweine eigentlich nicht, wie wir selbst behandelt werden wollen? Die meisten Leute, denen ich bei Vorträgen diese Frage stelle, schweigen zunächst verblüfft. Ich habe bisher noch keine einleuchtende Antwort gehört. Der Speziesismus, seien wir ehrlich, ist so tief in unserer Gesellschaft verankert, dass man gar nicht auf die Idee kommt, diese Frage zu stellen. Und deshalb weiß auch niemand eine Antwort. Ich glaube, es gibt keine. Außer: „Es war halt schon immer so." Oder es wird Rekurs auf eine religiöse Überzeugung genommen, die aber natürlich nur überzeugt, wenn man in einer Religion mit dieser Überzeugung aufgewachsen ist. Eine Antwort über religiöse Dogmen ist also so gut wie keine, bzw. wie „Es war halt schon immer so".

Mittlerweile gibt es eine steigende Anzahl von Schriften gegen Tierrechte. Diese zeichnen sich allerdings, wie mir scheint, dadurch aus, sehr hilflos und ad hoc zu wirken. Man bekommt beim Lesen das Gefühl, da wäre jemand vor obiger Schlussfolgerung gesessen, hätte sich deren stringenter Logik nicht entziehen können, hätte aber die Schlussfolgerung unerträglich empfunden und einfach nicht wahrhaben wollen, vor allem, weil man sich ja selber ändern müsste, sodass irgendwelche Argumente zusammengestoppelt wurden, um dagegen sein zu können. Das ist auch sicher der Grund, warum es so lange gedauert hat, bis irgendjemand eine Anti-Tierrechtsposition formuliert hat: besser ignorieren, solange es geht, als ein hilfloses Häufchen Argumente zusammenzustellen, das eher einer Bankrotterklärung gleichkommt. Das jedenfalls ist mein Gefühl beim Studium der Argumente gegen Tierrechte. Sie sind, ähnlich wie seinerzeit die Argumente gegen Sklaverei, von einer unvergleichlich niveauloseren und simpleren Art als die Argumente für Tierrechte.

Das zeigt sich u. a. auch darin, dass die meisten Argumente gegen Tierrechte zu einer Philosophie hinsichtlich des Umgangs mit nichtmenschlichen Tieren führen, die mit dem bereits heute erreichten gesetzlichen Schutz nicht vereinbar ist. Nach dieser Logik müssten wir die Tierschutzgesetze wieder zurücknehmen! Und mehr noch, die große Mehrheit der Bevölkerung hat eine unvergleichlich höhere Meinung von nichtmenschlichen Tieren und gibt ihnen wesentlich mehr ethische Relevanz, als den Argumenten dieser AutorInnen zu entnehmen ist. Also haben die Argumente gegen Tierrechte nicht einmal in Sachen Plausibilität der Konsequenzen einen ersichtlichen Vorteil, selbst wenn man davon ausgehen muss, dass natürlich die praktischen Konsequenzen der Tierrechte für die speziesistische Gesellschaft ebenso extrem unplausibel sind.

Es ist also deutlich zu spüren, dass wir hier vor einem sozialen und philosophischen Problem stehen, das gesellschaftlich alles andere als gelöst ist, im Gegenteil. Der Konflikt wird immer spürbarer, auch auf der politischen Ebene.

14.1 Argumente aus grauer Vorzeit gegen Tierrechte

Es fällt mir schwer, ethische Theorien in diesem Zusammenhang als ernsthafte Kritik der Tierrechte aufzufassen, wenn sie in einer Zeit entstanden sind, in der man weder von der Evolution wusste noch Zugriff auf Forschungsergebnisse der kognitiven Ethologie hatte und somit betreffend nichtmenschlicher Tiere völlig ahnungslos war, die weiters in einer Zeit entstanden sind, in der wir keine soziologischen Erkenntnisse zur Verfügung hatten, keine Erfahrungen mit Befreiungsbewegungen oder mit der Demokratie oder mit dem Rechtsbegriff, und die nicht zuletzt in einer Zeit entstanden sind, in der Staat und Kirche nicht wirklich getrennt und die christlich-religiöse Indoktrinierung und die Inquisition unabsehbare Einflüsse hatten. Daher werde ich mich im Wesentlichen auf moderne Kritik beschränken.

Immanuel Kant fällt unter jene Kategorie von Denkern, die aus einer Zeit stammen, die, wie gerade beschrieben, naturwissenschaftlich, sozial und religiös so anders war als heute, dass die Argumente zu Tierrechten, die offensichtlich wesentlich von diesen Kategorien zehren, nicht wirklich übertragbar sind. Ich kann mir kaum vorstellen, dass heute Menschen, die gegen Rassismus oder Sexismus oder andere Menschenrechtsverletzungen aktiv sind, mit Kant argumentieren würden. Und aus guten Gründen nicht. Kant hat ja z. B. die Todesstrafe verteidigt, obwohl es heute zum Glück völlig akzeptiert ist, dass die Todesstrafe eines der besten Beispiele einer Verletzung von Menschenrechten ist. Es entlarvt die wahre Motivation, wenn ein und derselbe Mensch nicht Kant zur Begründung von Menschenrechten hernimmt, aber mit Kant gegen Tierrechte argumentieren will.

Kurz zusammengefasst argumentiert Kant (1785 und 1788), dass genau alle Menschen eine metaphysische Vernunft hätten, die nicht empirisch nachweisbar sei und die bedingt, dass genau alle Menschen Zwecke an sich wären. Umgekehrt seien alle nichtmenschlichen Tiere, Empirie hin oder her, grundsätzlich ohne Vernunft und daher Mittel zum Zweck. In logischer Konsequenz wären genau alle Menschen durch Rechte zu schützen. Für die nichtmenschlichen Tiere bleiben nur indirekte Möglichkeiten des Schutzes, wie z. B. dadurch, dass Menschen, die sie quälen, verrohen würden. „Dass der Mensch in seiner Vorstellung das Ich haben kann, erhebt ihn unendlich über alle anderen auf Erden lebende Wesen. Dadurch ist er eine Person und vermöge der Einheit des Bewußtseins bei allen Veränderungen, die ihm zustoßen mögen, eine und dieselbe Person, d. i. ein von Sachen, dergleichen die vernunftlosen Tiere sind, mit denen man nach Belieben schalten und walten kann, durch Rang und Würde ganz verschiedenes Wesen, selbst wenn er das Ich noch nicht sprechen kann, weil er es doch in Gedanken hat.“ (Kant 1789, S. 37)

Zunächst einmal stelle ich einfach die entlarvende Frage, wer oder was sind nach Kant „Menschen“? Im Kapitel 8 habe ich festgestellt, dass der Menschbegriff so inhaltsleer ist, dass die einzige Definition wie folgt lauten kann: Zunächst wird ein Wesen als paradigmatischer Mensch willkürlich ausgewählt und Mensch genannt, und dann sind genau alle jene Wesen Menschen, die von diesem paradigmatischen Menschen um nicht mehr als 0,01 % im Genom abweichen. Da zur Zeit Kants keinerlei Wissen von Genetik oder Evolution bestand, hat er sicher nicht an diese Definition gedacht. Ich vermute viel eher, dass er einen sehr christlichen – eben naturwissenschaftlich falschen – Menschbegriff verwendet hat. Anders ist die seltsame Idee auch nicht erklärbar, dass genau alle Menschen eine Vernunft haben sollen, auch permanent komatöse oder ohne Gehirn geborene, die die zentrale ethische Rolle spielt. Vielmehr klingt hier durch Kants Sozialisation das Konzept der christlichen Seele durch. Damit ist Kants Argumentation für alle jene, die diese christliche (oder monotheistische) Ansicht nicht teilen, ohne jegliche Überzeugungskraft. Hätten Neandertaler nach Kant eine Vernunft? Oder Schimpanse-Mensch-Mischlinge? Wo in der bis heute reichenden Kette von Müttern und Töchtern von der letzten gemeinsamen Vorfahrin eines heute lebenden Menschen und eines heute lebenden Schimpansen wurde der diskontinuierliche Schritt von Unvernunft, also vom Wesen als Mittel zum Zweck, zu Vernunft, also zum Wesen als Zweck an sich, vollzogen?

Weil Kant sich hier aber auf rein metaphysische Begründungen verlässt, übersieht er das empirische Faktum, dass Vernunft nicht einfach da ist oder nicht. Wie alles in der Natur entwickelt sich auch die Vernunft graduell, sodass kein reales Wesen den Vernunftvorstellungen von Kant tatsächlich genügt, aber weit mehr Wesen als nur die Menschen durchaus auch Vernunft besitzen.

Kant unterliegt weiters dem empirischen Trugschluss, dass nur (vollständig) vernünftige Wesen autonom sind. Wie bereits ausgeführt, haben alle Wesen mit Bewusstsein einen Willen und sind daher zu einem gewissen Grad autonom. Und kein Wesen ist vollständig autonom. Abgesehen vom Problem der metaphysischen Aspekte von der Vernunft bei Kant und ihrer entsprechend schwierigen Übersetzung zu einem sinnvollen, empirischen Konzept, zeigt Kants „Beweis“ für seine ethische These, dass genau alle vernünftigen Wesen, und keine anderen, Zwecke an sich wären, also bestenfalls, dass auch die vernünftigen Wesen Zwecke an sich sind, nicht aber, dass nur die vernünftigen Wesen Zwecke an sich sind.

Und für seinen durch indirekte Pflichten begründeten Tierschutz stellt sich die Frage, welche soziologischen Studien er zitieren kann, dass Tierquälerei verroht. Selbst wenn es heute solche Studien geben soll, belegt bereits der Umstand, dass Kant ohne jegliche wissenschaftliche Basis solche weitreichenden Thesen vertritt, dass er sich mehr von Intuition und Plausibilität (die in seiner Gesellschaft ganz andere waren als heute) leiten lässt als von empirischen Fakten. Entsprechend wenig nachvollziehbar sind die gezogenen Schlüsse.

14.2 Das Argument von den „marginal cases“

Eines der Hauptprobleme, das GegnerInnen der Tierrechte mit obigem Tierrechtsargument haben, ist, dass sie die Zuschreibung von Grundrechten gerne von Kriterien abhängig machen würden, die kein nichtmenschliches Tier erfüllen kann. Nur zeigt Prämisse 2, dass sie sich damit ein Problem mit den Menschenrechten einhandeln. Daniel Dombrowski (1997) hat diesem so genannten „Argument von den ‚marginal cases'“, das diese Zusammenhänge zeigt, ein eigenes Buch gewidmet.

Die herrschende Vorstellung in unserer Gesellschaft ist, dass alle Menschen, definiert durch ein gewisses „menschliches“ Genom, als Personen gelten und grundsätzlich gleiche Rechte auf Leben, Freiheit und Unversehrtheit haben, und zwar sowohl als Naturrechte als auch vor dem Gesetz. Dagegen gelten nichtmenschliche Wesen, definiert durch eine Mindestabweichung von mehr als 0,01 % vom „menschlichen“ Genom, grundsätzlich als Sachen und damit als rechtlos. Personen haben ein Eigentumsrecht, Sachen sind Eigentum.

Das ganze Konzept der grundsätzlich gleichen Menschenrechte basiert also auf dem Kriterium „menschliches Genom“. Da ich ein menschliches Genom habe, werden meine Grundrechte auch – zumindest offiziell und formal – anerkannt.

Doch dieser Standpunkt ist rational nicht haltbar. Dazu ein Gedankenexperiment: Ein Wesen von einem anderen Stern oder ein Wesen aus einem bisher noch unbekannten Himalajatal erscheint auf der Bildfläche. Dieses Wesen, und das ist die Grundannahme, hat genau mein Aussehen und genau mein Verhalten, meine Persönlichkeit, meinen Charakter und meine Eigenschaften bis ins kleinste Detail. Nur, es hat kein menschliches Genom. Formal hätte dieses Wesen also keinerlei Rechte und wäre keine Person, sondern würde als Sache gelten.

Das widerspricht aber dem Gleichheitsgrundsatz: Ein Wesen, das genau alle meine Eigenschaften hat, sollte auch dieselben Rechte haben wie ich. Gleiches soll gleich behandelt werden. Dabei spielt das Genom als solches, qua Genom, keine Rolle.

Um also meinen Doppelgänger, das Wesen vom andern Stern bzw. aus dem Himalajatal, auch in den Kreis der Personen, der RechtsträgerInnen, aufnehmen zu können, würde wahrscheinlich damit argumentiert werden, dass er ja sprechen sowie seine Rechte einfordern, ein vernünftiges Weltbild haben und danach leben könnte usw. Deshalb solle er auch als Person gelten.

Nun, aber auch meine schwer senile Großmutter ist eine Person in unserer Gesellschaft und keine Sache. Weiteres Gedankenexperiment: Ein Wesen von einem anderen Stern oder ein Wesen aus einem bisher noch unbekannten Himalajatal erscheint auf der Bildfläche. Dieses Wesen, und das ist die Grundannahme, habe genau das Aussehen meiner schwer senilen Großmutter, und genau ihr Verhalten, ihre Persönlichkeit, ihren Charakter und ihre Eigenschaften bis ins kleinste Detail. Nur, es hat kein menschliches Genom. Formal hätte dieses Wesen also keinerlei Rechte und wäre keine Person, sondern würde als Sache gelten.

Und hier entsteht der eigentliche Widerspruch. Gleiches soll gleich behandelt werden. Dabei spielt das Genom als solches, qua Genom, keine Rolle. Nur, alle oben angegebenen Gründe für die Einbeziehung meines Doppelgängers in den Kreis der Personen, wie dass er ja sprechen kann, seine Rechte einfordern, ein vernünftiges Weltbild haben und danach leben usw., passen nicht auf die Doppelgängerin meiner schwer senilen Großmutter: Sie kann nicht sprechen, kann nicht ihre Rechte einfordern und hat auch kein erkennbares vernünftiges Weltbild, nach dem sie lebt.

Wenn jetzt also deshalb ihrer Doppelgängerin keine Rechte gegeben werden sollen, warum hat meine schwer senile Großmutter Rechte? Gleiches soll gleich behandelt werden.

Daher muss wieder das Kriterium geändert werden. Es haben also nicht nur Wesen, die sprechen können, vernünftig sind, für ihre eigenen Rechte eintreten und nach einem eigenen Weltbild leben, gleich Rechte. Die Kriterien müssen so erweitert werden, dass alle genetischen Menschen sie erfüllen können, wie z. B. fühlen zu können, Bedürfnisse zu haben, einen eigenen Charakter und eine eigene Persönlichkeit haben usw. Nur, in diese Definition fallen eben auch sehr viele nichtmenschliche Wesen, die heute die Erde bevölkern, hinein.

In syllogistischer Form lautet das Argument von den „marginal cases“ jetzt (Ach 1999):

Prämisse 1: *Kriterium X schließt zusammen mit allen nichtmenschlichen Tieren auch viele Menschen, wie Neugeborene oder schwer geistig Behinderte, davon aus, Rechte zu haben.*

Prämisse 2: *Alle Menschen, auch Neugeborene oder schwer geistig Behinderte, haben klarerweise Rechte.*

Konklusion: *Also muss Kriterium X als Kriterium für Rechte zurückgewiesen werden.*

Mit diesem Argument, zusammen mit Prämisse 2, folgt zwangsweise, dass nichtmenschliche Tiere Rechte haben müssen, wenn auch alle Menschen Rechte haben.

14.3 Argumente aus der Biologie gegen Tierrechte

Raymond Frey (1980) ist uns schon bei der Diskussion über die Rolle der Sprache begegnet. Er vertritt einen Utilitarismus, nach dem eine Handlung ethisch gut ist, wenn sie Freuden erhöht und Leiden reduziert, und ethisch schlecht im umgekehrten Fall. Seiner Meinung nach spielt die mentale Komplexität eines Lebewesens die zentrale Rolle bei der Frage, welche Qualität, und damit welchen Wert, die Freuden und Leiden dieses Lebewesens haben. Ein mental komplexeres Wesen hätte wesentlich intensivere und qualitativ wichtigere Gefühle, weil diese Gefühle durch das mentale Element sehr verstärkt würden. So sei z. B. Leiden an einem medizinischen Experiment für ein Wesen, das die Hoffnungslosigkeit seiner Lage sieht, viel schlimmer als für eines ohne diese Einsicht. Und umgekehrt könne es schöne Musik oder gutes Essen usw. viel intensiver wahrnehmen.

Frey ist also nicht speziesistisch, weil er nicht das Menschsein an sich, sondern die mentale Komplexität als das entscheidende Kriterium sieht. Natürlich meint er empirisch feststellen zu können, dass im Allgemeinen gerade die Menschen die mental komplexesten Wesen sind. Manche nichtmenschlichen Tiere, wie manche SchimpansInnen, können nach Frey aber durchaus mental komplexer als manche Menschen, wie kleine Kinder, senile Alte oder geistig Kranke, sein.

In seiner utilitaristischen Bilanz zwischen Freuden und Leiden aller betroffenen Wesen einer Handlung sieht er z. B. das Fleischessen, medizinische Experimente usw. an nichtmenschlichen Tieren für völlig gerechtfertigt an, weil eben die menschliche Freude am Essen der dafür getöteten Leiche eines Schweines das schweinliche Leiden bei Haltung und Tötung bei weitem aufwiegen würde. Allerdings gilt nach Frey dasselbe für jene Menschen, die vergleichbar „gering mental komplex" wie das Schwein wären. Nur das Leiden von „vollwertigen" Menschen, die eine emotionale Bindung zu diesen „gering mental komplexen" Menschen haben, würde sie vor dem Schicksal des Schweines bewahren. Frey leugnet also Prämisse 1, dass alle Menschen Grundrechte hätten.

Frey macht den Fehler, nicht in konforme und strukturelle Aspekte eines Lebens zu trennen, wie im Kapitel 12 ausgeführt. Bei seiner Aufrechnung von Freuden und Leiden übersieht er, dass die Freuden eines Wesens nicht gegen die Leiden eines anderen aufrechenbar sind. Mentale Komplexität kann grundsätzlich kein objektives Maß dafür sein, welches Wesen qualitativ bedeutendere Gefühle hat, weil kein gemeinsames Präferenzensystem existiert, wonach dieser Vergleich gezogen werden könnte. Für jedes Wesen ist z. B. maximaler Schmerz ein maximales Leiden, völlig unabhängig von mentaler Komplexität. Abgesehen davon sind alle Wesen mit Bewusstsein Individuen und singulär, d. h. einzigartig, und nicht nur austauschbare Gefäße für Gefühle, wie das der Utilitarismus annimmt. Selbst ein Wesen durch seinen eineiigen oder geklonten Zwilling zu ersetzen, bedeutet, dass ein einzigartiges Wesen getötet wurde. Und das ist eine Übertretung der autonomen Interessen dieses Wesens und daher ethisch falsch, ganz egal, was andere Wesen dazu sagen oder wie andere Wesen sich dadurch fühlen.

Peter Carruthers (1992) ist in meinen Augen ein typisches Beispiel jener AutorInnen, die sich offenbar über Jahre hinweg immer mehr über das Tierrechtsargument geärgert haben, bis sie sich entschlossen, alle Argumente, die ihnen nur einfallen, dagegen zusammenzutragen und diese zu veröffentlichen. Viel ist dabei nicht herausgekommen.

Carruthers bezweifelt, dass nichtmenschliche Tiere überhaupt irgendeine ethische Relevanz hätten. Er begründet das vor allem damit, dass all ihr Verhalten durch unbewusste Reizreflexe erklärbar wäre und eine Ähnlichkeit mit unbewussten Handlungen von Menschen hätte. Darüber hinaus argumentiert er, dass eine so komplexe „Theory of Mind" für Bewusstsein notwendig sei, dass das Verstehen von Bewusstseinszuständen anderer und auch das Verstehen deren Verständnisses des eigenen Bewusstseinszustands usw. möglich sein müsse. Bewusstsein ist das Verstehen der eigenen Bewusstseinszustände, was offenbar von der Fähigkeit her nach Carruthers identisch mit dem Verstehen anderer Bewusstseinszustände ist. Da diese Fähigkeit bei nichtmenschlichen Tieren nicht existent wäre, würden sie kein Bewusstsein haben und wären daher ethisch irrelevant.

Carruthers anerkennt, dass auch viele Menschen diesem Kriterium für Bewusstsein nicht genügen würden, wie z. B. Menschenkinder, die nicht älter als vier Jahre alt sind, oder senile Alte oder geistig Kranke. Warum diese aber gleich ethisch relevant wie die „normalen" Menschen sein sollen, begründet Carruthers mit dem so genannten *„slippery slope"-Argument.* Dieses Argument aus der Soziologie besagt, dass, wenn gewissen Menschen die ethische Relevanz abgesprochen wird, die ethische Relevanz bald auch „normalen" Menschen abgesprochen werden könnte, weil dadurch die Sensibilisierung der Gesellschaft abnehme und eine Abstumpfung eintrete. Das Argument ist also ähnlich indirekt wie das von Kant für Tierschutz.

Mit anderen Worten, kleine Kinder, senile Alte, geistig Kranke etc. sollen nicht deshalb Rechte haben, weil sie so sind, wie sie sind, Wesen, die fühlen können, die Bedürfnisse haben, die einen Charakter und eine Persönlichkeit haben usw., sondern weil es andere RechtsträgerInnen irgendwie negativ beeinflussen könnte, würden sie keine Rechte haben. Sollen geistig behinderte Menschen wirklich nicht aufgrund ihres eigenen Wesens als RechtsträgerInnen anerkannt sein, sondern weil ihr Schicksal ansonsten dazu führen könnte, dass die „wirklich wichtigen" anderen durch einen allgemeinen Rückgang der Moral in der Gesellschaft in Mitleidenschaft gezogen würden? Das müsste in der Gesellschaft doch als unerträgliche Behindertenfeindlichkeit gesehen werden! Behinderte sind Menschen, die genauso wie alle anderen aufgrund ihrer eigenen Wesenheit Rechte haben, weil sie selbst wesentlich und wertvoll sind und nicht, weil andere, die offenbar dann die einzig wirklich relevanten Wesen wären, Nachteile haben könnten. Auch wenn kein anderer Mensch dieser Welt irgendeinen Nachteil davon hätte, wenn behinderte Menschen keine Rechte hätten, dann haben sie dennoch die gleichen unveräußerlichen Grundrechte wie alle anderen Menschen! Das folgt jedenfalls aus meinem Tierrechtsargument von Kapitel 12.

Abgesehen davon gibt es eigentlich keinen Grund, dieses „slippery slope"-Argument nicht auch auf SchimpansInnen oder vielleicht Mischlinge von SchimpansInnen und Menschen anzuwenden: Wenn SchimpansInnen in Tierversuchslabors gequält werden, sinkt vielleicht die allgemeine Moral ihrer Folterer, und das wirkt sich auf die ganze Gesellschaft aus. Also müssten auch SchimpansInnen Rechte haben.

Gegen die grundsätzlichen Argumente von Carruthers habe ich bereits in den früheren Kapiteln genügend Argumente zusammengetragen, um sie zu widerlegen. Bewusstsein ist nicht von irgendeiner spezifischen „Theory of Mind" abhängig, und das Verhalten unzähliger nichtmenschlicher Tiere belegt eindeutig, dass sie Bewusstsein haben und nicht nur unbewusst auf Reize mit Reflexen reagieren. Was Carruthers macht, ist speziesistisch bedingte Anthroponegation. Man könnte sagen, er habe selbst keine „Theory of Mind", weil er nicht in der Lage zu sein scheint, die Bewusstseinszustände anderer Wesen mit Bewusstsein zu erkennen.

Alan White (1984) fragt sich, welche Eigenschaften ein Wesen aus logischen Gründen haben muss, damit es überhaupt ein Recht haben kann. Dafür sei eine logische Analyse des sprachlichen Begriffs „Recht" notwendig. Ein Recht auf X zu haben, wie z. B. ein Recht auf Leben oder ein Recht nicht zu leiden, setzt zwar logisch voraus, ein Wesen zu sein, das auch X haben kann, also leben und leiden kann. Aber das ist nur eine notwendige und keine hinreichende Bedingung.

Im vollen sprachlichen Sinn ein Recht haben zu können, bedeute, man muss es ausüben, verdienen, genießen, einklagen, fordern usw. können. Da Rechte direkt mit Pflichten, Verantwortung, Privilegien, Macht usw. zusammenhängen, muss man auch Pflichten, Verantwortung usw. übernehmen können. Ein Wesen, das ein Recht im vollen sprachlichen Sinn haben kann, muss also zu all dem fähig, also rechtsfähig sein. Und das träfe nur auf Menschen zu.

Menschen, die selber kein Recht ausüben könnten, würden aber trotzdem ein Recht bekommen, weil sie logisch-sprachlich zu der Kategorie der Rechtsfähigen gehörten. Sie wären eben Rechtsfähige, die durch empirische Umstände ihre Rechtsfähigkeit nicht ausüben könnten. Und damit hätten wieder alle Menschen Grundrechte und alle nichtmenschlichen Tiere nicht.

Es ist aber völlig unklar, warum eine Sprachanalyse des Rechtsbegriffs irgendeine ethische Relevanz haben soll. Wie im Kapitel 11 gezeigt, hat die Sprache keinerlei relevante Rolle in der faktischen Welt. Sie ist nur ein Repräsentationsversuch einer Repräsentation faktischer mentaler Objekte zum Zweck der Kommunikation. Aus den Eigenschaften dieser Repräsentation einer Repräsentation kann man weder zwingend auf die Repräsentation noch auf das repräsentierte mentale Objekt noch auf das tatsächliche Objekt, das mental repräsentiert wurde, schließen.

Faktisch, und das gibt ja auch White zu, kann ein Kleinkind ein Recht haben, indem es im Konfliktfall von einer Kuratorin bezüglich dieses Rechts repräsentiert wird. Dasselbe ist daher auch für ein nichtmenschliches Tier möglich. Wenn sich dieses Faktum nicht in der Sprache wiederfindet, dann ist das ein Problem der Sprache und nicht ein Problem der faktischen Welt.

Ruth Cigman (1981) argumentiert, dass nichtmenschliche Tiere kein Konzept von Tod und Leben hätten. Sie könnten zwar momentan unter Schmerzen leiden oder sich freuen, aber sie hätten keine Zukunftsplanung, sie würden nicht deshalb leben wollen, weil sie ihr Leben wertschätzen. Cigman setzt alle diese Eigenschaften mit der Fähigkeit gleich, zu denken, dass ein gewisser Umstand oder ein gewisses Faktum für einen ein Grund zu leben ist.

Weil nichtmenschliche Tiere also nach Cigman leiden können, sollten sie einen Schutz davor haben, leiden zu müssen. Aber nichtmenschliche Tiere würden keinen Schaden nehmen, wenn sie schmerzlos getötet würden, weil ihnen durch den Tod nichts genommen würde, das sie haben. Nur ein Konzept von Leben und Tod würde nach Cigman eine Präferenz weiterzuleben erzeugen können, und ohne diese Präferenz zu leben würde mit dem schmerzfreien Tod kein Schaden entstehen, kein Interesse bzw. keine Präferenz unerfüllt sein. Nichtmenschliche Tiere könnten also schmerzfrei getötet werden, ohne dass das in irgendeiner Form ethisch relevant wäre.

Wir haben in Kapitel 10 gesehen, dass einige nichtmenschliche Tiere sehr wohl ein gewisses Verständnis von Leben und Tod zeigen. Zumindest leben alle Wesen mit Erweitertem Bewusstsein – und alle Wesen mit Bewusstsein haben ein mehr oder weniger Erweitertes Bewusstsein – in der Zeit. Sie speichern ihre Erlebnisse, können aus der Vergangenheit schöpfen und auch in gewissem Rahmen für die Zukunft planen. Aus ihrer Vergangenheit entwickeln sie eine Persönlichkeit, ein autobiographisches Selbst. Dieses autobiographische Selbst (Kapitel 5) lebt in der Zeit und hat Präferenzen und Interessen, die in die Zukunft reichen.

Aber abgesehen davon hat das Leben für jedes Wesen mit Bewusstsein einen unendlich hohen instrumentellen Wert (Kapitel 12). Auch wenn sich ein Wesen nicht bewusst ist, was Tod und Leben bedeutet und deshalb nicht einen expliziten, bewussten Willen zu leben hat, so ist es doch im Interesse des Wesens zu leben, im Sinn von Kapitel 12, weil das Leben eine wesentliche Grundvoraussetzung dafür ist, etwas bewusst zu wollen. Das Wesen „will“

also in diesem Sinne implizit und unbewusst leben. Durch den Tod erleidet das bewusste, lebende Wesen also einen immensen Verlust, einen Schaden, auch wenn es sich dessen, was es verliert, nicht bewusst ist.

Abgesehen davon würde nach Cigman auch jeder Mensch, der kein Konzept vom Tod hätte, kein Lebensrecht haben. Weiß sie, auf was sie sich da einlässt, wenn sie einmal selbst alt und vielleicht senil wird?

Mary Midgely (1983) wird eigentlich als tierrechtsfreundlich gesehen. Ihre Position bezeichnet man i. A. als die der „schwachen Tierrechte". Midgely anerkennt, dass nichtmenschliche Tiere Bewusstsein haben und leiden können. Sie spricht sich in der Praxis gegen die meisten heutigen Arten von Tierausbeutung aus, allerdings wendet sie sich nicht grundsätzlich gegen die Nutzung nichtmenschlicher Tiere zum menschlichen Vorteil. Alles mit Maß und Ziel, sozusagen.

In ihrer Ethik ist sie neoaristotelische Naturalistin, d. h. sie meint, was es ausmacht, ein guter Mensch zu sein oder gute Taten zu setzen, würde sich in rein physikalischen Begriffen ausdrücken lassen. Die Ethik lässt sich also durch ethologische Forschung entdecken.

Midgely denkt, dieser Forschung entnehmen zu können, dass die Familie und die biologische Art die zentralen Begriffe von Relevanz für ein Wesen sind. Sie könne die Argumente für ein Gleichheitsprinzip und gegen Sexismus, Rassismus und Speziesismus nachvollziehen. Nur wäre die Bevorzugung der eigenen Familie und der eigenen Art von Natur aus vorgegeben, während die Bevorzugung einer biologisch ja gar nicht existenten Rasse oder des eigenen Geschlechts nicht natürlich wäre, sondern sich kulturell entwickelt hätte. Sexismus und Rassismus sind daher falsche Vorurteile, während ein gemäßigter Speziesismus natürlich und deshalb ethisch richtig wäre.

Weil jetzt das glückliche Leben von Menschen in vieler Hinsicht von einem gewissen Speziesismus abhängig sei, wäre es in einem genau zu kontrollierenden Maß ethisch richtig, diesen Speziesismus auch in der Gesellschaft umzusetzen. Manchmal würde also das Gleichheitsprinzip einfach aussetzen dürfen. Damit wären gleiche Tierrechte nicht vertretbar, sondern nur so genannte schwache Tierrechte, die in bestimmten Fällen für die betroffenen nichtmenschlichen Tiere keinen Schutz gewähren.

Midgely zieht offensichtlich einen naturalistischen Fehlschluss (Kapitel 12). Sie schließt ganz direkt von „natürlich" auf „ethisch richtig". Und dieser Schluss ist nicht zulässig. Ist nicht zumindest zuweilen das rücksichtslose

Durchsetzen des Stärkeren auf Kosten des Schwächeren natürlich? Ist nicht vielleicht Vergewaltigung, Mord und sogar Kannibalismus (Hollingham 2004), zumindest in gewissem Rahmen, natürlich? Und selbst wenn nicht, wollten wir es wirklich davon abhängig machen, was die Ethologie über natürliches menschliches Verhalten herausfindet, ob wir so ein Verhalten in der Gesellschaft tolerieren?

Abgesehen davon irrt sich Midgely in ihrer Einschätzung der Rolle der biologischen Art. Im Kapitel 8 habe ich im Detail ausgeführt, warum die Art keinerlei biologische Realität hat. Man erkennt weder „natürlich" bzw. angeboren, wer ArtgenossInnen sind, noch kann man daher solchen Wesen gegenüber irgendwelche angeborenen Einstellungen haben, die sich in eine Ethik umlegen lassen. Ich empfinde jedenfalls ganz deutlich keinerlei solche „natürliche Bevorzugung" der eigenen Art, was auch immer das heißen mag. Wenn mein Hundefreund in Lebensgefahr ist, dann helfe ich allemal ihm, bevor ich einem wildfremden Menschen helfe, auch wenn das den Tod des letzteren bedeuten könnte. Das ist für mich, und für viele andere Menschen, vollkommen selbstverständlich. Ich hab auch den gewaltsamen Tod von Menschen und von nichtmenschlichen Tieren miterlebt und war von beidem gleich entsetzt. Der gewaltsame Tod des Menschen ging mir jedenfalls in keiner Weise näher. Ich kann weder Midgelys „von Natur gegebene Bevorzugung von Mitgliedern der eigenen Art" noch Eibl-Eibesfelds „von Natur gegebene Bevorzugung von Mitgliedern der eigenen Rasse" in meiner Persönlichkeit als einen Wesenszug entdecken und emotional nachvollziehen, nicht zuletzt, weil weder Art noch Rasse biologisch existieren, sondern künstliche Kategorien sind.

Michael Leahy (1991) ist ein derartig radikaler Gegner von Tierschutz und Tierrecht, dass er jede Art von Misshandlung nichtmenschlicher Tiere durch Menschen gutheißt, scheinbar ganz egal, wie trivial und unwichtig der dadurch gewonnene Vorteil für den Menschen ist und wie brutal und schmerzhaft sie auch immer für die betroffenen nichtmenschlichen Tiere sein mag. Selbst den Stierkampf oder Hetzjagden mit Hunden findet er vollkommen vertretbar. Ja, er schreibt sogar, dass er Schlachthöfe und Tierversuchslabors besucht habe und keinerlei ethische Probleme feststellen konnte. Im Gegenteil, Leahy empfindet, dass unsere Gesellschaft viel zu freundlich mit nichtmenschlichen Tieren umgehen würde.

Leahy bezeichnet nichtmenschliche Tiere als „primitive Wesen“. Sie könnten zwar im Gegensatz zu Computern leiden, wären aber äußerst primitiv. So zitiert Leahy BehaviouristInnen, wenn er von Tierverhalten spricht, und beruft sich auf die Publikation von Herbert Terrace, die im Kapitel 11 diskutiert wurde, um zu belegen, dass auch die Sprachforschung bei nichtmenschlichen Menschenaffen keinen Beleg für höhere kognitive Fähigkeiten oder gar ein Sprachverständnis liefern würde. Menschen wären jedenfalls ganz anders als nichtmenschliche Tiere, vor allem, weil erstere ein Selbstbewusstsein, eine Sprache und ein Moralverständnis hätten. Aufgrund dieses Selbstbewusstseins wäre das Leiden von Menschen mit dem anderer Tiere nicht vergleichbar. Wenn ein Fuchs von einer Hundemeute zu Tode gehetzt wird, dann leide er nur momentan. Würde die Hetzjagd aufhören, sei sofort das Leiden beendet, ja, der Fuchs hätte plötzlich praktisch vergessen, d. h., es wäre ihm nicht mehr bewusst, dass er gerade gejagt worden ist. Bei Menschen sei das anders. Aufgrund ihres Selbstbewusstseins würden sie sich nach einem momentanen Schmerz z. B. Sorgen machen und dergleichen. Deswegen wäre die ethische Relevanz an ein Selbstbewusstsein gebunden. Die Menschen seien also grundsätzlich in allen ihren Interessen und Präferenzen praktisch unendlich ethisch relevanter als nichtmenschliche Tiere.

Leahy meint, dass nichtmenschliche Tiere mental mit etwa sechs Monate alten Menschenkindern vergleichbar wären und ähnlich leiden könnten. Doch kleine Menschenkinder wären trotzdem gleich ethisch relevant und hätten die gleichen Grundrechte wie „normale“ Menschen, weil es eben ethisch relevante, „normale“ Menschen gibt, für die diese Kleinkinder emotional relevant sind, wie z. B. die Eltern. Wenn diese Kinder oder andere Menschen ohne Selbstbewusstsein, wie senile Alte oder geistig Kranke, keine gleichen Grundrechte hätten, dann würden die mit ihnen emotional verbundenen „normalen“ Menschen leiden, und das müsse durch Grundrechte für die Kinder, senilen Alten, geistig Kranken usw. vermieden werden. Das Argument für Grundrechte dieser Wesen ist also ähnlich indirekt wie das von Kant für Tierschutz.

Genauso wie schon bei Carruthers „slippery slope“-Argument festgestellt, sollen auch hier kleine Kinder, senile Alte und geistig Kranke etc. nicht deshalb Rechte haben, weil sie so sind, wie sie sind, Wesen, die fühlen können, die Bedürfnisse haben, die einen Charakter und eine Persönlichkeit haben usw., sondern weil es andere RechtsträgerInnen irgendwie emotional negativ berühren könnte, würden sie keine Rechte haben. Sollen die Grundrechte für geistig behinderte Menschen wirklich nur davon abhängen, ob es irgendwelche „wirklich wichtige“ andere Menschen gibt, die das Schicksal dieser geistig Behinderten bewegt? Das müsste in der Gesellschaft doch als unerträgliche Behindertenfeindlichkeit gesehen werden! Behinderte sind Menschen, die genauso wie alle anderen aufgrund ihrer eigenen Wesenheit Rechte haben, weil sie selbst wesentlich und wertvoll sind und nicht, weil andere, die offenbar dann die einzig wirklich relevanten Wesen wären, darunter leiden könnten. Auch wenn kein anderer Mensch auf dieser Welt sich dafür interessieren würde, ob ein bestimmter behinderter Mensch Rechte hätte, dann hat er dennoch die gleichen unveräußerlichen Grundrechte wie alle anderen Menschen! Das folgt jedenfalls aus meinem Tierrechtsargument von Kapitel 12.

Abgesehen davon würde das Argument auch für nichtmenschliche Tiere gelten, um die sich „normale“ Menschen sorgen. Ein Hund, der in der Familie lebt, müsste mit diesem Argument doch genauso Rechte bekommen. Und wenn es wirklich nur an der einseitigen emotionalen Bindung liegt, warum nicht auch gleich einem Auto Rechte geben oder einem Haus?

Zu Leahys grundsätzlichem Argument, dass Selbstbewusstsein letztendlich zu Rechten führt, ist einerseits zu sagen, dass, wie bereits ausgeführt, jedes Bewusstsein in gewissem Rahmen auch Selbstbewusstsein ist. Damit hätten auch alle nichtmenschlichen Tiere nach Leahy Rechte. Andererseits begeht Leahy auch Anthroponegation, wenn er das Verhalten nichtmenschlicher Tiere interpretiert. Konditionierung kann nicht eine Erklärung für alles Verhalten nichtmenschlicher Tiere sein. Und Herbert Terrace zu zitieren entlarvt Leahys eigentliche Motive, zumal, wie ich ausgeführt habe, diese Arbeit vorsätzlich unternommen wurde, um mit speziesistischen Hintergedanken die Sprachstudien an nichtmenschlichen Menschenaffen zu diskreditieren und zu beenden.

14.4 Argumente aus der Soziologie gegen Tierrechte

William Paton (1984) hat ein eigenes Buch dazu geschrieben, alle Tierversuche ohne Ausnahme zu rechtfertigen. Dafür gesteht er zwar zunächst zu, dass es eine Kontinuität aller Lebewesen in der Evolution gibt, sagt aber dann, dass eine operationale Unterscheidung zwischen Menschen und anderen Tieren gefunden werden kann, weil akkumulierte, quantitative Unterschiede zwischen Menschen und anderen Tieren so groß geworden sind, dass sie in der Praxis als ein qualitativer Unterschied gesehen werden müssten. Das Kriterium für ethische Berücksichtigung in der Tierrechtsdebatte, nämlich die Fähigkeit zu emotional reichen Empfindungen, sei eine Bankrotterklärung der Ethik, nicht zuletzt deswegen, weil besonders schwer geistig behinderte Menschen diesbezüglich geringere Fähigkeiten hätten als andere Tiere.

Die Menschen als Art könnten auf dem Wissen früherer Generationen durch das gesprochene und das geschriebene Wort aufbauen, und so hätten sich aus Höhlenmalereien letztendlich Renaissance-Kunstwerke entwickelt, die Pythagoräischen Harmonien wurden zu Bachfugen, und archimedische Mathematik wird heute als elementares Wissen in Schulen unterrichtet. Die menschliche Art hätte diese Kulturleistungen als ganzes vollbracht. Sie seien von unvergleichlicher Qualität im Vergleich zu dem Verhalten anderer Tiere. Der Mailänder Dom wäre soviel besser als ein Mauseloch, dass deswegen Menschen und andere Tiere nicht einmal in einem Atemzug zu nennen wären. Sie wären von einer anderen Kategorie. Daher wären alle Mitglieder der menschlichen Art, und seien sie weder in der Lage, solche Kulturleistungen zu vollbringen, noch daran überhaupt interessiert, trotzdem als Menschen unvergleichlich viel mehr wert als andere Tiere.

Bei William Paton, der selbst Tierversuche in der Pharmakologie gemacht hat, ist das Eigeninteresse am Bekämpfen der Tierrechtsidee deutlich. Sein Buch strotzt nur so von Speziesismen und von einer Glorifizierung aller menschlichen Regungen, vor allem im Vergleich zu nichtmenschlichen Tieren. Man bekommt den Eindruck, dass selbst ein defäkierender Mensch eine Kulturleistung vollbringt, dessen Produkt an Grandeur die Abfallprodukte aller anderen Tiere völlig in den Schatten stellt. Und dieser Vergleich ist kein Scherz. So wie Paton schreibt, gehört er zu jenen Menschen, die die Affen als Werk des Teufels sehen, nur geschaffen, um die Menschen zu verspotten (deWaal 2001, S. 37). Der Umstand, dass er ebenso körperliche Regungen hat wie diese „Tiere“, auf die er so herabsieht, stört ihn sicher immens, wo er sich doch als einen Exponenten einer feinfühligen Kultur par excellence betrachtet.

Letztendlich ist auch seine Reaktion auf das Argument von den „marginal cases“ nur ein platter Speziesismus. Erstens vollbringen Arten überhaupt keine Kulturleistungen. Wenn eine Menschengruppe vom Rest der Menschheit getrennt lebt, kann man doch nicht dieser Gruppe die Kultur der anderen in die Schuhe schieben und umgekehrt. Würde Paton einem indigenen

Stamm in Borneo z. B. die Menschenrechte absprechen, weil sie nichts zum „Weltkulturerbe“ des Restes der Menschheit beigetragen haben? Wenn nicht, wieso nicht? Ist ein Bambusverschlag dieser Menschen nach Paton mit dem Mailänder Dom vergleichbar? Sicherlich nicht, sonst hätte Paton ja genauso gut diesen Bambusverschlag mit einem Mauseloch vergleichen können, was er aber nicht tat. Das ganze Argument riecht sehr nach der Rechtfertigung der Sklaverei im 19. Jahrhundert, nach der die unzivilisierten „Wilden“ ungleich primitivere Wesen im Vergleich zu den Mitgliedern der hehren, kulturhohen, europäischen Zivilisation wären, und daher vergleichsweise ethisch irrelevant. Letztendlich ist das dasselbe Argument, nur spricht Paton statt von der Zivilisation von der Menschheit, obwohl er durchaus die Zivilisation meint. Alle von ihm genannten Kulturleistungen stammen aus zivilisierten Hochkulturen und nicht von Stämmen aus dem Urwald und deren Fähigkeiten oder Traditionen. Das ist der reine Kulturchauvinismus, unter dem Deckmäntelchen des Humanismus.

Jedenfalls gibt es keinen irgendwie konstruierbaren, faktischen, biologischen oder sozialen Zusammenhang genau aller Menschen, unter dem Ausschluss aller anderen Tiere, weder als Art noch als Gesellschaft. Ich erinnere an die „Wilden Kinder“ und die Argumente gegen die biologische Realität der Art in Kapitel 8. Paton täte gut daran, einmal einige Wochen ohne Zivilisation in der Wildnis zu leben. Vielleicht würde er dann erstens merken, dass seine körperlichen Regungen und Empfindungen sich um nichts von denen anderer Tiere unterscheiden. Trotz vermeintlich blauen Blutes aufgrund seiner menschlich-adeligen Herkunft ist er doch nur ein Tier unter Tieren. Und zweitens würde er dann vielleicht auch den Wert anderen Wissens und anderer Fähigkeiten als hochkultureller Malerei, Musik, Mathematik oder Baukunst zu schätzen lernen. Ich für meinen Teil bewundere die Lebensäußerungen von Wesen, die in der Wildnis möglichst ohne Schädigung anderer überleben können und unglaublich viel von der Natur wissen, wesentlich mehr als jedes noch so gefeierte Kunstwerk. Wenn Paton sich in extrem lawinengefährdetem Gebiet bewegte oder erschöpft im Schneesturm nicht mehr weiter wüsste, dann könnte er wohl meine Werte viel besser verstehen. Dann würde er Wesen bewundern, die sich in solchen Situationen sehr gut zurechtfinden. Das zeigt, wie sehr sich Werte mit einem verschiedenen Präferenzensystem aufgrund verschiedener Erfahrungen anders darstellen. Es ist schon ein Zeichen unglaublicher Arroganz und mangelnder intellektueller Abstraktionsfähigkeit, dass Paton seine persönlichen Werte verabsolutiert und zu objektiven Werten erklärt und auf Basis dieser subjektiven Selbstüberschätzung unzählige nichtmenschliche Tiere in Versuchen zu Tode quält. Patons Ansichten sind für mich völlig unplausibel und nicht nachvollziehbar.

Lawrence Becker (1983) identifiziert ethisch gut zu sein damit, einen guten Charakter zu haben. Eine von vielen Eigenschaften eines guten Charakters wäre Reziprozität, d. h., wenn einem gegenüber eine gute Handlung gesetzt wurde, diese mit einer guten Handlung zu beantworten. Eine zweite Eigenschaft eines guten Charakters könnte es sein, mit anderen mitfühlen zu können. Diese beiden Eigenschaften basieren auf sozialer Nähe. Ohne direkten Sozialkontakt könnte man nicht gute Handlungen mit guten Handlungen beantworten und könnte man sich nicht in andere hineinversetzen und mitfühlen. Auf dieser Basis argumentiert Becker, dass die soziale Nähe zu einem anderen Wesen dessen ethische Relevanz für mich erhöht. Generell wären deshalb Menschen für andere Menschen ethisch relevanter als nichtmenschliche Tiere. Das sei deswegen so, weil soziale Nähe mit der Anzahl der Sozialkontakte und mit der gegenseitigen Abhängigkeit ansteigt. Menschen hätten mit anderen Menschen i. A. mehr Sozialkontakte und lebten in größerer Abhängigkeit von ihnen.

Becker leugnet nicht, dass nichtmenschliche Tiere leiden können oder dass sie Interessen haben, die ethisch relevant sind. Er meint allerdings, dass Menschen aufgrund seiner Überlegungen berechtigt wären, die Interessen anderer Menschen höher zu bewerten als die Interessen nichtmenschlicher Tiere.

Das Argument der sozialen Nähe ist deshalb sehr problematisch, weil es sozial Ausgegrenzte oder solche, die sich vorsätzlich von der sozialen Umgebung zurückziehen, aus der Ethik ausschließt. Würden alle Menschen mit dieser Ethik gleiche Grundrechte bekommen?

Nichtmenschliche Tiere stehen auch in engen sozialen Beziehungen zu vielen Menschen. Wenn die Rechte auf engen sozialen Beziehungen basieren, müssten wenigstens diese nichtmenschlichen Tiere dieselben Rechte bekommen. Und diejenigen, die in sozialen Beziehungen stehen, haben auch in unserer Gesellschaft kein uneingeschränktes, ethisches Vorrecht, so dürfen sie die Grundrechte anderer Menschen zum Wohle der ihnen sozial nahen nicht einfach übertreten. Würde das nicht bedeuten, dass, selbst wenn Becker Menscheninteressen höher einstuft, diese dennoch nicht die vitalen Interessen der nichtmenschlichen Tiere, die durch Grundrechte auf Leben, Freiheit und Unversehrtheit geschützt sind, außer Kraft setzen?

Jan Narveson (1983) ist ein beinharter Kontraktionalist. Für ihn ist die Ethik ein Vertrag, den die einzelnen VertragspartnerInnen nur dann eingehen, wenn sie selbst einen Vorteil davon haben. Einen Schleier der Unwissenheit, wie Mark Rowlands ihn vorschlägt, lehnt er daher ab, allein schon, weil er meint, dass Verträge nur eingegangen werden, wenn man genau weiß, wer man ist und was man will. Verträge, und damit sein kontraktionalistischer Ansatz, haben nichts mit Gerechtigkeit zu tun.

Narveson stellt nun fest, dass die Gesellschaft – bzw. er – von der Nutzung nichtmenschlicher Tiere profitiert. Umgekehrt würde die Gesellschaft – bzw. er – von der gleichen Nutzung von Menschen nicht profitieren, sondern, im Gegenteil, durch die Angst und die potentielle Gewalt, die dadurch entsteht, würde die Gesellschaft Nachteile haben. Daher gäbe es einen Vertrag, der Menschenrechte garantiert, aber keine Tierrechte.

Der Vertrag selbst wird nur unter den Vertragsfähigen abgeschlossen, die zu einer Einhaltung des Vertrages und zur Übernahme der entsprechenden Vertragspflichten fähig sind. Zu diesen zählen kleine Menschenkinder, senile Alte und geistig Kranke usw. jedenfalls nicht. Sie werden aber dennoch in diesem Vertrag Menschenrechte bekommen, weil Vertragsfähige sich dafür einsetzen, dass sie diese Rechte bekommen. Würden sie nicht solche Rechte bekommen, gäbe es einen Sozialkonflikt.

Es fällt schwer, diese Ansicht des Kontraktionalismus als Ethik zu bezeichnen. Man möchte meinen, dass es genau die Ethik sein sollte, die uns vor solchen Verträgen, die nur auf den persönlichen Vorteil der VertragspartnerInnen ausgelegt sind, schützt. Schwächere würden natürlich schlechtere Vertragsbedingungen bekommen als Stärkere.

Abgesehen davon interpretiere ich diesen Standpunkt, den ich auch schon persönlich von vielen TierexperimentatorInnen gehört habe, als Aufruf, im Namen der Tierrechte einen möglichst heftigen Sozialkonflikt zu produzieren. Wenn der Konflikt wegen Tierrechten aufreibend genug ist, dass er der Gesellschaft einen größeren Nachteil bringt, als sie durch die Ausbeutung nichtmenschlicher Tiere gewinnt, dann müssten auch KontraktionalistInnen wie Narveson Tierrechten zustimmen. Das klingt ein bisschen wie das Recht des Stärkeren und nicht wie eine Ethik. Wenn die Tierrechtsbewegung stark genug wird, um die Gesellschaft entsprechend unter Druck zu setzen, dann wird es zu Tierrechten kommen. Diese „Begründung" ist mehr eine faktische Aussage über soziale Entwicklungen als eine ethische Rechtfertigung, nichtmenschliche Tiere missbrauchen zu dürfen.

Ich jedenfalls verweigere einen Vertrag mit Narveson, solange nichtmenschliche Tiere dabei keine Rechte bekommen. Wenn er stärker und mächtiger ist, dann kann er mich trotzdem dazu zwingen, in einer Gesellschaft mit seinen Moralvorstellungen leben zu müssen. Ich setze gegen dieses Recht des Stärkeren die Rationalität und die Ethik.

Carl Cohen (1997) argumentiert, dass ein inhärenter Wert nicht von der Leidensfähigkeit oder einem reichen, emotionalen Leben abhänge, wie Regan das vorschlägt, sondern von der Fähigkeit, moralische Urteile zu fällen. Diese Fähigkeit des moralischen Bewertens würde einem selbst und allen anderen, die moralisch bewerten können, den gleichen inhärenten Wert verleihen. Nachdem nur Menschen moralische Urteile fällen oder, was dasselbe sei, Prinzipien formulieren könnten, wäre der inhärente Wert gleich der Menschenwürde. Sie gäbe Anlass zu gleichen Menschenrechten.

Cohen meint, damit zeigen zu können, dass es moralisch geboten sei, mehr statt weniger Tierversuche zu machen. Eine Zurückhaltung bei der Nutzung von nichtmenschlichen Tieren könnte in irgendeiner Form vielleicht weniger rasch zu wissenschaftlichen Erkenntnissen führen, von denen dann die Menschen weniger profitierten. Es sei also ethisch geboten, möglichst viele Tierversuche zu machen.

Dem Argument von den „marginal cases“ begegnet er mit der Ansicht, dass Menschen von einer Art wären („beings of a kind“), die moralische Urteile fällen kann, und daher hätten alle individuellen Menschen, auch wenn sie selbst nicht moralische Urteile fällen könnten, die gleiche Menschenwürde und die gleichen Menschenrechte. Von einer Art zu sein sei aber nicht dasselbe, wie zu einer biologischen Art zu gehören. Es geht hier vielmehr um eine moralische Gemeinschaft aller Menschen, auch wenn sie nicht unmittelbar in derselben Gesellschaft leben. Der „normale“ Mensch, der die Art definiere, die „die Menschen“ sind, hätte die gewünschte Fähigkeit, und deshalb stünde sie allen Menschen zu. Nichtmenschliche Tiere könnten alle keine moralischen Urteile fällen und wären damit würde- und wertlos und ohne Rechte, weil sie nicht Teil der moralischen Gemeinschaft sind.

Da in unserer Gesellschaft die Menschen erst mit 18 Jahren volljährig werden, dürfte dann in etwa die Fähigkeit, moralische Urteile zu bilden, in einer Weise einsetzen, wie Cohen das als Kriterium fordert. Oder soll das Kriterium weniger stringent sein? In einem Fall hätten alle 17-jährigen Menschen nur noch bedingt diese Rechte, weil sie zwar nicht das Kriterium erfüllen, aber zu einer diffusen Gemeinschaft zählen sollen. Im anderen Fall wären vermutlich auch einige nichtmenschliche Tiere zu moralischen Urteilen fähig, wie im Kapitel 10 gezeigt.

Aber aufgrund der Zugehörigkeit zu einer Art von Wesen oder zu einer moralischen Gemeinschaft, deren paradigmatischer Normalfall gewisse rechtswürdige Charakteristiken hat, Rechte zu vergeben, ist seltsam, zumal die Rechte ja nicht diese Gemeinschaft, sondern die Individuen betreffen. Man fragt sich, wieso die Eigenschaften eines typischen Individuums einer Gemeinschaft ausschlaggebend sein sollen, statt der Eigenschaften des Individuums. Die fraglichen Rechte sind dann doch Individual- und nicht Gemeinschaftsrechte.

Abgesehen davon ist die Aussage, alle Menschen würden eine Gemeinschaft bilden und alle nichtmenschlichen Tiere wären nicht Teil davon, nur speziesistisch motiviert. Nichtmenschliche Tiere leben jedenfalls mit Menschen in einer sozialen Gemeinschaft, und umgekehrt, nicht alle Menschen leben miteinander in einer sozialen Gemeinschaft. Diese moralische Gemeinschaft von Cohen ist also genauso wenig empirisch real wie die biologische Art (siehe Kapitel 8). Ja, Cohen bezieht sich explizit nicht auf soziale oder biologische Gemeinschaften. Seinem Eindruck nach seien „wir Menschen" eine offenbar metaphysisch abgegrenzte Gruppe, ein Ganzes. Das ist offensichtlich rein willkürlich und speziesistisch. Warum nicht „wir ÖsterreicherInnen" oder „wir Männer" oder „wir Nichtbehinderte" oder „wir Menschenaffen" oder „wir Primaten" oder „wir Wirbeltiere"? Der Dogmatismus des ethischen Speziesismus wird hier nur durch den Dogmatismus des Abgrenzungs-Speziesismus ersetzt, die im Kern dieselben sind. Genau gleich unbegründet und daher nichts sagend.

Regan (2001, S. 80) liefert ein Gedankenexperiment, um zu zeigen, wie seltsam Cohens Position eigentlich ist. Gesetzt, eine kleine Gruppe von Außerirdischen, die in einer Gemeinschaft leben, in der der paradigmatische Außerirdische keine moralischen Urteile fällen kann, würden zu Wesen mutieren, die plötzlich doch moralische Urteile fällen können. Wenn diese Wesen jetzt auf der Erde landen würden, dürfte Cohen ihnen keine Rechte geben, obwohl sie sich genauso verhalten wie er und moralische Urteile fällen können. Aber sie wären eben von einer Art, die nicht moralische Urteile fällen kann. Zumindest müsste Cohen von jedem Wesen, das ihm begegnet, zuerst feststellen, von welcher Art es ist, und nicht, was es selber für ein Wesen ist, bevor er weiß, ob es Rechte bekommen soll oder nicht.

Richard Posner (2004) setzt sich mehr mit der praktischen Rechtssprechung als mit ethischen Theorien auseinander. Er sieht keine umsetzbare Perspektive für eine Gesellschaft, in der Tierrechte gelten. Tierrechte seien einfach nicht praktikabel. Dass Menschen wertvoller wären als nichtmenschliche Tiere, sei zwar nicht rational begründbar, wäre aber eine sehr tief sitzende Intuition bei praktisch allen Menschen. Die Tierrechte hingegen würden jeder ethischen Intuition widersprechen. Soziale Änderungen werden nicht von PhilosophInnen mit rationalen Argumenten, sondern durch praktische Rechtssprechung und Politik gemacht. Und diese orientiert sich nicht an rationalen Rechtfertigungen, sondern eher an Intuitionen und einer praktikablen Perspektive. Daher werden Tierrechte nie umgesetzt werden.

Posner bringt keine rationalen Argumente, auf die einzugehen wäre. Er gibt nur den speziesistischen Intuitionen seiner Umgebung Ausdruck. Oft wurden einschneidende soziale Änderungen für unmöglich gehalten, wie z. B. das Ende der Sklaverei, aber sie wurden durch den „Traum" visionärer Menschen, wie Martin Luther King, zur Realität. Zuweilen geht das wesentlich leichter und schneller, als man denkt. Im Kapitel 16 möchte ich mich der Frage der praktischen Umsetzung der Tierrechte widmen.

14.5 Schlussfolgerungen

Es gibt eine Reihe von Argumenten, die bisher gegen Tierrechte vorgebracht wurden, aber alle wirken sehr ad hoc und wenig überzeugend. Einerseits verharren sie in deutlicher Anthroponegation, andererseits können sie letztendlich dem Argument von den „marginal cases" nicht entkommen. Für Tierrechte sprechen nicht nur die besseren Argumente, die Gegenargumente sind für sich genommen erschreckend einseitig. Sie haben z. B. vieles mit den Argumenten der ApologetInnen der Sklaverei im 19. Jahrhundert gemeinsam. Wie bei Frey wurde damals den Schwarzen die Fähigkeit, Gefühle mit gleicher Intensität und gleicher Qualität zu erleben, abgesprochen. Wie bei Carruthers schloss man aus mangelnder Bildung und mangelnder Intelligenz auf ethische Irrelevanz. Wie bei Midgely wurde argumentiert, dass die vermeintlich existente eigene biologische Gruppe, die „Rasse", von Natur aus sich gegenseitig bevorzugen darf. Wie bei Leahy sah man Schwarze als primitive Wesen an, die einfach unvergleichlich irrelevant sind. Wie bei Paton schloss man aus der eigenen, glorifizierten Hochkultur auf die Kulturlosigkeit der „Wilden“ und damit auf deren vergleichsweise Wertlosigkeit. Wie bei Becker empfand man sich gegenseitig als sozial näher, weshalb man sich gegenseitig bevorzugen durfte. Wie bei Narveson wurde die Unterdrückung mit dem Recht des Stärkeren gerechtfertigt. Und wie bei Cohen sah man sich von einer Art, die zu den „Wilden“ eindeutig abgegrenzt wäre, weshalb sich die moralische Gemeinschaft nicht auf diese „Wilden“ erstrecken würde. Und wie Posner konnte man sich die Gesellschaft ohne Sklaverei in der Praxis schlicht und einfach nicht vorstellen.

Besonders erschüttert mich dabei der Umstand, dass dieselben Menschen, die diese Argumente für die Versklavung nichtmenschlicher Tiere bringen, die strukturell selben Argumente für die Versklavung der Schwarzen vehement ablehnen. Entweder die Argumente sind zutreffend oder nicht. Sie können nicht, strukturell gleich, ohne kontextuelle Begründung auf Basis empirischer Fakten, einmal gelten und einmal nicht gelten. Nehmen wir die Aussage „Menschen seien qua Menschsein höherwertig“. Die Aussage, Weiße sind qua Weißsein höherwertig, ist strukturell völlig gleich. Wie kann ein rationaler Mensch die eine Aussage als Begründung nehmen und die andere ohne weitere Argumente ablehnen? Die Rationalität, die zumeist als Begründung für die eigene Höherwertigkeit herhalten muss, fehlt offenbar genau bei denen, die diese Begründung liefern.

Vom rational-wissenschaftlichen Standpunkt aus scheinen mir Tierrechte daher als ethisches Ideal unumgänglich.

15 Wo ist die Grenze von Bewusstsein?

In den vorigen Kapiteln wurde gezeigt, was Bewusstsein ist, und anhand von einigen Kriterien in unzähligen Beispielen nachgewiesen, dass sich Bewusstsein bei vielen verschiedenen Tieren finden lässt. Wo ist aber die Grenze? Welche Wesen haben kein Bewusstsein?

Diese Frage ist einerseits als die Frage zu verstehen, bei welchen biologischen Kategorien von Lebewesen nach dem Linnéschen System aufgrund des Körperbaus kein Bewusstsein zu erwarten ist, und andererseits, bei welchen Individuen wie festgestellt werden kann, dass sie kein Bewusstsein haben, auch wenn sie zu biologischen Kategorien von Lebewesen gehören, bei denen aufgrund des Körperbaus schon ein Bewusstsein zu erwarten ist.

Diese Frage ist in vieler Hinsicht sehr heikel. Sie ist an und für sich eine empirische Frage. Doch wie wir wissen, sind die Übergänge in der Natur fließend, sowohl z. B. bei Krankheitsentwicklungen wie bei der Alzheimer-Demenz als auch natürlich in der Evolution. Wir müssen also erwarten, dass es Bereiche gibt, in denen klar festgestellt werden kann, dass ein Wesen ein Bewusstsein hat – das sind jene Fälle, die im Kapitel 10 angesprochen worden sind. Weiters wird es Bereiche geben, in denen klar festgestellt werden kann, dass ein Wesen kein Bewusstsein hat. Und es wird einen Graubereich geben, in dem wir nichts Genaues feststellen können. Da das Bewusstsein aber das entscheidende Kriterium für ethische Relevanz und die Subjekthaftigkeit eines Wesens ist, ist diese Entscheidung besonders problematisch.

Verschiedene TierrechtsphilosophInnen sind unterschiedlich mit diesem Thema umgegangen. Steven Wise (2002) hat dieser Frage ein ganzes Buch gewidmet. Er entwirft dabei ein numerisches Schema mit einer ziemlich willkürlichen numerischen Grenze zwischen jenen Wesen, die gleiche Grundrechte bekommen sollen, und den anderen. Der numerische Wert, der so genannte „Autonomiewert“, ist durch die Wahrscheinlichkeit gegeben, die nach dem besten Stand der Wissenschaft dafür spricht, dass das entsprechende Wesen „genügend Autonomie“ besitzt, um Grundrechte zu haben. Der Wert 1 entspricht der Überzeugung, dass dieses Wesen mit Sicherheit diese Eigenschaft hat, der Wert 0, dass das Wesen mit Sicherheit nicht diese Eigenschaft hat, und der Wert 0,5 bedeutet, dass die Wahrscheinlichkeit 50 % ist, dass das Wesen diese Eigenschaft hat. Wenn man also absolut überhaupt nichts über ein Wesen weiß, dann bekommt es diesen Autonomiewert 0,5. Besagen die

Erfahrungen, dass es wahrscheinlicher ist, dass das Wesen nicht genügend Autonomie hat, dann ist der Wert kleiner als 0,5. Umgekehrt, wenn die bisherigen Erfahrungen dafür sprechen, dass es genügend Autonomie hat, dann ist der Wert größer als 0,5.

Seinem Sohn gibt Wise einen Autonomiewert von 1, dem Bonobo Kanzi 0,98, dem Orang-Utan Chantek 0,93, den Flaschennasendelfinen Phoenix und Ake 0,9, dem Graupapagei Alex 0,78, dem afrikanischen Elefanten Echo 0,75 und seinem Hund Marbury 0,68. Als sehr striktes Kriterium für Grundrechte, meint Wise, würde ein Grenzwert von 0,9 zu nehmen sein. Danach hätten auf Wises Liste nur die Delfine, der Orang-Utan und der Bonobo die gleichen Grundrechte wie sein Sohn. Bei einem moderateren Kriterium, das im Zweifel mehr Spielraum für Irrtümer erlaubt, könnte der Grenzwert nach Wise 0,7 sein. Dann hätten auch der Graupapagei und der Elefant auf seiner Liste die gleichen Grundrechte.

Ich halte diese Art von Zugang für sehr fragwürdig. Zunächst sind diese Grenzwerte durch nichts konkret begründet, und das scheint doch etwas zu wenig zu sein, wenn Entscheidungen über Leben und Tod zu fällen sind. Der einzige Grenzwert, der eine inhaltliche Rechtfertigung hätte, wäre der Wert 0,5. Diese Werte sollen ja Wahrscheinlichkeiten repräsentieren, und wenn es wahrscheinlich ist, dass ein Wesen genügend Autonomie hat, dann sollte es doch auch entsprechende Rechte bekommen. Andererseits sagen die Wahrscheinlichkeiten nur etwas über das momentane Wissen der Entscheider aus. Es wäre viel zu subjektiv, für derartige Entscheidungen nur das Wissen der Entscheider und keine objektiven Fakten als Grundlage der Entscheidung heranzuziehen. Wenn ich über ein Wesen noch überhaupt nichts weiß, weil ich ignorant bin oder mich nicht für das Wesen interessiert habe, dann bekommt dieses Wesen einen Autonomiewert von 0,5. Damit würde es keines der beiden Kriterien von Wise erfüllen, selbst wenn dieses Wesen ganz offensichtlich über genügend Autonomie verfügt, wenn die Entscheider nur vorher einmal hingeschaut hätten.

Dieser Autonomiewert hat etwas reichlich Brutales an sich. Er ist quasi eine Art Wertzuweisung für das Leben verschiedener Lebewesen, die dabei mehr oder weniger einen Test bestehen müssen, bevor sie sich als Subjekte und RechtsträgerInnen qualifizieren können. Wenn jemand einem anderen ein Grundrecht absprechen will, dann dürfte man doch erwarten, dass dieser jemand dafür zumindest überzeugende Argumente liefert. Nach dem Autonomiewert-System würde es ausreichen zu sagen, ich weiß nichts von diesem

Wesen, also bekommt es auch keine Rechte. Die AusbeuterInnen vergeben die Bewertungen, und das Opfer der Ausbeutung müsste beweisen, die Eigenschaften eines Rechtsträgers zu haben.

Joan Dunayer (2001), eine vehemente Kritikerin des Systems der Autonomiewerte von Wise, möchte automatisch allen Tieren gleiche Grundrechte zusprechen. Sie schreibt, dass alle Wirbeltiere und die meisten bilateral symmetrischen Wirbellosen (wie Insekten, Würmer, Spinnen) ein Gehirn, also ein primäres Nervenzentrum im Kopf, aufweisen, und weil ein Gehirn ein Hinweis auf Bewusstsein ist, sollten alle diese Tiere gleiche Rechte haben. Radial symmetrische Tiere wie Quallen, Korallen und Stachelhäuter (u. a. Seestern und Seeigel) hätten zwar kein Gehirn, aber ein Nervensystem. Sie hätten deshalb sehr wahrscheinlich ein Bewusstsein und sollten sicherheitshalber auch gleiche Grundrechte haben. Nur Schwämme und Placozoa sowie zwei Arten von wurmförmigen Parasiten, nämlich Rhombozoa und Orthonectida, wären die einzigen vielzelligen Tiere, die kein Nervensystem hätten und deshalb mit Sicherheit auch kein Bewusstsein. Placozoa sind eine Art Übergangsform zwischen Einzeller und Vielzeller. Es ist davon nur eine Art beschrieben, der Trichoplax adhaerens, der im Wesentlichen aus einer unsymmetrischen Platte von 2 bis 3 mm Durchmesser besteht, mehr oder weniger nur einen Zelltyp enthält und sich durch Zellteilung fortpflanzt. Die Rhombozoa sind bilateral symmetrische Parasiten in den Nieren vor allem bodenlebender Kopffüßer, die nur aus 20 bis 30 Zellen bestehen. Auch die Orthonectida sind bilateral symmetrische Parasiten, allerdings leben sie in verschiedenen Meerestieren. Zusammen bilden sie die Gruppe der Mesozoa, die kein Nervensystem, keinen Darmkanal und keine Muskelzellen besitzen, parasitisch leben und phylogenetisch von den Schwämmen abstammen (Storch und Welsch 1997). Dunayer schlägt vor, diese Tiere, zusammen mit den Einzellern, aus dem Linnéschen Reich der Tiere zu nehmen und den Tierbegriff nur für die anderen Tiere, also alle Wesen mit Bewusstsein, zu reservieren. Alle diese Tiere sollten dann gleiche Grundrechte bekommen.

Tom Regan (1988) und verschiedene andere TierrechtsphilosophInnen meinen vor allem Säugetiere und Vögel, die älter als ein Jahr sind, wenn sie von Tieren sprechen, die Grundrechte haben. Regan gibt aber zu, dass diese Grenze nur temporär zu sehen ist und metaphorisch mit einem Bleistift gezogen werden müsste, damit sie jederzeit „ausradiert" und verändert werden kann. Nur Säugetiere und Vögel würden dem Kriterium genügen, ein Subjekt eines Lebens zu sein, und dann auch nur, wenn sie erwachsen, also älter als ein Jahr, und nicht geistig behindert sind. Andere FürsprecherInnen der Tierrechte schlagen wieder andere Grenzen vor. Wie ist diese Frage am besten zu beantworten?

15.1 Pflanzen haben kein Bewusstsein und keine Grundrechte

Das wissenschaftliche Argument gegen Bewusstsein bei Pflanzen lässt sich wie folgt zusammenfassen:

1) Die aktuellsten wissenschaftlichen Erkenntnisse sagen uns, dass Pflanzen weder ein Zentralnervensystem noch ein Gehirn oder irgendein anderes System haben, das für mentale Fähigkeiten eines Bewusstseins verantwortlich sein könnte.
2) Pflanzen haben keine Form von Motorik, um aus bewusstem Verstehen Konsequenzen zu ziehen. Bewegliche Tiere können z. B. von einem bewussten Schmerzgefühl profitieren, stationäre Pflanzen nicht. Die Evolution bringt keine so komplexen Fähigkeiten wie Bewusstsein nur als Epiphänomen zur Selbstunterhaltung hervor, ohne dass das einen direkten Effekt auf die „inclusive fitness" des betroffenen Lebewesens, also in diesem Fall eine Auswirkung auf sein Verhalten, hätte.
3) Die Kriterien für Bewusstsein, wie wir sie im Kapitel 6 abgeleitet haben, treffen alle nicht auf Pflanzen zu. Allerdings waren das hinreichende Kriterien für Bewusstsein. Aus ihrer Abwesenheit können wir daher nicht direkt auf das Nichtvorhandensein von Bewusstsein schließen.

Ad 1. Kognitive Funktionen wie Bewusstsein und Verstand sind Eigenschaften, die nur in einer in gewisser Weise genügend komplex organisierten Materie entstehen. Genauso, wie die Atmung eine Funktion eines komplexen Systems von Organen ist, landläufig Atmungssystem genannt, so ist auch das Bewusstsein bei Tieren eine Funktion eines immens komplexen Informationsverarbeitungssystems, eines zentralen Nervensystems in Zusammenarbeit mit einem Gehirn. Im Prinzip ist wissenschaftlich nicht ganz klar, welche konkreten physikalischen Voraussetzungen so ein System erfüllen muss (Kapitel 3), und ob es auch anders strukturiert sein könnte. Aber so ein anders strukturiertes System müsste zumindest dieselben

Funktionen erfüllen, die bei Gehirn und Nervensystem (Kapitel 5) zu Bewusstsein führen.

Pflanzen könnten mentale Zustände wie bewusst erlebte Schmerzen also nur dann haben, wenn sie auch solche Strukturen komplexer Organisation von Pflanzengewebe haben, die dazu dienen könnten, die Art komplexer Informationsverarbeitung zu ermöglichen, die eine notwendige Voraussetzung für mentale Zustände wie Bewusstsein und Schmerzgefühle ist. Ein Wirbeltiergehirn ist dafür nicht unbedingt notwendig, aber doch ein ähnlich komplexer, hierarchisch organisierter, zentraler Informationsprozessor in irgendeiner Form.

Gibt es einen morphologischen Hinweis auf ein so komplex organisiertes Gewebe in Pflanzen? Einzelne Zellen oder auch Zellakkumulationen in umgebendem Gewebe genügen dafür nicht. Das ist eine sehr spezifische Voraussetzung, und Pflanzen können sie schlicht und einfach nicht erfüllen. Das heißt nicht, dass Pflanzen nicht komplexe Reaktionen zeigen können. Aber wir überinterpretieren diese Reaktionen, wenn wir aus ihnen auf ein Schmerzgefühl und mentale Zustände schließen.

Von allen Wirbeltieren wissen wir, dass sie eine genügend komplexe neurale Struktur besitzen, um ein Bewusstsein zu haben. Sie haben eine komplex organisierte, spezialisierte Struktur von Gewebe, Nervensystem genannt, das jeden Teil des Körpers mit dem Verarbeitungszentrum des Nervensystems, dem Gehirn, das eine komplex organisierte, spezialisierte Struktur zur zentralen Informationsverarbeitung ist, verbindet. Diese Strukturen ermöglichen ihnen, sinnvolle Reaktionen entsprechend der mentalen Repräsentation, Integration und Reorganisation der erhaltenen und verarbeiteten Informationen zu setzen.

Und die genannten Tiere haben auch die Motorik, diese Reaktionen in die Tat umzusetzen, im Gegensatz zu den Pflanzen *(ad 2)*.

Ad 3. Angenommen, eine Pflanze wird von einem pflanzenessenden Insekt angegriffen. Die Pflanze aktiviert daraufhin eine chemische Verteidigung auch in anderen Bereichen der Pflanze, weil sie dort ebenso in unmittelbarer Gefahr ist, gebissen zu werden. Oder ein Blatt wird von einem pathogenen Pilz befallen. Im Rest der Pflanze wird dann eine chemische und enzymatische Verteidigung gegen die Ausbreitung des Pathogens aufgebaut. Die Pflanze hat natürlich einen Vorteil, wenn sie systematische, durch die ganze Pflanze reichende, Abwehrmechanismen in Gang setzen kann, als Antwort auf lokale Beschädigungen durch Pflanzenesser oder Pathogene. Man könnte sogar argumentieren, dass Pflanzen, gerade weil sie sich nicht bewegen können, effektive Abwehrmechanismen, ein effektives Erkennen von Angriffen und eine interne Kommunikation brauchen. Pflanzen haben keine Nerven, aber sie reagieren prompt und präzise und mit einer effektiven Verteidigungsstrategie auf eine Verletzung ihres Gewebes.

Umgekehrt ist z. B. bekannt, dass einzeln lebende Wildtiere in Freiheit kaum Schmerzreaktionen zeigen, sondern quasi „still vor sich hin" leiden, einerseits, weil sie es sich nicht leisten können, sich durch Schmerzäußerungen zu verraten, und andererseits, weil keine SozialpartnerInnen da sind, die es zu informieren gilt. Daraus können wir allerdings nicht schließen, dass diese Wildtiere nicht bewusst leiden. Auf der anderen Seite kann aus einer Reaktion auf eine Gewebsschädigung auch nicht zwingend auf eine bewusste Intentionalität geschlossen werden. Sonst müssten wir z. B. bei einer mechanischen Spielzeugpuppe, die bei Berührung schreit und sich windet, von Bewusstsein und mentalen Zuständen sprechen.

Aus ähnlichen Gründen können wir nicht auf Schmerzgefühle schließen, weil ein Organismus eine Klasse von Reaktionen zeigt, die zweckgerichtet die Situation des Organismus verbessern oder ihn vor gefährlichen Angriffen schützen. Thermostate reagieren auch auf Temperaturveränderungen in zweckgerichteter Weise, um die anfänglich als bevorzugt festgelegte Umgebungstemperatur zu erhalten. Es wäre zweifellos falsch, daraus zu folgern, dass der Thermostat mentale Zustände hätte. Dieser Aspekt ist nicht jener, der Bewusstsein von einem Computer unterscheidet. Die reflexartige Reaktion ist vollständig programmierbar. Um Bewusstsein zu erkennen, muss man Anzeichen für Verstehen in dem Organismus suchen und nicht Anzeichen einer Reaktion auf Schädigung des Gewebes, wie einer reflexartigen Schmerzreaktion.

Offenbar ist das Verhaltenskriterium zweckgerichteter Ausweich- oder Verteidigungsreaktionen weder notwendig noch hinreichend, um auf Schmerzempfindungen als bewussten, mentalen Zustand zu schließen. Das heißt aber nicht, dass solches Verhalten komplett irrelevant in dieser Frage ist, weil es ein Hinweis auf Schmerz bei jenen Lebewesen sein kann, von denen wir aus anderen guten Gründen annehmen, dass sie ein Bewusstsein haben und fähig zu bewussten Empfindungen sind. Das Verhalten selber ist kein Hinweis auf Schmerz, wie bei der Puppe oder dem Thermostat, aber es ist ein Indikator für Schmerz bei leidensfähigen Lebewesen.

Wissenschaftlich gesehen haben Pflanzen nach bestem Wissen also kein Bewusstsein und damit keine bewussten Gefühle. Die physiologischen Reaktionen von Pflanzen auf Reize sind kein Hinweis auf ein Bewusstsein, weil es Reizreaktionen auch ohne Bewusstsein gibt.

Es gibt noch viele andere Unterschiede zwischen Pflanzen und Tieren hinsichtlich ihrer grundlegenden Eigenschaften. Wenn man z. B. eine Erdäpfelpflanze nimmt und ihre Knollen an verschiedenen Stellen erneut in den Boden einsetzt, dann werden plötzlich aus einer Pflanze viele. Sind das jetzt verschiedene Pflanzen oder eine Pflanze in mehreren Teilen? Woran erkenne ich den Unterschied? Wo beginnt eine Pflanze und wo hört sie auf? Bei Lebewesen mit Bewusstsein ist das eindeutig. Dort, wo das Bewusstsein ist, da ist das Lebewesen, die Individualität. Bei verwachsenen Zwillingen z. B.: Sitzt ein Kopf auf einem Körper mit vier Beinen, so ist es ein Bewusstsein, ein Lebewesen. Geht es aber um einen Körper mit zwei Köpfen und zweimal Bewusstsein, so sind es zwei Lebewesen, die aneinander gewachsen sind. Ein Zwuzel bei der Pflanze, eine Verwachsung in zwei Teile, ist immer eine Pflanze. Bei der Pflanze gibt es eben kein Zentrum, kein Bewusstsein, um da zu unterscheiden.

Manchmal wird, ohne viel nachzudenken, als ethischer Grundsatz gefordert, dass alles, was lebt, ein Recht zu leben haben soll. Das entspricht allerdings formal der Forderung, dass alles, was liegt, ein Recht zu liegen haben soll. Also auch Steine, die liegen. Das ist auf jeden Fall ein naturalistischer Fehlschluss, weil das Irgendwie-Sein als ethisch richtig interpretiert wird. In der Tierrechtsphilosophie kommt die Bewertung, was ethisch richtig ist, von den Wesen, die bewerten können, weshalb kein naturalistischer Fehlschluss vorliegt.

Wenn alles das Recht hat, so zu sein, wie es ist, übersehe ich auch, dass manches vielleicht das Interesse und den Wunsch hat, nicht so sein zu müssen: Ein verhungernder Mensch, würde man sagen, hat das Recht, etwas zu essen zu bekommen und nicht weiter zu verhungern. Interessen, Wünsche und Bewertungen bedingen also ethische Urteile, nicht einfach ein So-Sein.

Ich schließe also weiter, dass der Umstand, dass etwas irgendwie ist, nicht ausreicht dafür, dem gleich Rechtsstatus zu geben. Für individuelle Rechte brauche ich auch individuelle RechtsträgerInnen, und die sind erst durch die Singularität des Bewusstseins gegeben. Viele Dinge sind nicht individuell, d. h. kein eindeutiges Individuum ist identifizierbar, und daher wären Individualrechte nicht interpretierbar. Wenn der Stein zerteilt oder mit anderen

Dingen vermengt oder verschmolzen wird, welche Form hatte das dem ursprünglichen Stein zugedachte Recht? Und um einer Entität ein Recht zu geben, muss sie Interessen und Wünsche haben, weil erst Interessen und Wünsche diesem Etwas Umstände als schlecht oder gut, als wünschens- oder vermeidenswert erscheinen lassen. Erst relativ zu einem Präferenzensystem kann ich bewerten. Ansonsten ist gar nicht zu entscheiden, worauf dieses Recht abzielen soll.

Aus dem Umstand, dass erst Bewusstsein zu singulärer Individualität führt und dass Bewusstsein erst Interessen und Wünsche ermöglicht, schließe ich, dass erst Bewusstsein individuelle Rechte zur Folge haben kann. Da die Gesellschaft immerhin Leute lebenslang einsperrt, die das Recht auf Leben anderer Menschen gebrochen und diese ermordet haben, muss schon ein sehr gutes Argument für das Recht auf Leben angegeben werden können, wenn dessen Nichtbeachtung durch andere so drastische Folgen nach sich zieht. Wenn dieses Lebensrecht von Menschen also nicht besser begründet wäre als das „Liegerecht" von Steinen, dann wäre eine drastische Maßnahme wie lebenslange Gefängnisstrafe bei der entsprechenden Rechtsübertretung mehr als fragwürdig.

15.2 Bei welchem Organisationsgrad ist Bewusstsein bei Tieren zu erwarten?

Wir haben also gesehen, dass Wirbeltiere und Kopffüßer i. A. mit Sicherheit ein Bewusstsein haben und leblose Objekte sowie Pflanzen mit Sicherheit nicht. Dazwischen befindet sich der Graubereich, den ich ein bisschen näher beleuchten will.

Bohdan Tiuschka (1998) hat sich mit dem Thema befasst, was für Bewusstseinsebenen welchen Unterreichen bzw. Klassen von Tieren nach dem Linnéschen System zugeordnet werden könnten. Zunächst gibt es jene Tiere, die kein Nervensystem besitzen, wie das gesamte Unterreich der Einzeller (Protozoa) und die folgenden Mitglieder des Unterreichs der Vielzeller (Metazoa): die Placozoa, die Schwämme (Porifera) und die Mesozoa. Es gibt keinen Hinweis darauf, dass diese Tiere fähig wären, sinnliche Wahrnehmungen zu haben oder zu speichern. So zeigen die Schwämme z. B. auch kein aktives Verhalten, sondern sind an Festkörpern festgewachsen und überleben nur, wenn zufällig Nahrungspartikel vorbeikommen, die durch ihre Wimpernschläge zu den Resorptionsorten geleitet werden können. Bei diesen Tieren gibt es also mit Sicherheit kein Bewusstsein.

Eine weitere Gruppe von Tieren hat zwar ein Nervensystem, dieses ist aber sehr gering ausdifferenziert, sodass man nur bedingt von einem Gehirn sprechen kann. Dazu gehören die Nesseltiere (Cnidaria) und die Rippenquallen (Ctenophora) sowie die folgenden bilateral symmetrischen Tiere: Tentaculata (festsitzende oder halbfestsitzende Meeresbewohner), Sipunculida (bodenbewohnende Meereswürmer), Plathelminthes (Plattwürmer; frei lebende Arten sowie Parasiten wie die Bandwürmer), Gnathostomulida (1 bis 4 mm lange, abgeflachte, farblose Würmer, die im Meeressand leben), Nemertini (hauptsächlich im Meer lebende Schnurwürmer), Aschelminthes (Rundwürmer), Kamptozoa (festsitzend; auf Steinen und Algen kolonienbildend; auf Tieren solitär), Cycliphora (mit einem Stil festgehefteter eiförmiger Körper), Mollusca (Weichtiere, wie Schnecken und Muscheln) mit Ausnahme der Cephalopoda (Kopffüßer, wie die Tintenfische mit den Kalmaren und Kraken), Chaetognata (Pfeilwürmer; marine 1 bis 8 cm große transparente Tiere, die meist im Plankton vorkommen), Pognophora (marine fadenförmige Röhrenbewohner, bis zu 4 cm breit und 2 m lang, am Weichboden der Meere in größerer Tiefe), Hemichordata (einerseits millimetergroße, koloniale, röhrenbewohnende Meerestiere, die auf festen Substraten siedeln; andererseits bis zu 2 m lange Eichelwürmer, die im Boden wohnen) und Echinodermata (Stachelhäuter, wie Seelilie, Seestern, Seeigel und Seegurke).

Diese Tiere setzen selbstständig Handlungen und reagieren nicht nur auf Stimuli, wie etwa Pflanzen, die ihre Blätter nach der Sonne ausrichten. Sie haben zumindest Nervenstränge und Nervenverdichtungen bei Sinnesorganen und als Ganglion, obwohl ein zentrales Cerebralganglion, ein echtes Gehirn, nicht vorliegt.

Die dritte Gruppe von Tieren hat ein zentrales Nervensystem mit Gehirn, das dem menschlichen im Prinzip ähnlich ist. Dazu gehören die Articulata (Gliedertiere, zu denen u. a. die Ringelwürmer, Bärtierchen und Zungenwürmer sowie die Gliederfüßer mit den Spinnen, Krebsen und Insekten gehören) und von den Chordatieren die Urchordata (wie die Manteltiere) und die Acrania (Lanzettfischchen). Diese Tiere zeichnen sich dadurch aus, dass sie in der Lage sind, Köper- und Sinnesempfindungen zentral verarbeiten zu können. Nach Tiuschka (1998) können sie auch individuell erworbene, auf kreativen Denkprozessen beruhende Verhaltensweisen, die erste Ansätze von Einsicht zeigen, setzen, die es ihnen erlauben, auf sich verändernde Umstände und

Anforderungen in ihrer jeweiligen Umwelt in adäquater Weise zu reagieren. Auch wenn sie noch nicht bereits früher Gelerntes auf andersartige, selten vorkommende Situationen zu übertragen vermögen, also intentionale Handlungen setzen und Ereignisketten initiieren, die von Intelligenz und Planung zeugen, so besitzen sie doch die Fähigkeit, aus eigener Erfahrung zu lernen und die erworbenen Informationen in ihren zentralisierten Nervensystemen stets abrufbereit zu speichern.

Die vierte Gruppe umfasst die Wirbeltiere (inklusive der Menschen) und die Kopffüßer (Tintenfische, wie Kalmar und Krake). Sie haben ein hochkomplexes Gehirn, mit allen Strukturen, die auch im Gehirn der Menschen existieren. Für diese Tiere wurde bereits im Kapitel 10 nachgewiesen, dass sie ein Bewusstsein haben können. Der Graubereich für Bewusstsein liegt also um die Gruppen drei und zwei. Wir dürfen nicht vergessen, dass Nerven und deren Reaktionen, auch zusammen mit einer zentralen Verarbeitung und Lernen durch Konditionierung usw., nicht ein Bewusstsein voraussetzen. Wahrnehmungen alleine genügen nicht. Es muss zwischen unbewussten und bewussten Wahrnehmungen unterschieden werden können.

Andererseits gibt es einige Hinweise auf Bewusstsein bei diesen Gruppen im Graubereich, z. B. bei Insekten. Wiggleworth (1980) und Eisenmann et al. (1984) argumentieren jedenfalls dafür, dass es bewusste Wahrnehmungen und bewusstes Leiden bei Insekten gibt.

Bienen, Apis mellifera, hatten vor etwa 650 Millionen Jahren einen gemeinsamen Vorfahren mit mir. Ihr Gehirn ist einen Kubikmillimeter groß und enthält rund eine Million Neuronen. Sie können zwischen den Kategorien „gleich" und „verschieden" unterscheiden (Girufa et al. 2001). Den AutorInnen gelang es, die Bienen auf diese Kategorien zu konditionieren. Bienen zeigen ein Langzeitgedächtnis und die Fähigkeit, individuell zu lernen, wenn sie auf Nahrungssuche gehen (Menzel 1987).

Karl von Frisch (1967) bekam 1973 den Nobelpreis für seine Entdeckung des Bienentanzes, mit dem sich die Bienen im Bienenstock gegenseitig hochgradig differenzierte Informationen vermitteln (Wise 2002, S. 77). Sie können die Güte von Nektarquellen mitteilen, sowie die Distanz und die Richtung. Sie können sich auch gegenseitig auffordern, zu einer Nektarquelle zu fliegen, oder dazu, den Nektar im Bienenstock zu verarbeiten. Seeley und Buhrman (1999) markierten 10.000 Bienen und beobachteten ihr Tanz- und Nektarsuchverhalten. Es stellte sich heraus, dass sich die Bienen durch den Tanz gegenseitig überzeugen. Bienen beobachten den Tanz anderer Bienen, probieren deren Vorschlag einer Nektarquelle aus und tanzen für diese Quelle, wenn sie besser ist als ihre, oder eben nicht, wenn nicht.

Gould und Gould (1994) meinen, bei Bienen ein vernünftiges Weltbild nachweisen zu können. Sie boten den Bienen Nektar auf einem Boot mitten in einem See an. Die Bienen berichteten durch ihren Tanz den anderen Bienen im Stock von der Nahrungsquelle. Weil die Quelle aber mitten im See war, was in einer vernünftigen Welt nicht sein kann, wurden sie von den anderen Bienen ignoriert. Wenn die AutorInnen das Boot aber am Ufer festmachten und das Experiment wiederholten, folgten die Bienen im Stock dem Tanz, der die Nahrungsquelle mitteilte, und kamen über den See zum Boot am Ufer geflogen.

Zhang und KollegInnen konnten nachweisen, dass Düfte, Farben und Muster sich im Gedächtnis von Honigbienen einprägen. Die Insekten können nicht nur einzelne optische Muster wiedererkennen, sondern sich auch Kombinationen merken. Und sie sind sogar dazu in der Lage, das Gelernte zu verallgemeinern und in Situationen anzuwenden, denen sie vorher noch nie ausgesetzt waren. Die konsequente Anwendung der Lern- und Kognitionskonzepte auf Insekten, wie sie von einigen Forschergruppen weltweit seit Jahren praktiziert wird, habe Erstaunliches zu Tage gefördert, so die AutorInnen der Studie. Die Kluft zwischen den geistigen Fähigkeiten von höheren Wirbeltieren und Insekten scheine also kleiner zu sein, als man es zunächst vermuten könnte (Zhang et al. 2005).

Besonders beeindruckend ist auch, wie Bienenschwärme entscheiden, wo sie hinfliegen sollen (Stamp-Dawkins 1993, S. 94). Wenn der Schwarm mit einer neuen Königin den alten Stock verlässt, sammeln sich alle Bienen um die Königin in einem Baum. Einige Bienen fliegen aus, um in der Gegend einen neuen Platz für ein Nest zu suchen. Die Bienen, die einen Platz gefunden haben, kommen zurück und berichten den anderen durch ihren Tanz davon. Daraufhin fliegen andere Bienen zu den Plätzen, die durch Tanz angezeigt wurden, bis etwa 500 Bienen hin und her fliegen und tanzen. Dieser Prozess der Entscheidung dauert viele Tage, während derer der gesamte Schwarm um die Königin im Baum bleibt. Gute Nestplätze finden immer mehr Tänzerinnen, die sich für diesen Platz entschieden haben. Andere werden durch einen besseren Nestplatz umgestimmt, um für diesen zu tanzen. Erst wenn alle Bienen in einem Konsens für denselben Nestplatz tanzen, setzt sich der Schwarm in Bewegung und fliegt, von den Bienen geführt, die den Platz ausgesucht haben, zu dem neuen Platz.

Trotz dieser bemerkenswerten Erkenntnisse zum Bienenverhalten meint Marian Stamp-Dawkins (1993, S. 95), dass sich all dieses Verhalten durch simple Regeln und automatische Reflexe erklären lässt. Dabei ist Stamp-Dawkins sonst sehr kritisch und billigt den Wirbeltieren alle möglichen kognitiven Konzepte und natürlich Bewusstsein zu. Steven Wises Autonomiewert für Bienen ist auch nur 0,59 (Wise 2002, S. 86). Sind die beiden FürsprecherInnen für Tierrechte nur geschockt von der Vorstellung, auch Insekten könnten Bewusstsein haben, und unterliegen deswegen einer Anthroponegation? Wenn man die entsprechenden Publikationen studiert, könnte man zu dieser Überzeugung gelangen.

15.3 Exkurs: Umgang mit geistig behinderten Menschen in der jüngeren Geschichte

Aber neben der Grauzone in der Linnéschen Klassifikation der Tiere, nämlich, in welchen Kategorien Bewusstsein grundsätzlich zu erwarten ist, haben wir noch das Problem, ob gewisse Individuen auch tatsächlich ein Bewusstsein haben. Auch hier gibt es eine Grauzone. So wissen wir, dass zum Zeitpunkt der Verschmelzung von Eizelle und Spermium, im Einzellenstadium, der Embryo sicher noch kein Bewusstsein haben kann. Unmittelbar bei der Geburt liegt aber wiederum mit Sicherheit ein Bewusstsein vor. Dazwischen ist ein undurchsichtiger Graubereich. Ähnlich bei der Entwicklung der Alzheimerschen Krankheit. Irgendwann scheint das Stadium erreicht zu sein, in dem der kranke Mensch auch sein Kernbewusstsein verliert. Wann das passiert, liegt aber in einem Graubereich. Nur komatöse Menschen haben mit Sicherheit kein Bewusstsein, allerdings könnten sie ihr Bewusstsein im Prinzip wiedererlangen. Insofern gehört auch das zum Graubereich.

Auch in der Menschenrechtsfrage gibt es aber einen Graubereich. Ich möchte daher aus der jüngeren Geschichte Erfahrungswerte zusammenstellen, die uns sagen, wie mit diesem Graubereich umgegangen wurde und was das für Konsequenzen hatte.

Nach Baader (2002) stellte sich ab dem 18. Jahrhundert die soziale Frage, was mit den geistig kranken Menschen, die als unvernünftig und nichtautonom gesehen wurden, zu geschehen habe. Im Jahr 1906 gründeten Ernst Haeckel und Wilhelm Ostwald den Monistenbund, der die Tötung geistig kranker Menschen propagierte. Eine Wochenschrift für die Fortschritte in Wissenschaft und Technik veranstaltete im Jahr 1911 ein Preisausschreiben zu dem Thema „Was kosten die minderwertigen Elemente den Staat und die Gesellschaft?“. In den 1920er Jahren gab es eine Reihe von Schriften aus medizinischen Kreisen, die die Belastung der Gesellschaft durch geistig Kranke monierten. Der Psychiater Alfred Hoche schrieb 1920: „Gibt es Menschenleben, die so stark die Eigenschaft des Rechtsgutes eingebüßt haben, dass ihre Fortdauer für die Lebensträger, wie für die Gesellschaft, dauernd allen Wert verloren hat?“ Aufgrund ihrer Hilflosigkeit, des Fehlens von Gefühlen, Wesensregungen und jeglicher produktiver Leistung könnten „Blödsinnige“ keinen subjektiven Anspruch auf Existenz erheben, wurde weiter argumentiert.

Rolf Winau (2002) fasst die Geschichte der medizinischen Versuche an u. a. geistig kranken Menschen zusammen. Bereits im 18. Jahrhundert wurden medizinische Versuche, die mit Leiden und Tod der Versuchspersonen verbunden waren, ohne Zustimmung der Opfer durchgeführt. Dabei wurde von Georg Hildebrandt 1786 vorgeschlagen, den folgenden methodischen Weg einzuhalten: zuerst In-vitro-Versuche im Reagenzglas im Labor, dann Tierversuche und zuletzt Menschenversuche. In dieser und späteren Phasen wurden ethische Probleme kaum thematisiert. Nachdem Albert Neisser im Jahr 1892 acht Menschen vorsätzlich mit Syphilis infiziert hatte, um eine neue Serumtherapie auszuprobieren, wurde die entsprechende Publikation in der wissenschaftlichen Öffentlichkeit durchaus positiv besprochen. In der Gesellschaft führte das allerdings um 1900 zu einer hitzigen Diskussion.

Karl von Baer polemisierte in der „Medicinischen Woche“ im Jahr 1900 gegen jeden Versuch, die Freiheit der Ärzte in der Forschung einzuschränken. Wenn es nach dem Willen der Kritiker von Menschenversuchen ginge, dann hätte die Medizin bis heute keinen wissenschaftlichen Fortschritt gemacht. Die Medizin als Wissenschaft könne auf den Menschenversuch nicht verzichten. Andere Mediziner riefen dazu auf, zusammenzuhalten und Ärzte, die Menschenversuche machten, vor „unberechtigten“ Angriffen zu schützen. Auf der Naturforscherversammlung in Breslau im Jahr 1904 sagte Julius Pagel: „Wer die Arbeit von Neisser selbst gelesen hat, [...] hält es für unbegreiflich, dass Leute [...] es gewagt haben, daran Kritik zu üben.“ In den medizinischen Fachzeitschriften der 1920er Jahre in Deutschland wurden laufend Versuche an Menschen publiziert. Die führenden Vertreter der Ärzteschaft waren der Meinung, dass die Erfolge denjenigen Recht gaben, die Menschenversuche an Individuen, die dazu keine Einwilligung gegeben hatten oder geben konnten, durchführten.

Auf der Basis solcher Überzeugungen kam es im Dritten Reich zu einer Umsetzung dieser Ideen auf breiter Front. Ab 1939 wurden in Brandenburg, Pirna, Grafeneck und Hartheim, ab 1941 auch in Hadamar und Bernburg, Tötungsanstalten eingerichtet, in denen geistig Kranke und viele andere Menschen, die als „Untermenschen" oder „Ballastexistenzen" gesehen wurden, getötet und verbrannt wurden (Matzek 2002, S. 49). Gleichzeitig wurden in noch nie da gewesenem Ausmaß an derselben Personenkategorie medizinische Menschenversuche durchgeführt. Viele dieser Versuche, wie Höhenversuche, Unterkühlungsversuche, Malaria-Versuche, Senfgas-Versuche, Sulfanomid-Versuche, Knochen-, Muskel- und Nervenregenerationsversuche sowie Knochentransplantationsversuche, Experimente mit Meerwasser, für Gelbsucht, Fleckfieber usw. sind bei Ebbinghaus und Dörner (2002) angeführt. Ralf Seidel (2002) schreibt in seiner Analyse dieser Menschenversuche: „Hierbei handelte es sich um durchaus durchdachte und wissenschaftlich fundierte Experimente, deren verbrecherischer Gehalt darin bestand, dass sie an Menschen unter Inkaufnahme des Risikos, ja oft der Gewissheit eines tödlichen Ausgangs, vorgenommen wurden." Bei vielen Versuchen, wie z. B. den Unterdruck- oder den Sulfanomidexperimenten, ergaben sich beim Menschenversuch signifikant andere Ergebnisse als im Tierversuch. Für viele Versuche waren Tierversuche als Vorversuche durchgeführt worden. In internen Schreiben wurde erklärt, dass Menschenversuche forciert werden müssten, weil Tierversuche nicht ausreichten.

Nach einem Gutachten im Nürnberger Ärzteprozess 1946 waren etwa 90 % der Ärzte und Ärztinnen im Dritten Reich direkt oder indirekt in Menschenversuche verwickelt. Die Versuche waren von der Ärzteschaft nie kritisiert worden. Nach Labisch (2002, S. 86) waren die Menschenversuche der NS-Medizin keineswegs ein historischer Unglücksfall, von verbrecherischen Existenzen durchgeführt, sondern im Grundgedanken ein Teil der Moderne und der wissenschaftlichen Denkungsart. Es gab ein echtes, wissenschaftliches Interesse an ihren Resultaten. Bei einem Vortrag am 24. Mai 1943 vor 800 Mitgliedern der ärztlichen Elite Deutschlands über die Ergebnisse von Menschenversuchen war nicht der geringste Protest oder irgendeine negative Reaktion zu bemerken.

Im Nürnberger Ärzteprozess wurde argumentiert, dass die Versuche an geistig Kranken bzw. deren Tötung deswegen gerechtfertigt seien, weil diese

Menschen Wesen ohne vernünftiges Weltbild wären. Sie stünden aufgrund von mangelndem Selbstbewusstsein auf tiefstem intellektuellem Niveau, sodass sich ihr Gefühlsleben nicht über Vorgänge erhebe, die an das normale Leben geknüpft sind. Die Geisteskranken hätten das geistige Niveau von „Tieren" und kein moralisches Verständnis. Sie hätten zwar ein Lebensgefühl, aber infolge der Verschüttung von Geist und Seele keinen Lebenswillen. Sie würden also nicht bewusst leben wollen und hätten daher auch kein Lebensrecht (Ebbinghaus 2002). Uns sollte es, glaube ich, sehr zu denken geben, dass dieselben Argumente heute für medizinische Versuche an nichtmenschlichen Tieren vorgebracht werden (Kapitel 14).

Auf die Frage, ob die Angeklagten der Meinung seien, dass diese Menschenversuche ein Verbrechen gewesen wären, antworteten sie, dass die Versuche sicher kein Verbrechen wären, weil sie legal stattgefunden hatten. Bei einer Notsituation, wie einer schweren Bedrohung durch eine Krankheit, seien solche Versuche auch gerechtfertigt. Die Menschenversuche seien im wissenschaftlichen Kontext geschehen, und generell seien Versuche am Menschen immer schon überall übliche Praxis gewesen und für die Entwicklung der Medizin unverzichtbar. Keiner der Angeklagten hatte Schuldgefühle.

Die Forschung an Menschen, die nicht zur Einwilligung fähig waren, sei „ein kleines moralisches Zugeständnis" gewesen, meinte der angeklagte Reichskommissar für das Sanitäts- und Gesundheitswesen Karl Brandt. Er war bis zuletzt von der ethischen und juridischen Rechtmäßigkeit dieser Aktivitäten überzeugt gewesen und hatte ein gutes Gewissen. FreundInnen und Mediziner beschrieben ihn als ausgesprochen „moralischen Menschen", als einen Idealisten, der „sehr gewissenhaft" war, in allem, was er tat. Dörner (2002, S. 352) resümiert seine Analyse über die TäterInnen mit den Worten: „Die distanzierende Verurteilung der fraglosen Verbrechen der Angeklagten fiele mir leicht, wenn sie Monster gewesen wären. Nun stellt sich heraus, dass es keinesfalls Monster waren, sondern vielmehr eine Zufallsmischung von Ärzten, wie es sie heute auch gibt, eher sozial engagierter und wissenschaftlich qualifizierter als der Durchschnitt." Insgesamt waren etwa 75 bis 90 Personen direkt in die medizinischen Menschenversuche des Dritten Reichs als WissenschaftlerInnen involviert gewesen.

Walter Kohl (2000) gibt in seinem Buch seine Gespräche mit dem Arzt Georg Renno aus dem Jahr 1997 wieder. Renno war in Hartheim aktiv gewesen und war sowohl für die Selektion als auch für die aktive Tötung vieler geistig kranker Menschen verantwortlich. Renno fühlte sich nicht schuldig.

Es sei eine „schöne Zeit“ gewesen, die Tötungen waren in Ordnung, er habe ein gutes Gewissen. Er habe beim Anblick der Vergasungen nichts Fürchterliches empfunden. Seine Tochter beschreibt ihn als lieben, ruhigen, zufriedenen Menschen. Er hat seine Taten einfach aus den bereits angegebenen Argumenten für richtig empfunden. Renno ist nach dem Krieg nicht mehr durch irgendeine Form von Verbrechen auffällig geworden. Kohl kommt auch zu dem Schluss, dass diese Ärzte keine Monster waren. Das wäre einfacher. Sie sind aber Menschen wie du und ich (Kohl 2000, S. 314).

Von Renno wird berichtet, dass er während der Tötungen in der Tötungsanstalt wunderschön Flöte gespielt habe (Matzek 2002, S. 113). Sein Vorgesetzter Lonauer hat sein letztes Opfer, einen geistig kranken Menschen, am 30. April 1945 getötet und dann am 4. Mai 1945 seine Familie und sich vergiftet. Auch er war bis in den Tod hinein überzeugt, richtig gehandelt zu haben. Die 10.000ste Leiche eines geistig Behinderten wurde in Hadamar sogar mit Sekt als „Erfolg“ gefeiert.

Bei den Alliierten galt nach Ende des Krieges das Hauptinteresse an den Menschenversuchen zunächst nicht deren ethischer Seite, sondern den wissenschaftlichen Resultaten. Im Oktober 1945 hatte eine eigene Untersuchungskommission aus den USA die Ergebnisse der Versuche mit Hinblick auf ihre Verwertung gesichtet. Eine Reihe angeklagter Ärzte machte nachher in den USA wissenschaftlich Karriere. Die Ärztin Herta Oberheuser, die an Menschen Versuche gemacht hatte, eröffnete nach ihrer Haft eine gutgehende Praxis. Viele der SS-Ärzte konnten auch weiter praktizieren (Matzek 2002, S. 270). In einem noch 50 Jahre danach verwendeten Standardlehrbuch der Anatomie, dem Pernkopf-Atlas, wurden Zeichnungen von in Versuchen verwendeten Menschen gezeigt. Das Foto der in Versuchen verwendeten, geistig behinderten Valentina Z. war noch lange nach dem Krieg in einem medizinischen Lehrbuch zu sehen (Kohl 2000, S. 299).

Im Jahr 1963 wurden in New York, in Brooklyn, 22 geistig behinderte Frauen im Rahmen eines Menschenversuchs mit Krebszellen geimpft. Letztendlich kam es im Jahr 1964 aufgrund des öffentlichen Entsetzens über die Menschenversuche im Dritten Reich doch zur Menschenrechtsdeklaration in Helsinki. Darin steht im Artikel 1.5: „Die Sorge um die Interessen des Subjekts muss sich immer gegen die Interessen von Wissenschaft und Gesellschaft durchsetzen.“ Und Artikel 111.4 besagt: „Bei Versuchen am Menschen dürfen die Interessen der Wissenschaft und der Gesellschaft niemals Vorrang haben, vor der Berücksichtigung des Wohlbefindens des Subjekts.“

Zusammengefasst lässt sich also sagen, dass geistig kranke Menschen jahrhundertelang an den Kriterien von Vernunft, Selbstbewusstsein, Moralfähigkeit und Intelligenz gemessen wurden. In logischer Konsequenz hat man sie als Objekte und Mittel zum Zweck verwendet, und das mit gutem Gewissen. Der wissenschaftliche Nutzen und der Vorteil für die Allgemeinheit wurden wichtiger genommen als das Leben und die Gefühle dieser Wesen.

15.4 Schlussfolgerungen

Aus diesen traurigen Erfahrungen der jüngeren Geschichte sollten wir also lernen, bei Argumenten gegen die Rechtsfähigkeit von Wesen, die von mangelndem Selbstbewusstsein, mangelnder Vernunft, mangelnder Moralfähigkeit, mangelnder Sprachfähigkeit oder mangelnder Intelligenz handeln, sofort misstrauisch zu werden. Die Subjekthaftigkeit und die Fähigkeit zu bewussten Gefühlen ist relevant, nicht die intellektuelle Leistungsfähigkeit oder der Grad der Erweiterung des Bewusstseins.

Im Jahr 2003 gab es im Schloss Hartheim, dem Ort der Tötung Zigtausender geistig behinderter Menschen während des Dritten Reichs, eine Ausstellung zum Thema „Wert des Lebens". Diese Ausstellung wollte den Bezug herstellen zwischen Ideen einer hierarchischen Abstufung von Lebenswert und den Konsequenzen, die diese Denkungsart uns in der nationalsozialistischen Praxis offenbart. „Die Menschen so zu akzeptieren, wie sie sind, ist ein wichtiger Menschenrechtsgrundsatz. Die Anerkennung der Verschiedenheit ist Voraussetzung für die Verwirklichung des Gleichheitspostulates. [...Heute] werden [wieder] Konzeptionen diskutiert, die Menschen mit Behinderungen oder Krankheiten nur ein eingeschränktes Lebensrecht zugestehen" (Kepplinger 2003, S. 9). Eine Hierarchie des Wertes des Lebens verschiedener Lebewesen, abhängig von Größen wie ihrer mentalen Komplexität, müsste uns daher sofort daran erinnern, was das in der Praxis bedeutet.

Aber wir sollten auch lernen, sehr vorsichtig damit zu sein, in einem Graubereich, in dem wir uns nicht ganz sicher über die Bewusstseinszustände von Lebewesen sind, einfach eine willkürliche Grenzlinie zwischen bewusst und unbewusst zu ziehen. Ich möchte mich daher dafür aussprechen, diese Grenzlinie offen zu lassen und nach Möglichkeit davon auszugehen, dass alle Wesen Bewusstsein haben, bei denen wir nicht vollständig vom Gegenteil überzeugt sind. Für Menschen heißt das, auch bei der schwersten Form von Alzheimer-Demenz oder bei scheinbar permanentem Koma trotzdem nicht die Möglichkeit von Bewusstsein, oder von der Wiederkehr von Bewusstsein, auszuschließen und diese Wesen wie Subjekte mit gleichen Rechten zu behandeln. Aber genauso bei nichtmenschlichen Tieren, auch wenn deren Gehirn nur $1mm^3$ groß ist, wie bei den Insekten. Jede willkürlich gezogene Grenze im Graubereich, auch wenn sie „mit dem Bleistift“ gezogen wurde, könnte Anlass geben zu einer moralischen Katastrophe, wie dem Umgang mit geistig Behinderten im Dritten Reich.

16 Tierrechte in der Praxis

Nach dem bisher Gesagten müssen Tierrechte als wissenschaftlich-rational am besten begründete Antwort auf die Frage, wie man sich anderen Wesen gegenüber verhalten soll, gelten. Tierrechte sind dabei negative Grundrechte auf Leben, Freiheit und Unversehrtheit für, salopp gesprochen, alle Tiere inklusive des Menschen. Diese Rechte gelten grundsätzlich für alle Tiere gleich, unabhängig von irgendwelchen Maßen ihrer Intelligenz, mentalen Komplexität, Sprachfähigkeit, Moralfähigkeit und vom Grad ihres Selbstbewusstseins. Das Ideal des ethisch richtigen Handelns ist also, so zu handeln, dass die Grundrechte aller Tiere prima facie respektiert werden. Es ist nicht möglich, diese Grundrechte aller Tiere zu respektieren und die Tiere gleichzeitig für den eigenen Vorteil zu nutzen. Tiere sind Subjekte, und als Subjekte dürfen sie nicht wie Objekte, wie Mittel zum Zweck für andere, verwendet werden. Die Konsequenz ist ein veganes Leben, d. h. ein Leben ohne die Nutzung von tierlichen Produkten. Im ethischen Ideal bedeutet das, auch keine Nutzung von Lebewesen aus dem Graubereich zu betreiben, also z. B. keinen Verzehr von Muscheln oder von Bienenhonig. Es gibt keine genauen Zahlen, aber Schätzungen der verschiedenen Veganen Gesellschaften, und statistische Untersuchungen belegen, dass in Europa mehr als eine Million Menschen vegan leben. In Österreich sind es etwa 40.000.

Weiters können wir aus den wissenschaftlich-rationalen Überlegungen zur Ethik, die ich in den bisherigen Kapiteln aufgezeigt habe, schließen, dass es weder möglich ist, eine Wertehierarchie für den Lebenswert anzugeben, noch für den Wert der Bedürfnisse, der Interessen oder der Präferenzen der verschiedenen Lebewesen. Ethisch gut zu handeln lässt sich auch nicht abstufen, egal, ob die gute Handlung z. B. Menschen oder anderen Tieren hilft.

Zwischen einem ethischen Ideal und der ethischen Realität ist aber noch ein Unterschied. Wir haben das ethische Ideal ja aus Prinzipien hergeleitet, die nicht direkt mit soziologischen oder physiologischen Aspekten der verschiedenen Lebewesen zu tun haben, die aber die Praxis bestimmen. Das würde zwar das Ideal nicht widerlegen oder als Ideal entwerten, aber es ist für diejenigen, die sich überlegen, es ernst zu nehmen und entsprechend zu handeln, natürlich relevant. Daher wird es noch notwendig sein, zu prüfen, ob und wie dieses ethische Ideal des veganen Lebens in der Praxis realisiert werden kann.

16.1 Ist eine Gesellschaft möglich, die Tierrechte respektiert?

Niemand kann diese Frage „einfach so“ beantworten. Sie ist viel zu komplex, und es ist zu wenig vorhersehbar, was eine solche Gesellschaft für globale Konsequenzen hätte. Geschichtliche Erfahrungen mit einer Gesellschaft, die volle Tierrechte respektiert, gibt es nicht. Es gibt allerdings einige positive Erfahrungen mit großen Kommunen, die dieses Ideal leben, sowie mit Religionsgemeinschaften, die das Leben aller Tiere respektieren. Verschiedene Menschengemeinschaften haben auch historisch fast vegan gelebt, wie z. B. im ländlichen China oder in Südamerika, allerdings nicht aus ethischen Gründen.

Die Umsetzung des ethischen Ideals der Tierrechte bedeutet also den Versuch, sich in der Praxis diesem Ideal möglichst anzunähern, und zwar sowohl im persönlichen Leben als auch – eng damit zusammenhängend – im gesellschaftspolitischen Bereich. Unsere Gesellschaft ist im Moment noch derart speziesistisch, dass es unmöglich erscheint, vorauszusagen, wohin sich so ein Versuch entwickeln könnte. Aber ich sehe, wie ich im Weiteren zeigen will, kein grundsätzliches Hindernis einer weitgehenden Umsetzung. Natürlich muss dabei das Bedürfnis der heutigen Gesellschaft nach Sicherheit und sozialer Stabilität berücksichtigt werden, d. h., dieser Übergang muss langsam und kontinuierlich erfolgen.

Es ist davon auszugehen, dass alle nichtmenschlichen Tiere bei Konflikten, die ihre Grundrechte betreffen, vor Gericht von einem Menschen vertreten werden müssen. Das ist aber weder seltsam noch in unserem Rechtssystem unbekannt. Viele Wesen, die nach dem heutigen Gesetz bereits als Personen und RechtsträgerInnen gelten, sind auch nicht in der Lage, ihre eigenen Rechte durchzusetzen. Auch sie müssen vertreten werden. Ein Sachwaltschaftsprozess bestimmt SachwalterInnen, die dann im Namen des betroffenen Lebewesens handeln, möglicherweise einen Prozess beginnen und einen Rechtsanwalt bestellen.

Im Rahmen des Große-Menschenaffen-Projekts fordern viele international angesehene Persönlichkeiten und WissenschaftlerInnen, zumindest allen Großen Menschenaffen, also dem Schimpansen, dem Bonobo, dem Menschen, dem Gorilla und dem Orang-Utan, gleiche Grundrechte zu geben (Cavalieri 1996, Cavalieri und Singer 1993). In einer Deklaration vor den Vereinten Nationen soll, wie seinerzeit 1948 für die Menschenrechte, eine entsprechende Menschenaffenrechtsdeklaration verabschiedet werden. Da keiner der nichtmenschlichen Großen Menschenaffen in besonderem Ausmaß wirtschaftlich oder sozial genutzt wird, steht diesem Schritt auch kein spezieller gesellschaftlicher Druck entgegen, außer natürlich der omnipräsente Speziesismus. Deshalb ist es in Neuseeland bereits fast zu einer entsprechenden Erklärung gekommen. In vielen verschiedenen Ländern haben Große Menschenaffen aber bereits einen Sonderstatus, so dürfen sie z. B. in England und Holland nicht in medizinischen Versuchen oder in Zirkussen verwendet werden. Steven Wise (2000) arbeitet in den USA an den Grundlagen, um einen Präzedenzfall vorzubereiten, bei dem, analog dem historischen Fall der Sklaverei, einem nichtmenschlichen Menschenaffen vor Gericht Rechte zugesprochen werden könnten.

Auch in Österreich ist ein derartiger Prozess in Vorbereitung. Dieser Schritt wäre zwar politisch äußerst bedeutsam, aber in der Praxis, jedenfalls in Österreich, vergleichsweise bedeutungslos. Daher scheint mir die politisch-juridische Arbeit in diese Richtung sehr sinnvoll zu sein, weil der Begriff der Rechtsperson bei Grundrechten für Menschenaffen erstmals die Speziesbarriere überwinden und damit die Möglichkeit bieten würde, das „wir Menschen" auf ein „wir Menschenaffen" zu erweitern. Die Auswirkungen auf das Selbstverständnis der Gesellschaft und auf die Dominanz des Speziesismus könnten enorm sein. Ein neues Bewusstsein mit einem direkten Verantwortungsgefühl und einer Identität über den völlig überstrapazierten Menschbegriff hinaus könnte entstehen. Andererseits müsste niemand um seine soziale Sicherheit bangen, weil dieser Schritt keine wirklichen, praktischen Änderungen im alltäglichen Leben mit sich bringt. Medizinische Versuche an Menschenaffen sind in Österreich bereits beendet worden und werden hoffentlich demnächst verboten, zumal ein im Parlament einstimmig angenommener Entschließungsantrag vom 10. Dezember 2004 die Regierung bereits aufforderte, eine entsprechende Änderung des Tierversuchsgesetzes vorzunehmen. Kein Zirkus darf mehr Menschenaffen verwenden. Nur einige Individuen in Zoos wären von dieser Änderung direkt betroffen. Diese Wesen müssten aber in jedem Fall in einer Art von Gnadenhof oder Heim bleiben, weil sie ja nicht mehr selbstständig lebensfähig sind.

Tierrechte unterscheiden sich zwar vom klassischen Tierschutz dadurch, dass sie eine Prima-facie-Gleichstellung aller bezüglich der Grundrechte fordern, während der klassische Tierschutz die Tiernutzung nicht grundsätzlich in Frage stellt. Allerdings haben sich auch die Konzepte des Tierschutzes in der Praxis in den letzten Jahrzehnten stetig verschärft, sodass in vieler Hinsicht kaum ein Unterschied zu sehen ist.

Zwischen Tierschutz und Tierrechten besteht trotz aller scheinbar grundsätzlicher konzeptueller Unterschiede ein kontinuierlicher Übergang. Am einen Ende des Kontinuums steht die vollständige Negierung von nichtmenschlichen Tieren als ethisch relevant oder als gesetzlich zu schützen. Im nächsten Schritt können sie einen marginalen, indirekten Schutz bekommen, wie von Immanuel Kant gefordert und historisch auch geschehen, wenn sie z. B. vor in der Öffentlichkeit begangenen, Ärgernis erregenden Tierquälereien geschützt werden oder wenn Zugtiere davor geschützt werden, zu viel geschlagen zu werden. Im nächsten Schritt können die nichtmenschlichen Tiere einen direkten Schutz bekommen, wenn sie also auch vor Quälereien im stillen Kämmerlein durch ihre EigentümerInnen geschützt werden. Seit 1971 ist Tierquälerei ein strafrechtliches Delikt, das auf alle TäterInnen anwendbar ist, allerdings in der gängigen Rechtssprechung nur, wenn diese mit entsprechendem Vorsatz, sozusagen mit Lust am Quälen, gehandelt haben. Im nächsten Schritt könnte auch das Quälen aus finanziellem Interesse, wie z. B. in Tierfabriken, verboten werden. Einige Aspekte der Fabrikshaltung so genannter Nutztiere sind bereits verboten, sogar EU-weit, und es laufen nur noch die Übergangsfristen. Die Käfighaltung von Legehühnern wurde in Österreich mit dem neuen Bundestierschutzgesetz 2005 auf längere Sicht sogar gänzlich verboten. Immer mehr Tierfabriksformen könnten folgen, bis zuletzt nur mehr die Freilandhaltung von „Nutztieren“ erlaubt wäre.

Aber auch die Freilandhaltung selbst ist für die betroffenen Tiere ganz etwas anderes als die Freiheit. So werden sie in viel zu großen Gruppen gehalten, die männlichen Milchkälber und die männlichen Legeküken werden bald nach der Geburt getötet, die Masttiere werden noch vor der Pubertät in den Schlachthof gebracht. Also wäre für einen Tierschutz, den nur das Leiden, aber nicht der Tod der nichtmenschlichen Tiere interessiert, auch dann noch eine Verbesserung zu fordern. Deshalb wurden in Österreich Pelztierfarmen grundsätzlich verboten, egal mit welchen Haltungsbedingungen. Aber über das Stadium, nur das Leiden und nicht den Tod ethisch relevant zu finden, hat sich der Tierschutz bereits hinausentwickelt. So verbietet das Strafgesetzbuch in Österreich seit 1. Oktober 2002 das mutwillige Töten von Wirbeltieren, auch wenn sie vollkommen schmerzfrei getötet werden (siehe *Tierschutz konsequent* 23, Jänner 2002, S. 26). Weiters ist im Tierschutzgesetz das Töten von Hunden und Katzen zur Gewinnung jeglicher tierlicher Produkte verboten! Offensichtlich sieht der moderne Tierschutz auch das Töten an sich, zumindest von Wirbeltieren, als ein ethisches Problem an, auch wenn es völlig schmerzfrei und überraschend geschieht.

Der nächste Schritt könnten dann „schwache Rechte" im Sinne von Mary Midgely (1983) sein, wie im Kapitel 14 diskutiert. Gesetzlich könnten nichtmenschliche Tiere zunächst auch nur das Recht auf Umsetzung des Tierschutzgesetzes bekommen. Sie würden damit zwar RechtsträgerInnen sein, aber nur in einem sehr eingeschränkten Sinn. Verschiedene andere Rechte, und zuletzt volle, gleiche Grundrechte, könnten folgen. Tierschutz und Tierrechte bilden also tatsächlich ein Kontinuum, und daher könnten Tierrechte langsam und stetig so realisiert werden, dass der gesetzliche Tierschutz immer weiter forciert wird. Ich würde jedenfalls kein grundsätzliches Hindernis sehen, warum eine Umsetzung in dieser stetigen, kontinuierlichen Art nicht funktionieren sollte oder warum dadurch die soziale Sicherheit und Stabilität der Gesamtgesellschaft gefährdet wäre. Die Zeitskalen der Änderungen müssten eben so gewählt werden, dass eine Adaptierung ohne Schwierigkeiten möglich ist.

In vieler Hinsicht gibt es auch heute schon deutliche Signale einer Entwicklung in diese Richtung, die von der Tierrechtsbewegung betrieben wird. Im Jahr 1988 kam es zu einer bemerkenswerten Veränderung des Allgemeinen Bürgerlichen Gesetzbuches in Österreich. Nach dem § 285, der alles zu einer Sache macht, das keine Person ist, wurde der § 285a eingefügt:

§ 285a. ABGB *Tiere sind keine Sache; sie werden durch besondere Gesetze geschützt. Die für Sachen geltenden Vorschriften sind auf Tiere nur insoweit anzuwenden, als keine abweichenden Regelungen bestehen.*

Mit anderen Worten: Nichtmenschliche Tiere sind zwar keine Sachen, sie sind aber wie Sachen zu behandeln, solange nichts Gegenteiliges verlautbart wurde. Immerhin wird damit vom Gesetzgeber anerkannt, dass nichtmenschliche Tiere keine Sachen sind. Da es aber nur Sachen und Personen im Recht gibt, müssen sie also Personen sein. Nichtmenschliche Tiere sind also nach dem ABGB Personen, die wie Sachen zu behandeln sind. Praktisch eine Definition der Sklaverei. Ein derartiger Widerspruch in ein und demselben Gesetz ist ein deutlicher Hinweis auf einen gesellschaftlichen Wertewandel im großen Stil. Das neue Paradigma wird zwar als durchaus richtig erkannt, der Mut zur entsprechenden Anpassung der Gesetze an diese Erkenntnis bleibt aber in letzter Konsequenz aus.

Von 18. 3. – 25. 3. 1996 wurde das Tierschutz-Volksbegehren abgehalten. Es wurde von 459.096 wahlberechtigten Österreichern und Österreicherinnen unterschrieben, das sind 7,96 % aller Wahlberechtigten, sowie von 35 Abgeordneten zum Nationalrat. Das musste als ein deutliches Zeichen für den Wertewandel im Tierschutz gesehen werden. Tatsächlich gelang es mit dem Bundestierschutzgesetz 2005, alle Forderungen des Tierschutz-Volksbegehrens umzusetzen. Da so etwas für Volksbegehren relativ selten ist, belegt dieser Erfolg der Tierrechtsbewegung einmal mehr, dass die gesellschaftliche Meinung über den ethischen Status nichtmenschlicher Tiere den Gesetzen am Weg zum Ideal der Tierrechte bereits um einiges voraus ist.

Eine Forderung des Tierschutz-Volksbegehrens betraf die so genannte Tieranwaltschaft, eine Körperschaft, die, ähnlich einer Umweltanwaltschaft, im Namen nichtmenschlicher Tiere in Gerichtsprozesse eingreifen darf und behördlich informiert werden muss. Das wurde in Form von Tierschutz-Ombudspersonen realisiert. Auch das ist ein signifikanter Schritt weg vom Tier als Sache zu einer vor Gericht vertretenen Rechtsperson.

Ein weiterer wesentlicher Fortschritt, den die Gesellschaft gegenwärtig vollzieht, ist die Aufnahme des Tierschutzes in die österreichische Bundesverfassung. Am 27. Mai 2004 wurde im österreichischen Parlament einstimmig der folgende Entschließungsantrag aller Parlamentsparteien beschlossen: „Die Bundesregierung wird ersucht, im Rahmen des Österreich-Konvents dafür Sorge zu tragen, dass der Schutz des Lebens und des Wohlbefindens der Tiere aus der besonderen Verantwortung des Menschen für das Tier als Mitgeschöpf als Staatszielbestimmung Eingang in den neuen Verfassungsentwurf findet." Noch vor wenigen Jahren hätte wohl kaum jemand für möglich gehalten, dass der Tierschutz neben den Menschenrechten in der Bundesverfassung stehen wird (siehe *Tierschutz konsequent* 26, Juni 2004, S. 14).

Interessant ist auch, wie das Gesetz den Begriff „Tier" definiert. Für einige Gesetzesstellen ist er explizit auf Wirbeltiere, Kopffüßer und Zehnfußkrebse eingeschränkt, aber für viele Gesetze, wie sogar die Tierquälerei im Strafgesetzbuch, nicht. Tatsächlich hat es schon einmal einen Versuch gegeben, jemanden wegen Tierquälerei zu belangen, der eine Vogelspinne gequält hatte. Der § 5 des Bundestierschutzgesetzes 2005, der Tierquälerei verbietet, gilt ja für alle Tiere. Nach § 5 Absatz 2 Ziffer 15 ist es daher in Österreich gesetzlich verboten, Insekten die Gliedmaßen auszureißen. Ich halte diesen Ansatz, den Begriff „Tiere" in den Tierschutzgesetzen nicht zu spezifizieren, aus den im letzten Kapitel angegebenen Gründen für sehr gut.

Auch in der praktischen Rechtssprechung hat es in letzter Zeit einige viel versprechende Entwicklungen gegeben. Im März 2003 hatte ich aufgrund eines anonymen Hinweises eine Legebatterie in Kleinsierning bei St. Pölten des Nachts besucht und gefilmt. Dabei habe ich sieben schwerkranke Hühner mitgenommen und noch in der Nacht auf die Notaufnahme der Universitätsklinik für Geflügel der veterinärmedizinischen Universität Wien gebracht, wo sie notversorgt wurden. Danach informierte ich die Behörden. Die amtstierärztliche Kontrolle bestätigte die Vorwürfe gegen die Legebatterie, und deren Betreiber wurde zu einer Verwaltungsstrafe verurteilt. Die Staatsanwaltschaft erhob aber Anklage gegen mich wegen Verdachtes auf „dauernde Sachentziehung" mit einem Strafmaß von bis zu sechs Monaten Gefängnis. Am 9. Februar 2004 wurde ich in erster Instanz zu 60 Tagsätzen unbedingt verurteilt. In zweiter und letzter Instanz entschied das Landesgericht St. Pölten aber am 12. Juli 2004, dieses Urteil wieder aufzuheben und einen Freispruch zu fällen. Das Gericht berief sich dabei auf § 42 StGB, wonach der Tierrettung mangelnde Strafwürdigkeit zukommt. Die Richter bezogen sich dabei explizit auf das neue Bundestierschutzgesetz. Demzufolge sind Legebatterien gesellschaftlich geächtet und als Tierquälerei anerkannt, und Tiere sind leidensfähige Mitgeschöpfe. Die Rettung der Hühner war daher eine Tat im Sinne der Gesellschaft, die von einer anerkannt positiven Gesinnung getragen war.

In einem anderen Urteil sprach Mitte August 2004 ein Gericht einer Frau Schmerzensgeld zu, weil ein Jäger am 7. März 2001 ihre Schäferhündin Mona vor ihren Augen im Maurer Wald in Wien 23 mit zwei Messerstichen vorsätzlich getötet hatte. Er war dafür wegen Tierquälerei und wegen Sachbeschädigung strafrechtlich verurteilt worden. Aufbauend auf dieser Verurteilung hatte die Hundebetreuerin eine Schadenersatzklage eingebracht, weil sie ihren Hund geliebt hatte und durch den Verlust psychisch schwer beeinträchtigt worden war. In einem Aufsehen erregenden Urteil sprach ihr das Bezirksgericht Liesing 6.900 Euro Schmerzensgeld und Schadensersatz zu und verurteilte den Jäger zu Prozesskosten von insgesamt ca. 25.000 Euro. In der Urteilsbegründung wird u. a. angeführt: „Die Klägerin ist seit zehn Jahren Vegetarierin, wie auch ihre gesamte Familie, sie isst auch keinen Fisch, trinkt keine Milch und isst keine Eier. [...] Die Klägerin hatte zu Mona ein besonderes Nahverhältnis und betrachtete diese aufgrund ihrer allgemeinen Einstellung Tieren gegenüber als gleichwertiges Familienmitglied. Die Vulnerabilität der Klägerin war im Zusammenhang mit dem Stillen ihres Kindes, mit den Umständen des Verlustes ihres Hundes und dem Umstand, dass die Klägerin eine engagierte aktive Tierschützerin ist, erhöht, diese war durch die akute Belastungsreaktion auf den Vorfall vom 7. 3. 2001 krankheitswertig beeinträchtigt."

In den letzten Jahren ist auch ein eindeutiges Anwachsen der veganen Infrastruktur in der Gesellschaft zu verzeichnen. Das *Tierschutz konsequent* 23, Jänner 2003, empfiehlt auf Seite 28 und 29 eine Reihe von veganen Alternativen zu tierlichen Produkten, die den Originalen täuschend ähnlich sehen und schmecken. Das *Tierschutz konsequent* 22, August 2002, wiederum bietet auf Seite 28 und 29 eine große Liste vegan/vegetarischer Gastronomiebetriebe in Österreich. Heute lassen sich bereits in Supermärkten vegane Alternativen bequem und billig kaufen, und das Vegane Produktlevel, eine Marke für garantiert vegane Produkte, ist kürzlich auf den Markt gebracht worden. Es wird von der Veganen Gesellschaft Österreich (www.vegan.at) vergeben. Weiters gibt es ein ständig steigendes Netzwerk bäuerlicher Betriebe, die sich dem bioveganen Landbau verschrieben haben. Dabei werden rein vegane Produkte nicht nur biologisch produziert, sondern auch ohne tierliche Düngemittel. Damit ist nachgewiesen, dass die Produktion veganer Nahrungsmittel auch vollkommen ohne Rückgriff auf tierliche Ausbeutung auskommen kann. Der Verein BioVegan (www.biovegan.org), der die Zeitschrift *Regenwurm* herausgibt, koordiniert diese Bemühungen und ist Anlaufstelle für Hilfe bei der Umstellung auf bioveganen Landbau. Die unschätzbaren Erfahrungen, die dort gesammelt werden, können letztendlich helfen, die Frage zu beantworten, ob eine globale vegane Gesellschaft nachhaltig möglich ist.

Seit 1973 betreibt die Familie Langerhorst in Oberösterreich einen bioveganen Landbau auf über 400 m Seehöhe. Die Erfahrungen wurden in mehreren Arbeiten (u. a. Langerhorst 1986, Langerhorst 1996) der Öffentlichkeit zugänglich gemacht. Sie belegen, dass der biovegane Landbau ohne tierlichen Dünger auch in dieser Höhe auf lange Sicht ökonomisch und ökologisch praktikabel ist.

Franz Wuketits (2002, S. 197) bezweifelt, dass Menschen aufgrund ihrer genetischen Disposition in der Lage sind, längerfristig wirklich selbstlos zu leben. Reiner Altruismus komme deswegen im realen Leben praktisch nicht vor. „Längerfristiges selbstloses Handeln ohne jegliche Aussicht auf Gegenleistung oder Belohnung kann vom Menschen, der – wie alle anderen Arten – zum Überleben programmiert ist, nicht ernsthaft erwartet werden. Natürlich sind wir im Allgemeinen bereit, anderen zu helfen, mit anderen zu kooperieren –, wenn daraus für uns ein *soziales Plus* resultiert, das unser Handeln zumindest indirekt belohnt."

Mit dieser kulturpessimistischen Ansicht scheint der Traum vom veganen Ideal bereits ausgeträumt, bevor er begonnen hat. Aber ich denke, ein Pessimismus dieser Art ist nicht angebracht. Zunächst einmal ist ein Unterschied festzustellen zwischen aktivem, altruistischem Helfen, dem ethisch guten Handeln, den positiven Rechten, auf der einen Seite und dem bloßen Respektieren negativer Rechte, wie der Tierrechte, auf der anderen Seite. Andere nicht zu verletzen ist nur sehr bedingt altruistisch und wird nur dann als altruistisch empfunden, wenn in der Erfahrungswelt des handelnden Wesens die Verletzung der Rechte der anderen überhaupt eine Option ist. Ich könnte mir gut vorstellen, dass die Sozialisation in einer veganen Gesellschaft die Möglichkeit der Nutzung nichtmenschlicher Tiere genauso aus dem Repertoire bewusst gedachter, möglicher Handlungsalternativen nimmt, wie es heute niemand mehr als eine gute, altruistische Tat betrachtet, andere Menschen nicht zu versklaven. Und wenn ich das nicht als Einschränkung erlebe, sondern einfach nicht daran denke, dass es eine Option wäre, dann erlebe ich mich auch nicht altruistisch und obiges Problem sollte sich nicht stellen. Auf der anderen Seite gibt es ja in einer Gesellschaft, die das ethische Ideal nach Möglichkeit lebt und in Gesetze gefasst hat, Sanktionen für Übertretungen. Wenn ein Mensch in unserer Gesellschaft nicht mordet, dann wird das nicht als ethisch gut aufgefasst, sondern zu morden wäre ethisch schlecht und hätte gesetzliche Sanktionen. Wenn die Verletzung der Tierrechte ebenso gehandhabt wird, dann haben die einzelnen Individuen eine große Motivation, das vegane Ideal einzuhalten, nämlich um den sozialen und gesetzlichen Sanktionen zu entgehen.

Das Verhalten der Menschen in der Gesellschaft scheint mir sehr flexibel und adaptiv zu sein, je nachdem, wie diese Gesellschaft strukturiert ist. Legt sie einem das Gewaltverbrechen nahe, wie im Dritten Reich, dann werden die meisten zu VerbrecherInnen. Ist die Gesellschaft aber so organisiert, dass es keine soziale Motivation gibt, Gewaltverbrechen zu begehen, ja, dass man sich mit Gewaltverbrechen eine Menge als unnötig empfundener Schwierigkeiten einhandeln würde, dann ist die Anzahl der VerbrecherInnen minimal. Entsprechend ist die gesellschaftliche Umsetzung des veganen Ideals mehr eine Frage der gesellschaftlichen Organisation und der sozialen Struktur als eine Frage der persönlichen Moral und des individuellen Altruismus.

16.2 Ist das vegane Ideal für Menschen gesund?

Kathryn George (1994) schließt aus der ernährungswissenschaftlichen Literatur, dass die vegane Ernährung vor allem für Frauen und Kleinkinder nicht möglich wäre, ohne gesundheitliche Einbußen zu erleiden. Entsprechend könne das vegane Ideal nicht ethisch richtig sein. Die eigene Gesundheit müsse einen höheren Wert haben. Deshalb empfiehlt George sogar, regelmäßig eine gewisse Menge von Fleisch zu essen.

Dieselbe Motivation wie hinter der Anthroponegation, nämlich der Speziesismus und der Wunsch, sich selber nicht ändern zu müssen, könnte natürlich auch hinter Argumenten dieser Art stecken. Im Folgenden möchte ich also mit Hilfe ernährungswissenschaftlicher Forschungsergebnisse und meiner persönlichen Erfahrung die Frage, ob alle bei veganer Ernährung gesund bleiben können, objektiv zu beantworten versuchen. Veganismus ist allerdings noch ein relativ neues Phänomen und daher nicht sehr intensiv untersucht. Über Vegetarismus, also die fleischlose Kost mit Milchprodukten und Eiern, ist viel mehr bekannt. Ich möchte mich aber auf den Veganismus konzentrieren.

Katharine Milton (1993) analysiert die Ernährung und das Verdauungssystem verschiedener Primaten und vergleicht sie mit dem der Menschen. „Die Vorfahren der heutigen Menschen sollen auch eine große Menge an pflanzlicher Nahrung zu sich genommen haben. Daher weicht die moderne Ernährungsweise oft beträchtlich von der, für die der menschliche Körper entwickelt ist, ab.“ (Milton 1993, S. 77) „Zunächst kann festgehalten werden, dass der Mensch entwicklungsgeschichtlich gesehen eine überwiegend vegetarische Vergangenheit hat.“ (Leitzmann und Hahn 1996, S. 399) Ein für hauptsächlich pflanzliche, also vegane Nahrung evolvierter Körper wird, so muss man erwarten, auch mit rein pflanzlicher Nahrung gut zurechtkommen und gesund bleiben.

In der größten bisher durchgeführten wissenschaftlichen Studie zur Gesundheit verschiedener Ernährungsweisen, bei der die Daten fünf großer separater Studien zusammengenommen worden waren, wurde die Mortalität in fünf Gruppen, darunter VeganerInnen, VegetarierInnen und FleischesserInnen, untersucht. Die FleischesserInnen hatten die gleiche Todesrate wie die VeganerInnen, aber aufgrund verschiedener Erkrankungen. Herzkreislauferkrankungen führten bei FleischesserInnen 50 % häufiger zum Tod als bei VeganerInnen. VegetarierInnen hatten insgesamt eine 17 % niedrigere Todesrate als VeganerInnen und FleischesserInnen (Key et al. 1999). Auch Leitzmann und Hahn (1996) sprechen davon, dass VegetarierInnen nicht nur seltener an verschiedenen Zivilisationskrankheiten leiden, sondern auch eine höhere Lebenserwartung aufweisen. Allerdings meinen sie, dass „eine vegane Ernährung, bei der alle Lebensmittel tierischen Ursprungs ausgeschlossen werden, zu Versorgungsengpässen führen kann. Gerade bei Personengruppen mit erhöhtem Bedarf (Kleinkinder, Kranke) muss deshalb ein Einbeziehen von z. B. Milch und Milchprodukten bzw. eine Supplementierung erwogen werden“ (Leitzmann und Hahn 1996, S. 253). Und weiter: „Falls der Veganismus praktiziert wird, sollte eine besonders fundierte Information zu einer gezielten Auswahl und Zubereitung der Lebensmittel führen, um den potentiellen Schwächen zu begegnen, vielleicht auch in Form von Nahrungsergänzungen.“ (Leitzmann und Hahn 1996, S. 401)

Etwas anderes meinen allerdings die Stimmen aus Amerika: Die amerikanische Vereinigung der ErnährungsexpertInnen (American Dietetic Association, ADA) hat zusammen mit der entsprechenden kanadischen Vereinigung ein gemeinsames Positionspapier zur vegetarischen Ernährung veröffentlicht. Das zentrale Statement dieses 18 Seiten umfassenden Papiers, das sich auf 256 wissenschaftliche Quellen stützt und von 30 WissenschaftlerInnen überprüft und freigegeben wurde, ist: „Es ist die Position der ADA, dass eine entsprechend geplante vegetarische Ernährung gesund und ausreichend ist und gesundheitliche Vorteile bei der Vorbeugung und Behandlung bestimmter Krankheiten bietet.“ Außerdem spricht sich die ADA positiv für die vegane Ernährung aus: „Eine gut geplante vegane oder andere Art der vegetarischen Ernährung ist für jede Lebensphase geeignet, inklusive während der Schwangerschaft, Stillzeit, Kindheit und Pubertät.“ (ADA 2003)

Und anderswo im selben Text: „Dieses Positionspapier untersucht die aktuellen wissenschaftlichen Daten bezüglich der wichtigsten Nährstoffe für Vegetarier, einschließlich Protein, Eisen, Zink, Kalzium, Vitamin D, Riboflavin, Vitamin B_{12}, Vitamin A, Omega-3-Fettsäuren und Jod. Die vegetarische wie auch die vegane Ernährung erfüllen die gegenwärtigen Empfehlungen für all diese Nährstoffe. In einigen Fällen kann der Verzehr von angereicherten Nahrungsmitteln oder Ernährungszusätzen nützlich sein zum Erreichen der jeweiligen Empfehlungen für einzelne Nährstoffe. [...] Vegetarische Ernährungsweisen bieten eine Reihe von Ernährungsvorteilen, einschließlich niedrigerer Werte an gesättigten Fettsäuren, Cholesterin und tierischem Eiweiß und höhere Niveaus an Kohlenhydraten, Ballaststoffen, Magnesium, Kalium, Folsäure und Antioxidantien wie Vitamin C und E und Phytochemikalien. Berichten zufolge weisen Vegetarier niedrigere Körpermasse-Indizes auf als Nichtvegetarier wie auch niedrigere Todesraten hinsichtlich ischämischer Herzerkrankungen. Vegetarier haben auch niedrigere Werte beim Blutcholesterin, niedrigeren Blutdruck, seltener Diabetes des Typ 2 sowie Prostata- und Darmkrebs." (ADA 2003)

In einem wissenschaftlichen Überblicksartikel über Studien zu vegetarischen Ernährungsformen steht Folgendes in der Zusammenfassung: „Beide, eine vegane und eine vegetarische Ernährung, können adäquat Nährstoffe liefern, wenn sie entsprechend zusammengestellt sind. [...] Veganer riskieren einen Vitamin-B_{12}-Mangel, aber diese Gefahr ist leicht durch Supplementierung oder das Verwenden von Gemüse, das auf angereichertem Boden gezogen wurde, abzuwenden. Weiters können Kleinkinder, wenn sie eine nichtadäquate vegane Ernährung bekommen, rasch mangelernährt sein. Solange aber vorsichtig vorgegangen wird, erwächst aus dem Veganismus selbst keine Gesundheitsgefahr. [...] Es gibt Hinweise, dass die vegane Ernährung viel besser vor Herzkreislauferkrankungen schützt, als die vegetarische." (Sanders 1983)

Bei Untersuchungen über vegane Ernährung bei Kleinkindern wurde festgestellt, dass es zwar gewisse Gefahren wie Eisenmangel, Vitamin-B_{12}-Mangel und eine zu voluminöse Nahrung mit zu wenig Energiedichte geben könnte, dass diese Gefahren aber durch Bedacht umgangen werden können. „Das Resultat dieser Studie [in der 20 lebenslang vegane Kinder untersucht worden waren] zeigt, dass Kinder mit einer veganen Ernährung gesund aufwachsen können, solange den bekannten Gefahren genügend Vorsicht [...] entgegengebracht wird." (Sanders und Manning 1992) „Zusammenfassend können wir sagen, dass eine fleischlose Ernährung keine spezifischen Gesundheitsrisiken mit sich bringt, solange sie vernünftig praktiziert wird. Die erhöhte Aufnahme von Faserstoffen, komplexen Kohlenhydraten und Antioxidantien, die viele vegetarische Ernährungsformen auszeichnet, kann gesundheitliche Vorteile bringen." (Sanders und Reddy 1994)

Diese gesundheitlichen Vorteile wurden von Mark und Virginia Messina (1996) im Detail erarbeitet: „Vegetarier [inklusive Veganer] haben niedrigere Raten bei Krebs (vor allem Darm- und Lungenkrebs), Herzkreislauferkrankungen, zu hohem Blutdruck, Diabetes, Gallensteinen, Nierenerkrankungen und Darmerkrankungen. Der Beitrag, den die Ernährung für die bessere Gesundheit bei Vegetariern spielt, ist nicht leicht zu eruieren, aber die Studien zeigen, dass die Ernährung in vielen Fällen einen wichtigen Beitrag leistet." (Messina und Messina 1996, S. 58)

Nach Gill Langley (1999, S. 202) lässt sich die allgemeine Gesundheit veganer Mütter und Kleinkinder aus der wissenschaftlichen Literatur wie folgt zusammenfassen: „Wohldurchdachte vegane Ernährungsformen, die eine breite Vielfalt pflanzlicher Nahrungsmittel bieten, decken jeglichen Nährstoffbedarf schwangerer und stillender Frauen und ihrer Kinder, vom Säuglingsalter bis in die Jugend. Bei einigen veganen Kindern ist die Kalzium- und Vitamin-B_{12}-Zufuhr etwas niedriger, aber die Verwendung sehr abwechslungsreicher Kost in Verbindung mit angereicherten Nahrungsmitteln wird eine gute Ernährung gewährleisten. Von allen anderen Nährstoffen nehmen vegane Kinder ebensoviel wie oder sogar mehr als omnivore Kinder auf. Mehrere Studien haben belegt, dass vegane Kinder gut gedeihen. Tausende gesunder Kinder wurden bereits mit veganer Kost großgezogen und dürfen erwarten, ein überdurchschnittlich gesundes Erwachsenenleben vor sich zu haben."

Stephen Walsh (2003) von der englischen Veganen Gesellschaft meint, dass man mit wenigen simplen Maßnahmen zur Essenszusammenstellung die meisten gesundheitlichen Vorteile einer rein pflanzlichen Ernährung genießen kann. Nur die Vitamin-B_{12}-Zufuhr müsse unbedingt durch Supplementierung oder Zunahme angereicherter Nahrungsmittel sichergestellt werden. Bei der modernen Ernährung sind die Nahrungsmittel hygienisch sauber und nicht mit organischem Schmutz versetzt, der die Vitamin-B_{12}-Zufuhr gewährleisten würde. Daher müsse supplementiert werden. Überdies würde ein niedriger Vitamin-B_{12}-Spiegel einen erhöhten Homocystein-Spiegel im Körper bedingen, der mit einer höheren Mortalitätsrate assoziiert wird.

In Österreich wurde lange Zeit nur mit Jod versetztes Salz zum Verkauf angeboten, weil vor allem in gewissen Gegenden Jodmangel in der Nahrung herrscht, der zur Kropfbildung führt. Vielleicht könnte man genauso Grundnahrungsmittel grundsätzlich mit Vitamin B_{12} versetzen, um die Versorgung sicherzustellen. Nichts spricht gegen derartige Vorsichtsmaßnahmen, die für die ganze Gesellschaft getroffen werden können. Mit Ausnahme dieser Frage scheint die vegane Ernährung keinerlei gesundheitliche Probleme mit sich zu bringen, solange man bei Kleinkindern besonders vorsichtig ist. Aber das muss man auch bei der omnivoren Ernährung sein.

Am ernährungswissenschaftlichen Institut der Universität Wien wurde im Frühjahr 2004 eine Vergleichsstudie „Ernährungsstatusvergleich: Vegetarische Lebensstilformen und Mischköstler" mit VeganerInnen durchgeführt, deren Resultate noch nicht publiziert sind. In den Bildern 4 bis 8 kann ich aber die Resultate präsentieren, die meine Untersuchungen geliefert haben.

Ich bin seit über 20 Jahren Vegetarier und seit 1989, also seit über 15 Jahren, strenger Veganer. Ich wiege 105 kg bei 1,91 m Größe, und habe nur 12,8 % Körperfettanteil. Alle meine Blut- und Harnwerte sind ideal, insbesondere ist mein Vitamin-B_{12}-Wert sehr hoch und mein Homocystein-Wert sehr niedrig. Ich beachte nur die regelmäßige Aufnahme von Vitamin-B_{12}-angereicherten Nahrungsmitteln, ansonsten esse ich, was mir gerade schmeckt.

Aber es gäbe noch andere Möglichkeiten, das ethische Ideal zu erreichen und trotzdem „echtes" Fleisch zu essen: „tissue engineering". Wendy Wolfson (2002) berichtet von der Forschungsgruppe um Vladimir Mironov, Direktor des Shared Tissue Engineering Laboratory in der Medical University of South Carolina in Charleston, USA. Mironov kann Muskelzellen an Proteinsphären, die in einer Nährlösung hängen, im Labor wachsen lassen, sodass sie später in wohlbekannter Form als Laibchen oder Würstel gegessen werden können.

Seine Anfangszellen sind Myoblasten, die am Rand von Muskelfasern im Organismus zur Reparatur der Muskeln herangezogen werden. Mironov berichtet, dass Muskelfasern von Fischen leichter zum Wachsen zu bringen sind als Muskelfasern von Hühnern. Es ist bereits gelungen, entsprechende Muskelzellen aller üblicherweise für die Fleischproduktion verwendeten Nutztierarten wie Schwein, Huhn, Rind, Pute und Schaf zu isolieren, zu standardisieren und in Zellbanken zu speichern. Aus diesen Zellen können durch spezielle Auffrischungsverfahren und durch Zellteilung ab jetzt für alle Zeiten neue, frische Zellen erzeugt werden.

Mironovs Vorstellung ist, dass die Gesellschaft in Zukunft nur noch in Nährlösungen gezogenes Fleisch essen wird, das man über Nacht in speziellen Maschinen zu Hause wachsen lässt. Statt Blut verwendet Mironov ein Netzwerk von kleinen Kapillargefäßen, die die Nährstoffe zu den Myoblasten bringen. Für Fleisch in Form von Steaks müssten die Myoblasten aber noch dazu gebracht werden, dass sie sich regelmäßig strecken und kontrahieren. Das lässt sich aber chemisch bewerkstelligen. Mironov sieht daher kein grundsätzliches Problem dabei, Fleisch, wie es heute konsumiert wird, in der Zukunft in der Petrischale zu züchten. Eine Ernährung mit diesem Fleisch wäre natürlich auch nach dem veganen Ideal ethisch richtig, und dann würden sich alle Diskussionen über gesundheitliche oder andere Aspekte des Veganismus erübrigen. Eine Gesellschaft, die alle tierlichen Produkte nicht durch die Ausbeutung bewusster Lebewesen, sondern durch die Ausnutzung von Biotechnologie ohne Bewusstsein produziert, hat die praktische Basis für das ethische Ideal der Tierrechte geschaffen.

Institut für Ernährungswissenschaften
der Universität Wien
Vorstand: O. Univ.-Prof. Dr. I. Elmadfa

IfEW

Wien, im Februar 2004

Sehr geehrte Studienteilnehmerinnen und Studienteilnehmer,

vorerst nochmals herzlichen Dank, dass Sie an unserer Studie „Ernährungsstatusvergleich: Vegetarische Lebensstilformen und Mischköstler" teilgenommen haben. Gleichzeitig möchten wir uns für die lange Wartezeit, bedingt durch Umstrukturierungen an der Universität und Personalmangel entschuldigen.

Für unsere Studie wurden zur Erfassung des Ernährungsstatus anthropometrische Messungen (Körpergewicht, Körpergröße, BMI etc), Erhebungen zur Nahrungsaufnahme (24 Stunden-Protokoll, Food Frequency Fragebogen) und laborchemische Parameter herangezogen.

Die Ergebnisse der anthropometrischen Messungen haben Sie bereits am Tag der Blutabnahme erhalten, ebenso Ihre Blutdruck- und Pulswerte.

Die Auswertungen der Blut- und Harnanalysen sind nun ebenfalls abgeschlossen und wir dürfen Ihnen die Ergebnisse anbei übermitteln.

Neben Ihren individuellen Werten finden Sie, zum Vergleich, auch die aktuellen Normalwerte. Bitte sind Sie nicht beunruhigt, wenn unsere Werte von den Werten eines anderen Labors geringfügig abweichen, solche Unterschiede können von Labor zu Labor – aufgrund unterschiedlicher Labormethoden, verschiedener Testsubstanzen und Geräte entstehen. Einzelne abweichende Werte sollten nicht überbewertet werden, sondern in Zusammenhang mit den anderen Werten gesehen werden.

Selbstverständlich stehen wir Ihnen bei der Interpretation von Ergebnissen, die vom Normalwert abweichen, gerne zur Verfügung. Für Auskünfte wenden Sie sich bitte an das Institut für Ernährungswissenschaften unter der Telefonnummer 4277/54904.

Mit freundlichen Grüßen

o. Univ. Prof. Dr. I. Elmadfa

Abbildung 4: Ernährungsstatusvergleich von vegetarischen Lebensformen und Mischköstlern

Institut für Ernährungswissenschaften
der Universität Wien
Vorstand: O. Univ.-Prof. Dr. I. Elmadfa

IfEW

Ihre gesamten Untersuchungsergebnisse: 0-18.

Parameter im Blut	Normalwerte	Ihr Wert
Cholesterin (mg/dl):	<200	143,75
HDL-Cholesterin(mg/dl):	W>45 M>35	39,46
LDL-Cholesterin (mg/dl):	<155	92,74
Triglyceride (mg/dl):	<200	57,76
Harnsäure (mg/dl):	W<5,7 M<7,0	4,58
Glucose (mg/dl):	76 - 110	76,19
HbA1c (% Gesamt-Hb):	4-3 - 6,1	5,5
Natrium (mmol/l):	135 - 145	142,00
Kalium (mmol/l):	3,5 - 5	3,90
Chlorid (mmol/l):	95 - 110	107,00
Magnesium (mg/l):	14,6 - 26,8	16,30
Selen (µg/l):	50 - 130	60,20
Eisen (µd/dl):	>60	151,00
Zink (mg/l):	0.85 - 1.24	0,87
Vitamin C (mg/dl):	0,4-1,5	1,04
Vitamin A (µg/dl):	30 - 85	47,60
ß-Carotin (µg/l):	200 - 1900	376,30
Vitamin E (mg/l):	5 - 20	11,54
Vitamin D (ng/ml):	8 - 60	21,42
Vitamin B12 (ng/l):	>200	440,71
Folsäure (µg/l):	>5.9	13,66
Homocystein (µmol/l):	<15	10,90

W: Normalwerte Frauen; M: Normalwerte Männer
< kleiner als; > ... größer als

Abbildung 5: Untersuchungsergebnisse

Institut für Ernährungswissenschaften
der Universität Wien
Vorstand: O. Univ.-Prof. Dr. I. Elmadfa

IfEW

Harnwerte	Normalwerte	Ihr Wert
Vitamin B1 im Harn (µMol/Mol Kreatinin):	> 22	69,92
Vitamin B2 im Harn (nMol/mMol Kreatinin):	> 24	35,22
Vitamin B6 im Harn (µMol/mMol Kreatinin):	0,11 - 2,5	1,33
Calzium (mmol/l):	0.54 -1.63*	0,9

W: Normalwerte Frauen; M: Normalwerte Männer
< kleiner als; > ... größer als
* Referenzwert: 1,25 - 3,75 mmol/d

Abbildung 6: Harnwerte

Datum: 17.09.2003 | Alter: 38 Jahre | Geschlecht: m
X= 358 | R= 39

Ergebnisse zur Körperzusammensetzung

NAME/ID: O-18

Körpergröße: 191 cm

Körpergewicht: 105 kg

BMI: 28,8 kg/m²

Body Mass Index (kg/m²):

$$\text{BMI (kg/m}^2) = \frac{\text{Körpergewicht (kg)}}{(\text{Körpergröße (m)})^2} = \frac{105}{(1{,}91)^2} = 28{,}8$$

BMI-Referenzwerte:

Body Mass Index (kg/m²)	
Unter 20	Untergewicht
20-24,9	Normalgewicht
25-29,9	mäßiges Übergewicht
30-39,9	starkes Übergewicht
40 und darüber	sehr starkes Übergewicht

Tailen-Hüft-Quotient:

$$\text{T/H} = \frac{\text{Taille (cm)}}{\text{Hüfte (cm)}} = \frac{101}{115} = 0{,}88$$

Tailen-Hüft-Quotient - Referenzwerte:

Frauen	T/H < 0,85
Männer	T/H < 1,0

Abbildung 7: Ergebnisse zur Körperzusammensetzung

Bioimpedanzmessung:

		Referenzbereich	Einheit
Körperwasser	67	30-60	l
Magermasse	91,5		kg
Fettmasse	13,5		kg
Fettmasse	12,8	W: 20-25 M: 10-15	%
BCM	48,4		kg
ECM	43,1		kg
ECM/BCM	0,9	< 1	
Grundumsatz	2150		kcal

Erklärungen zu ihrer Körperzusammensetzung:

Körperwasser:
Das Körperwasser ist ein wichtiger Bestandteil des Körpers; er ermöglicht unter anderem den Transport von Nährstoffen und dient zur Temperaturregulation. Bei Gesunden ist der Wassergehalt in den verschiedenen Gewebearten des Körpers weitgehend konstant. Der größte Teil befindet sich in der Magermasse. Bei einer sinnvollen Veränderung der Körperzusammensetzung normalisiert sich der Wasseranteil des Körpers. Die tägliche kalorienfreie Trinkmenge soll zwischen 2 und 3 Liter betragen.

Fettmasse:
Ein erhöhter prozentueller Körperfettanteil kann das hormonelle Gleichgewicht des Körpers verhindern. Gesundheit ist langfristig nur mit einem Wert innerhalb der Optimalwerte wahrscheinlich. Der Fettverteilungstyp gilt zusätzlich als charakteristisches Merkmal für ernährungsabhängige Erkrankungen.

Magermasse:
= BCM (Body Cell Mass) + ECM (Extrazelluläre Masse)
BCM:
Die BCM umfasst die Menge aller sauerstoffverbrauchenden und kohlendioxyd-produzierenden kaliumreichen Zellen des Körpers. Mit einer Doppelmembran ist die BCM von der ECM abgegrenzt. Die Doppelmembran der Zellen präsentiert im Wechselstrom einen Kondensator. Die berechnete Phasenverschiebung ist proportional abhängig von der Fläche der Kondensatoren.
ECM:
Außerhalb der Zellen liegt die Extrazelluläre Masse, im wesentlichen Wasser. Eine schnelle Gewichtsveränderung wird durch extrazelluläre Flüssigkeitsverschiebungen möglich.

Abbildung 8: Bioimpedanzmessung

16.3 Exkurs: Die Abschaffung der Sklaverei in den Südstaaten der USA

Richard Posners (2004) pragmatische Kritik an Tierrechten war, dass ihre Umsetzung ihm vollständig unmöglich erscheint. Viele werden das ähnlich sehen: Die Gesellschaft basiert so fundamental auf dieser Ideologie des Speziesismus, dass eine andere Form des Zusammenlebens zwischen Menschen und anderen Tieren vollkommen außerhalb jeder Denkmöglichkeit zu liegen scheint. Kann sich eine solche Gesellschaft trotzdem ändern? In der Geschichte gibt es nicht viele Beispiele.

In den Südstaaten der USA war in der ersten Hälfte des 18. Jahrhunderts die Sklaverei völlig gefestigt, der normale Lebensstil. Dabei wurde die Sklaverei überhaupt nicht hinterfragt, sie war für alle Weißen der ganz normale Alltag, alle anderen Arten von Zusammenleben zwischen Weißen und Schwarzen schienen außerhalb jeder Denkmöglichkeit. Die SklavenhalterInnen protzten mit ihrer Härte gegenüber SklavInnen und mit den Misshandlungen, die sie ihnen antaten. In der Mitte des 18. Jahrhunderts begann sich die Wirkung der Aufklärung auszubreiten. Der Umgang mit SklavInnen wurde zum ethischen Thema. „Sklavenschutz" wurde relevant, die SklavenhalterInnen begannen nach außen hin zu betonen, wie freundlich sie mit ihren SklavInnen umgingen, wie besonders gut sie sie hielten im Gegensatz zur Haltung auf anderen Plantagen.

Gegen Ende des 18. Jahrhunderts kam es zum Unabhängigkeitskrieg gegen England, der zuletzt gewonnen wurde. Es wurde eine Verfassung mit Grundrechten erlassen, die Freiheit und Gleichheit für alle BürgerInnen garantierte. War bis dahin nur der Umgang mit SklavInnen das ethische Thema, so wurde jetzt die Sklaverei erstmals grundsätzlich hinterfragt. Wenn alle BürgerInnen Grundrechte haben, wie können diese Grundrechte SklavInnen verweigert werden? Die rationale Inkonsistenz der Position wurde deutlich.

Die GegnerInnen der Sklaverei produzierten hochentwickelte, konsistente ethische Theorien, die die Sklaverei als unethisch entlarvten. Auf der Seite der SklavenhalterInnen hatte bisher keine Notwendigkeit bestanden, ihr Vorgehen zu rechtfertigen. Sie waren nicht motiviert, den Argumenten der GegnerInnen zu begegnen, sondern wollten sie eher totschweigen. Es entstand ein Theorievakuum auf Seite der SklavereibefürworterInnen. Den Argumenten der SklavereigegnerInnen konnte niemand etwas entgegensetzen. Die Ähnlichkeit zur Situation bei den Tierrechten scheint mir frappierend.

In der Folge wird die Sklaverei im Norden der USA, wo sie weder weit verbreitet war noch große wirtschaftliche Bedeutung hatte, abgeschafft. Der Süden reagiert darauf mit Abgrenzung und Aggression. Die ersten Schriften zur Verteidigung der Sklaverei erscheinen. Die Sklaverei wird als „notwendiges Übel" bezeichnet. In der Mitte des 19. Jahrhunderts ist die Sklaverei im Süden wieder voll gefestigt, obwohl sie in Europa bereits abgeschafft wurde. Alle Weißen stehen unter hohem sozialem Druck, für die Sklaverei zu sein. Wer dagegen ist, ist unpatriotisch, weißenfeindlich und ein Verräter (Kolchin 1993).

Im Jahr 1855 entsteht ein besonders interessantes Zeitdokument: „My Bondage and My Freedom", der Bericht von Frederick Douglass (1855), eines Schwarzen, der als Sklave geboren worden war, aus der Sklaverei fliehen konnte, schreiben und lesen lernte und einer der wenigen schwarzen politischen AktivistInnen gegen die Sklaverei wurde. Er diskutiert in seinem Buch eine ganze Reihe von Argumenten, die in seiner Zeit für die Sklaverei vorgebracht worden waren.

Ein wesentliches Argument für die Sklaverei war, dass Schwarze einfach weniger mental komplex wären und entsprechend weniger intensiv und qualitativ empfinden könnten. Silas Mitchell z. B., Begründer der neurologischen Forschung in den USA, belegte die Vorurteile seiner Gesellschaft mit vermeintlich wissenschaftlichen Begründungen. Er behauptete, dass zivilisierte Menschen Schmerz in ethisch viel relevanterem Ausmaß empfinden: „Im Prozess der Zivilisierung haben wir [...] die Fähigkeit zu leiden wesentlich intensiviert. Der Wilde fühlt nicht den Schmerz wie wir es tun" (zitiert in Rollin 1989, S. 132). Der Arzt Mosely schreibt im Jahr 1787 in der Schrift „Treatise on Tropical Diseases": „Neger [...] sind überraschend unempfindlich. [...] Sie schlafen ruhig mit jeder Krankheit, kein seelisches Problem kann sie vom Schlafen abhalten. Sie können chirurgische Eingriffe viel besser als weiße Menschen ertragen, und was Weiße als unerträgliche Schmerzen empfänden, ignorieren Neger geradezu." Mit dieser Begründung wurden sehr schmerzhafte und auch tödliche medizinische Experimente an Schwarzen im 19. Jahrhundert in den USA gerechtfertigt (Rollin 1989, S. 132). Dass Schwarze minderwertig und weniger intelligent wären, wurde auch „wissenschaftlich" durch Hirnvermessungen belegt. Man fand, dass sie eine Zwischenstufe zwischen Menschen und „Tieren" seien.

Andere Argumente lauteten, dass Menschen nun einmal schlecht und egoistisch seien und sich Sklaverei daher nie abschaffen ließe. Abgesehen davon gäbe es noch viel Schlimmeres als Sklaverei. Die Abschaffung der Sklaverei würde zum Aussterben der Schwarzen in Amerika führen, weil sie ohne weiße Hilfe nicht lebensfähig seien. Die Schwarzen könne man versklaven, weil sie völlig kulturlos wären und in Afrika ohne Zivilisation und Moral in primitiver Weise gelebt hätten. Sie würden daher von der Sklaverei sogar profitieren, weil sie ihnen Kultur und Zivilisation bringe. SklavInnen hätten es besser als freie Schwarze: ein sicheres Dach über dem Kopf, mehr Hygiene, medizinische Versorgung, keine Sorgen, immer etwas zu essen usw. Sklaverei sei für sie besser als Kapitalismus, weil sie im kapitalistischen Konkurrenzkampf unterliegen würden und in Armut und Hunger leben müssten. Im freien Norden der USA entwickelte sich tatsächlich eine brutale Ausbeutung der schwarzen Arbeitskräfte im Arbeitsprozess, und Slums entstanden, in denen die Schwarzen in völliger Armut lebten. Dagegen wären die Hüttensiedlungen der SklavInnen auf den Plantagen des Südens ein Paradies.

Die Bibel erlaube die Sklaverei, weil i) Jesus sich nie gegen die Sklaverei ausgesprochen habe; ii) das Alte Testament unkritisch voll von Sklavengeschichten sei; iii) Ham von Noah in die ewige Sklaverei verflucht wird – entsprechend müssten die Schwarzen eben die Nachkommen Hams sein; und iv) die Sklaverei der Schwarzen Gottes Weg sei, sie zu ChristInnen zu machen. Natürlich kann man immer der Überzeugung sein, der Gott, an den man glaubt, erlaube was auch immer für ein Verhalten man an den Tag legt. Das ist der Grund, warum eine rationale Diskussionsebene zwingend gefunden werden muss.

Hierarchie und Ungleichheit seien wesentliche Bausteine einer guten, stabilen und friedlichen Gesellschaft. Hierarchie und Ungleichheit seien natürlich und daher ethisch richtig. Die Grausamkeiten bei der Sklaverei seien nur Ausnahmen, Sklavenhalter wären in väterlicher Weise um ihre SklavInnen besorgt. Nur gut gehaltene SklavInnen würden auch gute Arbeit leisten, und daher seien die gute Haltung und der freundliche Umgang im Interesse der HalterInnen. Dafür bräuchte es keine Gesetze. Die Forderung nach Gleichheit für Weiße beziehe sich nicht auf Schwarze. Schwarze seien von einer grundsätzlich anderen Art, die Goldene Regel der Ethik oder Grundrechte, Freiheit und Gleichheit wären keine Kategorien, die auf sie anwendbar wären. Den Weißen das Recht zu nehmen, Schwarze zu halten, sei eine unerträgliche Einschränkung der Freiheit der Weißen. Schwarze seien auch nicht fähig, wie sich in der Praxis zeige, für ihre eigenen Rechte einzutreten und zu kämpfen, und würden daher auch keine Rechte verdienen. Tatsächlich beschwert sich Douglass (1855) häufig darüber, dass die Schwarzen nicht zur selbstständigen Befreiung oder im freien Norden zur politischen Agitation zu motivieren waren. Sie wurden auch vorsätzlich ungebildet gehalten. In der kritischen Phase um 1850 wurde Schulen und Bildung für SklavInnen sogar verboten, und Weiße, die sie unterrichteten, wurden streng bestraft.

Ausnahmslos alle der hier genannten Argumente werden auch in der einen oder anderen Form für die Tierausbeutung angeführt. Das bestätigt wieder die im Kapitel 7 geäußerte These, dass „das Tier" als soziales Konstrukt des Anderen im Kern die Rechtfertigung für jede Ausbeutung, also auch für die Sklaverei, liefert.

Auffällig ist, dass nur dort, wo die Sklaverei keinen großen Einfluss auf die Gesellschaft oder die Wirtschaft hatte, sie von innen her abgeschafft werden konnte. Die SklavInnen haben sich nie selbst befreit, es nicht einmal versucht. Der Widerstand der SklavInnen war immer individuell und nicht kollektiv (Kolchin 1993).

Es gab Konflikte zwischen jenen, die die Sklaverei humanisieren (Sklavenschutz) und jenen, die sie abschaffen wollten. Es gab die Underground Railroad, ein organisiertes System zur illegalen Befreiung von SklavInnen (Blockson 1987). Dies bot zwar eine Hilfe für Individuen, konnte die Sklaverei als Institution aber nicht gefährden. Ähnlich die bewaffneten Anschläge gegen die Sklaverei durch Weiße, die letztendlich keine Auswirkung hatten. Die Verteidigung der Sklaverei führte zu Konservativismus und einer antidemokratischen Einstellung. Die Abschaffung der Sklaverei im Süden der USA würde das Ende eines „way of life" bedeuten.

Die Gegensätze zwischen dem freien Norden und dem Sklavenhalter-Süden verschärfen sich immer mehr und münden zuletzt in den Sezessionskrieg 1861 – 1865, nach dem die Sklaverei für beendet erklärt wird. Die Sklaverei ist formal abgeschafft, und die Gleichstellung der Schwarzen, inklusive Wahlrecht, wird gesetzlich festgelegt. Von Nordstaatlern besetzte, so genannte „Rekonstruktionsregierungen" werden im Süden installiert, um eine egalitäre Gesellschaft zu schaffen. Das Projekt scheitert aber nach einigen Jahren, weil die Einstellung der Weißen das einfach nicht zulässt. Es entwickelt sich ein immer stärkerer Straßenterror gegen die Schwarzen und gegen jene Weißen, die sich für sie politisch einsetzen. Weiße Milizen wie der Ku-Klux-Klan (KKK) lynchen zwischen 1883 und dem Anfang der 1920er Jahre im Süden der USA täglich mehr als 150 schwarze Männer. Neue rassistische Regierungen etablieren sich in den Südstaaten, die den Schwarzen wieder alle Bürgerrechte nehmen. Der Höhepunkt dieser Gewaltakte ist der „Rote Sommer" des Jahres 1919. Anfang der 1920er Jahre sind etwa 3 – 4 Millionen weiße, protestantische, angelsächsische Männer Mitglied des KKK. Im Jahr 1921 wird das Dorf Rosewood in Florida, das nur von Schwarzen bewohnt war, von einer Menge aufgebrachter Weißer vollkommen ausradiert und alle BewohnerInnen, die nicht rechtzeitig fliehen konnten, ermordet, weil ein schwarzer Bewohner es gewagt hatte, sich gegen die Angriffe eines Weißen zu wehren (D'Orso 1996).

Bis in die 1950er Jahre bleiben die Schwarzen ohne Bürgerrechte, es herrschte volle Segregation und Rassentrennung, Schwarze dürfen nicht in Parks, nicht in Kinos, haben kein Wahlrecht, keine Möglichkeit zur Bildung, müssen im Bus den Weißen die Sitze überlassen usw. In dieser Phase beginnt die Bürgerrechtsbewegung mit Martin Luther King und Malcolm X (Cone 1992). Durch den Umstand, dass die Grundrechte der Schwarzen formal in der Bundesverfassung niedergeschrieben waren, und weil sich eine Massenbewegung etablieren konnte, die vom Norden aus unterstützt wurde, konnte sich langsam, nach unzähligen brutalen Angriffen und Morden an AktivistInnen, denen sowohl Martin Luther King als auch Malcolm X zum Opfer fielen, eine Emanzipation durchsetzen. Ab Mitte der 1960er Jahre wurde die Bundespolizei gegen gewalttätige weiße RassistInnen und die weißen Milizen aktiv. Ab den 1980er Jahren gab es eine Reihe von Gerichtsprozessen, die letztendlich zur Zerschlagung des KKK und zu Entschädigungen für schwarze Opfer führten (Stanton 1991). Sogar den letzten überlebenden Opfern der Vernichtung von Rosewood 1921 wurden im Jahr 1994 Entschädigungszahlungen durch den Staat Florida zugesprochen (D'Orso 1996).

Binnen 200 Jahren wurde also eine völlig etablierte Sklavengesellschaft, in der jedes einzelne Mitglied so stark von der Richtigkeit der Sklaverei überzeugt war, dass es ihm in Fleisch und Blut übergegangen war und keine andere Art zu leben vorstellbar schien, in eine doch sehr egalitäre Gesellschaft verändert. Die Tierausbeutung ist natürlich noch viel etablierter in unserer Gesellschaft, als es die Sklaverei im 18. Jahrhundert war. Aber die Demokratie ist reifer, die Bildung der Bevölkerung ist höher, die Öffentlichkeit ist durch Medien leichter zu erreichen, und die kulturelle Entwicklung schreitet grundsätzlich schneller voran. Die politische Führung ist auch eher bereit, rationalen Argumenten zuzuhören. Warum sollte daher nicht auf einer ähnlichen Zeitskala und mit ähnlichen soziologischen Entwicklungsschritten auch eine Befreiung nichtmenschlicher Tiere von ihrer Ausbeutung zu verwirklichen sein?

16.4 Schlussfolgerungen

Das ethische Ideal als Zielvorstellung unserer Gesellschaft lässt sich rational sehr gut belegen. Aber auch die praktische Umsetzung erscheint mir alles andere als hoffnungslos. Der kontinuierliche Übergang von der Ausbeutung nichtmenschlicher Tiere ohne jegliche ethische Reglementierung zu vollen Tierrechten ist jedenfalls theoretisch möglich. Und unsere Gesellschaft ist bereits auf dem Weg. Verschiedene Projekte bestätigen jedenfalls nach heutigem Wissen, dass eine Gesellschaft, die Tierrechte respektiert, auch existieren könnte. So ist vegan zu leben mit wenigen Vorkehrungen gesund möglich, ein bioveganer Landbau auf lange Sicht durchführbar, und sogar die Entwicklung von Fleischprodukten im Labor liegt im Bereich des Möglichen.

Aus der Geschichte zu lernen bedeutet, geschichtliche Prozesse nach Möglichkeit an ihren wesentlichen, strukturellen Bestimmungsgrößen zu erkennen und diese in ihrer Bedeutung auf die heutige Zeit umzulegen. Der Anfang der Bewegung zur Abschaffung der Sklaverei zeigt erstaunliche Parallelen mit dem Anfang der Tierrechtsbewegung. Die beiden sozialen Bewegungen haben ähnliche interne und externe Konflikte. Die Diskussion um die Rechtfertigung basiert auf den gleichen grundsätzlichen Weltanschauungen. Der Umstand, dass eine derartig fundamentale Änderung in der Gesellschaft der Südstaaten der USA letztendlich möglich war, scheint mir ein starker Hinweis dafür zu sein, dass auch eine Tierrechtsrevolution machbar ist.

Wir sind oft sehr stark in unserer eigenen Weltsicht, die in der Gesellschaft herrschte, als wir sozialisiert wurden, verhaftet. Jegliche fundamentale Änderung scheint unmöglich, ja undenkbar. Und oft werden solche Änderungen auch nicht als wünschenswert empfunden, weil sie dem grundsätzlichen Bedürfnis nach sozialer Sicherheit und Stabilität widersprechen. Aber wir sollten uns bewusst sein, dass wir den Status quo nur deswegen rechtfertigen, weil wir in ihm sozialisiert wurden und nicht, weil er wirklich die rational am besten zu rechtfertigende Gesellschaftsform ist. Es ist immer notwendig, auch bezüglich der fundamentalsten eigenen Anschauungen, kritisch zu bleiben. Wenn man etwas von den sozialen Bewegungen lernen kann, dann, dass es sehr schwierig ist, sich unterschwelliger Vorurteile im eigenen Denken bewusst zu sein. Oft muss man von anderen mit der Nase daraufgestoßen werden, um das Offensichtliche auch zu sehen.

Eine Befreiungsbewegung verlangt von uns, unseren moralischen Horizont zu erweitern. Handlungen, die wir bisher als normal oder „natürlich" oder vielleicht sogar als unumgänglich angesehen haben, stellen sich vielleicht lediglich als die Konsequenz eines nicht zu rechtfertigenden Vorurteils heraus. Wer könnte von sich behaupten, dass die eigenen Handlungen und Ansichten nicht mehr weiter hinterfragbar wären? Wenn wir nicht zur Gruppe der UnterdrückerInnen zählen wollen, dann müssen wir bereit sein, alle unsere Ansichten hinsichtlich anderer Gruppen, und seien sie noch so fundamental, neu zu überdenken. Wir müssen unsere Ansichten und die daraus folgenden Handlungen auch vom Standpunkt derer betrachten, die unter ihnen leiden. Wenn wir fähig sind, diesen uns ungewohnten mentalen Schritt zu vollziehen, dann finden wir vielleicht ein Schema in unserem Denken, das eine gewisse Gruppe (meistens die, zu der wir selber gehören) auf Kosten einer anderen bevorzugt. So erkennen wir, dass eine neue Befreiungsbewegung notwendig wird.

Ich möchte diesen mentalen Schritt hinsichtlich einer sehr großen Gruppe von Lebewesen anregen: der nichtmenschlichen Tiere. Und die neue Befreiungsbewegung, die notwendig geworden ist, ist die Tierrechtsbewegung.

17 Literatur

Einführung

Badura, Jens 1999: *Moral für Mensch und Tier*, Herbert Utz Verlag.
Blumenthal, P. J. 2003: *Kaspar Hausers Geschwister. Auf der Suche nach dem wilden Menschen,* Deuticke Verlag.
Dawkins, Richard 1993: *Gaps in the Mind*, in: „The Great Ape Project", herausgegeben von Singer und Cavalieri, Fourth Estate London.
Gould, Stephen Jay 1995: *The Evolution of Life on Earth*, Scientific American 272, S. 85–91.
Hediger, Heini 1984: *Tiere verstehen. Erkenntnisse eines Tierpsychologen*, dtv Sachbuch.
Hendrick, George und Hendrick, Willene 1989, *The Savour of Salt. A Henry Salt Anthology*, Centaur Press Limited.
Höffe, Otfried 1997: *Lexikon der Ethik,* Beck'sche Verlagsbuchhandlung.
Hollingham, Richard 2004: *Natural born Cannibals*, New Scientist 183, 2455, S. 30- 33.
Paton, William 1984: *Man and Mouse: Animals in Medical Research,* Oxford University Press.
Salt, Henry 1892, *Animals' Rights. Considered in Relation to Social Progress*, London: George Bell & Sons.
Salt, Henry 1921, *Seventy Years Among Savages*, London: George Allen & Unwin.
Welty, J. C. und Baptista, L. 1988: *The Life of Birds*, Saunders College Publishing New York.

1: Ist die Welt determiniert?

Balluch, Martin 1989: *Stabilität protostellarer Strömungen*, Dissertation Universität Heidelberg, Deutschland.
Balluch, Martin 1991: *Structure and stability of steady protostellar accretion flows III. Non-linear instabilities*, Astron. Astrophys. 243, p. 205–218.
Dennet, Daniel 1996: COG: *Schritte in Richtung auf Bewusstsein in Robotern*, in: „Bewusstsein. Beiträge aus der Gegenwartsphilosophie", herausgegeben von Thomas Metzinger, Ferdinand Schöningh Verlag.
Dennet, Daniel 1999: *Animal Consciousness: What matters and why*, in „Humans and other Animals", herausgegeben von Arien Mack, Ohio State University Press.
Einstein, Albert 1966: *Mein Weltbild*, herausgegeben von Carl Seelig, München: Ullstein.
Einstein, Albert 1972: *Albert Einstein – Michele Besso. Correspondance 1903–1955*, herausgegeben von Pierre Speziali, Paris: Hermann.
Galison, Peter 2003: *Einsteins Uhren, Poincarés Karten*, S. Fischer Verlag.

Pauen, Michael 2001: *Grundprobleme der Philosophie des Geistes*, Fischer Taschenbuch Verlag.

Penrose, Roger 1990: *The Emperor's New Mind*, Oxford University Press Vintage edition.

Penrose, Roger 1994: *Shadows of the Mind*, Oxford University Press.

Popper, Karl und Eccles, John C. 1987: *Das Ich und sein Gehirn*, Piper.

Tscharnuter, Werner 1987: *A collapse model of the turbulent presolar nebula*, Astron. Astrophys. 188, S. 55.

Wuchterl, Günther 1991: *Hydrodynamics of giant planet formation. II. Model equations and critical mass*, Icarus 91, S. 39–52.

2: Bin ich eine biologische Maschine?

Damasio, Antonio R. 1994: *Descartes' Error. Emotion, Reason and the Human Brain*, HarperCollins.

Dennet, Daniel 1996: COG: *Schritte in Richtung auf Bewußtsein in Robotern*, in: „Bewußtsein. Beiträge aus der Gegenwartsphilosophie", herausgegeben von Thomas Metzinger, Ferdinand Schöningh Verlag.

Dennet, Daniel 1999: *Animal Consciousness: What matters and why*, in „Humans and other Animals", herausgegeben von Arien Mack, Ohio State University Press.

Eagleman, David M. 2004: *The Where and When of Intention*, Science Vol. 303, 20 Feb. 2004, S. 1144–1146.

Harlow, Harry und Suomi, Stephen J. 1972: *Depressive behaviour in young monkeys subjected to vertical chamber confinement*, Journal of Comparative and Physiological Psychology 80: 11–18.

Libet, Benjamin 1985: *Unconscious Cerebral Initiative and the Role of Conscious Will in Voluntary Action*, The Behavioural and Brain Sciences 8: 529–539.

Libet, Benjamin 1992: *The neural time-factor in perception, volition and free will*, Revue de Métaphysique et de Morale 2, S. 255–272.

Reichert, Heinrich 2000: *Neurobiologie*, Georg Thieme Verlag.

Rojas, Raúl 2001: *Künstliche neuronale Netze als neues Paradigma der Informationsverarbeitung,* in „Neurowissenschaften und Philosophie", herausgegeben von Michael Pauen und Gerhard Roth, UTB Wilhelm Fink Verlag München.

Roth, Gerhard 2001: *Die neurobiologischen Grundlagen von Geist und Bewusstsein*, in „Neurowissenschaften und Philosophie", herausgegeben von Michael Pauen und Gerhard Roth, UTB Wilhelm Fink Verlag, München.

Singer, Wolf 2003: *Ein neues Menschenbild? Gespräche über Hirnforschung,* Suhrkamp Frankfurt am Main.

3: Die Rückkehr des freien Willens

Deeke, L., Grötzinger, B. und Kornhuber, H. H. 1976: *Voluntary finger movements in man: cerebral potentials and theory*, Biol. Cybernetics 23, 99.

DeGrazia, David 1996: *Taking Animals Seriously. Mental Life and Moral Status,* Cambridge University Press.

Libet, Benjamin 1985: *Unconscious Cerebral Initiative and the Role of Conscious Will in Voluntary Action*, The Behavioural and Brain Sciences 8: 529–539.

Libet, Benjamin 1992: *The neural time-factor in perception, volition and free will*, Revue de Métaphysique et de Morale 2, S. 255–272.

Pauen, Michael 2001: *Grundprobleme der Philosophie des Geistes*, Fischer Taschenbuch Verlag.

Roth, Gerhard 2001: *Die neurobiologischen Grundlagen von Geist und Bewusstsein*, in „Neurowissenschaften und Philosophie“, herausgegeben von Michael Pauen und Gerhard Roth, UTB Wilhelm Fink Verlag München.

4: Sind Naturwissenschaft und willensfähiges Bewusstsein vereinbar?

Grush, Rick und Smith Churchland, Patricia 1996: *Lücken im Penrose Parkett,* in „Bewusstsein. Beiträge aus der Gegenwartsphilosophie“, herausgegeben von Thomas Metzinger, Ferdinand Schöningh Verlag.

Penrose, Roger 1990: *The Emperor's New Mind*, Oxford University Press Vintage edition.

Penrose, Roger 1994: *Shadows of the Mind*, Oxford University Press.

Penrose, R. und Hameroff, S. 1995: *What gaps? Reply to Grush and Churchland*, Journals of Consciousness Studies 2, p. 98–111.

Prigogine, Ilya 1988: *Vom Sein zum Werden. Zeit und Komplexität in den Naturwissenschaften*, Piper Verlag.

Zeh, H.-Dieter 1989: *The physical Basis of the Direction of Time*, Springer Verlag.

5: Was ist Bewusstsein?

Damasio, Antonio 2000a: *Descartes' Error. Emotion, Reason and the Human Brain*, Quill.

Damasio, Antonio 2000b: *The Feeling of What Happens. Body, Emotion and the Making of Consciousness*, Vintage.

Libet, Benjamin 1985: *Unconscious Cerebral Initiative and the Role of Conscious Will in Voluntary Action*, The Behavioural and Brain Sciences 8: 529–539.

Weiskrantz, Lawrence 1999: *Consciousness Lost and Found*, Oxford University Press.

6: Woran erkennt man Bewusstsein?

Hamilton, W. D. 1964a: *The genetical evolution of social behaviour I*, Journal of Theoretical Biology 7, p. 1–16.

Hamilton, W. D. 1964b: *The genetical evolution of social behaviour II*, Journal of Theoretical Biology 7, p. 17–52.

Jamieson, I. G. und Craig, J. L. 1987: *Critique of helping behaviour in birds: A departure from functional explanations*, in „Perspectives in Ethology“, herausgegeben von P. P. G. Bateson und P. H. Klopfer, Band 7, S. 79–98, New York: Plenum Press.

Koenig, Walter D. und Mumme, Ronald L. 1996: *Levels of Analysis and the Functional Significance of Helping Behaviour*, in „Readings in Animal Cognition“, herausgegeben von Marc Bekoff und Dale Jamieson, Bradford Book, MIT Press.

Lorenz, Konrad 1965: *Über tierisches und menschliches Verhalten*, R. Piper & Co Verlag München.

Masson, Jeffrey und McCarthy, Susan 1994: *When Elephants Weep. The emotional lives of animals*, Jonathan Cape: London.

Pepperberg, Irene M. 2002: *The Alex Studies. Cognitive and Communicative Abilities of Grey Parrots*, Harvard University Press.

Philips, Michael und Austad, Steven N. 1996: *Animal Communication and Social Evolution*, in „Readings in Animal Cognition“, herausgegeben von Marc Bekoff und Dale Jamieson, Bradford Book, MIT Press.

Reichert, Heinrich 2000: *Neurobiologie*, Georg Thieme Verlag.

Rosenberg, Alexander 1996: *Is there an Evolutionary Biology of Play?*, in „Readings in Animal Cognition“, herausgegeben von Marc Bekoff und Dale Jamieson, Bradford Book, MIT Press.

Savage-Rumbaugh, Sue und Brakke, Karen E. 1996: *Animal Language: Methodological and Interpretative Issues*, in „Readings in Animal Cognition“, herausgegeben von Marc Bekoff und Dale Jamieson, Bradford Book, MIT Press.

Savage-Rumbaugh, Sue 1999: *Ape Language. Between a rock and a hard place*, in „The Origins of Language. What nonhuman primates can tell us“, herausgegeben von Barbara J. King, School of American Research Press.

Schweizer, Gaby 1999: *Aus purer Lust*, FACTS 28, S. 84–87.

Sommer, Volker 2000: *Von Menschen und anderen Tieren. Essays zur Evolutionsbiologie*, Hirzel.

Stamp-Dawkins, Marian 1993: *Through Our Eyes Only? The search for animal consciousness*, Spektrum Akademischer Verlag.

Taylor Parker, Sue, Mitchell, Robert W. und Boccia, Maria L. 1994: *Self-Awareness in Animals and Humans. Developmental Perspectives*, Cambridge University Press.

Tinbergen, Niko 1991: *The Study of Instinct*, Oxford University Press.

Waal, Frans de 1996: *Good Natured. The Origins of Right and Wrong in Humans and other Animals*, Harvard University Press.

Weiskrantz, Lawrence 1999: *Consciousness Lost and Found*, Oxford University Press.

7: Die soziale Konstruktion der Kluft zwischen Mensch und „Tier"

Ach, Johann S. 1999: *Warum man Lassie nicht quälen darf*, Harald Fischer Verlag.

Aquin, Thomas von 1953: *Summa theologica*, deutsch-lateinisch, Bd. 18, herausgegeben von der Albertus-Magnus-Akademie Walberberg bei Köln, Heidelberg u. a.: Kerle/Pustet.

Aristoteles 1981: *Politik (Politea),* übersetzt und mit erklärenden Anmerkungen und Registern versehen von Eugen Rolfes, 4. Auflage, Hamburg: Meiner (Philosophische Bibliothek, Bd. 7).

Augustinus, Aurelius 1979: *Der Gottesstaat (De civitate dei),* 1. Band, Buch I–XIV, in deutscher Sprache von Carl Johann Perl, Paderborn u. a.: Schöningh.

Bekoff, Marc 1998: *Encyclopedia of Animal Rights and Animal Welfare*, Greenwood Press.

Blumenthal, P. J. 2003: *Kaspar Hausers Geschwister. Auf der Suche nach dem wilden Menschen*, Deuticke Verlag.

Braun, Christina von 2001: *Das Stieropfer*, in „Mensch und Tier. Geschichte einer heiklen Beziehung", herausgegeben vom ZDF-Nachtstudio, Suhrkamp.

Descartes, René 1961: *Abhandlung über die Methode des richtigen Vernunftgebrauchs*, Reclam.

Descartes, René 1971: *Meditationen über die Erste Philosophie*, Reclam.

Dinzelbacher, Peter 2000: *Mensch und Tier in der Geschichte Europas*, Alfred Kröner Verlag Stuttgart.

Ditfurth, Hoimar von und Arzt, Volker 1977: *Dimensionen des Lebens. Reportagen aus der Naturwissenschaft*, dtv.

Dunayer, Joan 2001: *Animal Equality. Language and Liberation*, Ryce Publishing.

Fouts, Roger 1998: *Unsere nächsten Verwandten. Von Schimpansen lernen, was es heißt, ein Mensch zu sein*, Limes Verlag.

Galdikas, Biruté M. 1995: *Reflections of Eden. My Life with the Orangutans of Borneo*, Victor Gollancz: London.

Galef, Bennett G. 1996: *Tradition in Animals: Field Observations and Laboratory Analyses*, in „Readings in Animal Cognition", herausgegeben von Marc Bekoff und Dale Jamieson, MIT Press.

Goodall, Jane 1993: *Chimpanzees – Bridging the Gap*, in „The Great Ape Project", herausgegeben von Paola Cavalieri und Peter Singer, Fourth Estate: London.

Gould, Stephen Jay 1991: *Wonderful Life. The Burgess Shale and the Nature of History*, Penguin books.

Horkheimer, Max und Adorno, Theodor W. 1986: *Dialektik der Aufklärung*, Neupublikation Frankfurt/Main.

Ingold, Tim 1994: *From Trust to Domination: An alternative history of human-animal relations*, in „Animals and Human Society“, herausgegeben von Aubrey Manning und James Serpell, Routledge.

Kant, Immanuel 1982: *Kritik der praktischen Vernunft. Grundlegung zur Metaphysik der Sitten*, herausgegeben von Wilhelm Weischedel, suhrkamp taschenbuch wissenschaft.

Kaplan, Helmut F. 2000: *Tierrechte. Die Philosophie einer Befreiungsbewegung*, Echo Verlag.

Kenny, Anthony 1970: *Descartes: Philosophical Letters*, Oxford University Press.

Masson, Jeffrey und McCarthy, Susan 1994: *When Elephants Weep. The emotional lives of animals*, Jonathan Cape: London.

Mütherich, Birgit 2003a: *Die soziale Konstruktion des Anderen – zur soziologischen Frage nach dem Tier*, CD-ROM der 12. BDS-Tagung für angewandte Soziologie.

Mütherich, Birgit 2003b: *Das Fremde und das Eigene*, in „Tiere beschreiben“, herausgegeben von Andreas Brenner, Harald Fischer Verlag.

Radner, Daisie und Radner, Michael 1996: *Animal Consciousness*, Prometheus Books.

Roberts, Catherine 1967: *The Scientific Conscience: Reflections on the Modern Biologist and Humanism*, George Braziller: New York.

Salt, Henry 1921, *Seventy Years Among Savages*, London: George Allen & Unwin.

Savage-Rumbaugh, Sue und Lewin, Roger 1994: *Kanzi. The Ape at the Brink of the Human Mind*, Doubleday.

Sommer, Volker 2000: *Von Menschen und anderen Tieren. Essays zur Evolutionsbiologie*, Hirzel.

Stössel, Jürgen-Peter 1997: *Das Tier im Haus*, Spiegel Spezialausgabe 1, S. 16.

Waal, Frans de 1996: *Good Natured. The Origins of Right and Wrong in Humans and other Animals*, Harvard University Press.

Waal, Frans de 2001: *Der Affe und der Sushimeister. Das kulturelle Leben der Tiere*, Carl Hanser Verlag.

8: Die De-Konstruktion des Menschbegriffs

Bekoff, Marc 2001: *Das unnötige Leiden der Tiere*, Verlag Herder, Freiburg im Breisgau.

Blumenthal, P. J. 2003: *Kaspar Hausers Geschwister. Auf der Suche nach dem wilden Menschen*, Deuticke Verlag.

Darwin, Charles 1859: *On the Origin of Species by Means of Natural Selection*, London; deutsch: *Die Entstehung der Arten durch Natürliche Zuchtwahl*, übersetzt von Carl W. Neumann, Philipp Reclam: Stuttgart (1967).

Darwin, Francis und Seward, A. C. 1903: *More letters of Charles Darwin: A record of his work in a series of hitherto unpublished letters*, Band 1, John Murray: London.

Dawkins, Richard 1993: *Gaps in the Mind*, in „The Great Ape Project“, herausgegeben von Singer und Cavalieri, Fourth Estate London.

DeGrazia, David 1996: *Taking Animals Seriously. Mental Life and Moral Status*, Cambridge University Press.

Dunayer, Joan 2001: *Animal Equality. Language and Liberation*, Ryce Publishing.

Goodman, Morris et al. 1998: *Toward a phylogenetic classification of primates based on DNA evidence complemented by fossil evidence*, Molecular Phylogenetics and Evolution, p. 585, 594.

Gould, Stephen Jay 1989: *Wonderful Life. The Burgess Shale and the Nature of History*, Penguin books.

Hecht, Jeff 2003: *Chimps are Human, gene study implies*, New Scientist vom 19. Mai 2003.

Hodos, William 1970: *Evolutionary Interpretation of Neural and Behavioural Studies of Living Vertebrates*, in „The Neurosciences: Second Study Program“, herausgegeben von Francis O. Schmitt, Rockefeller University Press.

Horai, Satoshi et al. 1992: *Man's Place in Hominoidea Revealed by Mitochondrial DNA Genealogy*, Journal of Molecular Evolution 35: 32–43.

Itard, Jean Marc Gaspard 1801–1807: *Gutachten und Bericht über Victor von Aveyron*, in „Die Wilden Kinder“, von Lucien Malson, Jean Itard und Octave Mannoni, suhrkamp taschenbuch verlag 1972.

MacPhail, Euan M. 1982: *Brain and Intelligence in Vertebrates*, Clarendon: Oxford.

Mallet, James 1995: *A species definition for the Modern Synthesis*, Trends in Ecology and Evolution 10, p. 294–299.

Savage-Rumbaugh, Sue und Lewin, Roger 1994: *Kanzi. The Ape at the brink of the Human Mind*, Doubleday.

Smith, Vince 2003: *Sophies Geschichte. Unser Leben mit einem Schimpansenkind*, Scherz-Verlag.

Schmitz, Ralf W. und Thissen, Jürgen 2002: *Neandertal. Die Geschichte geht weiter*, Spektrum Akademischer Verlag.

Sommer, Volker 2000: *Von Menschen und anderen Tieren. Essays zur Evolutionsbiologie*, Hirzel.

Sommer, Volker 2004: *Gene einen, Vorurteile trennen. Ein Denkstück zum Rassismus*, in „Das Plateau“ 83, 1. Juni 2004, Radius-Verlag.

Storch, Volker, Welsch, Ulrich und Wink, Michael 2001: *Evolutionsbiologie*, Springer-Verlag.

Tafel, Johann Friedrich Immanuel 1848: *Die Fundamentalphilosophie in genetischer Entwicklung mit besonderer Rücksicht auf die Geschichte jedes einzelnen Problems*, Verlags-Expedition, Tübingen.

Temerlin, Maurice K. 1975: *Lucy. Growing up Human. A Chimpanzee Daughter in a Psychotherapist's Family*, Souvenir Press.

Thomson, Graeme 2002: *The Human Chimp*, Film produziert von der Granada production for five.

Waal, Frans de 2001: *Der Affe und der Sushimeister. Das kulturelle Leben der Tiere*, Carl Hanser Verlag.

Wise, Steven M. 2000: *Rattling the Cage. Towards legal rights for animals*, Perseus Books.
Wise, Steven M. 2002: *Drawing the Line. Science and the Case for Animal Rights*, Perseus Books.
Wuketits, Franz M. 2002: *Der Affe in uns. Warum die Kultur an unserer Natur zu scheitern droht*, Hirzel Verlag.
Young, Emma 2004: *The Beast with no name*, New Scientist, 9. Oct 2004, p. 32–35.

9: Exkurs über das Psychogramm eines Hundes

Albrecht, Juli 2004: *Tierische Intelligenz*, Der Spiegel vom 10. 6. 2004.
Barker, Sandra B. und Barker, Ralph T. 1988: *The human-canid bond: Closer than family ties?*, Journal of Mental Health Counseling 46, Jänner.
Beaver, Bonnie 1980: *Veterinary Aspects of Feline Behaviour*, St. Louis MO: Mosby.
Damasio, Antonio 2000b: *The Feeling of What Happens. Body, Emotion and the Making of Consciousness*, Vintage.
Fouts, Roger 1998: *Unsere nächsten Verwandten. Von Schimpansen lernen, was es heißt, ein Mensch zu sein*, Limes.
Miklosi, Adam et al. 2000: *Intentional behaviour in dog-human communication: An experimental analysis of ‚showing' behaviour in the dog*, Animal Cognition 159, 159.
Morris, Desmond 1986: *Dogwatching*, Jonathan Cape.
Piaget, J. 1980: *Adaption and Intelligence: Organic Selection and Phenocopy*, Chicago University Press.
Rollin, Bernhard E. 1998: *The Unheeded Cry. Animal Consciousness, Animal Pain and Science*, Iowa State University Press.
Sapontzis, S. F. 1987: *Morals, Reason and Animals*, Temple University Press.
Triana, E. und Pasnak, R. 1981: *Object permanence in cats and dogs*, Animal Learning and Behaviour 9, p. 135–139.
Waal, Frans de 1996: *Good Natured. The Origins of Right and Wrong in Humans and Other Animals*, Harvard University Press.
Waal, Frans de 2002: *Der Affe und der Sushimeister. Das kulturelle Leben der Tiere*, Carl Hanser Verlag.
Wise, Steven M. 2002: *Drawing the Line. Science and the Case for Animal Rights*, Perseus Books.
Zimen, Erik 1990: *Der Wolf. Verhalten, Ökologie und Mythos*, Goldmann Verlag.

10: Haben nichtmenschliche Tiere Bewusstsein?

Allen, Colin und Bekoff, Marc 1999: *Species of Mind. The Philosophy and Biology of Cognitive Ethology*, Bradford Book, MIT Press.

Allen, Colin und Hauser, Marc 1999: *Concept Attribution in Nonhuman Animals: Theoretical and Methodological Problems in Ascribing Complex Mental Processes*, in „Readings in Animal Cognition“, herausgegeben von Marc Bekoff und Dale Jamieson, Bradford Book, MIT press.

Allen, Colin 2003: *Animal Consciousness*, in der “Stanford Encyclopedia of Philosophy”.

Bekoff, Marc 2001: *Das unnötige Leiden der Tiere*, Verlag Herder Freiburg im Breisgau.

Boesch, Christophe 1991: *Symbolic communication in wild chimpanzees*, Human Evolution 6(1), p. 81–90.

Boesch, Christophe 1993: *Aspects of Transmission of Tool-Use in Wild Chimpanzees*, in „Tools, Language and Cognition“, herausgegeben von Kathleen R. Gibson und Tim Ingold, Cambridge University Press, p. 171–183.

Bouissou, M. F. et al. 2001: *The social behaviour of cattle*, in „Social Behaviour in Farm Animals“, herausgegeben von L. J. Keeling und H. W. Gonyou, CABI Publishing.

Bowman, Rosemary S. und Sutherland, N. S. 1970: *Shape discrimination by Goldfish: Coding of Irregularities*, Journal of Comparative and Physiological Psychology 72, p. 90–97.

Breuggeman, J. A. 1973: *Parental care in a group of free-ranging rhesus monkeys (Macaca mulatta)*, Folia Primatologica 20: 178–210.

Byrne, Richard 1995: *The Thinking Ape. Evolutionary Origins of Intelligence*, Oxford University Press.

Caldwell, Melba C., Caldwell David K. und Tyack, Peter L. 1990: *Review of the Signature Whistle Hypothesis for the Bottlenosed Dolphin*, in „The Bottlenose Dolphin“, herausgegeben von Stephen Leatherwood und Randall R. Reeves, Academic Press: San Diego, CA.

Call, J. und Rochat, P. 1996: *Liquid Conservation in orangutans (Pongo pygmaeus) and humans (Homo sapiens): Individual differences and perceptual strategies*, Journal of Comparative Psychology 110 (3), p. 219–232.

Cavalieri, Paola 2001: *The Animal Question. Why Nonhuman Animals deserve Human Rights*, Oxford University Press.

Chadwick, Douglas H. 1993: *The Fate of the Elephant*, Viking: London.

Crisp, Roger 1999: *Evolution and Psychological Unity*, in „Readings in Animal Cognition“, herausgegeben von Marc Bekoff und Dale Jamieson, Bradford Book, MIT press.

Davis, H. und Taylor, A. 2001: *Discrimination between individual humans by domestic fowl*, British Poultry Science 42, p. 276–279.

DeGrazia, David 1996: *Taking Animals Seriously. Mental Life and Moral Status,* Cambridge University Press.

Dunayer, Joan 2001: *Animal Equality. Language and Liberation*, Ryce Publishing.

Evans, C. S., Macedonia, J. M. und Marler, P. 1993: *Effects of apparent size and speed on the response of chickens, Gallus gallus, to computer-generated simulations of aerial predators*, Animal Behaviour 46, p. 1–11.

Evans, C. S. und Marler, P. 1995: *Language and Animal communication: Parallels and contrasts*, in „Comparative Approaches to Cognitive Sciences", herausgegeben von H. Roitblat und J. A. Meyer, MIT press.

Fisher, John Andrew 1999: *The Myth of Anthropomorphism*, in „Readings in Animal Cognition", herausgegeben von Marc Bekoff und Dale Jamieson, Bradford Book, MIT press.

Fouts, Roger 1998: *Unsere nächsten Verwandten. Von Schimpansen lernen, was es heißt, ein Mensch zu sein*, Limes.

Fuster, J. M. 1995: *Memory in the Cerebral Cortex*, Cambridge, MIT press.

Galdikas, Biruté M. 1995: *Reflections of Eden. My Life with the Orangutans of Borneo*, Victor Gollancz: London.

Galef, Bennett G. 1999: *Tradition in Animals: Field Observations and Laboratory Analyses*, in „Readings in Animal Cognition", herausgegeben von Marc Bekoff und Dale Jamieson, Bradford Book, MIT press.

Gallese, V. und Goldman, A. 1998: *Mirror Neurons and the Simulation Theory of Mind-Reading*, Trends in Cognitive Sciences 2, p. 493–501.

Gonyou, H. W. 2001: *The Social Behaviour of Pigs*, in „Social Behaviour in Farm Animals", herausgegeben von L. J. Keeling und H. W. Gonyou, CABI Publishing.

Goodall, Jane 1990: *Through a Window. 30 Years with the Chimpanzees of Gombe*, Weidenfeld und Nicolson: London.

Griffin, Donald R. 1994: *Animal Minds*, University of Chicago Press.

Griffin, Donald R. und Speck, Gayle B. 2004: *New evidence of animal consciousness*, Animal Cognition 7, p. 5–18.

Hänninen, L. et al. 2003: *Resting behaviour, growth and diarrhoea incidence rate of young dairy calves housed individually or in groups in warm or cold buildings*, Acta Agriculturae Scandinavica, Section A, Animal Science 53: 21–28.

Hansell, Michael 2000: *Let's ask the animals*, The Association for the Study of Animal Behaviour, Glasgow University.

Hayes, Catherine M. 1952: *Ape in our House*, Harper: New York.

Heinrich, Bernhard 1999: *Mind of the Raven. Investigations and Adventures with Wolf-Birds*, Cliff Street Books.

Held, S. et al. 2002: *Foraging pigs alter their behaviour in response to exploitation*, Animal Behaviour 64, p. 157–166.

Herman, Louis M. und Morrel-Samuels, Palmer 1999: *Knowledge Acquisition and Asymmetry between Language Comprehension and Production: Dolphins and Apes as General Models for Animals*, in „Readings in Animal Cognition", herausgegeben von Marc Bekoff und Dale Jamieson, Bradford Book, MIT press.

Herrenstein, R. J., Loveland, D. H. und Cable, C. 1976: *Natural Concepts in Pigeons*, Journal of Experimental Psychology, Animal Behaviour Processes 2, p. 285–302.

Huffman, M. A. 1996: *Acquisition of innovative cultural behaviours in nonhuman primates: A case study of stone handling, a socially transmitted behaviour in Japanese macaques*, in „Social learning in animals: The roots of culture", herausgegeben von B. G. Galef und C. M. Hayes, Academic Press: New York.

Ingmanson, E. 1996: *Tool-using behaviour in wild Pan paniscus: Social and ecological considerations*, in „Reaching into thought: The minds of the great apes“, herausgegeben von A. Russon, K. Bard und S. T. Parker, p. 190–210, Cambridge University Press.

Kastner, S. et al. 1998: *Mechanisms of Directed Attention in the Human Extrastriate Cortex as Revealed by Functional MRI*, Science 282, p. 108–111.

Kavanau, J. L. 1967: *Behaviour of captive white-footed mice*, Science 155, p. 1623–1639.

Keeling, L. J. und Gonyou, H. W. 2001: *Social Behaviour in Farm Animals*, CABI Publishing.

Koenig, Walter D. und Mumme, Ronald L. 1999: *Levels of Analysis and the Functional Significance of Helping Behaviour*, in „Readings in Animal Cognition“, herausgegeben von Marc Bekoff und Dale Jamieson, Bradford Book, MIT press.

Kummer, Hans 1995: *In Quest of the Sacred Baboon*, Princeton University Press.

Logothetis, Nikos K. 2002: *Das Sehen – ein Fenster zum Bewusstsein*, in „Rätsel Gehirn“, Spektrum der Wissenschaft Digest 3/2002, S. 21–27.

MacDonald, Mary 1993: *Max's Trouble*, Rat Report: The Rat Fan Club Monthly Newsletter Februar 1.

Masson, Jeffrey und McCarthy, Susan 1994: *When Elephants Weep. The emotional lives of animals*, Jonathan Cape: London.

Matsuzawa, T. 1997: *The death of an infant chimpanzee at Bossou, Guinea*, Pan African News, 4(1), p. 4–6.

Mench, J. und Keeling, L. 2001: *The social behaviour of domestic birds*, in „Social Behaviour in Farm Animals“, herausgegeben von L. J. Keeling und H. W. Gonyou, CABI Publishing.

Miles, H. Lyn und Harper, Stephen E. 1994: *Chantek: The language ability of an enculturated orangutan (Pongo pygmaeus)*, in „Proceedings of The International Conference on Orangutans: The Neglected Ape“, Zoological Society of San Diego, p. 209, 211.

Moss, Cynthia 1988: *Elephant Memories*, William Morrow: New York.

Nicol, C. J. und Pope, S. J. 1996: *Behaviour of fowl and other domestic birds*, in „The Ethology of Domestic Animals: an introduction text“, herausgegeben von P. Jensen, CABI Publishing.

Nicol, C. J. und Pope, S. J. 1999: *The effects of demonstrator social status and prior foraging success on social learning in laying hens*, Animal Behaviour 57, p. 163–171.

Packer, Craig 1979: *Male dominance and reproductive activity in Papio anubis*, Animal Behaviour 27.

Panksepp, Jaak 2003: *The Rat Will Play?*, in „the animal ethics reader“, herausgegeben von Susan Armstrong und Richard Botzler, Routledge.

Patterson, Francine und Gordon, Wendy 1993: *The Case for the Personhood of Gorillas*, in „The Great Ape project. Equality beyond Humanity“, herausgegeben von Paola Cavalieri und Peter Singer, Fourth Estate: London.

Pepperberg, Irene M. 2002: *The Alex Studies. Cognitive and Communicative Abilities of Grey Parrots*, Harvard University Press.

Poole, Joyce 1998: *An exploration of a communality between ourselves and elephants*, Etica & Animali 9/98, p. 85–110.

Redmond, Ian 1991: *The Elephant Book*, South China Printing: Hong Kong.

Ristau, Carolyn A. 1999: *Aspects of the Cognitive Ecology of an injury-feigning bird, the Piping Plover*, in „Readings in Animal Cognition", herausgegeben von Marc Bekoff und Dale Jamieson, Bradford Book, MIT press.

Rollin, Bernhard E. 1998: *The Unheeded Cry. Animal Consciousness, Animal Pain and Science*, Iowa State University Press.

Rosenberg, Alexander 1999: *Is there an evolutionary biology of play?*, in „Readings in Animal Cognition", herausgegeben von Marc Bekoff und Dale Jamieson, Bradford Book, MIT press.

Rosenzweig, Michael L. 1999: *Do Animals choose Habitats?*, in „Readings in Animal Cognition", herausgegeben von Marc Bekoff und Dale Jamieson, Bradford Book, MIT press.

Roth, Gerhard 2001: *Die neurobiologischen Grundlagen von Geist und Bewusstsein*, in „Neurowissenschaften und Philosophie", herausgegeben von Michael Pauen und Gerhard Roth, UTB Wilhelm Fink Verlag München.

Roth, Gerhard, Dicke, Ursula und Wiggers, Wolfgang 2002: *Wie das Gehirn eine Fliege erkennt*, in „Rätsel Gehirn", Spektrum der Wissenschaft Digest 3/2002, S. 42–51.

Rumbaugh, Duane 1999: *Primate Language and Cognition: Common Ground*, in „Humans and Other Animals", herausgegeben von Arien Mack, Ohio State University Press.

Ryden, H. 1975: *God's Dog*, Coward, McCann und Geoghegan: New York.

Savage-Rumbaugh, Sue und Lewin, Roger 1994: *Kanzi. The Ape at the Brink of the Human Mind*, Doubleday.

Savage-Rumbaugh, Sue 1999: *Ape Language: Between a Rock and a Hard Place*, in „The Origins of Language. What Nonhuman Primates can tell us", herausgegeben von Barbara J. King, School of American Research Press.

Savage-Rumbaugh, Sue und Brakke, Karen E. 1999: *Animal Language: Methodological and Interpretative Issues*, in „Readings in Animal Cognition", herausgegeben von Marc Bekoff und Dale Jamieson, Bradford Book, MIT press.

Schultz, W. 1998: *Predictive Reward Signals of Sopamine Neurons*, Journal of Neurophysiology 80, p. 1–27.

Schweizer, Gaby 1999: *Aus purer Lust*, Facts Nr. 28, p. 84–87.

Shapiro, Gary L. und Galdikas, Biruté M.F. 1995: *Attentiveness of orangutans within the sign learning context*, in „The Neglected Ape", herausgegeben von R. D. Nadler et al., Plenus Press.

Smuts, Barbara 1981: *Dominance: an alternative view*, Behavioural and Brain Sciences 4.

Smuts, Barbara 2003: *Reflections*, in „the animal ethics reader", herausgegeben von Susan Armstrong und Richard Botzler, Routledge.

Sommer, Volker 2000: *Von Menschen und anderen Tieren. Essays zur Evolutionsbiologie,* Hirzel.

Stamp-Dawkins, Marian 1993: *Through Our Eyes Only? The search for animal consciousness*, Spektrum Akademischer Verlag.

Taylor Parker, Sue, Mitchell, Robert W. und Boccia, Maria L. 1994: *Self-Awareness in Animals and Humans. Developmental Perspectives*, Cambridge University Press.

Taylor Parker, Sue und McKinney, Michael L. 1999: *Origins of Intelligence. The Evolution of Cognitive Intelligence in Monkeys, Apes and Humans*, Johns Hopkins University Press.

Temerlin, Maurice K. 1975: *Lucy. Growing up Human. A Chimpanzee Daughter in a Psychotherapist's Family*, Souvenir Press.

Tomkies, Michael 1987: *On Wing and Wild Water*, Jonathan Cape: UK.

Waal, Frans de 1989: *Peacemaking among primates*, Harvard University Press.

Waal, Frans de 1996: *Good Natured. The Origins of Right and Wrong in Humans and other Animals*, Harvard University Press.

Waal, Frans de und Lanting, Frans 1997: *Bonobos. Die zärtlichen Menschenaffen*, Birkhäuser Verlag.

Waal, Frans de 2001: *Der Affe und der Sushimeister. Das kulturelle Leben der Tiere*, Carl Hanser Verlag.

Weiskrantz, Lawrence 1999: *Consciousness Lost and Found*, Oxford University Press.

Whiten, A. und Custance, D. 1996: *Studies of imitation in chimpanzees and children*, in „Social learning in animals: The roots of culture", herausgegeben von B. G. Galef und C. M. Heyes, Academic Press: New York.

Whiten et al. 2003: *Cultures in Chimpanzees*, in „the animal ethics reader", herausgegeben von Susan Armstrong und Richard Botzler, Routledge.

Wise, Steven M. 2002: *Drawing the Line. Science and the Case for Animal Rights*, Perseus Books.

Wrangham, Richard et al. 1994: *Chimpanzee Cultures*, Harvard University Press.

Wrangham, Richard 1995: *Ape cultures and missing links*, Symbols: The Peabody Museum and the Garvard University (Frühling 1995), p. 2–20.

Young, Emma 2004: *The Beast with no name*, New Scientist 9 Oct 2004, p. 32–35.

Zimmerman, P. H. et al. 2003: *Navigational ability and the domestic fowl*, Applied Animal Behaviour Science 80, p. 327–336.

11: Die Rolle der Sprache

Birdwhistell, R. L. 1970: *Kinesics and Context: Essays on Body Motion Communication*, University of Pennsylvania Press.

Blumenthal, P. J. 2003: *Kaspar Hausers Geschwister. Auf der Suche nach dem wilden Menschen,* Deuticke Verlag.

Chomsky, Noam 1966: *Cartesian Linguistics*, Harper und Row.

Chomsky, Noam 1986: *Knowledge of Language: Its Nature, Origin and Use*, Praeger.

Damasio, Antonio 2000b: *The Feeling of What Happens. Body, Emotion and the Making of Consciousness*, Vintage.

Davidson, Donald 1982: *Rational animals*, Dialectica 36, p. 318–327.

Fouts, Roger 1998: *Unsere nächsten Verwandten. Von Schimpansen lernen, was es heißt, ein Mensch zu sein*, Limes.

Frey, Raymond G. 1989: *Why Animals lack Beliefs and Desires*, in „Animal Rights and Human Obligations“, herausgegeben von Tom Regan und Peter Singer, Prentice Hall: New Jersey.

Gardner, R. A. und Gardner, B. T. 1969: *Teaching sign language to a chimpanzee*, Science 165, p. 664–672.

Greenfield, Patricia M. und Savage-Rumbaugh, Sue 1994: *Grammatical combination in Pan paniscus: Processes of learning and invention in the evolution and development of language*, in „Language and Intelligence in Monkeys and Apes“, herausgegeben von Sue Taylor-Parker und Kathleen Rita Gibson, Cambridge University Press.

Lieberman, Philip 1984: *The Biology and Evolution of Language*, Harvard University Press.

Mandler, J. M. 1990: *A new perspective on cognitive development in infancy*, American Scientist 78, p. 236–243.

Masson, Jeffrey und McCarthy, Susan 1994: *When Elephants Weep. The emotional lives of animals*, Jonathan Cape: London.

MacPhail, Euan M. 1982: *Brain and Intelligence in Vertebrates*, Clarendon Press: Oxford.

O'Sullivan, C. und Yeager, C. P. 1989: *Communicative Context and Linguistic Competence: The Effects of a Social Setting on a Chimpanzee's Conversational Skill*, in „Teaching sign language to chimpanzees“, herausgegeben von R. Allen Gardner, Beatrix T. Gardner und Thomas E. Van Cantford, State University of New York Press.

Penrose, Roger 1990: *The Emperor's New Mind*, Oxford University Press Vintage edition.

Pepperberg, Irene M. 2002: *The Alex Studies. Cognitive and Communicative Abilities of Grey Parrots*, Harvard University Press.

Roth, Gerhard 2001: *Die neurobiologischen Grundlagen von Geist und Bewusstsein*, in „Neurowissenschaften und Philosophie“, herausgegeben von Michael Pauen und Gerhard Roth, UTB Wilhelm Fink Verlag München.

Savage-Rumbaugh, Sue und Lewin, Roger 1994: *Kanzi. The Ape at the Brink of the Human Mind*, Doubleday.

Savage-Rumbaugh, Sue 1999: *Ape Language: Between a Rock and a Hard Place*, in „The Origins of Language. What Nonhuman Primates can tell us“, herausgegeben von Barbara J. King, School of American Research Press.

Savage-Rumbaugh, Sue und Brakke, Karen E. 1999: *Animal Language: Methodological and Interpretative Issues*, in „Readings in Animal Cognition“, herausgegeben von Marc Bekoff und Dale Jamieson, Bradford Book, MIT press.

Savage-Rumbaugh, Sue, Fields, William M. und Taglialatela, Jared 2003: *Ape Consciousness – Human Consciousness: A Perspective Informed by Language and Culture*, in „the animal ethics reader“, herausgegeben von Susan Armstrong und Richard Botzler, Routledge.

Stokoe, William C. 1989: *Comparative and Developmental Sign Language Studies: A Review of Recent Advances*, in „Teaching sign language to chimpanzees“, herausgegeben von R. Allen Gardner, Beatrix T. Gardner und Thomas E. Van Cantford, State University of New York Press.

Taylor Parker, Sue und McKinney, Michael L. 1999: *Origins of Intelligence. The Evolution of Cognitive Intelligence in Monkeys, Apes and Humans*, Johns Hopkins University Press.

Terrace, Herbert 1979: *Nim*, Columbia University Press.

Weiskrantz, Lawrence 1999: *Consciousness Lost and Found*, Oxford University Press.

12: Tierrechte

Carson, Clayborne 1998: *The Autobiography of Martin Luther King Jr.*, Warner Books.

Cavalieri, Paola und Miller, Harlan B. 1998: *Automata, Receptacles and Selves. Commentary on Carruther's „Natural theories of consciousness“*, European Journal of Philosophy 2, p. 203–222.

Cavalieri, Paola 2001: *The Animal Question. Why Nonhuman Animals Deserve Human Rights*, Oxford University Press.

Davidson, Eugene 1997: *The Trial of the Germans. An account of the 22 Defendants before the International Military Tribunal at Nurenberg*, University of Missouri Press.

Ebbinghaus, Angelika und Dörner, Klaus 2002: *Vernichten und Heilen. Der Nürnberger Ärzteprozess und seine Folgen*, Aufbau Taschenbuch Verlag.

Gewirth, Alan 1978: *Reason and Morality*, University of Chicago Press.

Heidelmeyer, Wolfgang 1997: *Die Menschenrechte*, Ferdinand Schöningh.

Moore, George E. 1903: *Principia Ethica*, Cambridge University Press.

Pogge, Thomas 1995: *How should human rights be conceived?*, Jahrbuch für Recht und Ethik 3, p. 103–120.

Rachels, James 1991: *Created from Animals. The moral implications of darwinism*, Oxford University Press.

Rachels, James 1998: *Ethical Theory 1. The Question of Objectivity*, Oxford University Press.

Regan, Tom 1988: *The Case for Animal Rights*, Routledge.

Silverstein, Helena 1996: *Unleashing Rights. Law, Meaning and the Animal Rights Movement*, University of Michigan Press.

Singer, Peter 1991: *Animal Liberation*, Thorsons.

Ueberschär, Gerd R. 1999: *Der Nationalsozialismus vor Gericht. Die alliierten Prozesse gegen Kriegsverbrecher und Soldaten 1843–1952*, Fischer Taschenbuch Verlag.

13: Stimmen für Tierrechte

Bentham, Jeremy 1789: *Introduction to the Principles of Morals and Legislation*, London.

Brockhaus, Wilhelm 1972: *Nachruf auf Willi Eichler*, in „Der Vegetarier“, Nr. 4.

Brockhaus, Wilhelm 1975: *Das Recht der Tiere in der Zivilisation*, F. Hirthammer Verlag: München.

Cavalieri, Paola 2001: *The Animal Question. Why Nonhuman Animals Deserve Human Rights*, Oxford University Press.

Daggett, Herman 1791: *The Rights of Animals*, Rede am Providence College in Yale, in „Das Recht der Tiere in der Gesellschaft“, herausgegeben von Paul Clarke und Andrew Linzey, Guthmann-Peterson 2002.

DeGrazia, David 1996: *Taking Animals Seriously. Mental Life and Moral Status*, Cambridge University Press.

Dietler, Wilhelm 1787: *Gerechtigkeit gegen Thiere*, Neuerscheinung ASKU-PRESSE 1997.

Farkas, Reinhard 1992: *Grüne Wurzeln*, Verlag Podmenik.

Farkas, Reinhard 1998: *130 Jahre Vegetariervereine*, Anima.

Flury, Andreas 1999: *Der moralische Status der Tiere*, in der Alber-Reihe „Praktische Philosophie“, Band 57, herausgegeben von Günther Bien, Karl-Heinz Nusser und Annemarie Pieper, Verlag Karl Alber, Freiburg – München.

Gompertz, Lewis 1824: *Moral Inquiries. On the Situation of Man and of Brutes*, Neudruck Centaur Press Ltd. 1992.

Harringer, Susanna 2002: *Manche Tiere sind gleicher. Konzepte von Tierschonung, Tierbefreiung, Tierrecht und Tierverteidigung und ihr politischer Anspruch*, Guthmann-Peterson.

Harrison, Ruth 1964: *Animal Machines*, Vincent Stuart.

Kaplan, Helmut F. 1999: *Tierrechte. Die Philosophie einer Befreiungsbewegung*, Echo Verlag.

Kean, Hilda 1998: *Animal Rights. Political and Social Change in Britain since 1800*, Reaktion Books.

Lansbury, Coral 1985: *The Old Brown Dog. Women, Workers, and Vivisection in Edwardian England*, Wisconsin.

Linnemann, Manuela 2000: *Brüder – Bestien – Automaten. Das Tier im abendländischen Denken*, Harald Fischer Verlag.

Mütherich, Birgit 2000: *Die Problematik der Mensch-Tier-Beziehung in der Soziologie: Weber, Marx und die Frankfurter Schule,* Lit Verlag.

Nelson, Leonard 1932a: *System der philosophischen Rechtslehre und Politik*, in: „Vorlesungen über die Grundlagen der Ethik", Göttingen 1932.

Nelson, Leonard 1932b: *System der philosophischen Ethik und Pädagogik*, in „Vorlesungen über die Grundlagen der Ethik", Göttingen 1932.

Pluhar, Evelyn 1995: *Beyond Prejudice. The moral significance of human and nonhuman animals,* Duke University Press.

Primatt, Humphrey 1776: *The Duty of Mercy and the Sin of Cruelty to Brute Animals,* Neuerscheinung Centaur Press 1992.

Rawls, John 1971: *A Theory of Justice*, Oxford University Press.

Regan, Tom 1988: *The Case for Animal Rights,* Routledge.

Rowlands, Mark 1998: *Animal Rights. A philosophical defence*, MacMillan Press Ltd.

Ryder, Richard 1998: *The Political Animal. The Conquest of Speciesism*, McFarland & Company.

Ryder, Richard 2000: *Animal Revolution*, Berg.

Salt, Henry 1892: *Animals' Rights. Considered in relation to Social Progress,* Neudruck Centaur Press Ltd. 1980.

Schwantje, Magnus 1949: *Ehrfurcht vor dem Leben, Brüderlichkeit und Vegetarismus,* Zürich.

Schweitzer, Albert 1959: *Aus meinem Leben und Denken*, Richard Meiner: Hamburg.

Singer, Peter 1991: *Animal Liberation*, Thorsons.

Singer, Peter 1994: *Praktische Ethik,* Philip Reclam.

Smith, Lauritz 1790: *Ueber die Natur und Bestimmung der Thiere wie auch von den Pflichten der Menschen gegen die Thiere,* Proft: Kopenhagen.

Suttner, Bertha von 1898: *Schach der Qual*, in „Bertha von Suttner, Gesammelte Schriften", Pierson: Dresden 1907.

14: Stimmen gegen Tierrechte

Ach, Johann S. 1999: *Warum man Lassie nicht quälen darf,* Harald Fischer Verlag.

Becker, Lawrence C. 1983: *The Priority of Human Interests,* in „Ethics and Animals", herausgegeben von H. Miller und W. Williams, Humana Press: Clifton NJ.

Carruthers, Peter 1992: *The Animals Issue*, Cambridge University Press.

Cigman, Ruth 1981: *Death, Misfortune and Species Inequality*, Philosophy and Public Affairs 10, 1.

Cohen, Carl 1997: *Do Animals have Rights?*, Ethics and Behaviour 7, no. 2, p. 91–102.

Dombrowski, Daniel A. 1997: *Babies and Beasts. The Argument from Marginal Cases,* University of Illinois Press.

Frey, Raymond G. 1980: *Interests and Rights: The Case Against Animals*, Oxford.

Hollingham, Richard 2004: *Natural born Cannibals*, New Scientist 183, 2455, S. 30–33.

Kant, Immanuel 1785: *Grundlegung zur Metaphysik der Sitten*, Hartknoch: Riga; Neuauflage Suhrkamp Taschenbuch 1982.

Kant, Immanuel 1788: *Critik der practischen Vernunft,* Hartknoch: Riga; Neuauflage Suhrkamp Taschenbuch 1982.

Kant, Immanuel 1789: *Anthropologie in pragmatischer Hinsicht*, Neuauflage Reclam 1998.

Leahy, Michael 1991: *Against Liberation. Putting Animals in Perspective*, Routledge.

Midgely, Mary 1983: *Animals and Why They Matter,* Penguin Books.

Narveson, Jan 1983: *Animal Rights Revisited,* in „Ethics and Animals", herausgegeben von H. Miller und W. Williams, Humana Press: Clifton NJ.

Paton, William 1984: *Man and Mouse: Animals in Medical Research,* Oxford University Press.

Posner, Richard A. 2004: *Animal Rights. Legal, Philosophical and Pragmatic Perspectives,* in „Animal Rights. Current Debates and New Directions", herausgegeben von Cass Sunstein und Martha Nussbaum, Oxford University Press.

Regan, Tom 2001: *Defending Animal Rights*, University of Illinois Press.

Waal, Frans de 2001: *Der Affe und der Sushimeister. Das kulturelle Leben der Tiere*, Carl Hanser Verlag.

White, Alan 1984: *Rights,* Oxford University Press.

15: Wo ist die Grenze von Bewusstsein?

Baader, Gerhard 2002: *Heilen und Vernichten: Die Mentalität der NS-Ärzte*, in „Vernichten und Heilen. Der Nürnberger Ärzteprozess und seine Folgen", herausgegeben von Angelika Ebbinghaus und Klaus Dörner, Aufbau Taschenbuch Verlag.

Dörner, Klaus 2002: *„Ich darf nicht denken". Das medizinische Selbstverständnis der Angeklagten*, in „Vernichten und Heilen. Der Nürnberger Ärzteprozess und seine Folgen", herausgegeben von Angelika Ebbinghaus und Klaus Dörner, Aufbau Taschenbuch Verlag.

Dunayer, Joan 2001: *Animal Equality. Language and Liberation*, Ryce Publishing.

Ebbinghaus, Angelika 2002: *Strategien der Verteidigung,* in „Vernichten und Heilen. Der Nürnberger Ärzteprozess und seine Folgen", herausgegeben von Angelika Ebbinghaus und Klaus Dörner, Aufbau Taschenbuch Verlag.

Ebbinghaus, Angelika und Dörner, Klaus 2002: *Vernichten und Heilen. Der Nürnberger Ärzteprozess und seine Folgen*, Aufbau Taschenbuch Verlag.

Eisenmann, C. H. et al. 1984: *Do insects feel pain? A biological review*, Experientia 40, p. 164–7.

Frisch, Karl von 1967: *The Dance Language and Orientation of Bees*, Harvard University Press.

Girufa, Martin et al. 2001: *The concepts of ‚sameness' and ‚difference' in an insect,* Nature 930, 932 (19. April).

Gould, James L. und Gould, Carol Grant 1994: *The Animal Mind*, Scientific American, p. 106–110.

Kepplinger, Brigitte 2003: *Wert des Lebens. Gedenken, Lernen – Begreifen,* Begleitpublikation zur Ausstellung des Landes OÖ „Wert des Lebens" in Schloss Hartheim, Trauner Verlag.

Kohl, Walter 2000: *„Ich fühle mich nicht schuldig". Georg Renno, Euthanasiearzt,* Steidl.

Labisch, Alfons 2002: *Die „hygienische Revolution" im medizinischen Denken. Medizinisches Wissen und ärztliches Handeln,* in „Vernichten und Heilen. Der Nürnberger Ärzteprozess und seine Folgen", herausgegeben von Angelika Ebbinghaus und Klaus Dörner, Aufbau Taschenbuch Verlag.

Matzek, Tom 2002: *Das Mordschloss. Auf der Spur von NS-Verbrechen in Schloss Hartheim*, Kremayr und Scheriau Verlag.

Menzel, Randolf 1987: *Learning traces in honeybees,* in „Neurobiology and Behaviour of Honeybees", herausgegeben von Randolf Menzel und Alison Mercer, Springer Verlag.

Regan, Tom 1988: *The Case for Animal Rights,* Routledge.

Seeley, T. D. und Buhrman, S. C. 1999: *Group decision making in swarms of honey bees,* Behavioural Ecology and Sociobiology 19.

Seidel, Ralf 2002: *Die Sachverständigen Werner Leibbrand und Andrew C. Ivy,* in „Vernichten und Heilen. Der Nürnberger Ärzteprozess und seine Folgen", herausgegeben von Angelika Ebbinghaus und Klaus Dörner, Aufbau Taschenbuch Verlag.

Stamp-Dawkins, Marian 1993: *Through Our Eyes Only? The search for animal consciousness,* Spektrum Akademischer Verlag.

Storch, Volker und Welsch, Ulrich 1997: *Systematische Zoologie,* Gustav Fischer Verlag.

Tiuschka, Bohdan O. 1998: *Der moralische Status von Tieren. Die Idee des Sentientismus in der Angewandten Ethik,* Dissertation an der Universität Innsbruck.

Wigglesworth 1980: *Do insects feel pain?*, Antenna 4, p. 8–9.

Winau, Rolf 2002: *Der Menschenversuch in der Medizin*, in „Vernichten und Heilen. Der Nürnberger Ärzteprozess und seine Folgen", herausgegeben von Angelika Ebbinghaus und Klaus Dörner, Aufbau Taschenbuch Verlag.

Wise, Steven M. 2002: *Drawing the Line. Science and the Case for Animal Rights,* Perseus Books.

Zhang, Shaowu; Bock, Fiola; Si, Aung; Tautz, Jürgen; Srinivasan, Mandyam V. 2005: *Visual working memory in decision making by honey bees,* PNAS, online publiziert am 28. März 2005.

16: Tierrechte in der Praxis

American Dietetic Association 2003: *Position paper: vegetarian diets*, Journal of the American Dietetic Association 103, p. 748–765.

Blockson, Charles L. 1987: *The Underground Railroad*, Berkley Books: New York.

Cavalieri, Paola und Singer, Peter 1993: *The Great Ape Project. Equality beyond Humanity*, Fourth Estate: London.

Cavalieri, Paola 1996: *The Great Ape Project*, Etica & Animali 8/96.

Cone, James H. 1992: *Martin & Malcolm & America. A dream or a nightmare*, Orbis Books.

D'Orso, Michael 1996: *Like Judgement Day. The ruin and redemption of a town called Rosewood,* Grosset/Putnam.

Douglass, Frederick 1855: *My Bondage and My Freedom,* Dover Publications (Neuausgabe 1969).

George, Kathryn P. 1994: *Discrimination and Bias in the Vegan Ideal,* Journal of Agricultural and Environmental Ethics 7, 1, p. 19–29.

Key, Timothy J. et al. 1999: *Mortality in vegetarians and nonvegetarians: detailed findings from a collaborative analysis of 5 prospective studies*, American Journal of Clinical Nutrition 70, p. 516–524.

Kolchin, Peter 1993: *American Slavery 1619–1877*, Hill and Wang: New York.

Langerhorst, Jakobus 1986: *Mischkultur und naturgemäße Bodenpflege*, NOI-Verlag.

Langerhorst, Margarete 1996: *Meine Mischkulturen Praxis*, Organischer Landbau Verlag.

Langley, Gill 1999: *Vegane Ernährung,* Echo Verlag.

Leitzmann, Claus und Hahn, Andreas 1996: *Vegetarische Ernährung*, Verlag Eugen Ulmer Stuttgart.

Messina, Mark und Messina, Virginia 1996: *The Dietitian's Guide to Vegetarian Diets,* Aspen Publishers.

Midgely, Mary 1983: *Animals and Why They Matter*, Penguin Books.

Milton, Katharine 1993: *Diet and Primate Evolution*, Scientific American August 1993, p. 70–77.

Posner, Richard A. 2004: *Animal Rights. Legal, Philosophical and Pragmatic Perspectives*, in „Animal Rights. Current Debates and New Directions", herausgegeben von Cass Sunstein und Martha Nussbaum, Oxford University Press.

Rollin, Bernhard E. 1998: *The Unheeded Cry. Animal Consciousness, Animal Pain and Science*, Iowa State University Press.

Sanders, Tim A.B. 1983: *Vegetarianism: dietetic and medical aspects*, Journal of Plant Foods 5, p. 3–14.

Sanders, Tim A. B. und Manning, Joan 1992: *The growth and development of vegan children*, Journal of Human Nutrition and Dietetics 5, p. 11–21.

Sanders, Tim A. B. und Reddy, Sheela 1994: *Nutritional implications of a meatless diet*, Proceedings of the Nutrition Society 53, p. 297–307.

Stanton, Bill 1991: *Klanwatch. Bringing the Ku Klux Klan to Justice*, Grove Weidenfeld.

Walsh, Stephen 2003: *Plant Based Nutrition and Health*, The Vegan Society.

Wise, Steven M. 2000: *Rattling the Cage. Toward Legal Rights for Animals*, Perseus Books.

Wolfson, Wendy 2002: *Lab grown steaks nearing the menu*, New Scientist 30. Dezember 2002.

Wuketits, Franz M. 2002: *Der Affe in uns. Warum die Kultur an unserer Natur zu scheitern droht,* S. Hirzel Verlag.

18 Namensverzeichnis

19 Stichwortverzeichnis

Über den Autor

Martin Balluch studierte in Wien Mathematik, Physik, Astronomie und Philosophie und war in Heidelberg/Deutschland und Cambridge/England als Universitätsassistent in Forschung und Lehre tätig. Neben seiner politischen Tierrechtsarbeit, u. a. als Obmann des Vereins gegen Tierfabriken in Österreich, beschäftigt er sich mit den philosophischen und naturwissenschaftlichen Aspekten des Tierrechts.

Weitere Bücher zum Thema

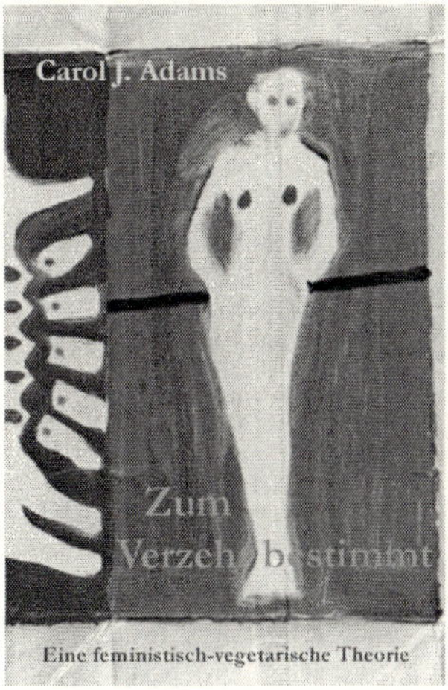

Carol J. Adams
Zm Verzehr bestimmt
Eine feministisch-vegetarische Theorie
288 Seiten
€ 25,–/sfr 45,70
ISBN 3-900782-14-8

Carol J. Adams beleuchtet in diesem Buch die Zusammenhänge zwischen sexistischer und rassistischer Diskriminierung und dem Diktat, Fleisch zu essen. In ihrer Argumentation arbeitet sie eine kulturelle Verbindung zwischen fanatischem Fleischverzehr, Männlichkeitswahn und Gewalt heraus. Sie zeigt den männlich-lüsternen Blick auf Frau und Tier, der auf Verzehr aus ist. Ihrer Ansicht nach ist die Weigerung, andere Lebewesen aufzuessen, ein Akt der Solidarität und eine sinnvolle Form des Widerstands gegen das Patriarchat. In dieser literatur- und kulturwissenschaftlichen Analyse über die soziale Bedeutung von Fleisch und den damit verbundenen Diskurs geht sie konkret auf die gemeinsamen Anliegen und Aktionsformen der Frauenbewegung und der Tierrechtsbewegung ein. „Frauen und Tiere sind als ‚absent referents' in den ‚Texten' der patriarchalischen Wissenschaft verknüpft".

Paul Barry Clarke/Andrew Linzey (Hg.)
Das Recht der Tiere in der menschlichen Gesellschaft
246 Seiten
Euro 21,00/sfr 36,90
ISBN 3-900782-16-4

Das Buch bietet einen umfassenden Überblick über die verschiedenen Einstellungen zum Tier in der westlichen Philosophie. Die Beiträge – von Plato über Machiavelli, Montaigne, Leibniz, Rousseau bis Marx, Nietzsche, Kropotkin, Schweitzer, Russell und Horkheimer – zeigen die Argumente, mit denen die PhilosophInnen sich der Frage nach dem Unterschied zwischen Mensch und Tier und ihren Beziehungen untereinander nähern. Die historischen Positionen werden durch die Gedanken moderner TierrechtstheoretikerInnen wie Brigid Brophy, Peter Singer und Tom Regan ergänzt.

Susanna Harringer
Manche Tiere sind gleicher
Konzepte von Tierschonung, Tierbefreiung, Tierrecht und Tierverteidigung und ihr politischer Anspruch
2. Auflage
170 Seiten
Euro 19,00/sfr 34,50
ISBN 3-900782-30-X

Im westlichen Denken wurden die nichtmenschlichen Lebewesen über die Jahrhunderte soweit abgewertet, dass sie heute als Industrieprodukte bedenkenlos „produziert“, „verbraucht“ und „entsorgt“ werden. In dieser Arbeit wird der sinkende Stellenwert der Tiere von der griechischen Antike bis zu den modernen Gesellschaftstheorien dargestellt, und die schädlichen Folgen, die daraus sowohl Tieren wie Menschen erwachsen.